한 번에 합격, 자격증은 이기적

이렇게 기막힌 적중률

 함께 공부하고 특별한 혜택까지!
이기적 스터디 카페

 구독자 약 15만 명, 전강 무료!
이기적 유튜브

오직 스터디 카페 멤버에게만
주어지는 특별 혜택!

이기적 스터디 카페

이기적 스터디 카페

 합격을 위한 기적 같은 선물
또기적 합격자료집

 혼자 공부하기 외롭다면?
온라인 스터디 참여

 모든 궁금증 바로 해결!
전문가와 1:1 질문답변

 1년 내내 진행되는
이기적 365 이벤트

 도서 증정 & 상품까지!
우수 서평단 도전

 간편하게 한눈에
시험 일정 확인

합격까지 모든 순간 이기적과 함께!
이기적 365 EVENT

QR코드를 찍어 이벤트에 참여하고 푸짐한 선물 받아가세요!

1. 기출문제 복원하기

이기적 책으로 공부하고 시험을 봤다면 7일 내로 문제를 제보해 주세요!

2. 합격 후기 작성하기

당신만의 특별한 합격 스토리와 노하우를 전해 주세요!

3. 온라인 서점 리뷰 남기기

온라인 서점에서 책을 구매하고 평점과 리뷰를 남겨 주세요!

4. 정오표 이벤트 참여하기

더 완벽한 이기적이 될 수 있게 수험서의 오류를 제보해 주세요!

※ 이벤트별 혜택은 변경될 수 있으므로 자세한 내용은 해당 QR을 참고해 주세요.

기적의 적중률, 여러분의 참여로 완성됩니다
기출 복원 EVENT

영진닷컴 쇼핑몰 30,000원

기출 복원하기 ▶

전원 지급

N Pay
네이버페이 포인트 쿠폰
최대 20,000원

1. 이기적 수험서로 공부하고 시험에 응시했다면 누구나 참여 가능
2. 응시일로부터 7일 이내 복원 문제만 인정(수험표 첨부 필수!)
3. 중복, 누락, 허위 문제는 당첨 대상에서 제외

※ 이벤트별 혜택은 변경될 수 있으므로 자세한 내용은 해당 QR을 참고해 주세요.

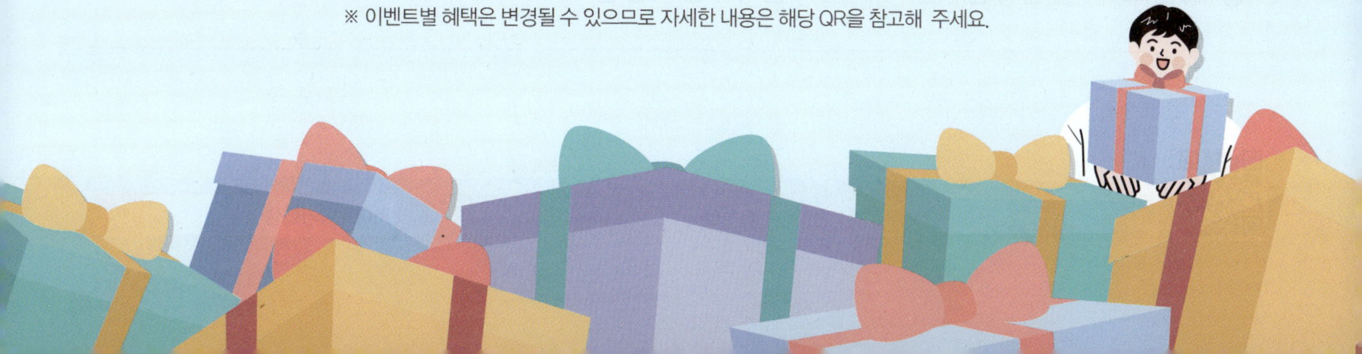

손이 기억할 때까지 함께하는 선생님
컴활 실기 전문 유튜버 커미조아가현샘

커미조아가현샘 채널에서는!

- ✓ 컴퓨터활용능력 실기는 이기적&커미조아가현샘과 초단기 정복
- ✓ 기본은 물론, 응용·심화부터 기출풀이까지 학습
- ✓ 20년 노하우를 담아 급수별·과목별로 알려 주는 시험 팁

◀ 선생님 채널 바로가기

커미조아가현샘

합격을 위해 모두 드려요.
이기적 합격 솔루션!

이기적이 여러분을 위해 준비했어요

저자가 직접 알려주는, 무료 동영상 강의

도서와 연계된 동영상 강의 제공!
책으로만 이해하기 어려웠던 내용을 영상으로 쉽게 공부하세요.

무엇이든 물어보세요, 1:1 질문답변

1:1 질문답변부터 다양한 이벤트까지~
이기적 스터디 카페에 접속해서 시험에 관련된 정보들을 받아 가세요.

마지막까지 이기적과 함께, 함수 공략집 PDF

헷갈리는 함수, 시험장에서 다시 마주칠 수 있습니다.
마지막 점검은 '함수공략집'으로 깔끔하게 끝내세요.

우리 집, 내 책상 앞이 시험장으로, 컴활 자동 채점 서비스

연습도 실전처럼 하고 싶으시죠?
사이트에 접속해서 파일을 업로드하면 언제 어디서든 실력을 점검할 수 있어요.

※ 〈2026 한 권으로 끝장내는 이기적 X 커미조아가현샘 컴퓨터활용능력 2급 실기〉를 구매하고 인증한 회원에게만 드리는 자료입니다.

◀ 모든 혜택 한 번에 보기

정오표 바로가기 ▶

가입, 설치할 필요 없이 빠르고 간편하게
컴활 자동 채점 서비스

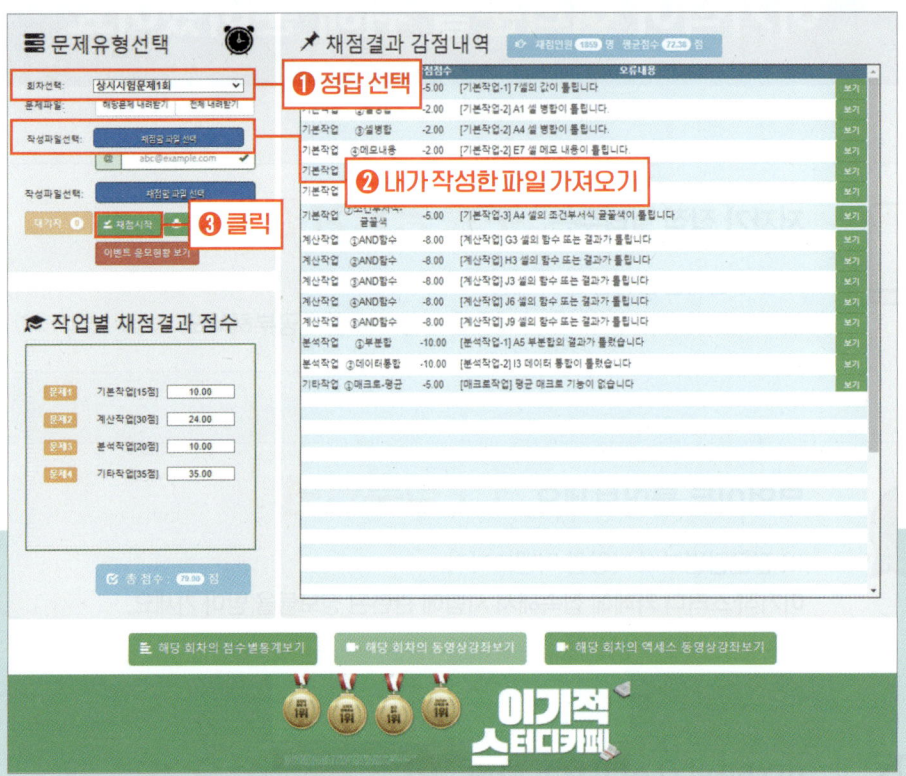

이용방법

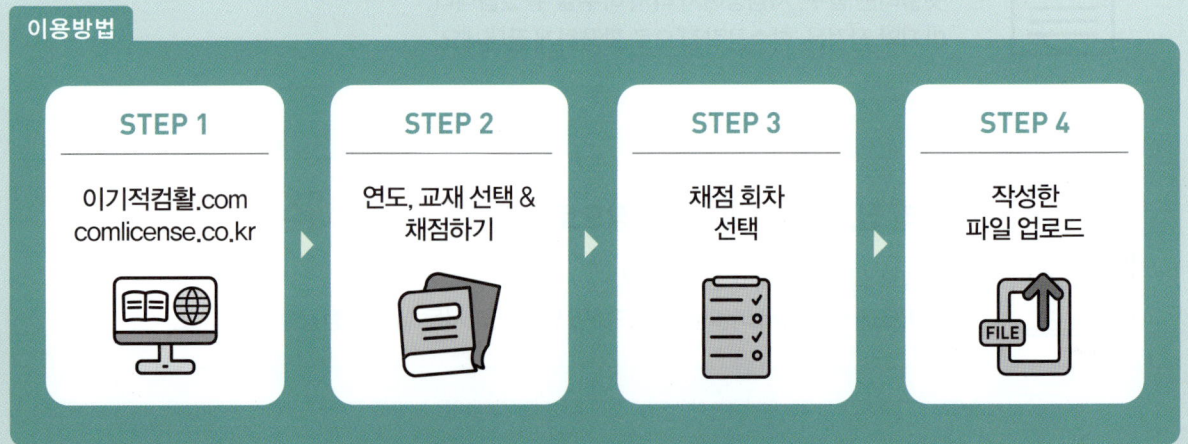

※ 인터넷이 연결되어 있지 않을 시 사용할 수 없으며 개인 인터넷 속도, 접속자 수에 따라 채점 속도가 다를 수 있습니다.
※ 운영체제, MS Office 정품 여부에 상관없이 채점이 가능합니다.
※ 부가 서비스로 제공되는 부분이며, 업체 등의 변경으로 제공이 중단될 수 있습니다.

이렇게 기막힌 적중률

한 권으로 끝장내는
컴퓨터활용능력 2급 실기

"이" 한 권으로 합격의 "기적"을 경험하세요!

차례

▶ **합격 강의**
동영상 강의가 제공되는 부분을 표시했습니다.
도서 상단 우측의 QR 코드를 인식하여 시청하세요.

▶ 본 도서에서 제공하는 동영상은 1판 1쇄 기준 2년간 유효합니다. 단, 출제기준안에 따라 내용은 변경될 수 있습니다.

- 이 책의 구성   8
- 자동 채점 서비스   10
- 실습 파일 사용 방법   11
- 시험의 모든 것   12
- 책 속의 출제기준   13
- 시험 출제 경향   14
- Q&A   16
- 출제 기준 속 함수 모아 보기   18
- 저자의 말   19

PART 01 시험 유형 따라하기 ▶

SECTION 01 [기본작업] 데이터 입력	22
SECTION 02 [기본작업] 데이터 서식	26
SECTION 03 [기본작업] 고급필터	36
SECTION 04 [기본작업] 조건부 서식	40
SECTION 05 [기본작업] 텍스트 나누기	47
SECTION 06 [기본작업] 사용자 지정 필터	52
SECTION 07 [계산작업] 계산작업	59
SECTION 08 [분석작업] 피벗 테이블	85
SECTION 09 [분석작업] 데이터 정렬	96
SECTION 10 [분석작업] 부분합	101
SECTION 11 [분석작업] 목표값 찾기	109
SECTION 12 [분석작업] 데이터 표	112
SECTION 13 [분석작업] 시나리오	116
SECTION 14 [분석작업] 데이터 통합	126
SECTION 15 [기타작업] 매크로	129
SECTION 16 [기타작업] 차트	140

PART 02 기출 유형 따라하기 ▶

기출 유형 따라하기 154

PART 03 기출 유형 문제 ▶

기출 유형 문제 01회	200
기출 유형 문제 02회	218
기출 유형 문제 03회	236
기출 유형 문제 04회	252
기출 유형 문제 05회	268

부록 BONUS 또기적 합격자료집 PDF

- 실전감각 미리보기, 시험장 스케치
- 한 장으로 합격예감, 스터디 플래너
- 책 한 권이 한 장 속에, 기적의 TIP 한눈에 보기
- 2급 함수 완벽 해부, 함수 공략집
- 시작부터 실무까지, 합격 습관 체크리스트
- 빠른 작업 빠른 합격, 엑셀 단축키 모음

※ 참여 방법 : '이기적 스터디 카페' 검색 → https://cafe.naver.com/yjbooks 접속 → '구매 인증 PDF 증정' 게시판 → 구매 인증 → 메일로 자료 받기

이 책의 구성

STEP 1 시험 유형 따라하기

전문가가 핵심만 추려낸
완벽 이론

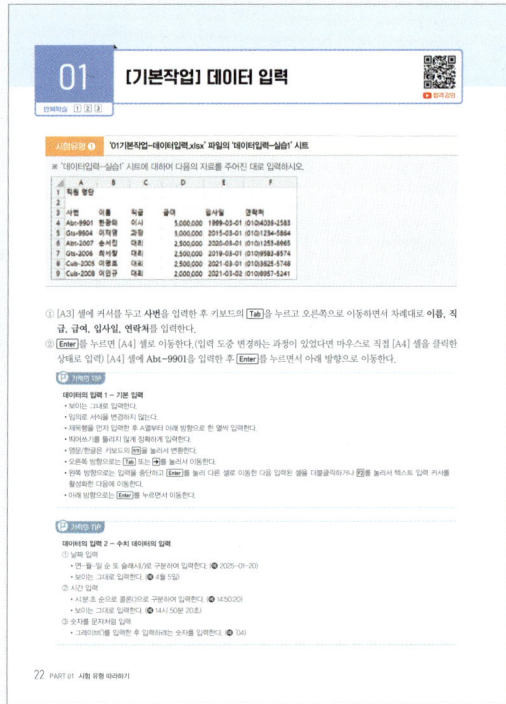

- 자주 나오는, 꼭 나오는 출제유형 확인
- 다양한 팁으로 학습 능률 향상
- QR 코드로 동영상 강의 바로 시청

STEP 2 기출 유형 따라하기

출제 경향을 파악할 수 있는
기출 유형 따라하기

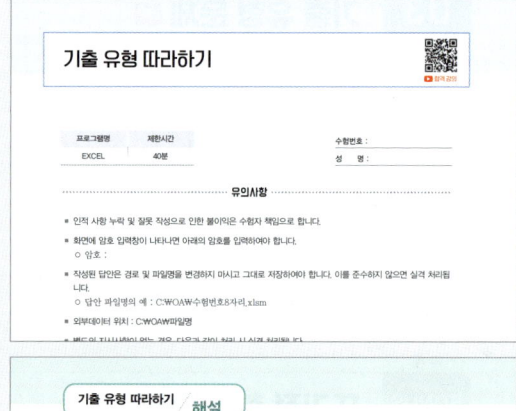

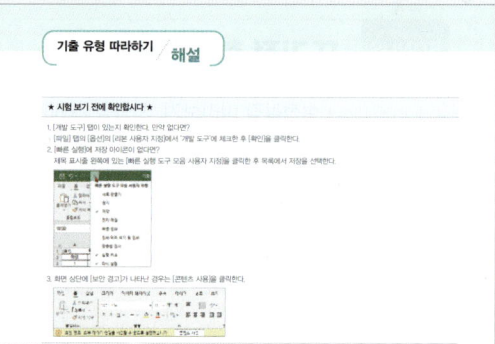

- 전문가가 엄선한 대표 기출문제로 기출 유형 확인
- 방대한 기출문제의 기조 파악
- QR 코드로 풀이 강의 바로 시청

STEP 3 기출 유형 문제

또기적 합격자료집

전문가의 손으로 해설한
기출 유형 문제 5회분

도서 구매자 특별 제공
함수 공략집 포켓북

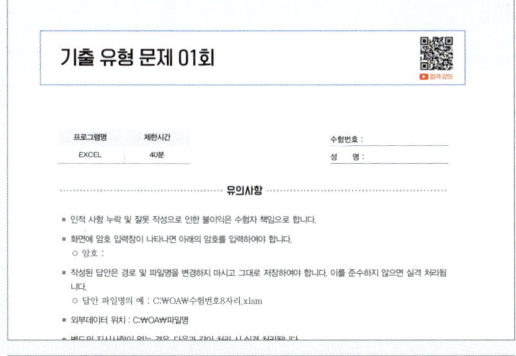

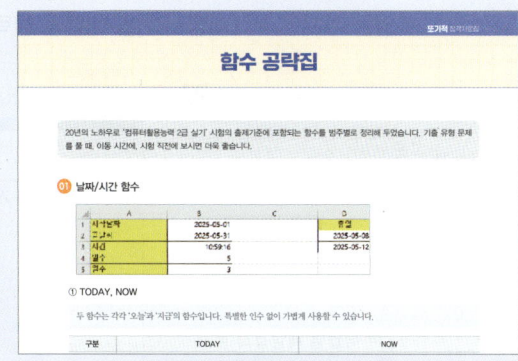

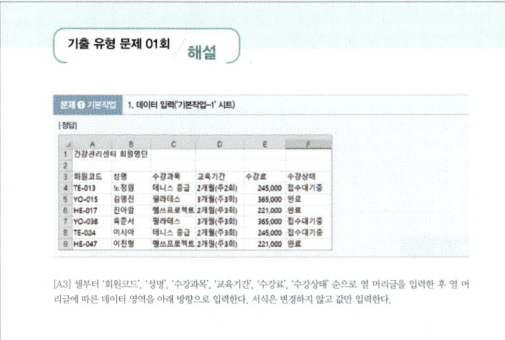

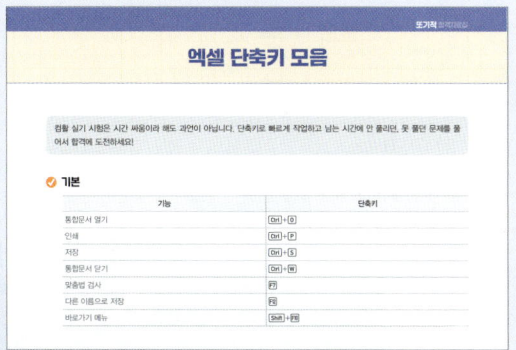

- 학습한 이론의 적용 및 약점 보완 가능
- 꼼꼼한 해설로 3중(독학, 도서, 강의) 학습 가능
- 동영상 강의와 다양한 팁으로 학습 능률 향상

- 시험장 스케치
- 스터디 플래너
- [합격4종 패키지] 함수 공략집, 기적의 TIP 한 눈에 보기, 합격 습관 체크리스트, 엑셀 단축키 모음

자동 채점 서비스

웹 용

① 인터넷 검색 창에 comlicense.co.kr 또는 이기적컴활.com을 입력하여 사이트에 접속합니다.

② '년도선택: 2026', '교재선택: 이기적 X 커미조아가현샘 컴퓨터활용능력 2급'을 선택한 후 [교재 선택 완료]를 클릭합니다.

③ '회차선택'에서 정답 파일을 선택, '작성파일선택'에서 [찾아보기]를 클릭하여 수험자가 작성한 파일을 가져온 후, [채점시작]을 버튼을 클릭합니다.

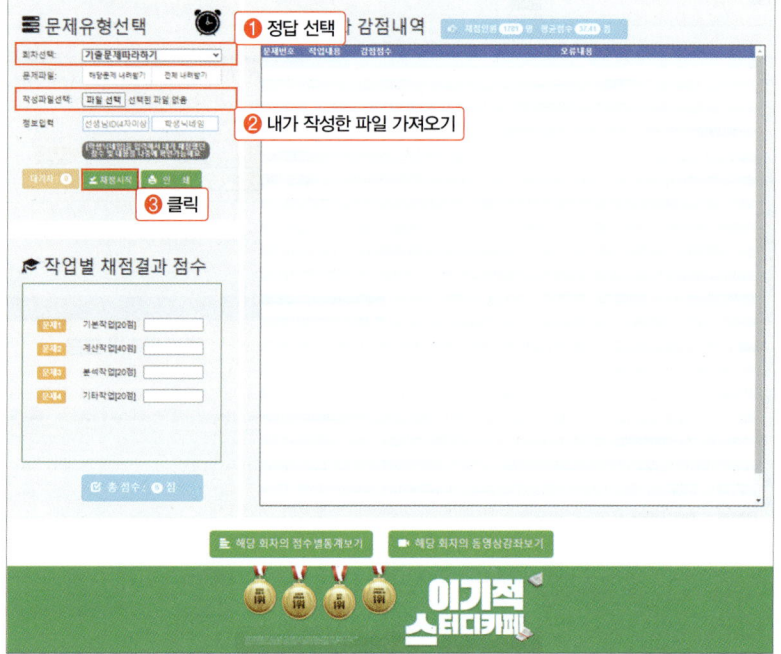

⚠️ **웹 사이트 채점 프로그램 주의사항**

- 채점 프로그램은 일부 결과가 정확하지 않을 수 있으니 참고용으로 사용해 주세요. 이럴 땐 정답 파일을 열어 비교해 보시기 바랍니다.
- 인터넷이 연결되어 있지 않은 컴퓨터는 웹 사이트 채점을 이용할 수 없습니다.
- 개인 인터넷 속도, 수험생의 접속자 수에 따라 채점 속도가 다를 수 있습니다.
- 웹 채점 서비스는 부가 서비스로 제공되는 부분이며, 업체 등의 변경으로 웹 채점 프로그램 제공이 중단될 수 있습니다.
- 본 도서에서 제공하는 웹 채점 서비스는 1판 1쇄 기준 2년간 유효합니다.

실습 파일 사용 방법

01 다운로드 방법

① 이기적 영진닷컴 홈페이지(license.youngjin.com)에 접속하세요.

② [자료실] – [컴퓨터활용능력] 게시판으로 들어가세요.

③ '[7808] 2026 한 권으로 끝장내는 이기적 X 커미조아가현샘 컴퓨터활용능력 2급 실기' 게시글을 클릭하여 첨부파일을 다운로드하세요.

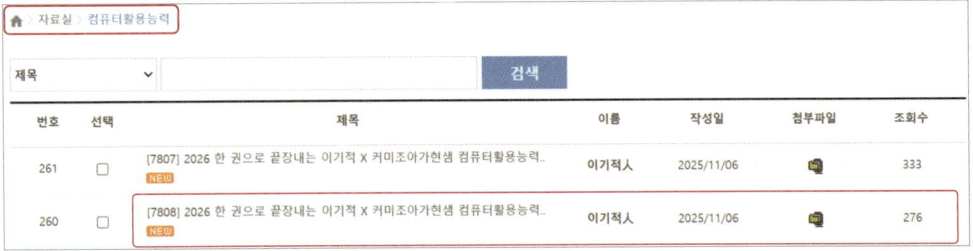

02 사용 방법

① 다운로드받은 '7808' 압축 파일에서 마우스 오른쪽 버튼을 눌러 '7808'에 압축풀기를 눌러 압축을 풀어 주세요.

② 압축이 완전히 풀린 후에 '7808' 폴더를 더블클릭하세요.

③ 압축이 제대로 풀렸는지 확인하세요. 아래의 그림대로 파일이 들어 있어야 합니다. 그림의 파일과 다르다면 압축 프로그램이 제대로 설치되어 있는지 확인해 주세요.

시험의 모든 것

시험 알아보기

- **시행처 및 관련부처**
  - 시행처 : 대한상공회의소(license.korcham.net)
  - 관련부처 : 고용노동부

- **자격 개요**

  사무자동화의 필수 프로그램인 스프레드시트(Spread Sheet), 데이터베이스(Database)의 활용 능력을 평가하는 국가기술자격 시험

- **응시 자격**

  제한 없음
  ※ 실기시험은 필기시험 합격 후 2년 이내에 실시하는 시험에 응시할 수 있습니다.

- **시험 방식**
  - 시험시간
    - 1급 : 90분(과목별 45분)
    - 2급 : 40분
  - 시험방식 : 컴퓨터 작업형

- **실기 시험 공식 버전**
  - Windows 10, MS Office LTSC Professional Plus 2021(2급은 MS Office LTSC Standard 2021도 사용 가능)
  ※ 사용자의 프로그램의 버전에 따라(업데이트 버전 포함) 공식 버전과 일부 명칭 및 메뉴가 다를 수 있습니다.

접수·응시·합격 발표

- **원서접수**
  - 개설일로부터 시험일 4일 전까지
  - 시행처 홈페이지 license.korcham.net에서 접수
  - 시험 시간 조회 후 원하는 날짜/시간에 접수(21년부터 상시검정만 시행)

- **응시료**

  25,000원(인터넷 접수 시 수수료 별도)

- **합격 기준**

  100점 만점에 70점 이상(1급은 두 과목 모두 70점 이상)

- **합격 발표**
  - 대한상공회의소 홈페이지
  - 상시검정 시험일 다음날 오전 10:00 이후 발표

- **자격증 발급**
  - 휴대할 수 있는 카드 형태의 자격증 발급(신청자)
  - 취득(합격)확인서가 필요한 경우 취득(합격)확인서 발급
  - 인터넷(license.korcham.net)을 통해 자격증 발급 신청 가능
  - 자격증 신청 기간은 따로 없으며 신청 후 10~15일 후 수령 가능

- **자격 특전**
  - 공무원 채용 가산점
    - 소방공무원(사무관리직) : 컴퓨터활용능력1급(3%), 컴퓨터활용능력2급(1%)
    - 경찰공무원 : 컴퓨터활용능력1, 2급(2점)
    - 해양경찰공무원 : 컴퓨터활용능력1, 2급(1점)
  - 학점은행제 학점인정 : 1급 14학점, 2급 6학점
  - 100여개 공공기관·공기업 등 채용·승진 우대

책 속의 출제기준

스프레드시트 실무(2024.1.1.~2026.12.31.)

주요항목	세부항목	세세항목	쪽수
데이터 입력	데이터 입력하기	데이터 입력하기	022
		일러스트레이션 개체 삽입하기	133
		기타 정보(이름, 메모ㆍ노트, 윗주 등) 입력하기	033(이름), 027(메모)
	데이터 편집하기	데이터 수정하기	025
		영역 설정하기	085
		데이터 복사하기 및 붙여넣기	033
	서식 설정하기	기본 서식 지정하기	026
		사용자 지정 서식 지정하기	029
		조건부 서식 적용하기	040
		서식 파일과 스타일 사용하기	029(스타일)
데이터 계산	기본 계산식 사용하기	기본 계산식 사용하기	059
		시트 및 통합문서 간 수식 사용하기	-
		오류메시지 처리하기	082(연산자 및 괄호), 130(참조)
데이터 관리	기본 데이터 관리하기	워크시트 관리하기	-
		기본 데이터 도구 사용하기	036(고급필터), 047(텍스트 나누기), 052(사용자 지정 필터), 096(데이터 정렬), 101(부분합)
		데이터 유효성 검사 설정하기	-
	데이터 분석하기	데이터 분석 도구 사용하기	085(피벗테이블), 109(목표값 찾기), 112(데이터표), 116(시나리오), 126(데이터 통합)
		가상 분석 도구 이용하기	109
차트 활용	차트 작성하기	차트 종류 선택하기	143
		차트 구성 요소 변경하기	144
		차트 크기 조정하기, 차트 배치하기	-
	차트 편집하기	차트에 데이터 반영하기	141(데이터 추가), 146(데이터 제거)
		차트 종류 변경하기	143
		차트 서식 변경하기	149~151
		차트 서식 파일 저장하기 및 활용하기	-
매크로 활용	매크로 작성하기	매크로 작성하기	129
		컨트롤과 연계하여 매크로 실행하기	-

시험 출제 경향

기본작업 (총 3문항, 20점)

문항	출제내용	배점	학습 포인트
[문제1] 기본작업-1	데이터 입력	5점	• 서식 지정 없이 입력 • 빠르게 입력하는 방법 익히기 • 타자 속도 중요
[문제1] 기본작업-2	서식 설정(5문제)	10점 (각 2점)	• 글꼴 서식 • 병합 및 정렬 • 사용자 지정 서식(테두리, 채우기 색, 셀 스타일)
[문제1] 기본작업-3	• 조건부 서식 • 필터 • 그림 복사/연결하여 붙여넣기 • 외부 데이터 가져오기	5점	• 지정될 범위 또는 셀 정확히 인지 • 기능별 개념 익히기

가현샘의 TIP
- [기본작업-1]은 그림과 똑같이 빠르게 입력하고, 타자 속도가 느리면 모든 풀이(계산작업) 마친 뒤 입력합니다.
- [기본작업-2]는 데이터의 유형별(문자, 숫자, 날짜)로 서식을 정확히 지정해야 합니다.
- [기본작업-3]은 기능별 개념을 잘 익힌 다음, 작업 순서를 익혀야 합니다.

계산작업 (총 5문항, 40점)

문항	출제내용	배점	학습 포인트
[문제2]	함수의 작성 및 활용	5문항 (각 8점)	• 쉬운 문제 우선, 시간 관리 필수 • 기능별 함수 학습 후 반복 실습으로 감각 익히기 • 함수 마법사를 활용하여 구조 익히기 • 중첩 함수 작업 시 기본 함수 작성 후 조립하기

가현샘의 TIP
- 문제가 요구하는 답을 먼저 유추하고 접근해야 합니다.
- 주어진 함수로 구할 수 있는 값을 파악해야 합니다.
- 다른 기능을 모두 푼 다음 마지막으로 푸는 것이 좋습니다.

03 분석작업 (총 2문항, 20점)

문항	출제내용	배점	학습 포인트
[문제3]	• 함수의 작성 • 피벗 테이블 • 부분합, 데이터 통합, 데이터 표 • 시나리오, 목표값 찾기, 정렬 등 및 활용	2문항 (각 10점)	• 부분 점수가 없어 실수를 줄여야 함 • 주어진 조건을 정확히 해석하는 것이 관건 • 핵심 개념 숙지 후 반복 실습하기

가현샘의 TIP
- 기능별로 어떤 결과를 요구하는지 이해해야 합니다.
- 기능별로 각 항목에 넣어야 하는 값들을 이해해야 합니다.
- 기계적으로 풀 수 있도록 반복적인 연습이 필요합니다.

04 기타작업 (총 2문항, 20점)

문항	출제내용	배점	학습 포인트
[문제4]	• 매크로의 기록과 연결 • 차트의 작성 및 서식 지정	2문항 (각 10점)	• 부분 점수 있음 • 실수 줄이면 안정적 고득점 가능 • 반복 연습을 통해 유형 익숙하게 만들기 • 매크로 실행 및 기록법, 차트 설정 숙지

가현샘의 TIP
- 매크로를 지정하는 순서를 정확히 알아야 합니다.
- 차트를 구성하는 각 요소들의 이름을 익혀야 합니다.
- 요소별로 변경할 수 있는 속성을 익혀야 합니다.

Q&A

응시 및 시험

Q 필기와 실기는 서로 다른 지역에서 응시할 수 있나요?

A 그렇습니다. 필기시험 합격 지역과 관계없이, 실기시험은 접수한 지역의 시험장에서 응시할 수 있습니다.

Q 필기시험에 합격했는데 실기시험에 떨어졌습니다. 실기는 몇 번까지 응시할 수 있나요?

A 필기시험 합격 후 2년간 필기 면제가 유지되며, 이 기간에 실기시험은 횟수 제한 없이 계속 응시할 수 있습니다. 면제 기간이 지났는지 확인하려면 대한상공회의소 검정사업단 홈페이지에서 이름과 주민등록번호를 입력해 조회할 수 있습니다.

Q 상시검정이란 무엇인가요?

A 상시검정은 상공회의소가 운영하는 상시 시험장에서 수시로 접수하고 응시할 수 있도록 운영되는 시험 제도입니다. 인터넷 접수만 가능하며, 접수 당시 개설된 시험장 및 시험일시 중 원하는 것을 선택해 응시할 수 있습니다.

Q 실기시험에 응시한 상태에서, 합격자 발표 전에 다시 상시검정에 응시할 수 있나요?

A 그렇습니다. 다만, 이미 합격한 경우 그 이후에 본 시험은 무효로 처리됩니다.

Q 시험이 많이 어려워서 합격률이 많이 낮다고 하던데, 최근 5년간의 합격률은 어떻게 되나요?

A 도표에서 보실 수 있듯이 합격률이 50%를 밑돌고 있습니다.

연도	접수자(명)	응시자(명)	합격(명)	합격률 (%)
2020	187,725	157,159	78,378	49.9
2021	228,037	188,211	91,476	48.6
2022	178,659	148,075	68,781	46.5
2023	164,137	138,845	65,290	47
2024	162,899	139,854	60,857	43.5
*	921,457(총계)	772,144(총계)	364,782(총계)	47.1(평균)

※ 출처 : 2025 국가기술자격통계연보(한국산업인력공단, 2025)

점수 확인 및 성적 조회

Q 시험 점수 및 채점 결과는 어떻게 확인하나요?

A 합격 여부는 합격자 발표일에 공개됩니다. 세부 점수나 채점 내용이 알고 싶으면 대한상공회의소에 직접 문의해야 합니다.

Q 실기 점수는 어디서 확인할 수 있나요?

A 대한상공회의소 홈페이지 '마이페이지 > 시험결과'에서 확인할 수 있습니다. 단, 합격자 발표일로부터 60일까지만 조회할 수 있으며, 이후에는 상공회의소에 직접 문의해야 합니다.

작업 방법

Q 매크로가 실행되지 않을 때, 어떻게 해야 하죠?

A ① 폴더나 바탕화면에서 파일을 마우스 오른쪽 버튼을 눌러서 [속성] 창을 열고, [일반] 탭의 [보안]에서 '차단 해제'에 체크한 다음, [확인] 버튼을 눌러서 저장합니다.
② 아이콘을 더블클릭하여 엑셀 파일을 엽니다. [파일]-[옵션]의 [보안센터]에서 [보안센터 설정]을 클릭하여 창을 엽니다. '매크로 설정'에서 'VBA 매크로 사용(권장 안 함, 위험한 코드가 시행될 수 있음)'에 체크합니다.
③ 설정을 모두 마쳤으면 [확인]을 클릭하고 엑셀 창을 닫았다가 다시 엽니다.

Q 프로시저 버튼이 클릭이 안 될 때, 어떻게 해야 하죠?

A ① 아이콘을 더블클릭하여 엑셀 파일을 엽니다. [파일]-[옵션]의 [보안센터]에서 [보안센터 설정]을 클릭하여 창을 엽니다. 'ActiveX 설정'에서 '제한 사항 및 확인 메시지 없이 모든 컨트롤 사용(위험성 있는 컨트롤이 실행될 수 있으므로 권장하지 않음)'을 선택합니다.
② 설정을 모두 마쳤으면 [확인]을 클릭하고 엑셀 창을 닫았다가 다시 엽니다.

Q 피벗 테이블에서 데이터를 불러오는 과정에서 파일이 안 보입니다. 어떻게 해야 하죠?

A ① 확장자별로 불러오는 방법이 다릅니다. 지시사항을 확인한 다음, 정확한 방법으로 불러와야 합니다.
② 정확한 방법으로 불러왔는데도 안 보인다면 경로를 확인해야 합니다. C:\OA 폴더인지 확인해 주세요.

Q 함수를 작성하거나 작업창 내부의 요소를 선택할 때, 설명이나 이름을 보고 싶으면 어떻게 해야 하죠?

A ① [파일]-[옵션]의 [고급]-[표시]에 있는 '함수 화면 설명 표시'에 체크합니다.
② 이어서 [일반]-[사용자 인터페이스 옵션]에 있는 '실시간 미리 보기 사용'에 체크한 다음, 화면 설명 스타일을 '화면 설명에 기능 설명 표시'를 선택하세요.
③ 설정을 모두 마쳤으면 [확인]을 클릭하고 엑셀 창을 닫았다가 다시 엽니다.

출제 기준 속 함수 모아 보기

범주별 빈도별 함수 목록

범주	함수
날짜/시간 함수	★★★★☆ : TODAY, YEAR, MONTH, DAY, HOUR, MINUTE ★★★☆☆ : TIME, WEEKDAY, EDATE, EOMONTH, NOW ★★☆☆☆ : DATE, WORKDAY ★☆☆☆☆ : DAYS, SECOND
논리 함수	★★★★★ : IF ★★★★☆ : IFERROR, AND, OR ★★★☆☆ : NOT, IFS ★☆☆☆☆ : TRUE, FALSE, SWITCH
데이터베이스 함수	★★★★☆ : DSUM ★★★☆☆ : DAVERAGE, DCOUNT ★★☆☆☆ : DMAX, DMIN ★☆☆☆☆ : DCOUNTA
문자열 함수	★★★★☆ : LEFT, RIGHT, MID, LEN ★★★☆☆ : FIND, SEARCH, TRIM ★★☆☆☆ : UPPER, LOWER ★☆☆☆☆ : PROPER
수학/삼각 함수	★★★★☆ : ROUND, ROUNDDOWN, ROUNDUP ★★★☆☆ : SUM, SUMIF, SUMIFS ★★☆☆☆ : INT, MOD, TRUNC ★☆☆☆☆ : ABS, RAND, RANDBETWEEN, POWER
찾기/참조 함수	★★★★☆ : VLOOKUP, HLOOKUP ★★★☆☆ : INDEX, MATCH ★★☆☆☆ : CHOOSE ★☆☆☆☆ : ROW, COLUMN, ROWS, COLUMNS
통계 함수	★★★★☆ : COUNT, COUNTA, COUNTIF, COUNTIFS ★★★☆☆ : AVERAGE, AVERAGEIF, MAX, MIN, LARGE, SMALL ★★☆☆☆ : AVERAGEIFS, RANK.EQ ★☆☆☆☆ : MEDIAN, MODE.SNGL, STDEV.S, VAR.S, COUNTBLANK, AVERAGEA, MAXA, MINA

사례별 함수 조합

중첩 함수 조합	사용 예시
IF + AND	IF(AND(A1>0, B1<10), "적합", "부적합")
IF + OR	IF(OR(A1="Y", B1="Y"), "통과", "불통과")
IF + ISERROR + VLOOKUP	IF(ISERROR(VLOOKUP(A1, B1:C10, 2, FALSE)), "없음", "있음")
IFERROR + VLOOKUP	IFERROR(VLOOKUP(A1, B1:C10, 2, FALSE), "없음")
VLOOKUP + MATCH	VLOOKUP("수강생", A1:E10, MATCH("성적", A1:E1, 0), FALSE)
SUM + IF	SUM(IF(A1:A10>0, A1:A10, 0))
INDEX + MATCH	INDEX(B2:B10, MATCH("홍길동", A2:A10, 0))
IF + LARGE	IF(LARGE(A1:A10, 1)>100, "최고", "아님")
IFERROR + CHOOSE + RANK.EQ	IFERROR(CHOOSE(RANK.EQ(A1, A2:A10), "1등", "기타"), "오류")
IF + COUNTIF	IF(COUNTIF(A1:A10, ">10")>0, "Yes", "No")
IF + AND + AVERAGE	IF(AND(A1>0, A2<10), AVERAGE(B1:B5), 0)
IF + RANK.EQ	IF(RANK.EQ(A1, A1:A10)=1, "최고", "")

저자의 말

**20년 노하우로 완성한, 합격까지 가장 빠른 길을
여러분과 함께 걸어가고 싶습니다.**

"커미조아가현샘을 왜 이제 만났을까요?" 매주 합격 후기에서 빠짐없이 들려오는 말입니다.

저는 지난 20여 년간 컴퓨터활용능력 자격증을 온라인과 오프라인에서 강의하며, 수많은 수험생의 눈높이에서 함께 고민해 왔습니다. 현재는 유튜브 채널 '커미조아가현샘'을 통해 소통하며, 더 빠르고 더 쉽게 자격증을 취득할 수 있는 실질적인 방법을 전하고 있습니다. 이제 이렇게 책으로 제 노하우를 나눌 기회가 생겨 무척 기쁩니다. 이 자리를 빌려 교재 출판을 제안해 주신 영진닷컴에 깊이 감사드립니다.

본 교재는 오랜 강의 경험과 수험생들의 생생한 피드백을 토대로, 시험에 가장 알맞은 학습 구조를 담아냈습니다. 단순한 기능 풀이와 암기에 그치지 않고, 개념을 이해하며 실전 문제를 함께 고민하고 풀어 가는 과정에 초점을 맞췄습니다. 무엇보다 '실전 문제의 흐름을 파악하고, 보다 쉽고 효율적으로 해결하는 방법'을 익히는 데 중점을 두었습니다. 독자 여러분은 책을 따라가며 문제 유형별로 다양한 풀이 전략과 실전 감각을 자연스럽게 익히게 될 것입니다.

먼저, 이론부에서는 실제 출제 유형에 맞춰 기초 개념과 기능 설명으로 탄탄한 기본기를 다질 수 있도록 했습니다. 이어지는 기출 유형 문제는 출제 빈도가 높고 실제 시험과 매우 유사한 형태로 선별하였으며, 실제 시험지와 거의 동일한 양식·구조·조건을 반영했습니다. 해설 또한 최신 출제기준을 충실히 따름으로써, 학습자가 시험장에서 문제를 접할 때 익숙함과 자신감을 느낄 수 있도록 구성했습니다.

또한 다년간의 강의 경험과 함께, 수강생들이 자주 실수하거나 놓치는 포인트를 꼼꼼히 담았습니다. 이를 통해 합격의 걸림돌이 될 수 있는 실수를 최소화하도록 했습니다. 무엇보다도 본 교재는 단순히 '문제를 풀어 보는 것'이 아니라 '시험을 몸에 익히는 것'에 목적을 두고 있습니다. 반복 학습을 통해 실전 감각을 완성하고, 시험장에서 당당히 문제를 마주할 수 있는 자신감을 길러 주는 것이 본 교재의 가장 큰 가치입니다.

본 교재가 여러분의 합격을 앞당기는 든든한 길잡이가 되기를 바랍니다.
여러분의 노력과 이 책이 만나 반드시 좋은 결실을 거두리라 믿습니다.
진심으로 합격을 기원합니다.

저자 커미조아가현샘 *박가현*

PART 01

시험 유형 따라하기

CONTENTS

01. [기본작업] 데이터 입력
02. [기본작업] 데이터 서식
03. [기본작업] 고급필터
04. [기본작업] 조건부 서식
05. [기본작업] 텍스트 나누기
06. [기본작업] 사용자 지정 필터
07. [계산작업] 계산작업
08. [분석작업] 피벗테이블
09. [분석작업] 데이터 정렬
10. [분석작업] 부분합
11. [분석작업] 목표값 찾기
12. [분석작업] 데이터 표
13. [분석작업] 시나리오
14. [분석작업] 데이터 통합
15. [기타작업] 매크로
16. [기타작업] 차트

예제 파일 위치

[26컴활2급(커미조아)] → [PART 01] 폴더

01 [기본작업] 데이터 입력

반복학습 1 2 3

> 시험유형 ❶ '01기본작업-데이터입력.xlsx' 파일의 '데이터입력-실습1' 시트

※ '데이터입력-실습1' 시트에 대하여 다음의 자료를 주어진 대로 입력하시오.

	A	B	C	D	E	F
1	직원 명단					
2						
3	사번	이름	직급	급여	입사일	연락처
4	Abt-9901	한광태	이사	5000000	1999-03-01	(010)4039-2583
5	Gts-9904	이재영	과장	3000000	2015-03-01	(010)1234-5864
6	Abt-2007	손서진	대리	2500000	2020-03-01	(010)1253-8965
7	Gts-2006	최세창	대리	2500000	2019-03-01	(010)9583-8574
8	Cub-2005	이명호	대리	2500000	2021-03-01	(010)3625-5748
9	Cub-2008	이인규	대리	2000000	2021-03-02	(010)8957-5241

① [A3] 셀에 커서를 두고 **사번**을 입력한 후 키보드의 Tab 을 누르고 오른쪽으로 이동하면서 차례대로 **이름, 직급, 급여, 입사일, 연락처**를 입력한다.

② Enter 를 누르면 [A4] 셀로 이동한다.(입력 도중 변경하는 과정이 있었다면 마우스로 직접 [A4] 셀을 클릭한 상태로 입력) [A4] 셀에 **Abt-9901**을 입력한 후 Enter 를 누르면서 아래 방향으로 이동한다.

> 🔑 기적의 TIP
>
> **데이터의 입력 1 - 기본 입력**
> - 보이는 그대로 입력한다.
> - 임의로 서식을 변경하지 않는다.
> - 제목행을 먼저 입력한 후 A열부터 아래 방향으로 한 열씩 입력한다.
> - 띄어쓰기를 틀리지 않게 정확하게 입력한다.
> - 영문/한글은 키보드의 한/영 을 눌러서 변환한다.
> - 오른쪽 방향으로는 Tab 또는 → 를 눌러서 이동한다.
> - 왼쪽 방향으로는 입력을 중단하고 Enter 를 눌러 다른 셀로 이동한 다음 입력된 셀을 더블클릭하거나 F2 를 눌러서 텍스트 입력 커서를 활성화한 다음에 이동한다.
> - 아래 방향으로는 Enter 를 누르면서 이동한다.

> 🔑 기적의 TIP
>
> **데이터의 입력 2 - 수치 데이터의 입력**
> ① 날짜 입력
>   - 연-월-일 순 또 슬래시(/)로 구분하여 입력한다. (예) 2025-01-20)
>   - 보이는 그대로 입력한다. (예) 4월 5일)
> ② 시간 입력
>   - 시:분:초 순으로 콜론(:)으로 구분하여 입력한다. (예) 14:50:20)
>   - 보이는 그대로 입력한다. (예) 14시 50분 20초)
> ③ 숫자를 문자처럼 입력
>   - 그레이브(')를 입력한 후 입력하려는 숫자를 입력한다. (예) '04)

기적의 TIP

데이터의 입력 3 – 동일한 데이터의 입력

① 동일한 데이터를 여러 곳(떨어져 있는 곳)에 입력
- 같은 값이 입력될 셀을 Ctrl 을 이용하여 선택한 다음, 수식입력줄에 값을 입력한 후 Ctrl + Enter 를 누른다.

② 문자인 경우(또는 문자+숫자)
- 글자를 입력한 후 Enter 를 누른 다음 다시 셀을 선택한다.
- 셀 테두리의 포인터 모양이 '+' 표시인 상태에서 마우스를 클릭한 상태로 아래 방향으로 드래그한다.

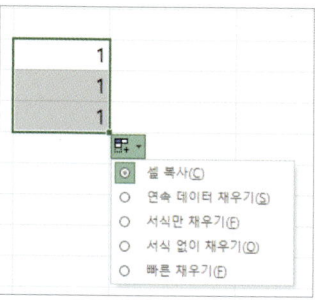

③ 문자+숫자의 경우
- 데이터를 입력한 후 Enter 를 누른 다음 다시 셀을 선택한다.
- 셀 테두리의 포인터 모양이 '+' 표시인 상태에서 Ctrl 을 누르고, 마우스를 아래 방향으로 드래그한다.

④ 숫자인 경우
- 데이터를 입력한 후 Enter 를 누른 다음 다시 셀을 선택한다.
- 셀 테두리의 포인터 모양이 '+' 표시인 상태에서 마우스를 아래 방향으로 드래그한다.
- 또는 [자동 채우기 옵션]에서 '셀 복사'를 선택한다.

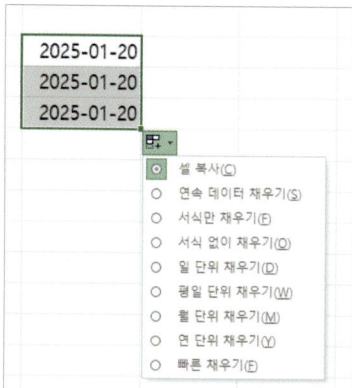

⑤ 날짜인 경우
- 데이터를 입력한 후 Enter 를 누른 다음 다시 셀을 선택한다.
- 셀 테두리의 포인터 모양이 '+' 표시인 상태에서 Ctrl 을 누르고, 마우스를 아래 방향으로 드래그한다.

🅑 기적의 TIP

데이터의 입력 4 – 점증(1씩 증가)하는 데이터의 입력

① 문자 단독(자동채우기 목록에 등록된 것) 또는 문자+숫자인 경우
- 셀 테두리의 포인터 모양이 '+' 표시인 상태에서 마우스를 클릭한 상태로 아래 방향으로 드래그한다.
- 앞쪽과 뒤쪽에 모두 숫자가 입력된 경우, 뒤쪽에 입력된 숫자가 1씩 증가한다.
  - 예) 갑을병정무기경신임계, 월화수목금토일 등
  - 예) 한자 1급, 한자 2급, 한자 3급 …
  - 예) 1학년 1반, 1학년 2반, 1학년 3반 …

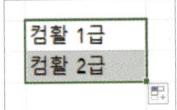

② 숫자인 경우
- 셀 선택한 후 셀 테두리의 포인터 모양이 '+' 표시인 상태에서 [Ctrl]을 누른 상태로 아래 방향으로 드래그한다.
- 또는 [자동 채우기 옵션]에서 '연속 데이터 채우기'를 선택해도 된다.

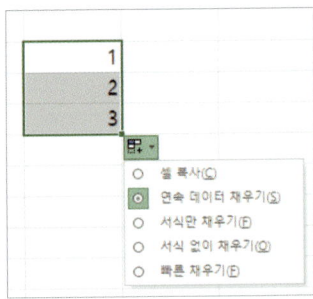

③ 날짜인 경우
- 셀 선택한 후 셀 테두리의 포인터 모양이 '+' 표시인 상태에서 아래 방향으로 드래그한다.
- 또는 [자동 채우기 옵션]에서 '연속 데이터 채우기'를 선택해도 된다.

시험유형 ❷ '01기본작업-데이터입력.xlsx' 파일의 '데이터입력-실습2' 시트

※ '데이터입력-실습2' 시트에 대하여 다음의 자료를 주어진 대로 입력하시오.

	A	B	C	D	E	F	G
1	장미 아파트 동별 수도세현황						
2							
3	관리번호	동	관측시간	전력량	가구수	사용요금	납입일
4	WER-123	101	5:30	230	10	45,238	8월 2일
5	BTS-210	101	6:00	172	8	31,769	8월 7일
6	UYC-518	102	6:30	455	20	164,443	8월27일
7	RCQ-687	102	7:00	157	15	28,950	8월15일
8	TVE-058	101	7:50	375	25	95,578	8월 1일
9	HEX-473	101	10:25	368	22	92,654	8월25일

① [A3] 셀에 **관리번호**를 입력한 후 Tab 을 누르고 오른쪽으로 이동하면서 순서대로 **동, 관측시간, 전력량, 가구수, 사용요금, 납입일**을 입력한다.

② Enter 를 누르면 셀은 [A4] 셀에 위치한다. 아래 방향으로 하나씩 입력한다. 같은 방법으로 한 열씩 값을 보이는 그대로 입력한다.

> **기적의 TIP**
>
> **데이터 수정 방법**
> - 입력된 셀에 커서를 두고 F2 를 눌러서 수정한다.
> - 입력된 셀에 커서를 두고 더블클릭을 한 다음 수정한다.
> - 전체 수정은 입력된 셀에 커서를 두고 바로 입력한다.

02 [기본작업] 데이터 서식

반복학습 1 2 3

시험유형 ❶ '02기본작업-데이터서식.xlsx' 파일의 '데이터서식-실습1' 시트

※ '데이터서식-실습1' 시트에 대하여 다음의 지시사항을 처리하시오.
① [A1:G1] 영역은 '셀 병합 후 가로, 세로 가운데 맞춤', 글꼴 '바탕체', 크기 '16', 행 높이를 '30'으로 지정하시오.
② [D3] 셀에 "거래 분류"라는 메모를 삽입하고, 메모 서식의 색 및 선의 채우기는 '노랑' 색으로, '굵게', 글꼴 크기는 '10'으로 지정하고, 맞춤은 '자동 크기'를 설정하고 항상 표시되도록 하시오.
③ [B4:B11] 영역은 셀 서식 기타에서 주민등록번호 형식으로 지정하고 [F4:F11] 영역은 문자 뒤에 "은행"이 표시되도록 사용자 지정을 설정하시오. [표시 예 : 국민 → 국민은행]
④ [E4:E11] 영역의 셀 스타일은 '실적'으로 지정하시오.
⑤ [A3:G11] 영역은 모든 테두리(⊞)와 굵은 바깥쪽 테두리(□)를 지정하시오.

① [A1:G1] 영역을 범위 지정한 후, [홈] 탭의 [맞춤]에서 '병합하고 가운데 맞춤'을 클릭하고 '세로 가운데 맞춤'을 클릭한다. [홈] 탭의 [글꼴]에서 '글꼴'은 **바탕체**, '크기'는 16으로 지정한다. 1행 머리글에서 오른쪽 마우스 버튼을 눌러 [행 높이]를 선택한 후, [행 높이] 대화상자에 30을 입력하고 [확인]을 클릭한다.

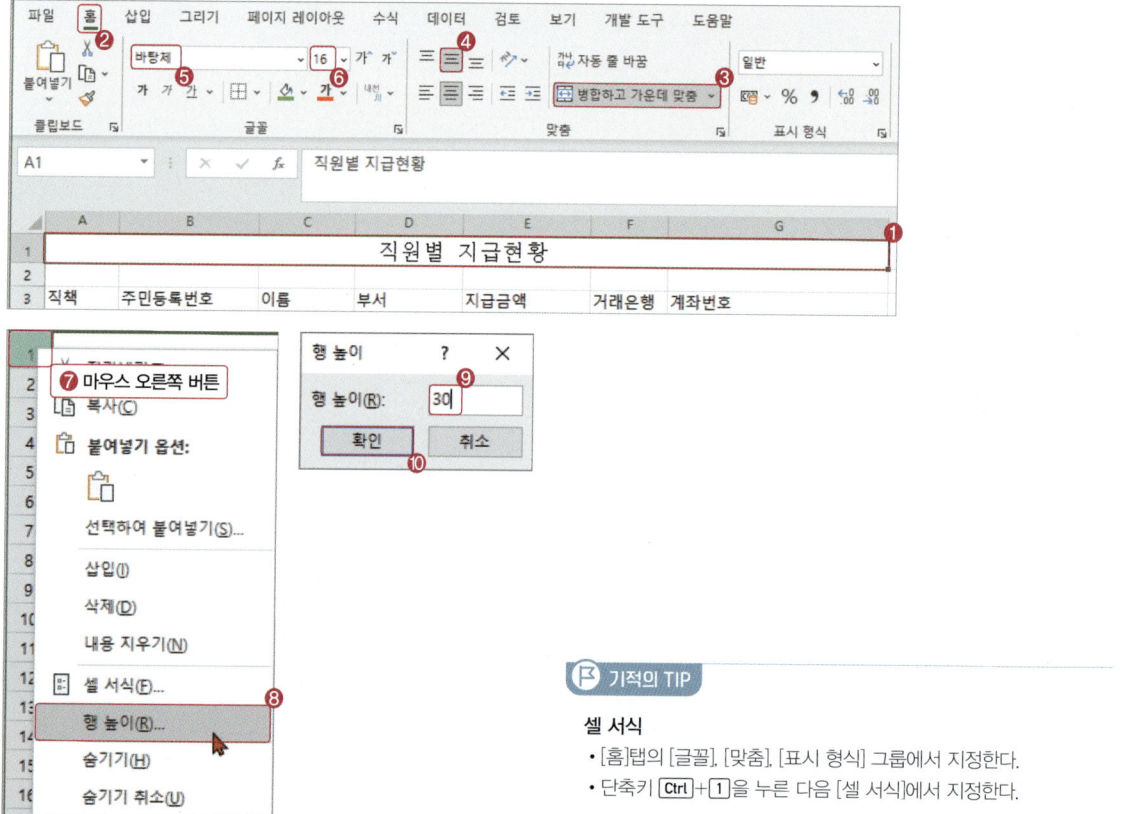

> 📌 **기적의 TIP**
>
> **셀 서식**
> • [홈]탭의 [글꼴], [맞춤], [표시 형식] 그룹에서 지정한다.
> • 단축키 Ctrl + 1 을 누른 다음 [셀 서식]에서 지정한다.

② [D3] 셀에 마우스 포인터를 두고 Shift+F2를 누른다(또는 바로 가기 메뉴에서 메모 삽입). 본문 영역에 **거래 분류**를 입력하고 메모 테두리를 선택한 후, Ctrl+1을 누르면 메모 서식이 표시된다.

③ [메모 서식] 대화상자에서 [색 및 선] 탭의 '채우기 색'을 **노랑**, [글꼴] 탭의 '크기'를 10, '글꼴 스타일'을 **굵게** 지정하고, [맞춤] 탭의 **자동 크기**에 체크한 후 [확인]을 클릭한다.

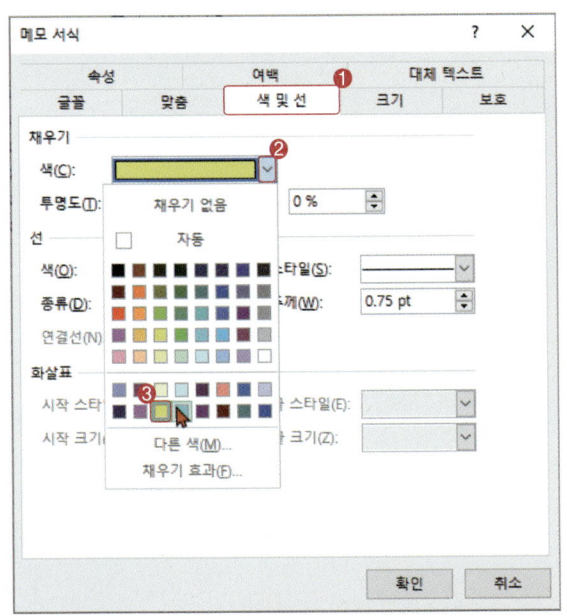

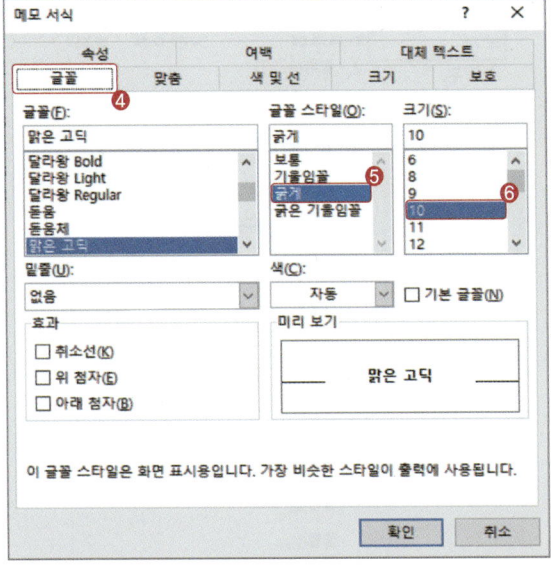

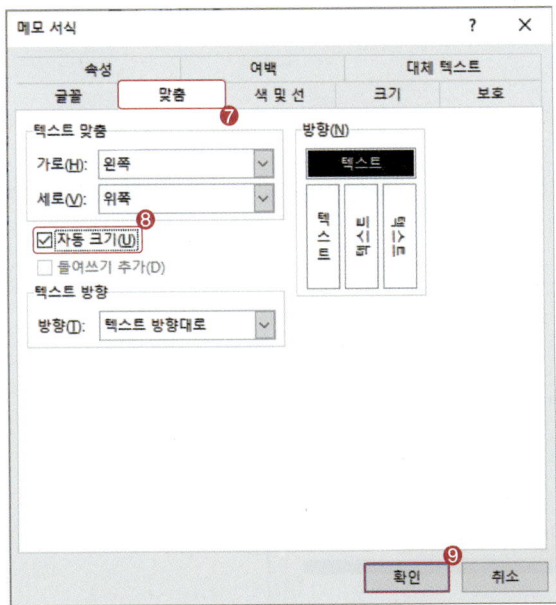

기적의 TIP

메모 삽입
- 바로 가기 메뉴의 [메모 삽입]을 클릭하거나 Shift+F2를 누른다.
- 메모 서식은 메모 테두리 선택(본문에서 선택하면 안 됨) 후 바로 가기 메뉴의 [메모 서식]을 클릭하거나 Ctrl+1를 눌러 지정한다.
- 메모 작성 시 Enter를 눌러 완성하지 않는다. 빈줄 삽입이 된 경우는 Back Space로 삭제한다.

④ 메모가 삽입 된 [D3] 셀에 커서를 두고 바로 가기 메뉴(오른쪽 마우스 버튼 누름)에서 [메모 표시/숨기기]를 클릭하여 메모를 항상 표시한다.

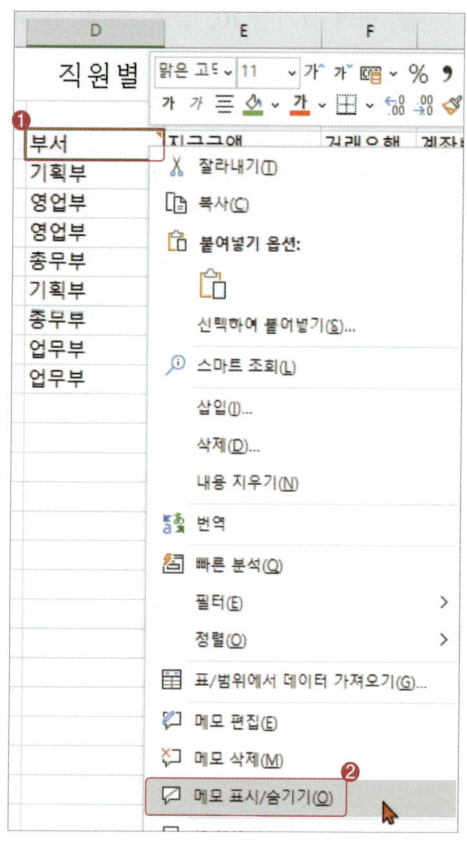

⑤ [B4:B11] 영역을 범위 지정한 후, Ctrl+1을 누른다. [셀 서식] 대화상자에서 [표시 형식] 탭의 [기타]에서 **주민등록번호**를 선택한다.

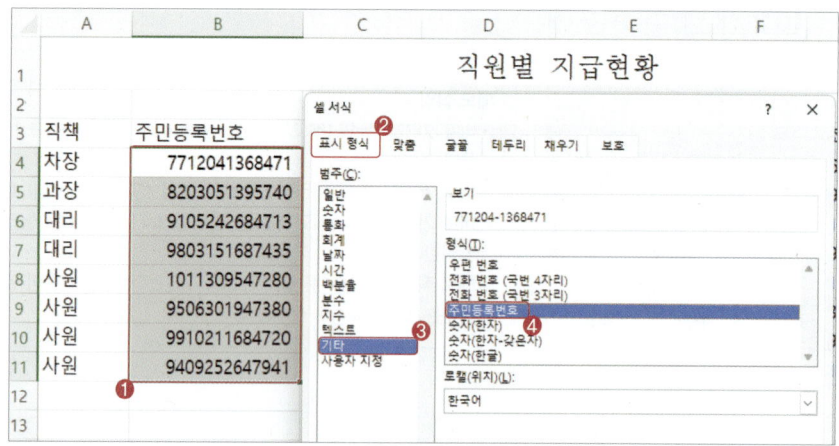

⑥ [F4:F11] 영역을 범위 지정한 후 Ctrl + 1 을 누른다. [셀 서식] 대화상자에서 [표시 형식] 탭의 [사용자 지정 서식]에 @"은행"을 입력한다.

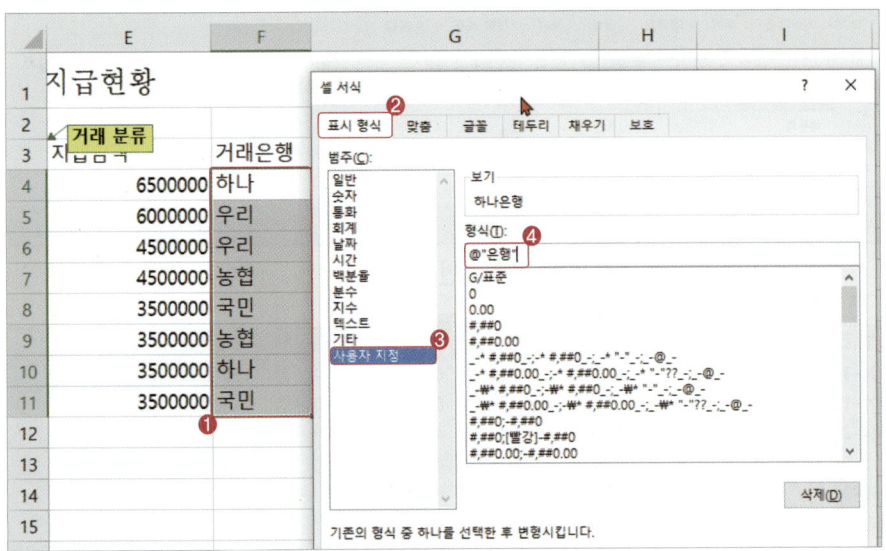

🅱 기적의 TIP

사용자 지정 서식

- 0 : 숫자 자릿수, 지정한 자리에 숫자가 없는 경우 0으로 표시
  [표시 예 : 입력 값이 2인 경우, 서식을 00으로 지정 → 02로 표시]
- # : 숫자 자릿수, 지정한 자리에 숫자가 없는 경우 공백으로 표시
  [표시 예 : 입력 값이 2인 경우, 서식을 ##으로 지정 → 2로 표시]
- @ : 문자 표시
- % : 숫자*100한 만큼의 백분율 표시
- , : 숫자 자릿수를 표시
  [표시 예 : #,##0 → 숫자 세 자리마다 천단위 구분 표시, 3500 → 3,500]
- , : 맨 뒤에 표시되면 천단위씩 반올림한 수로 절사
  [표시 예 : 0, → 3500 → 4]
- 서식 기호와 함께 쓰는 문자 는 하나의 큰따옴표 안에 입력
  [표시 예 : @은행 → @"은행"으로 표시]

⑦ [E4:E11] 영역을 범위 지정한 후, [홈] 탭의 [스타일]에서 **자세히** 버튼을 클릭한 후, '사용자 지정 목록'의 실적을 클릭하여 스타일을 적용시킨다.

⑧ [A3:G11] 영역을 범위 지정한 후, [홈] 탭의 [글꼴]의 [테두리]에서 **모든 테두리(田), 굵은 바깥쪽 테두리(田)**를 클릭하여 테두리를 완성시킨다.

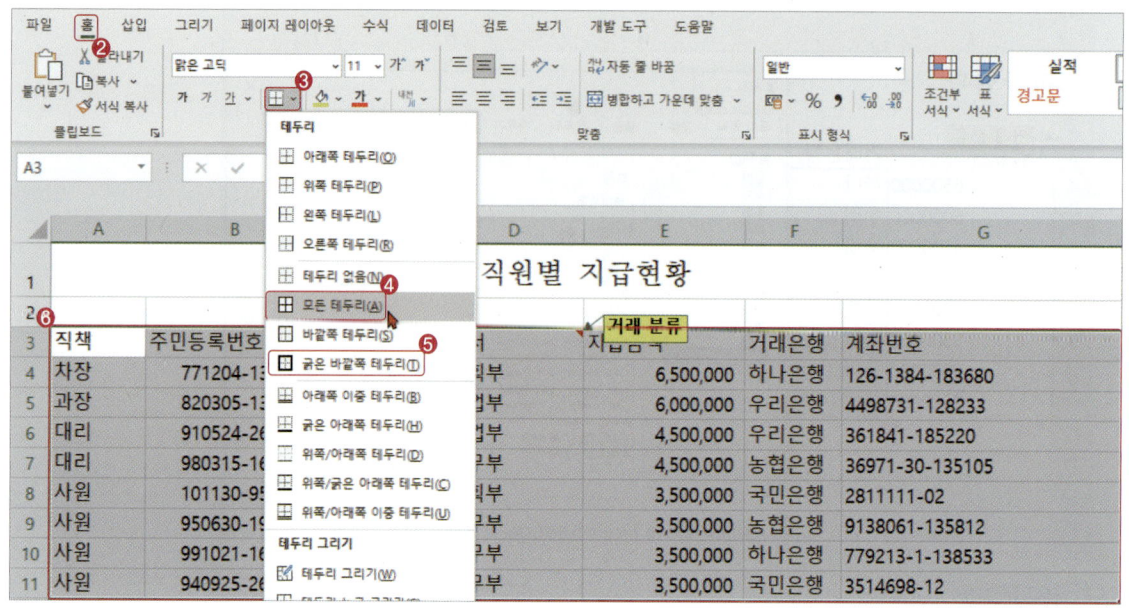

시험유형 ❷ '02기본작업-데이터서식.xlsx' 파일의 '데이터서식-실습2' 시트

※ '데이터서식-실습2' 시트에 대하여 다음의 지시사항을 처리하시오.
① [A1:G1] 영역은 '선택영역 가운데로', 글꼴 '굴림체', 크기 '20', '이중 밑줄', 행 높이를 '30'으로 지정하시오.
② [A3:A4], [B3:D3], [E3:G3] 영역은 '병합하고 가운데 맞춤'을, [A3:G4] 영역은 셀 스타일을 '연한 주황, 20% – 강조색 2'로 지정하시오.
③ [B5:B11], [E5:E11] 영역을 '목표량'으로 이름을 정의하시오.
④ [I4] 셀에 '0.8'을 입력하고 그 값을 [선택하여 붙여넣기]를 이용하여 [B12:C12], [E12:F12] 영역에 곱하기를 하시오. 단, [I4] 셀의 값은 삭제하지 마시오.
⑤ [B5:C12], [E5:F12] 영역은 사용자 지정 서식을 이용하여 표시 예와 같이 표시하시오. [표시 예 : 36000 → *36,000(개), 단 0인 경우 0표시]
⑥ [D5:D11], [G5:G11] 영역은 백분율 서식을 이용하여 백분율로 표시하시오. [표시 예 : 0.98675 → 99%]

① [A1:G1] 영역을 범위 지정한 후, Ctrl + 1 을 누른다. [셀 서식] 대화상자에서 [맞춤]의 텍스트 맞춤을 '가로'는 **선택 영역의 가운데로**를 선택, [글꼴] 탭의 '글꼴'은 **굴림체**, '크기'는 20, '밑줄'은 **이중 실선**으로 설정한 후 [확인]을 클릭한다.

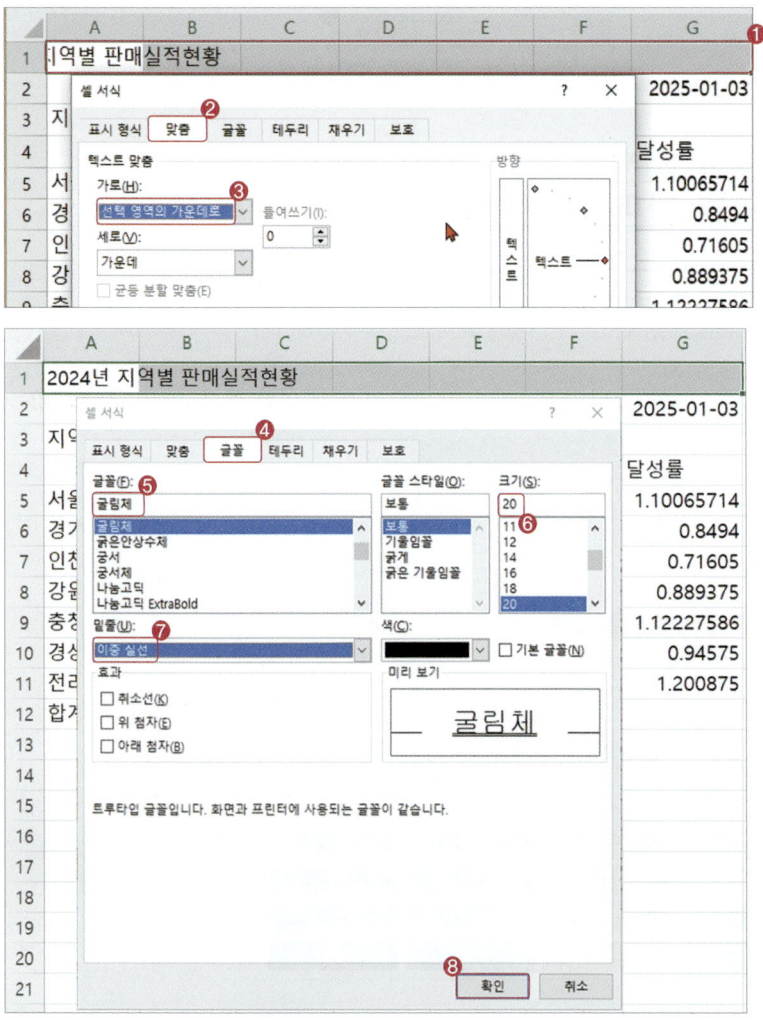

② [1행]의 '머리글'에서 마우스 오른쪽 버튼을 눌러 [행 높이]를 선택한다. [행 높이] 대화상자에 30을 입력한 후 [확인]을 클릭한다.

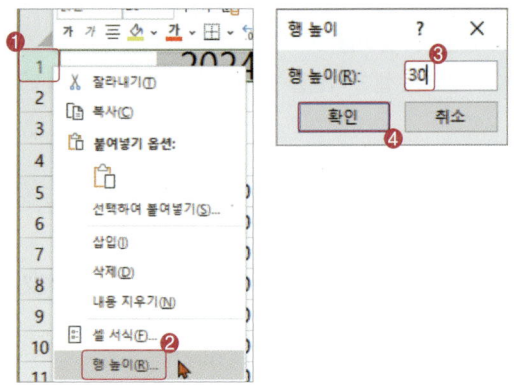

③ [A3:A4], [B3:D3], [E3:G3] 영역을 Ctrl 을 이용하여 각각 범위 지정한 후, [홈] 탭에서 [맞춤]의 **병합하고 가운데 맞춤**을 클릭한다.

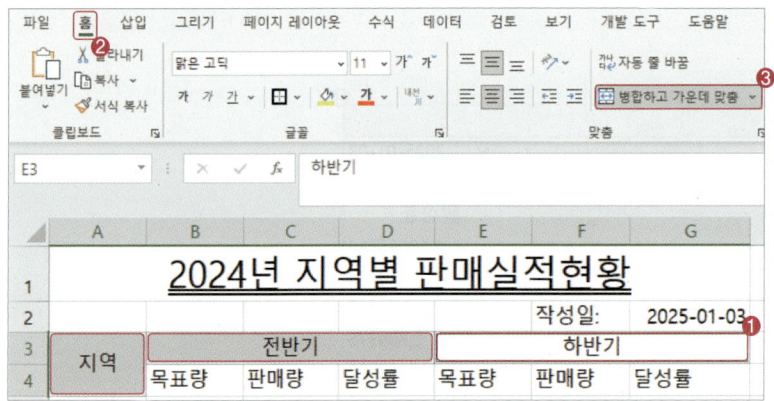

④ [A3:G4] 영역을 범위 지정한 후, [홈] 탭의 [스타일]의 [테마 및 스타일]에서 **연한 주황, 20%-강조색 2**를 선택한다.

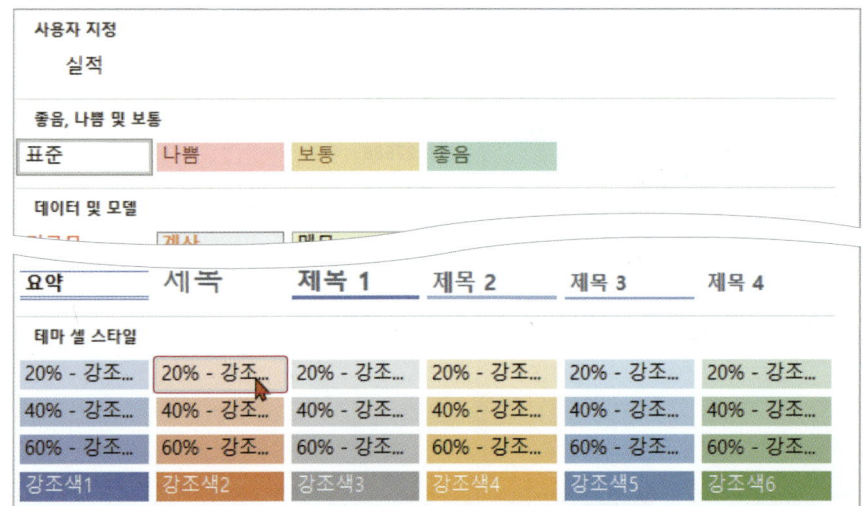

⑤ [B5:B11] 영역과 [E5:E11] 영역을 Ctrl 을 이용하여 범위 지정하고, [이름 상자]에 **목표량**을 입력한 후 Enter 를 눌러 이름을 설정한다.

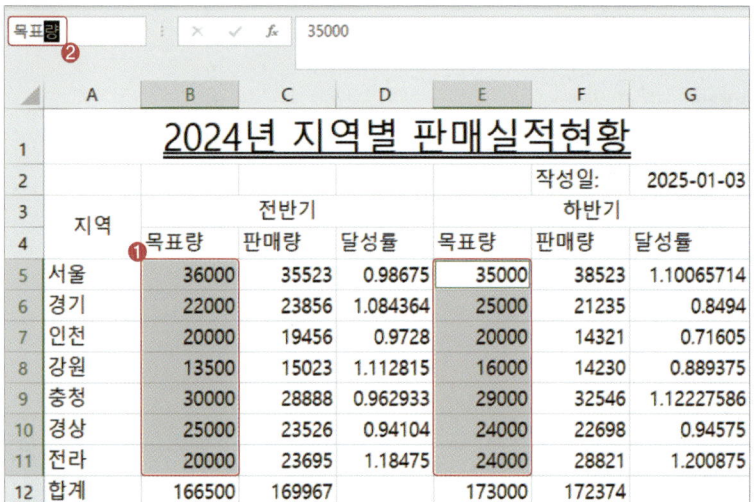

🎯 기적의 TIP

이름 정의
- 범위 지정한 후 이름 상자에 이름을 입력한 후 Enter 를 누른다.
- [수식] 탭의 [정의된 이름]에서 [이름 정의]를 클릭한다.
- [수식] 탭의 [정의된 이름]의 [이름 관리자]에서 [새로 만들기]를 클릭한다.
- [수식] 탭의 [정의된 이름]의 [이름 관리자]에서 [편집(이름 수정)] 또는 [삭제(이름 삭제)]를 클릭한다.

⑥ [I4] 셀에 **0.8**을 입력한 후, Ctrl + C 를 눌러서 복사한다. [B12:C12]와 [E12:F12] 영역을 Ctrl 을 이용하여 동시에 범위 지정한 후, [홈] 탭의 [클립보드]의 [붙여넣기]에서 [선택하여 붙여넣기]를 클릭한다.

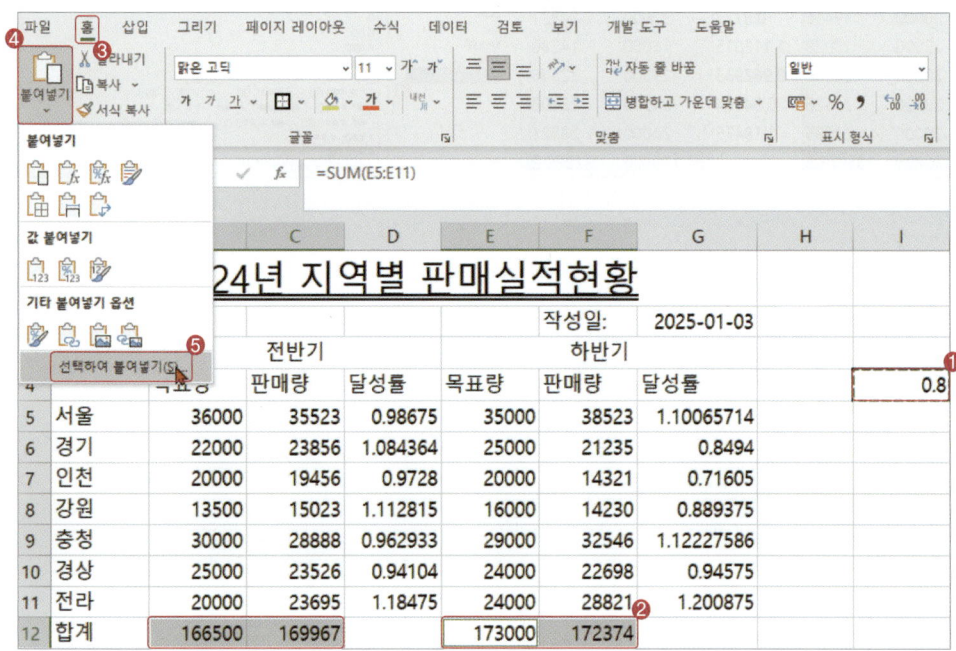

⑦ [선택하여 붙여넣기] 대화상자에서 '연산'은 **곱하기**를 선택한 후 [확인]을 클릭한다. 선택 영역의 값에 ×0.8 한 값으로 변경된다.

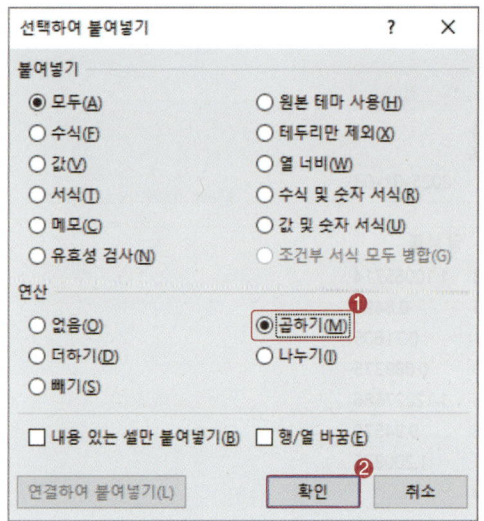

⑧ [B5:C12], [E5:F12] 영역을 Ctrl 을 이용하여 범위 지정한 후, Ctrl + 1 을 누른다. [셀 서식] 대화상자에서 [표시 형식] 탭의 [사용자 지정 서식] 형식란에 "*"#,##0"(개)"를 입력한 후 [확인]을 클릭한다.

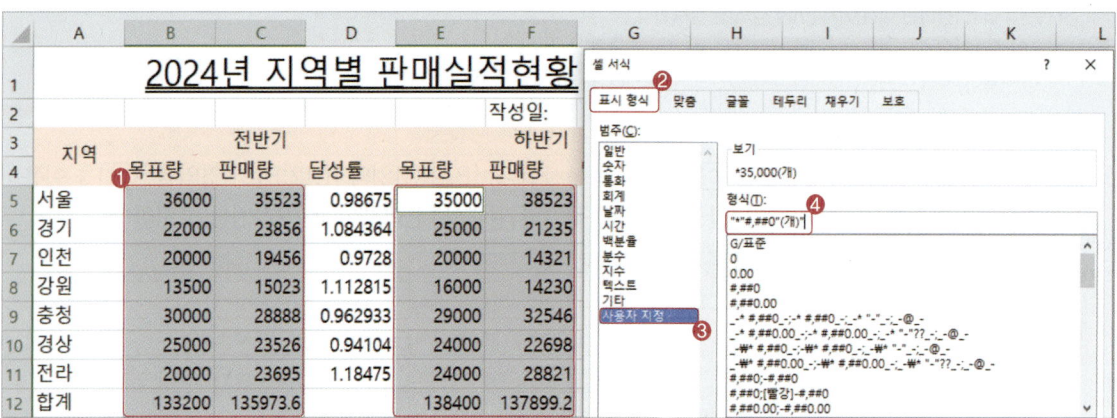

⑨ [D5:D11], [G5:G11] 영역을 Ctrl 을 이용하여 범위 지정한 후, Ctrl + 1 을 누른다. [셀 서식] 대화상자에서 [표시 형식] 탭의 **백분율**을 선택한 후 [확인]을 클릭한다.

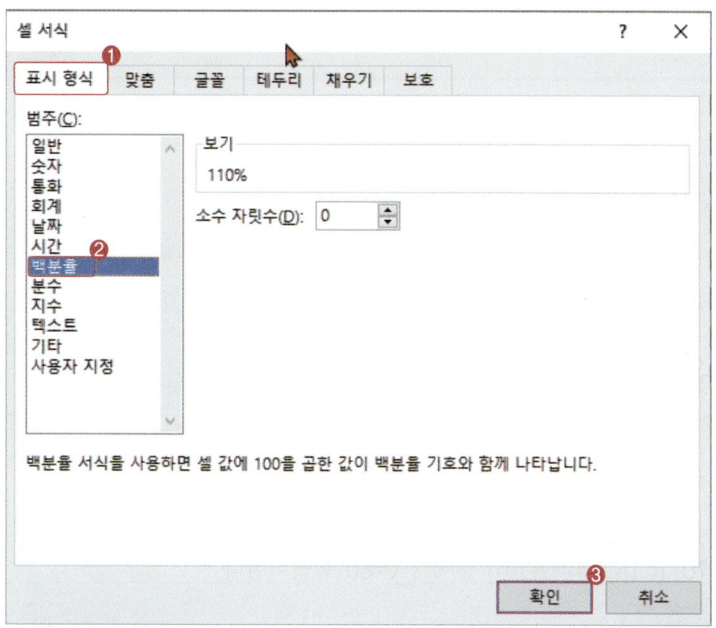

🎯 기적의 TIP

사용자 지정 서식(2368.34)

- G/표준 : 입력한 값 그대로 표시됨
  [G/표준 : 2368.34]
- # : 자릿수, 0인 경우 표시되지 않음
  [# : 2368], [#### : 2368]
- 0 : 자릿수, 0의 개수만큼 숫자로 표시되는데, 0의 개수가 숫자보다 큰 경우는 0으로 표시됨
  [0 : 2368], [00000 : 02368]
- *, 특수문자 등 : 큰따옴표 안에 넣어야 함
- 단어 : "단어"의 형식으로 입력함

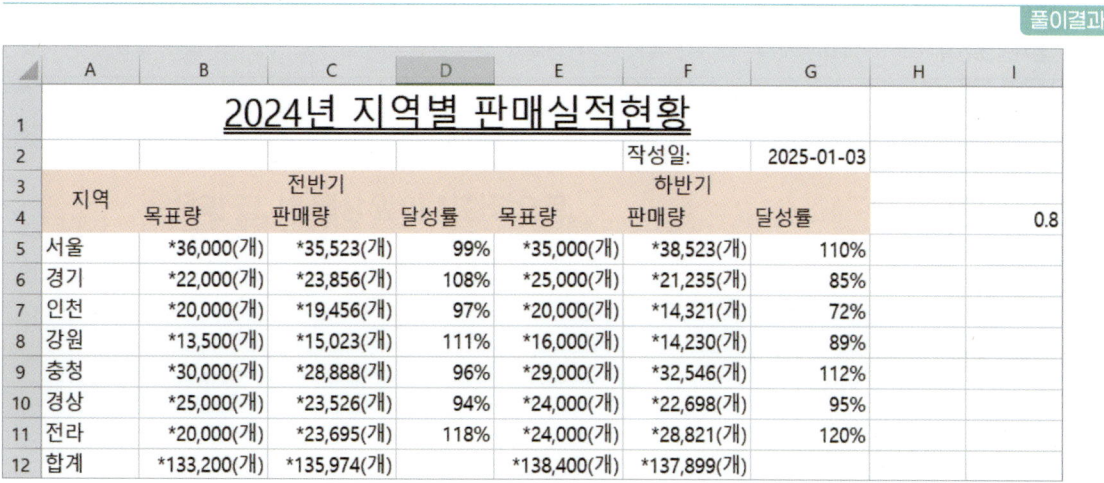

풀이결과

03 [기본작업] 고급필터

반복학습 1 2 3

시험유형 ① '03기본작업-고급필터.xlsx' 파일의 '고급필터-실습1' 시트

※ '고급필터-실습1' 시트에서 다음의 지시사항을 처리하시오.
'커미조아가현샘 학원 현황' 표에서 평가가 "A급" 또는 "B급"이면서 국어 점수가 '70 이상'이면서 '80 이하'인 데이터를 고급필터를 사용하여 검색하시오.
▶ 고급 필터 조건은 [A14:C16] 범위 내에 알맞게 입력하시오.
▶ 고급 필터 결과의 복사 위치는 동일 시트의 [A18] 셀에서 시작하고 '성명', '주민등록번호', '평가', '국어' 열만 표시하시오.

① [A14:C16] 영역에 '조건'을 입력한다. [A14] 셀에 평가, [A15] 셀에 **A급**, [A16] 셀에 **B급**, [B14] 셀과 [C14] 셀에 **국어**, [B15] 셀과 [B16] 셀에 **>=70**, [C15] 셀과 [C16] 셀에는 **<=80**을 입력한다.

	A	B	C
14	평가	국어	국어
15	A급	>=70	<=80
16	B급	>=70	<=80

> **기적의 TIP**
>
> **조건 입력 방법1**
> 1. AND 조건(이면서, 그리고, 이고) : 같은 행에 입력 → 국어의 >=70, <=80은 AND 조건식
> 2. OR 조건(이거나, 또는) : 다른 행에 입력 → 평가의 'A급', 'B급'은 OR 조건식

> **기적의 TIP**
>
> **조건 입력 방법2**
> 1. 필드 이름을 정확히 입력한다.
> 2. 필드 이름 아래칸에 조건을 입력한다.
> 3. 문자인 조건식
>   • 가로 시작 : 가*
>   • 가로 끝 : *가
>   • 가가 포함 : *가*
>   • 가를 제외 : <>가
> 4. 숫자인 조건식
>   • 10 이상 : >=10
>   • 10 초과 : >10
>   • 10 이하 : <=10
>   • 10 미만 : <10
> 5. 날짜인 조건식
>   • 2025-01-01 이후 : >=2025-01-01
>   • 2025-01-01 이전 : <=2025-01-01

② 결과값을 필터하기 위해 [A18] 셀부터 차례대로 **성명, 주민등록번호, 평가, 국어**를 차례대로 입력한다.

	A	B	C	D
13				
14	평가	국어	국어	
15	A급	>=70	<=80	
16	B급	>=70	<=80	
17				
18	성명	주민등록번호	평가	국어

> **기적의 TIP**
>
> 3행에 입력되어 있는 필드 이름을 복사(Ctrl+C)한 후 붙여넣기(Ctrl+V)하는 방법으로 입력하거나 직접 셀에 입력할 수 있다.

③ [A3:G12] 영역을 드래그하여 범위 지정한 후, [데이터] 탭의 [정렬 및 필터]에서 [고급]을 클릭한다.
④ [고급 필터] 대화상자에서 '다른 장소에 복사'를 클릭한다. '목록 범위'는 [**$A$3:$G$12**] 영역, '조건 범위'는 [**$A$14:$C$16**] 영역, '복사 위치'는 [**$A$18:$D$18**]으로 설정한 후 [확인]을 클릭한다.

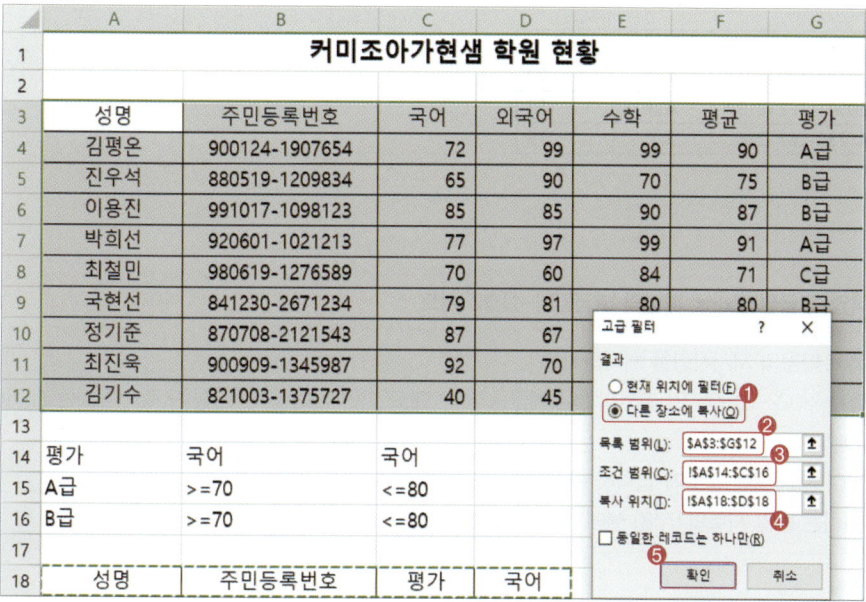

	A	B	C	D	E	F	G
1			커미조아가현샘 학원 현황				
2							
3	성명	주민등록번호	국어	외국어	수학	평균	평가
4	김평온	900124-1907654	72	99	99	90	A급
5	진우석	880519-1209834	65	90	70	75	B급
6	이용진	991017-1098123	85	85	90	87	B급
7	박희선	920601-1021213	77	97	99	91	A급
8	최철민	980619-1276589	70	60	84	71	C급
9	국현선	841230-2671234	79	81	80	80	B급
10	정기준	870708-2121543	87	67	80	78	C급
11	최진욱	900909-1345987	92	70	95	86	B급
12	김기수	821003-1375727	40	45	50	45	D급
13							
14	평가	국어	국어				
15	A급	>=70	<=80				
16	B급	>=70	<=80				
17							
18	성명	주민등록번호	평가	국어			
19	김평온	900124-1907654	A급	72			
20	박희선	920601-1021213	A급	77			
21	국현선	841230-2671234	B급	79			

시험유형 ❷ '03기본작업-고급필터.xlsx' 파일의 '고급필터-실습2' 시트

※ '고급필터-실습2' 시트에서 다음의 지시사항을 처리하시오.

'투자현황' 표에서 주문일자가 "2022-01-05"일 이후이거나 예금종류가 "매도"이면서 이름이 "삼성"으로 시작하는 데이터를 고급필터를 사용하여 검색하시오.

▶ 고급 필터 조건은 [A14:C16] 범위 내에 알맞게 입력하시오.
▶ 고급 필터 결과의 복사 위치는 동일 시트의 [A18] 셀에서 시작하시오.

① [A14:B16] 영역에 '조건'을 입력한다. [A14] 셀에 **주문일자**, [A15] 셀에 **>=2022-01-05**, [B14] 셀에 **예금종류**, [B16] 셀에 **매도**, [C14] 셀에 **이름**, [B16] 셀에 **삼성***을 입력한다.

	A	B	C
13			
14	주문일자	예금종류	이름
15	>=2022-01-05		
16		매도	삼성*

② [A3:F12] 영역을 드래그하여 범위 지정한 후, [데이터] 탭의 [정렬 및 필터]에서 [고급]을 클릭한다.

③ [고급 필터]의 대화 상자에서 **다른 장소에 복사**를 클릭한다. 이어서 '목록 범위'는 [$A$3:$F$12] 영역, '조건 범위'는 [$A$14:$C$16] 영역, '복사 위치'는 [$A$18]으로 설정한 후 [확인]을 클릭한다.

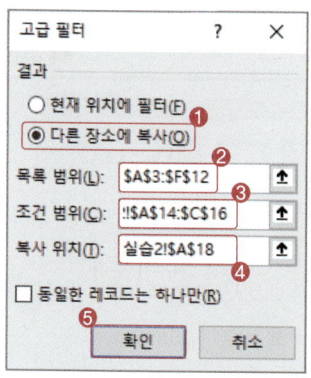

풀이결과

	A	B	C	D	E	F
17						
18	이름	주문일자	증권사	예금종류	구분	거래대금
19	삼성전자	2017-05-04	미래에셋증권	매도	현금	10,000,000
20	현대차	2022-06-03	키움증권	매수	할부	500,000
21	삼성바이오로직스	2021-04-04	KB증권	매도	현금	9,000,000
22	한국쉘석유	2023-07-04	미래에셋증권	매수	현금	1,100,000

기적의 TIP

고급필터의 수정

1. 고급필터 결과 데이터의 필드를 제외한 나머지 영역을 범위 지정한 후 바로 가기 메뉴에서 [삭제]([Ctrl]+[-])를 클릭한다.
2. 클릭한 후 나타나는 [삭제] 창에서 '열 전체'를 제외한 나머지 메뉴 아무거나 선택하여 데이터를 삭제한 후 조건을 수정하고 다시 고급필터 과정을 반복한다.

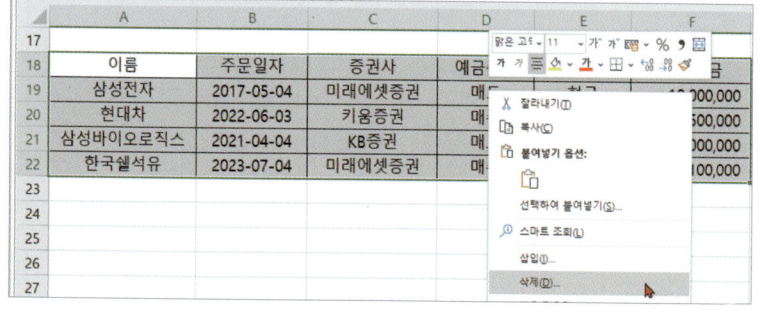
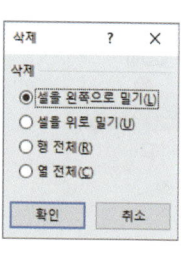

04 [기본작업] 조건부 서식

반복학습 1 2 3

시험유형 ❶ '04기본작업-조건부 서식.xlsx' 파일의 '조건부 서식-실습1' 시트

※ '조건부 서식-실습1' 시트에서 다음의 지시사항을 처리하시오.

[A5:G13] 영역에 대하여 '전반기 판매량'의 값이 '전반기 판매량'의 평균 이상인 행 전체에 대해서 글꼴 색 '테마 색 - 녹색 강조6', 글꼴 스타일을 '굵게'로 적용하는 조건부 서식을 작성하시오.

▶ AVERAGE 함수를 사용하시오.
▶ 단, 규칙 유형은 '수식을 사용하여 서식을 지정할 셀 결정'을 사용하고, 한 개의 규칙으로만 작성하시오.

① [A5:G13] 영역을 드래그하여 범위 지정한 후, [홈] 탭의 [스타일]의 [조건부 서식]에서 [새 규칙]을 클릭한다.

② [새 서식 규칙] 대화상자에서 '규칙 유형 선택'은 ▶ **수식을 사용하여 서식을 지정할 셀 결정**을 선택하고, =$C5>=average($C$5:$C$13)을 입력한 후 [서식]을 클릭한다.

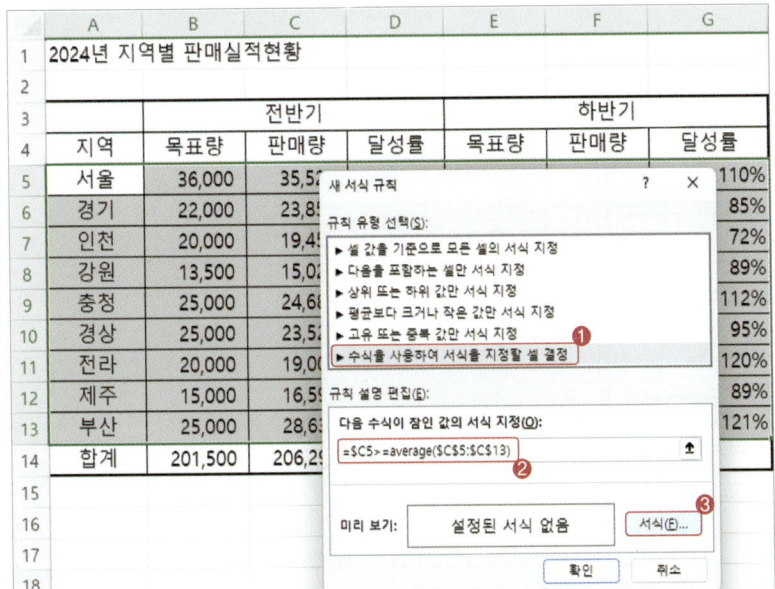

> 🔑 기적의 TIP
>
> 1. 서식을 지정할 범위를 지정할 때 첫 행은 제외하고 범위를 지정한다(범위는 왼쪽 위에서 오른쪽 아래로 대각선 방향으로 지정).
> 2. 주어진 함수를 이용하여 TRUE 인 값에 대해서 서식이 지정이 되어야 하므로 조건식 형식으로 식을 작성한다.
> 3. 수식 작성 시 첫 행의 셀을 선택한 후 F4를 이용하여 반드시 열 고정 형태로 변경해 준다($A3).
> 3. 아래 방향의 범위가 함수에 포함이 되는 경우는 그 범위는 절대 참조 형태로 설정해 준다($C$3: $C$13).

③ [셀 서식] 대화상자에서 [글꼴] 탭의 '글꼴 색'은 **테마 색 – 녹색, 강조6**을 선택하고, '글꼴 스타일'은 **굵게**를 선택한 후 [확인]을 클릭한다.

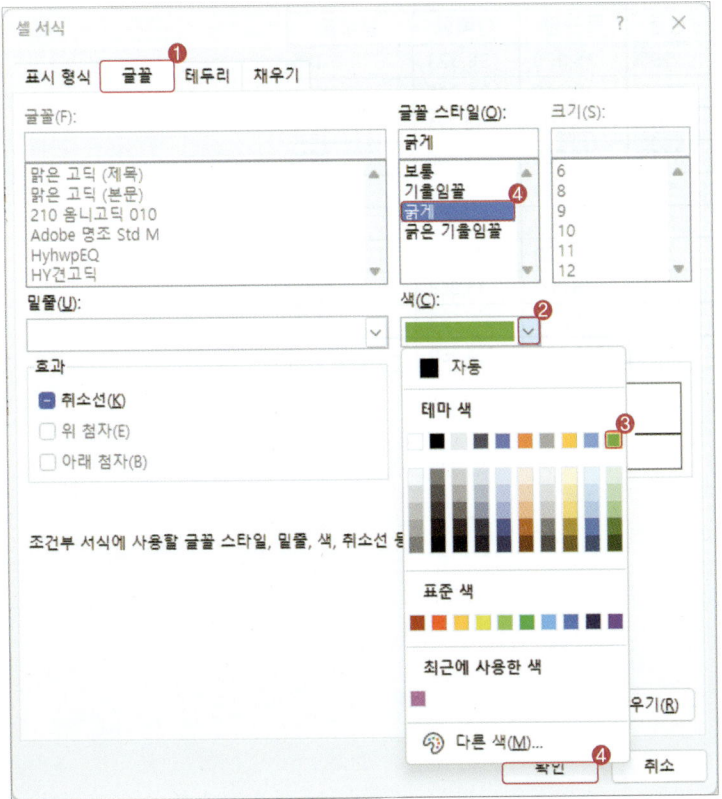

[기본작업] 조건부 서식 41

④ [새 서식 규칙] 대화상자에서 다시 [확인]을 클릭한다. 미리 보기를 보면 지정한 서식을 그림으로 볼 수 있다.

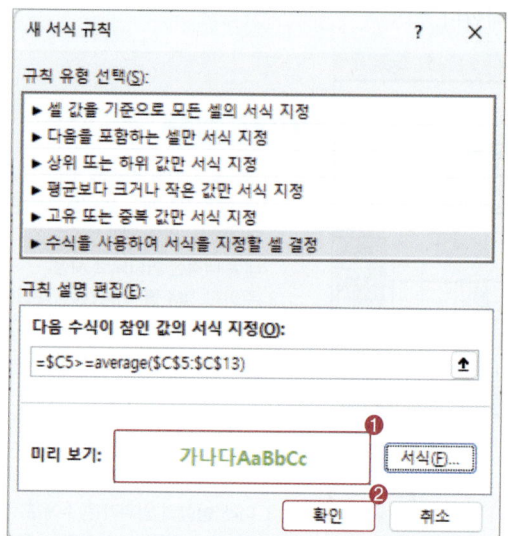

풀이결과

	A	B	C	D	E	F	G
1	2024년 지역별 판매실적현황						
2							
3			전반기			하반기	
4	지역	목표량	판매량	달성률	목표량	판매량	달성률
5	서울	36,000	35,523	99%	35,000	38,523	110%
6	경기	22,000	23,856	108%	25,000	21,235	85%
7	인천	20,000	19,456	97%	20,000	14,321	72%
8	강원	13,500	15,023	111%	16,000	14,230	89%
9	충청	25,000	24,680	99%	29,000	32,546	112%
10	경상	25,000	23,526	94%	24,000	22,698	95%
11	전라	20,000	19,000	95%	24,000	28,821	120%
12	제주	15,000	16,598	111%	18,000	15,953	89%
13	부산	25,000	28,635	115%	30,000	36,253	121%
14	합계	201,500	206,297		221,000	224,580	

> **시험유형 ❷** '04기본작업-조건부 서식.xlsx' 파일의 '조건부 서식-실습2' 시트

※ '조건부 서식-실습2' 시트에서 다음의 지시사항을 처리하시오.
[C4:C15] 영역에서 학과에 "공학"이 포함되어 있는 셀에는 채우기 색 '표준 색 – 노랑'을, [G4:G15] 영역에서 기말 점수가 상위 2위 이내인 셀에는 글꼴 스타일 '굵게', 글꼴 색 '표준 색 – 파랑'을 지정하는 조건부 서식을 적용하시오.
▶ 단, 규칙 유형은 '셀 강조 규칙'과 '상위/하위 규칙'을 이용하시오.

① [C4:C15] 영역을 드래그하여 범위 지정한 후, [홈] 탭의 [스타일]의 [조건부 서식] – [셀 강조 규칙]에서 [텍스트 포함]을 클릭한다.

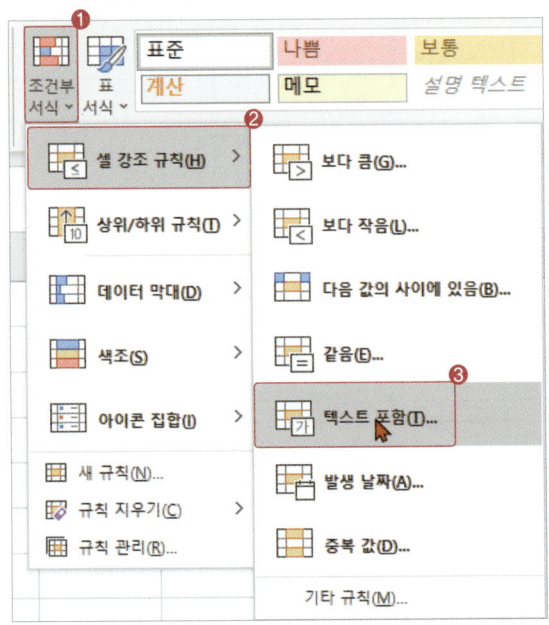

② [텍스트 포함] 대화상자에서 텍스트 상자에 **공학**을 입력하고, '적용할 서식'의 **사용자 지정 서식**을 클릭한다.

③ [셀 서식] 대화상자에서 [채우기] 탭의 '배경색'을 **표준 색 – 노랑**으로 선택한 후 [확인]을 클릭하고, [텍스트 포함] 대화상자에서 [확인]을 클릭한다.

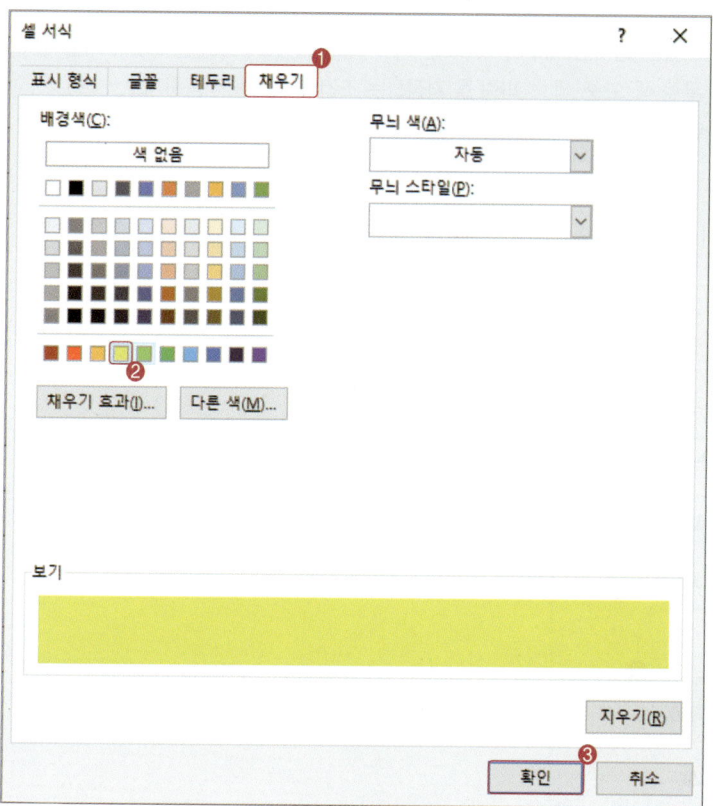

④ [G4:G15] 영역을 드래그하여 범위 지정한 후, [홈] 탭의 [스타일]의 [조건부 서식] – [상위/하위 규칙]에서 [상위 10개 항목]을 클릭한다.

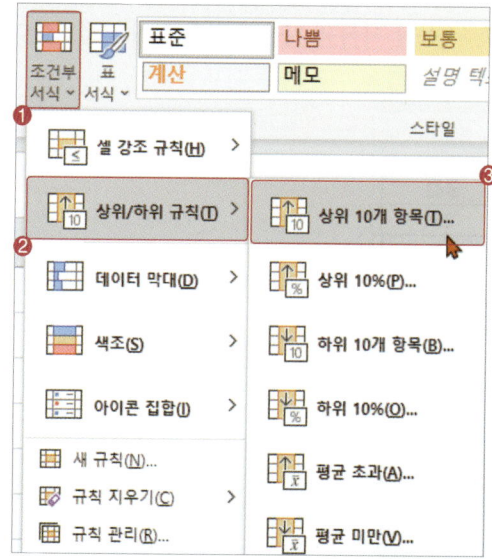

⑤ [상위 10개 항목] 대화상자에서 텍스트 상자에 2를 입력하고, '적용할 서식'의 **사용자 지정 서식**을 클릭한다.

⑥ [셀 서식] 대화상자에서 [글꼴] 탭의 '색'을 **표준 색 – 파랑**으로 선택하고 '글꼴 스타일'은 **굵게**를 선택한 후 [확인]을 클릭하고, [상위 10개 항목] 대화상자에서 [확인]을 클릭한다.

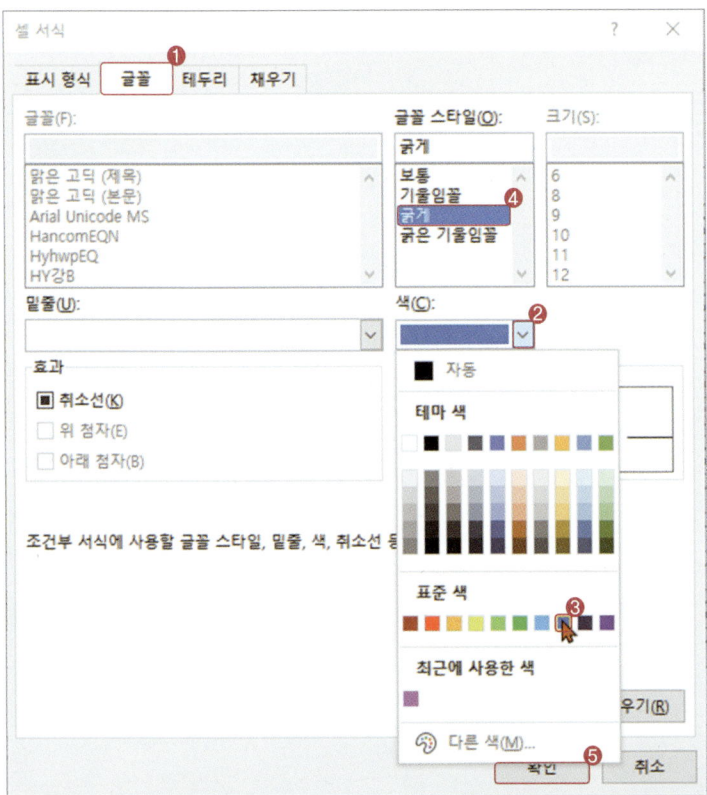

풀이결과

	A	B	C	D	E	F	G
1			1학기 교양과목 성적현황				
2							
3	과목명	성명	학과	출석	과제	중간	기말
4	F001	김대성	영문학과	18	20	25	20
5	F001	지민희	컴퓨터공학과	20	20	22	18
6	F001	형민석	미디어학과	16	10	17	25
7	F001	이현실	전자공학과	15	15	13	26
8	F001	김대성	컴퓨터공학과	20	13	24	28
9	P007	지민희	전자공학과	15	20	26	30
10	P007	이현실	영문학과	12	15	20	22
11	P007	이성희	기계공학과	10	17	18	13
12	P007	송창민	컴퓨터공학과	20	16	15	18
13	C005	장충태	경영학과	16	14	10	12
14	C005	최종민	전자공학과	19	17	20	20
15	C005	한가영	경영학과	17	16	28	17

기적의 TIP

조건부 서식의 수정

1. 해당 범위를 지정한 후 [홈]-[스타일] 그룹의 [조건부 서식]-[규칙 관리]를 클릭한다.
2. [조건부 서식 규칙 관리자] 대화상자에서 설정된 규칙을 클릭한 후 [규칙 편집]을 눌러서 수정한다.
3. 규칙을 삭제하려면 [규칙 삭제]를 클릭한다.
4. [닫기] 버튼을 클릭하여 대화상자를 닫는다.

05 [기본작업] 텍스트 나누기

반복학습 1 2 3

> **시험유형 ①** '05기본작업-텍스트나누기.xlsx' 파일의 '텍스트나누기-실습1' 시트
>
> ※ '텍스트나누기-실습1' 시트에서 다음의 지시사항에 따라 처리하시오.
> - [A3:A9] 영역의 데이터를 텍스트 나누기를 실행하여 [A3:G9] 영역에 나타내시오.
> - 데이터는 쉼표(,)로 구분되어 있다.
> - '등록일', '전화번호' 열은 제외하시오.

① 텍스트를 나눌 범위 [A3:A9]를 드래그하여 블록 설정한 후, [데이터] 탭의 [데이터 도구]에서 [텍스트 나누기]를 클릭한다.

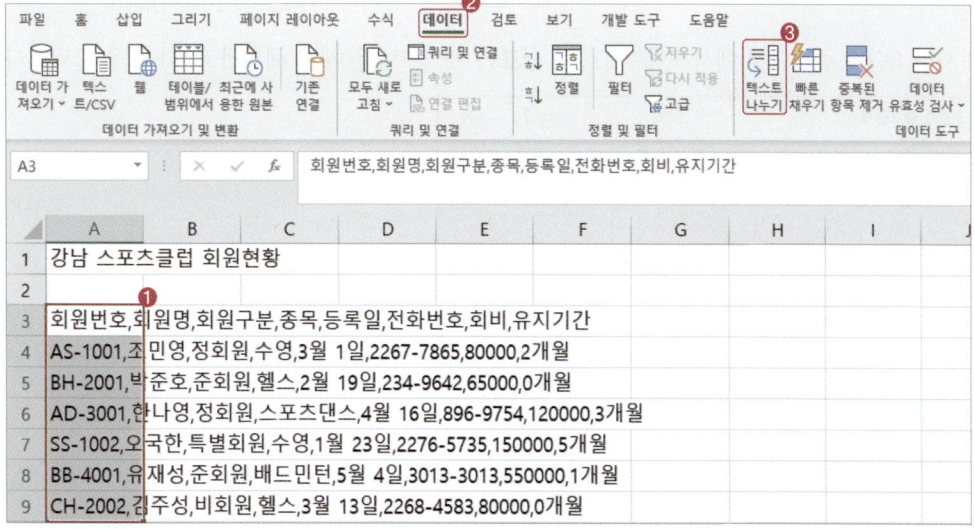

🔵 **기적의 TIP**

아래 그림과 같이 보안 경고가 나타나는 경우 콘텐츠 사용을 클릭한다.

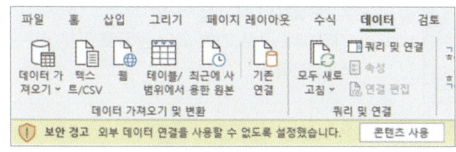

② [텍스트 마법사 – 3단계 중 1단계]에서 '원본 데이터 형식'에서 **구분 기호로 분리됨**을 선택하고 [다음]을 클릭한다.

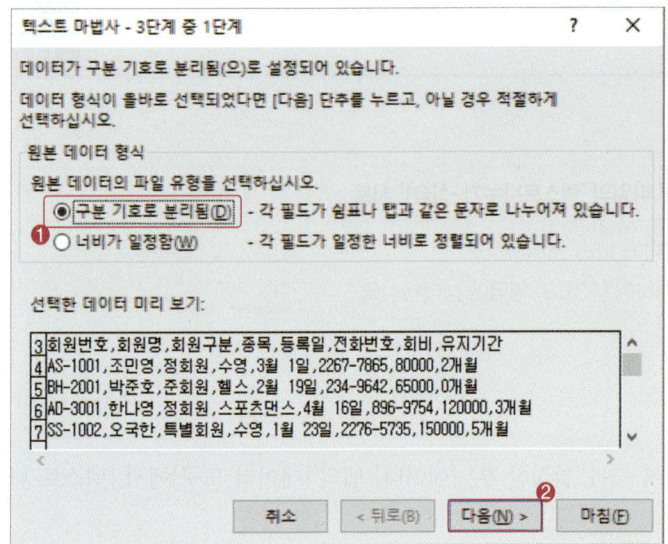

> 🅕 기적의 TIP
>
> **원본 데이터 형식**
> - 구분 기호로 분리됨 : 쉼표, 탭과 같은 문자로 나누어져 있음
> - 너비가 일정함 : 일정한 너비로 정렬되어 있음

③ [텍스트 마법사 – 3단계 중 2단계]에서 '구분 기호'의 **쉼표**는 체크, '탭'은 체크 해제하고 [다음]을 클릭한다.

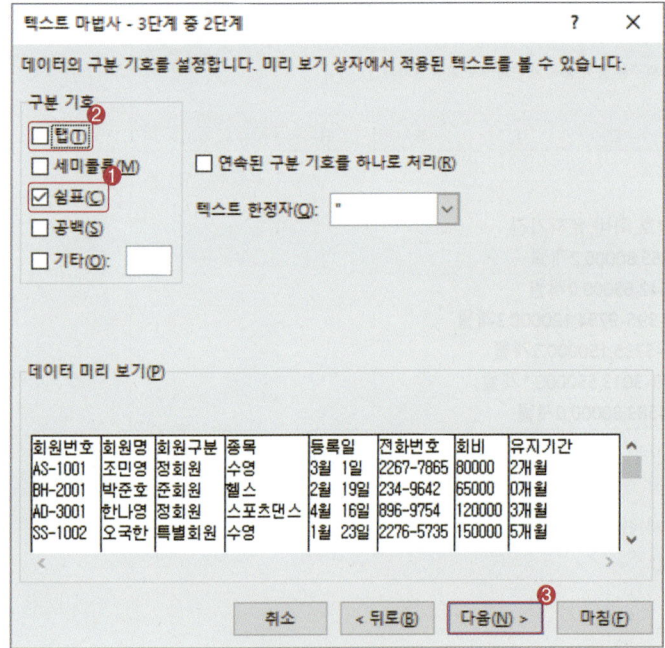

> 🅕 기적의 TIP
>
> **구분 기호**
> - 탭, 세미콜론, 쉼표, 공백 : 해당 부분에 체크하고 불필요한 체크는 해제
> - 기타 : 네 구분 기호 외의 문자로 구분하는 경우 직접 입력

④ [텍스트 마법사 – 3단계 중 3단계]의 '데이터 미리 보기'에서 '등록일', '전화번호'를 각각 선택하고, '열 데이터 서식'의 **열 가져오지 않음**을 클릭한 후 [마침]을 클릭한다.

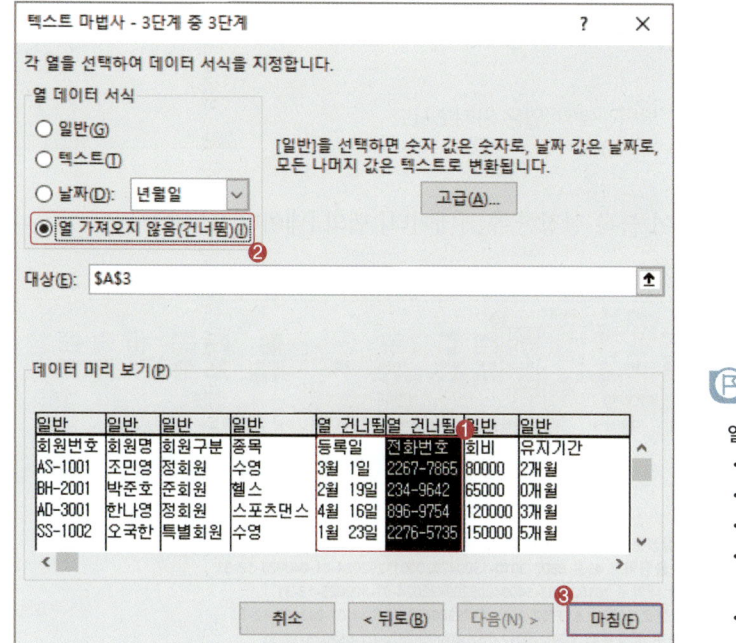

> 🔑 **기적의 TIP**
>
> **열 데이터 서식**
> - 일반 : 기존 서식을 유지
> - 텍스트 : 서식을 텍스트로 변경
> - 날짜 : 서식을 날짜로 변경
> - 열 가져오지 않음(건너뜀) : 선택하면 선택된 필드는 결과값에 표시되지 않음
> - 대상 : 텍스트 나누기를 시작할 위치 지정

풀이결과

	A	B	C	D	E	F
1	강남 스포츠클럽 회원현황					
2						
3	회원번호	회원명	회원구분	종목	회비	유지기간
4	AS-1001	조민영	정회원	수영	80000	2개월
5	BH-2001	박준호	준회원	헬스	65000	0개월
6	AD-3001	한나영	정회원	스포츠댄스	120000	3개월
7	SS-1002	오국한	특별회원	수영	150000	5개월
8	BB-4001	유재성	준회원	배드민턴	550000	1개월
9	CH-2002	김주성	비회원	헬스	80000	0개월

시험유형 ❷ '05기본작업.xlsx' 파일의 '텍스트나누기–실습2' 시트

※ '텍스트나누기–실습2' 시트에서 다음의 지시사항에 따라 처리하시오.
▶ [A3:A16] 영역의 데이터를 텍스트 나누기를 실행하여 [A3:F16] 영역에 나타내시오.
▶ 데이터는 Tab 으로 구분되어 있다.
▶ '번호', '시도', '운영주체', '대학병원', '전화번호', '특별진료일' 열은 가져오시오.

① 텍스트를 나눌 범위[A3:A16]를 드래그하여 블록 설정한 후, [데이터] 탭의 [데이터 도구]에서 [텍스트 나누기]를 클릭한다.

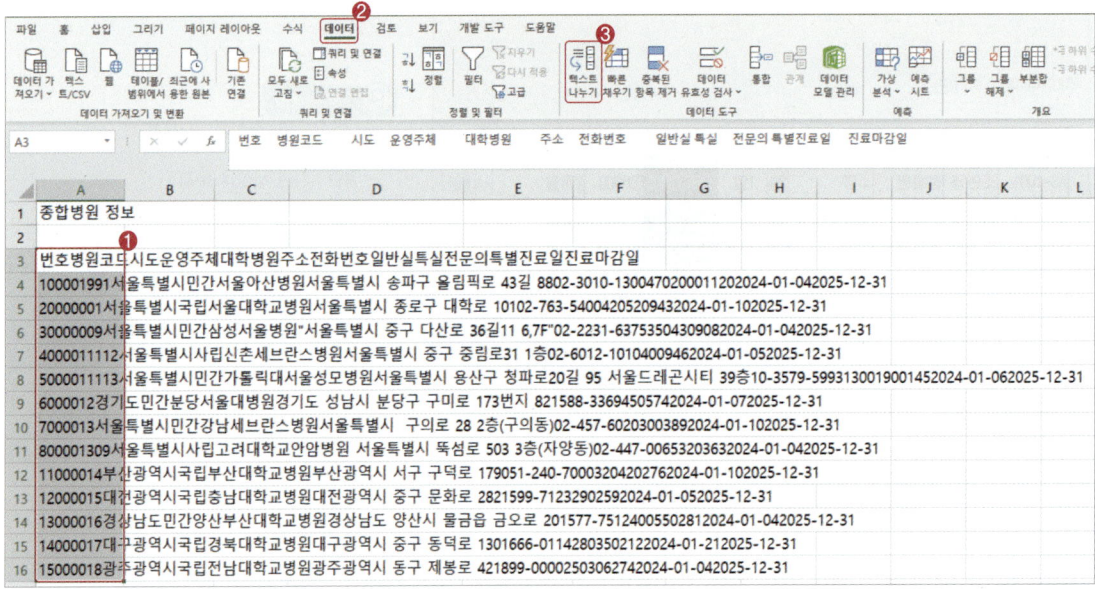

② [텍스트 마법사 – 3단계 중 1단계]의 '원본 데이터 형식'에서 **구분 기호로 분리됨**을 선택하고 [다음]을 클릭한다.
③ [텍스트 마법사 – 3단계 중 2단계]에서 **탭**에 체크하고 [다음]을 클릭한다.

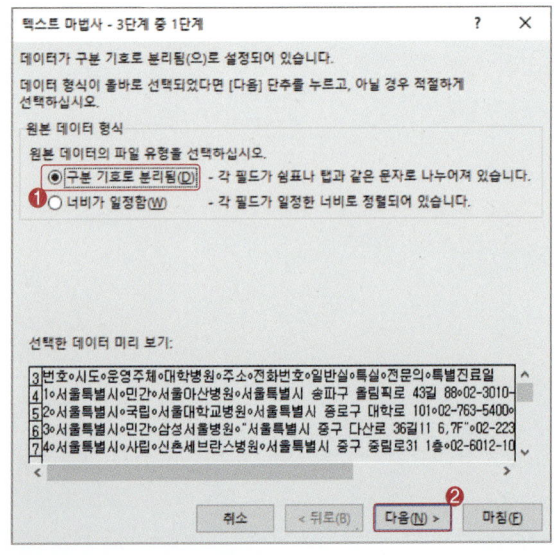
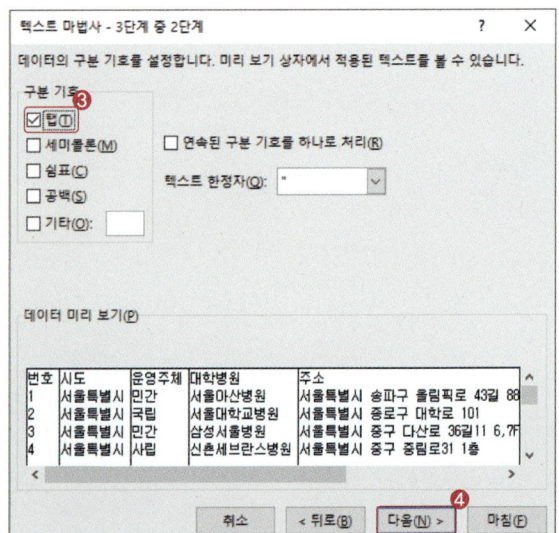

④ [텍스트 마법사 – 3단계 중 3단계]의 '데이터 미리 보기'에서 '번호', '시도', '운영주체', '대학병원', '전화번호', '특별진료일'을 제외한 나머지 필드를 각각 선택하고 '열 데이터 서식'의 **열 가져오지 않음**을 클릭한 후 [마침]을 클릭한다.

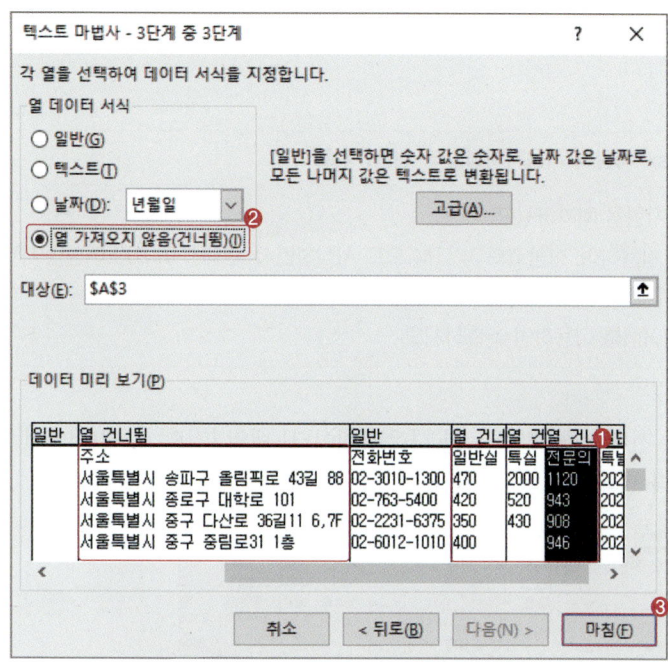

풀이결과

	A	B	C	D	E	F
1	종합병원 정보					
2						
3	번호	시도	운영주체	대학병원	전화번호	특별진료일
4	1	서울특별시	민간	서울아산병원	02-3010-1300	2024-01-04
5	2	서울특별시	국립	서울대학교병원	02-763-5400	2024-01-10
6	3	서울특별시	민간	삼성서울병원	02-2231-6375	2024-01-04
7	4	서울특별시	사립	신촌세브란스병원	02-6012-1010	2024-01-05
8	5	서울특별시	민간	가톨릭대서울성모병원	10-3579-5993	2024-01-06
9	6	경기도	민간	분당서울대병원	1588-3369	2024-01-07
10	7	서울특별시	민간	강남세브란스병원	02-457-6020	2024-01-10
11	8	서울특별시	사립	고려대학교안암병원	02-447-0065	2024-01-04
12	11	부산광역시	국립	부산대학교병원	051-240-7000	2024-01-10
13	12	대전광역시	국립	충남대학교병원	1599-7123	2024-01-05
14	13	경상남도	민간	양산부산대학교병원	1577-7512	2024-01-04
15	14	대구광역시	국립	경북대학교병원	1666-0114	2024-01-21
16	15	광주광역시	국립	전남대학교병원	1899-0000	2024-01-04

06 [기본작업] 사용자 지정 필터

반복학습 1 2 3

시험유형 ❶ '06기본작업-사용자지정필터.xlsx' 파일의 '사용자지정필터-실습1' 시트

※ '사용자지정필터-실습1' 시트에서 다음의 지시사항을 처리하시오.
▶ '편의점 라면 현황' 표에서 사용자 지정 필터를 사용하여 '상품코드'가 "TM"으로 시작하면서 '판매량'이 200 이상인 데이터를 검색하고 '입고일' 순으로 오름차순 정렬하시오.
▶ 사용자 지정 필터의 결과는 [A3:H14] 영역의 데이터를 이용하여 추출하시오.

① 마우스 포인터를 표 범위 안에 놓고 (또는 전체 블록 설정을 한 다음) [데이터] 탭의 [정렬 및 필터]에서 [필터]를 클릭한다. 표의 필드 부분에 항목마다 필터 표시가 나타난다.

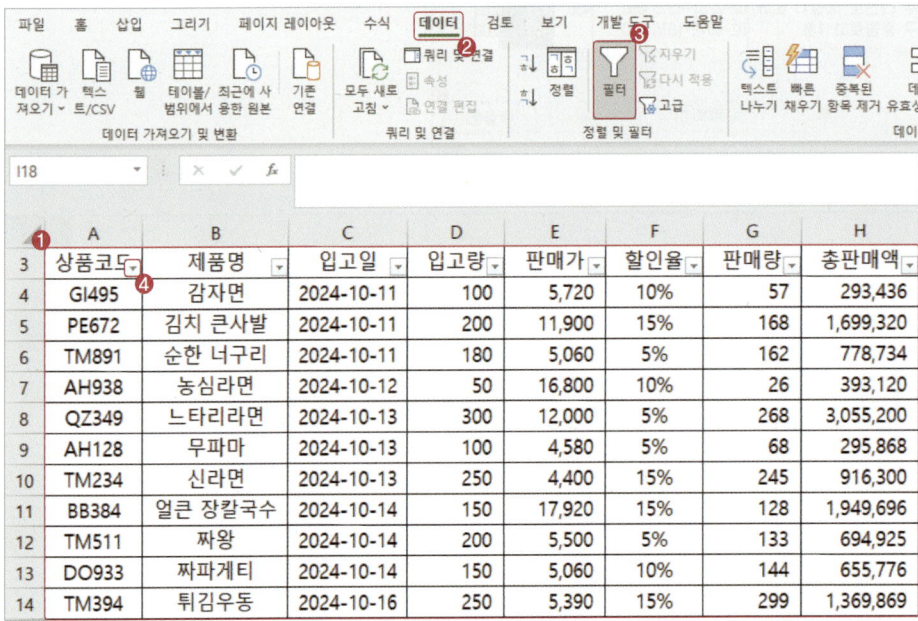

② '상품코드' 필드의 목록 버튼을 클릭한 후, [텍스트 필터]의 [시작 문자]를 클릭한다.

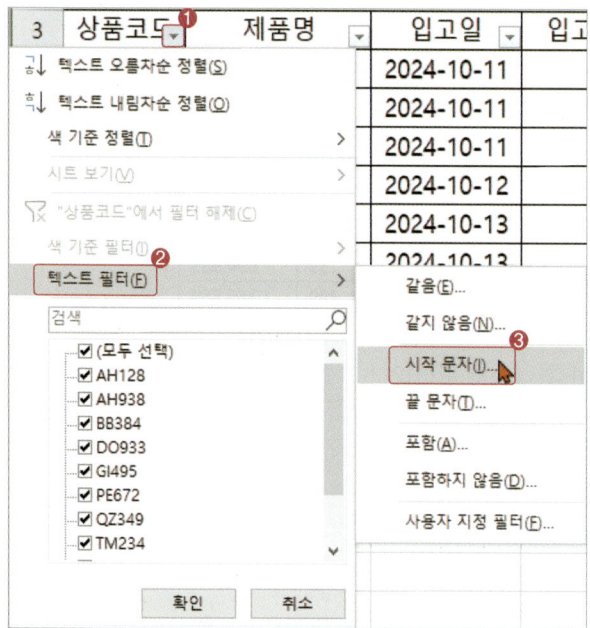

③ [사용자 지정 자동 필터] 대화상자에서 '찾을 조건'에 **시작 문자**와 **TM**을 입력한 후 [확인]을 클릭한다.

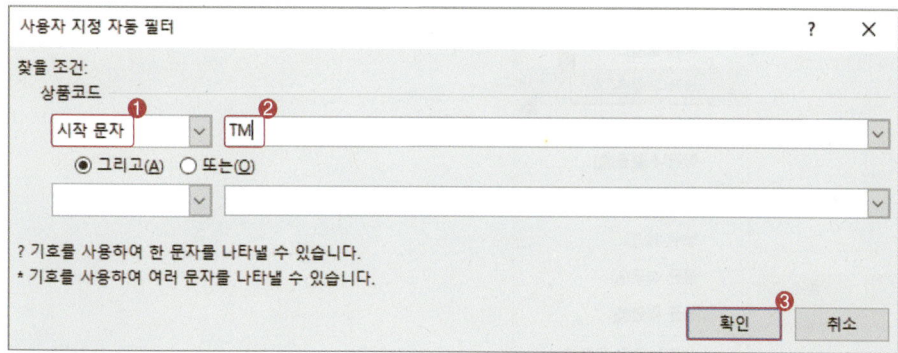

🅱 기적의 TIP

사용자 지정 필터
- 필터의 유형
  - 색 기준 필터 : 셀에 채우기 또는 글꼴색이 지정된 경우 활성화
  - 숫자 필터 : 데이터 형식이 숫자인 경우 활성화
  - 텍스트 필터 : 데이터 형식이 문자인 경우 활성화
  - 날짜 필터 : 데이터 형식이 날짜인 경우 활성화
- 찾을 조건(필터 조건)
  - 그리고 : 이어지는 조건이 And 조건으로 필터가 되는 경우 → 모든 조건식을 만족하는 데이터가 필터됨
  - 또는 : 이어지는 조건이 Or 조건으로 필터가 되는 경우 → 하나의 조건식이라도 만족하면 데이터가 필터됨

④ 상품코드 필드에 TM으로 시작하는 값만 표시되며, 상품코드 필드 목록표시는 필터 표시로 변경되고, 필터된 행 번호는 파란색이 된다.

	A	B	C	D	E	F	G	H
1				편의점 라면 현황				
2								
3	상품코드	제품명	입고일	입고량	판매가	할인율	판매량	총판매액
6	TM891	순한 너구리	2024-10-11	180	5,060	5%	162	778,734
10	TM234	신라면	2024-10-13	250	4,400	15%	245	916,300
12	TM511	짜왕	2024-10-14	200	5,500	5%	133	694,925
14	TM394	튀김우동	2024-10-16	250	5,390	15%	299	1,369,869

⑤ 두 번째 필터할 '판매량' 필드의 목록 버튼을 클릭한 후, [숫자 필터]의 [크거나 같음]을 클릭한다.

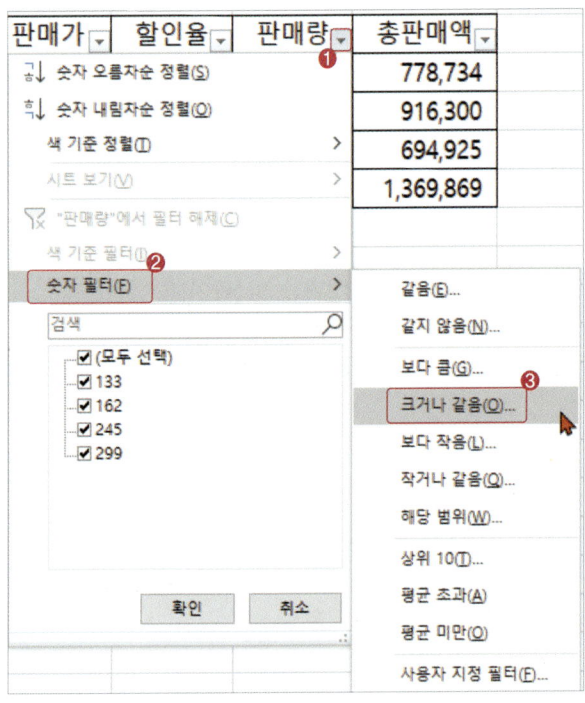

⑥ [사용자 지정 필터] 대화상자에서 '찾을 조건'은 >=을 선택하고, 200을 입력한 후 [확인]을 클릭한다. 상품코드와 판매량의 조건을 동시에 만족하는 조건에 따라 필터되며, 필드 목록 표시가 필터 표시로 변경된다.

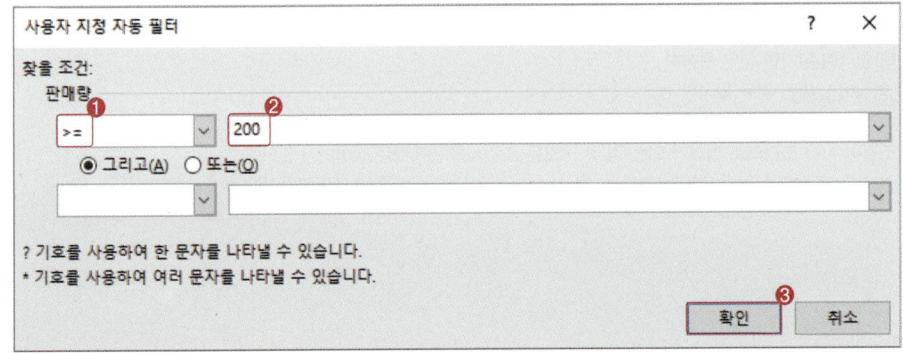

> **기적의 TIP**
>
> **비교 연산자**
> - >= 이상(크거나 같음)
> - <= 이하(작거나 같음)
> - = 같음
> - > 초과(큼)
> - < 미만(작음)

⑦ '입고일' 필드의 목록 버튼을 클릭한 후, [날짜/시간 오름차순 정렬]을 선택하면 입고일 순으로 오름차순 정렬이 되며 '입고일' 필드의 목록 버튼은 정렬 표시로 변경된다.

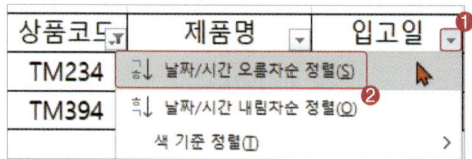

풀이결과

	A	B	C	D	E	F	G	H
1				편의점 라면 현황				
2								
3	상품코드	제품명	입고일	입고량	판매가	할인율	판매량	총판매액
10	TM234	신라면	2024-10-13	250	4,400	15%	245	916,300
14	TM394	튀김우동	2024-10-16	250	5,390	15%	299	1,369,869

시험유형 ❷ '06기본작업-사용자지정필터.xlsx' 파일의 '사용자지정필터-실습2' 시트

※ '사용자지정필터-실습2' 시트에서 다음의 지시사항을 처리하시오.
▶ '수입 화장품 판매 현황' 표에서 사용자 지정 필터를 사용하여 '수입일자'가 2024년 이후이면서 '제품명'이 "크림"으로 끝나는 데이터를 검색하시오.
▶ 사용자 지정 필터의 결과는 [A3:G16] 영역의 데이터를 이용하여 추출하시오.

① 마우스 포인터를 표 범위 안에 놓고 (또는 전체 블록 설정을 한 다음) [데이터] 탭의 [정렬 및 필터]에서 [필터]를 클릭한다. 표의 필드 부분에 항목마다 필터 표시가 나타난다.

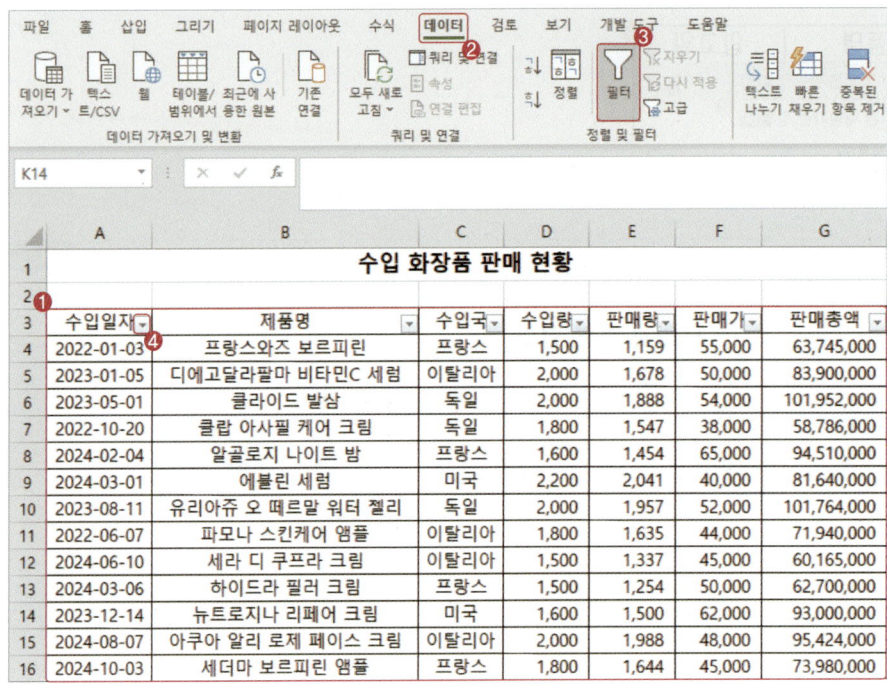

② '수입일자' 필드의 목록 버튼을 클릭한 후, [날짜 필터]의 [이후]를 클릭한다.

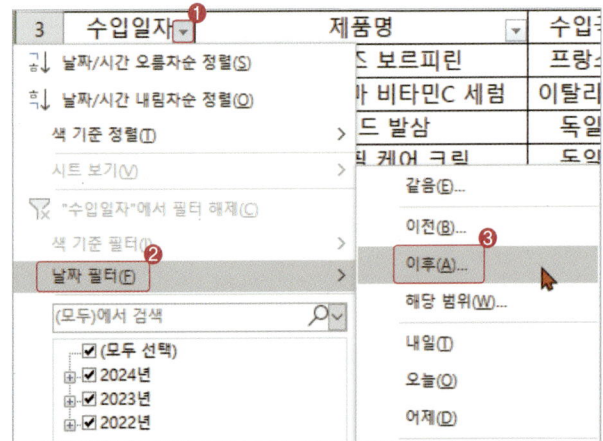

56 PART 01 시험 유형 따라하기

③ [사용자 지정 자동 필터] 대화상자에서 '찾을 조건'은 **이후**를 선택하고, **2024-1-1**을 입력한 후 [확인]을 클릭한다.

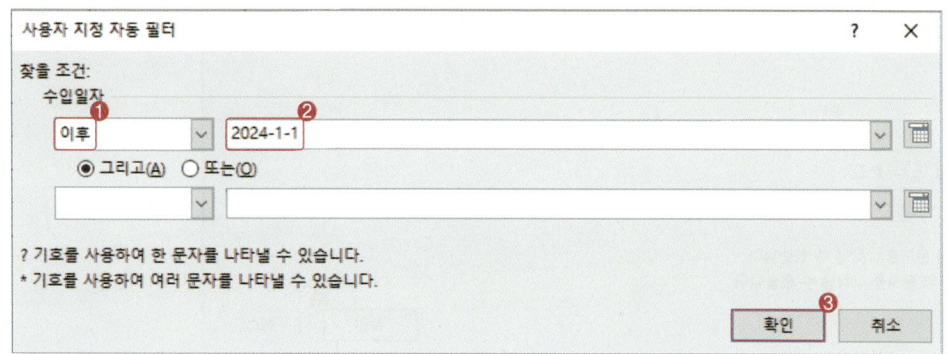

> 🅕 **기적의 TIP**
>
> **날짜 비교 연산자**
>
> | 명칭 | 연산자 | 의미 | 예시 |
> | --- | --- | --- | --- |
> | 이후 | > | 그 날짜 후 | > 2024-1-1 → 2024-1-2부터 |
> | 이전 | < | 그 날짜 전 | < 2024-1-1 → 2023-12-31까지 |
> | 이후 또는 같음 | >= | 그 날짜를 포함한 이후 | >= 2024-1-1 → 2024-1-1부터 |
> | 이전 또는 같음 | <= | 그 날짜를 포함한 이전 | <= 2024-1-1 → 2024-1-1까지 |

④ 수입일자가 2024년 이후인 데이터만 표시되며, 수입일자 필드 목록표시는 필터 표시로 변경되고, 필터된 행 번호는 파란색이 된다.

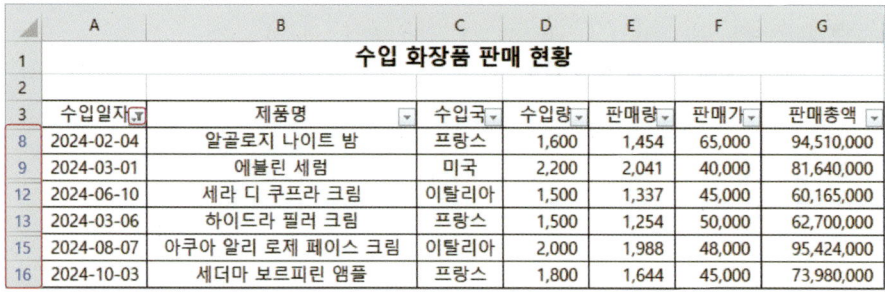

⑤ 두 번째 필터할 '제품명' 필드의 목록 버튼을 클릭한 후, [텍스트 필터]의 [끝 문자]를 클릭한다.

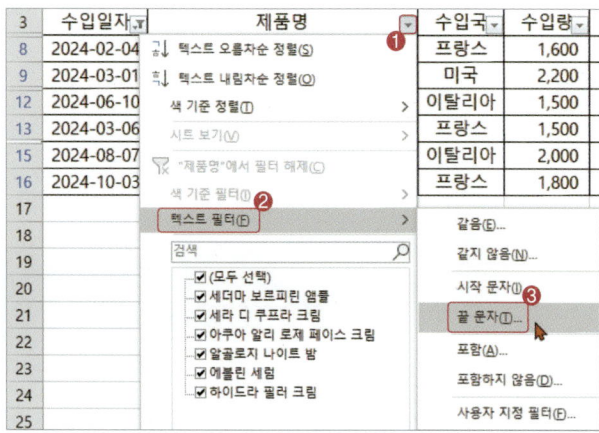

⑥ [사용자 지정 필터] 대화상자에서 '찾을 조건'은 **끝 문자**를 선택하고, **크림**을 입력한 후 [확인]을 클릭한다. 수입일자와 제품명의 조건을 동시에 만족하는 조건에 따라 필터되며, 필드 목록 표시가 필터 표시로 변경된다.

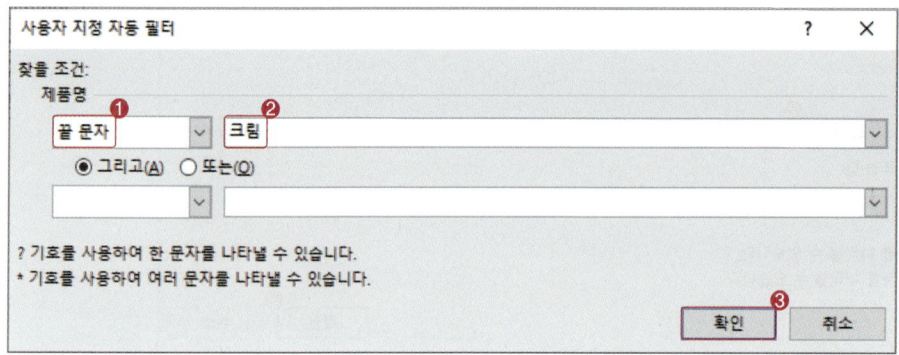

기적의 TIP

필터 해제

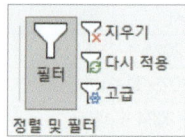

- 지우기를 클릭하면 필터된 항목이 해제된다.
- 필터를 클릭하면 사용자 지정 필터 표시가 해제된다.

풀이결과

	A	B	C	D	E	F	G
1	수입 화장품 판매 현황						
2							
3	수입일자	제품명	수입국	수입량	판매량	판매가	판매총액
12	2024-06-10	세라 디 쿠프라 크림	이탈리아	1,500	1,337	45,000	60,165,000
13	2024-03-06	하이드라 필러 크림	프랑스	1,500	1,254	50,000	62,700,000
15	2024-08-07	아쿠아 알리 로제 페이스 크림	이탈리아	2,000	1,988	48,000	95,424,000

07 [계산작업] 계산작업

반복학습 1 2 3

시험유형 ❶   '07계산작업.xlsx' 파일의 '계산작업-실습1' 시트

1. [표1]을 이용하여 계열이 '공학계열'인 최대 취업률에 해당하는 학과를 [C14] 영역에 표시하시오.
   ▶ DMAX, INDEX, MATCH 함수를 사용하시오.
2. [표2]의 '총점'과 '장학금수령액' 표를 이용하여 [J3:J12] 영역에 실납부액을 표시하시오.
   ▶ 실 납부액 = 등록금*(1 – 장학금수령비율)
   ▶ 장학금수령비율은 총점별 순위로 찾아서 계산하시오(큰 값을 1위로 계산).
   ▶ HLOOKUP, RANK.EQ 함수를 사용하시오.
3. [표3]의 지역코드를 이용하여 지역코드의 '-' 뒤의 숫자 1자리가 1이면 "A반", 2이면 "B반", 3이면 "C반", 4이면 "D반"을 반구성[D18:D26] 영역에 표시하시오.
   ▶ IF, FIND, MID 함수를 사용하시오.
4. [표4]의 '국어', '수학', '영어', '사회' 값의 평균값에 대한 순위를 [K18:K26] 영역에 표시하시오.
   ▶ 평균값은 정수로 표시하시오.
   ▶ 평균값이 1이면 "1등", 2이면 "2등", 3이면 "3등"으로, 오류가 나타나면 공백으로 표시하시오.
   ▶ IFERROR, CHOOSE, INT, AVERAGEA 함수를 사용하시오.
5. [표5]의 '도서코드'를 이용하여서 가장 많이 출판한 개수를 [D40] 셀에 표시하시오.
   ▶ [표시 예 : 출판 개수가 3 → 3권]
   ▶ COUNTIF, MODE.SNGL 함수와 & 연산자를 사용하시오.

기적의 TIP

수식 작업 전 기본 설정
• 함수 이름 표시
  – [파일] 탭의 [옵션]에서 [수식] 항목을 선택한 다음, [수식 작업] 아래에 있는 '수식 자동 완성 사용'에 체크한다.
  – 수식 입력 시 입력한 알파벳으로 시작하는 함수 이름이 자동으로 나타난다.
• 함수 화면 설명 활성화
  – [파일] 탭의 [옵션]에서 [고급] 항목을 선택한 다음, [표시] 항목에서 '함수 화면 설명 표시'에 체크한다.
  – 함수를 입력할 때 함수 이름 아래 도우미가 나타난다.

01 데이터베이스 함수, 찾기/참조 함수

함수 설명

1. 데이터베이스 함수
   • DMAX(전체범위, 열번호, 조건범위)

2. 찾기/참조 함수
   • MATCH(찾을 값, 참조범위, 옵션)
     – 옵션=0 : 찾을 값이 참조값과 정확히 일치할 때
     – 옵션=1 : 참조범위가 오름차순일 때
     – 옵션=-1 : 참조범위가 내림차순일 때
   • INDEX(찾을 범위, 행번호, 열번호)

※ 풀이 포인트
계열이 공학계열인 취업률 값 중에서 가장 큰 값을 찾은 다음, 취업률이 가장 큰 값에 해당하는 학과를 추출한다.

① [C14] 셀에 포인터를 두고 =D를 입력하면 함수 목록이 나타난다. =DMAX를 입력하거나 목록에서 DMAX를 더블클릭 또는 Tab 을 누른다. =DMAX(까지 입력된 상태에서 Ctrl + A 를 누르면 '함수 마법사'가 실행된다.

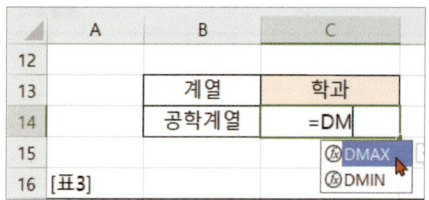

기적의 TIP

함수 마법사
함수를 직접 입력하기 어렵다면 함수마법사를 이용한다. 함수의 일부분(특히 이름)만 입력한 상태에서 단축키 Ctrl + A 를 누르거나 수식입력줄의 f_x 를 클릭하면 실행된다.

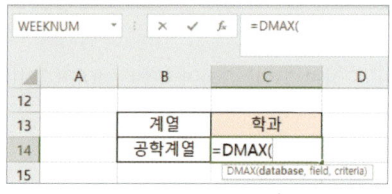

② 함수 마법사가 실행되면 'Database'에는 [표1]의 **전체 영역**을, 'Field'에는 D2를, 'Criteria'에는 B13:B14을 넣는다.

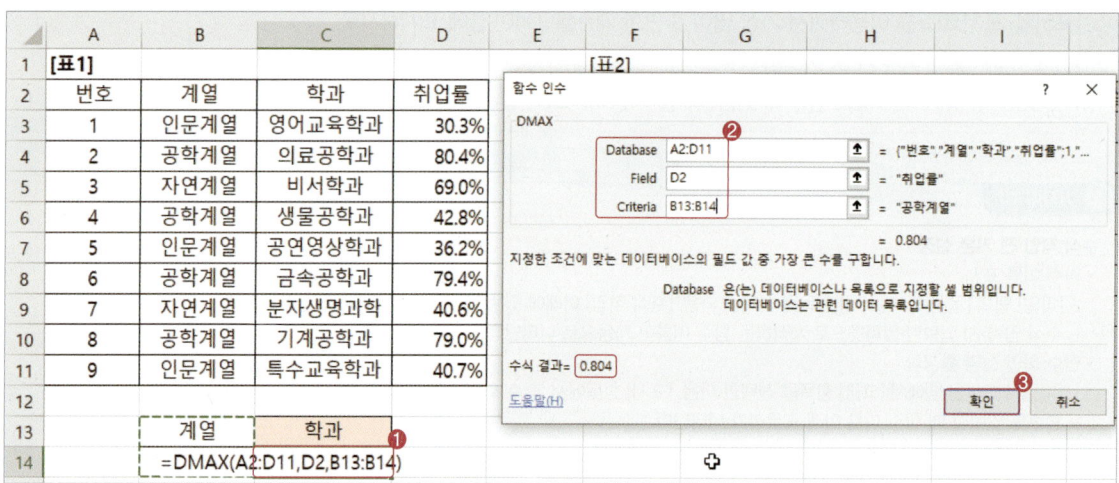

기적의 TIP

DMAX
1. 기능 : 데이터의 범위 중 조건에 맞는 최대값을 반환함
2. 인수 구성
   • Database : 조건과 값을 구할 전체 범위
   • Field : 최대값이 포함된 열번호 또는 열이름 또는 셀번호
   • Criteria : 조건과 필드를 포함한 범위(고급필터 조건식과 같은 형식)

③ 식 =DMAX(A2:D11,D2,B13:B14)을 확인한 다음 Enter 를 눌러 식을 완성하면 최대값이 구해진다(0.804인 결과값이 도출).

④ DMAX 값인 0.804에 해당하는 학과를 구하려면 0.804가 몇 번째에 위치하는지를 계산하기 위해 DMAX 함수 앞에 MATCH를 입력한 후 식을 완성한다.

| 수식 |

=MATCH(DMAX(A2:D11,D2,B13:B14),D3:D11,0)
- 함수 마법사로 작성할 수 있으며, 수식이 작동하면 0.804가 위치한 2가 도출된다.

기적의 TIP

MATCH
- Lookup_value : 찾으려는 값
- Lookup_array : 찾으려는 값이 포함된 범위
- Match_type : 값을 표시하기 위한 숫자 → 0(정확히 일치), 1(오름차순), -1(내림차순)

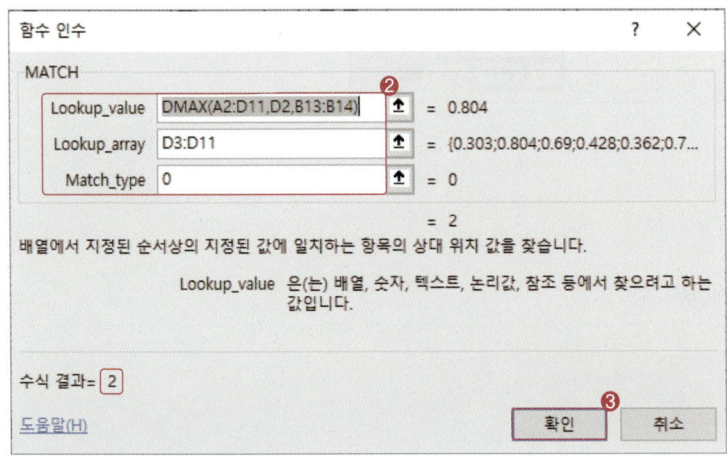

⑤ 학과 범위에서 2번째에 해당하는 학과를 구하기 위해 수식 앞에 **INDEX(**를 입력한 다음 C3:C11과 **쉼표(,)**를 입력하고 수식의 끝에 **,1**을 입력한 다음 괄호를 닫아 식을 완성한다.

|최종 수식|
=INDEX(C3:C11,MATCH(DMAX(A2:D11,D2,B13:B14),D3:D11,0),1)
• 함수 마법사로 작성할 수 있으며, 수식이 작동하면 학과의 두 번째 값인 의료공학과가 반환된다.

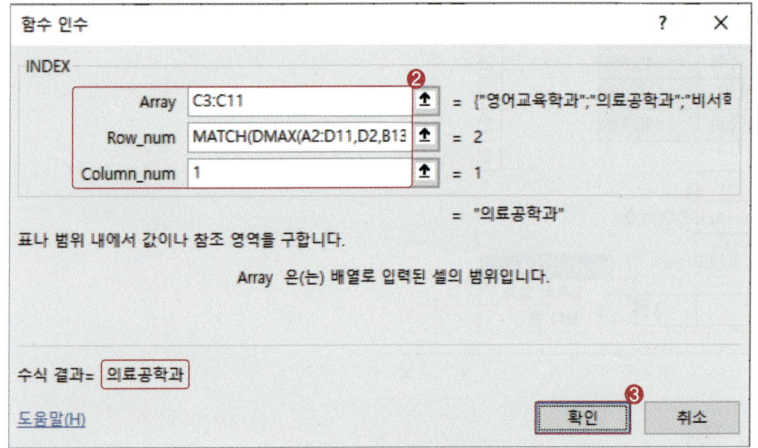

기적의 TIP

INDEX
• Array : 셀의 범위(찾을 값의 범위)
• Row_num : 찾을 값의 행번호
• Column_num : 찾을 값의 열번호(열이 하나인 경우 생략 가능)

1번 결과

	A	B	C	D	E	F
			fx	=INDEX(C3:C11,MATCH(DMAX(A2:D11,D2,B13:B14),D3:D11,0),1)		
1	[표1]					[표2]
2	번호	계열	학과	취업률		학번
3	1	인문계열	영어교육학과	30.3%		25-10325
4	2	공학계열	의료공학과	80.4%		25-10326
5	3	자연계열	비서학과	69.0%		25-10327
6	4	공학계열	생물공학과	42.8%		25-10328
7	5	인문계열	공연영상학과	36.2%		25-10329
8	6	공학계열	금속공학과	79.4%		25-10330
9	7	자연계열	분자생명과학	40.6%		25-10331
10	8	공학계열	기계공학과	79.0%		25-10332
11	9	인문계열	특수교육학과	40.7%		25-10333
12						25-10334
13		계열	학과			
14		공학계열	의료공학과			

02 찾기/참조 함수, 통계 함수

함수 설명

1. 찾기/참조 함수
   - HLOOKUP(찾을 값, 참조범위, 행번호, 옵션)
     - 옵션=0 또는 FALSE : 찾을 값이 참조값과 정확히 일치할 때
     - 옵션=1 또는 TRUE 또는 생략 : 참조범위가 오름차순으로 되어 있을 때

2. 통계 함수
   - RANK.EQ(숫자, 숫자가 포함된 참조범위, 정렬)
     - 정렬=0 또는 생략 : 참조범위에서 내림차순으로 순위를 구함(큰 값이 1위)
     - 정렬=1 : 참조범위에서 오름차순으로 순위를 구함(작은 값이 1위)

※ 풀이 포인트
총점에 대한 순위를 구한 다음, 순위를 이용하여서 장학금수령액 표에서 장학금비율을 찾는다.

① [J3] 셀에 포인터를 두고 =RANK.EQ를 입력하면 함수 목록이 나타난다.
=RANK.EQ를 입력하거나 목록에서 RANK.EQ를 더블클릭하거나 Tab 을 누른다. =RANK.EQ(까지 입력한 상태에서 Ctrl + A 를 누르면 함수 마법사(fx)가 실행된다.

	F	G	H	I	J	K
1	[표2]					
2	학번	성명	총점	등록금	실납부액	
3	25-10325	김종민	345	3,992,000	=RANK.	
4	25-10326	문세윤	324	3,847,000	RANK.AVG	
5	25-10327	유선호	234	4,502,500	RANK.EQ	
6	25-10328	이 준	198	3,579,100	PERCENTRANK.EXC	
7	25-10329	조세호	178	4,135,100	PERCENTRANK.INC	

② 함수 마법사가 실행되면 'Number'에는 H3을, 'Ref'에는 H3:H12을, 'Order'에는 **아무것도 넣지 않거나 0**을 넣는다. 참조범위(Ref)에 값을 넣을 때는 F4를 눌러서 절대참조 형식($H$3:$H$12)으로 변경한다.

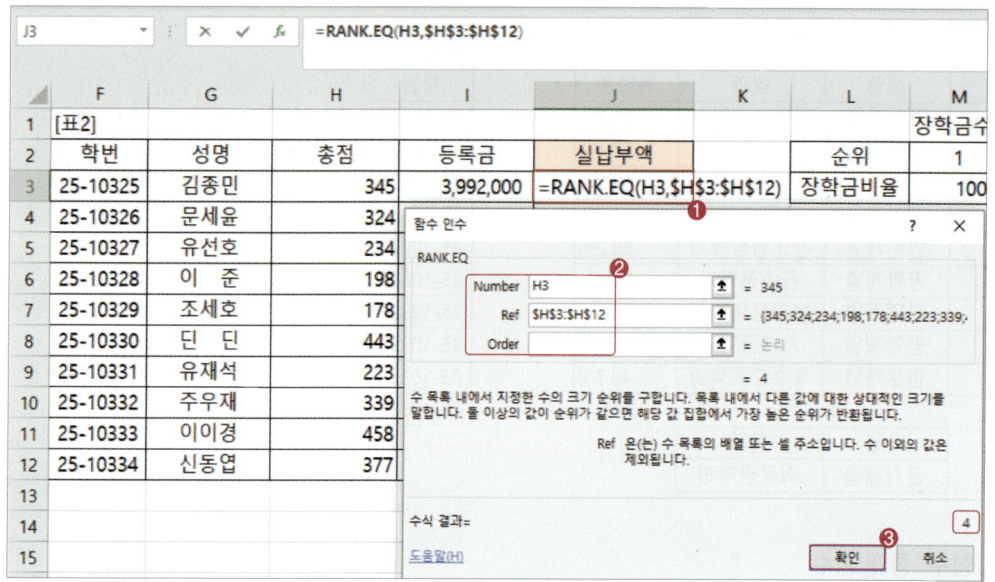

> **기적의 TIP**
>
> **RANK.EQ**
> 1. 기능 : 기준 값에 대한 순위를 구함
> 2. 인수 구성
>   • Number : 순위를 구할 값(범위 아님)
>   • Ref : Number가 포함된 순위를 구하기 위해 비교가 될 데이터 범위(범위는 절대참조)
>   • Order : 생략 또는 0을 입력하면 내림차순(큰값이 1위), 1을 입력하면 오름차순(작은 값이 1위)

③ 식 =RANK.EQ(H3,$H$3:$H$12)을 확인한 다음 Enter로 식을 완성하면 순위가 구해진다(총점 345에 대한 순위인 4가 도출).

④ RANK.EQ의 결과값에 대한 장학금비율을 구하기 위해 RANK.EQ 함수 앞에 **HLOOKUP**를 입력한 후 식을 완성한다(수식입력줄의 함수 삽입(fx)을 클릭해 함수 마법사에서 작성 가능).

|수식|

=HLOOKUP(RANK.EQ(H3,$H$3:$H$12),$M$2:$P$3,2)
• Lookup_value : 순위에 대한 값을 찾기 위해 순위(RANK.EQ) 값을 넣는다.
• Table_array : 넣는 참조범위는 F4를 눌러서 절대참조 형식으로 변경한다.
• Row_index_num : 순위에 행 번호 1, 장학금비율에 행 번호 2가 부여되는데, 문제에서 요구하는 장학금비율 값을 구해야 하므로 2를 입력한다.
• Range_lookup : 찾는 값이 참조범위 안에 포함되지만 정확히 일치하는 범위가 아닌 오름차순으로만 되어 있는 경우는 생략한다.

∴ 수식이 작동하면 4에 해당하는 80%가 도출된다.

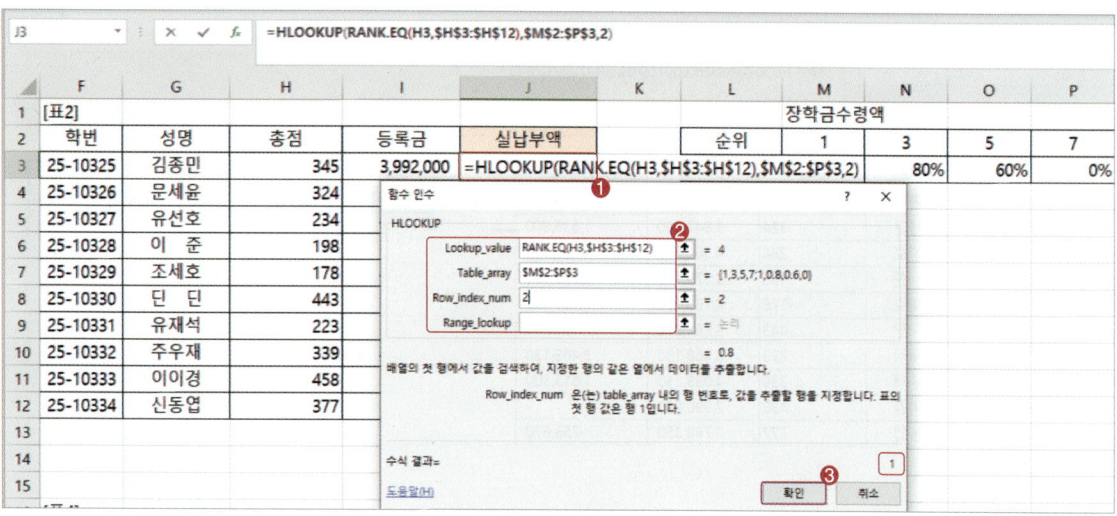

> 📌 **기적의 TIP**
>
> **장학금수령액**
> 첫 행의 각 숫자가 의미하는 바는 아래와 같다.
> - 1 : 1 이상 2 이하
> - 5 : 5 이상 6 이하
> - 3 : 3 이상 4 이하
> - 7 : 7 이상

> 📌 **기적의 TIP**
>
> **HLOOKUP**
> - Lookup_value : 찾으려는 값
> - Table_array : 찾으려는 값이 포함된 범위(범위는 절대참조)
> - Row_index_num : 값을 추출할 행(첫행은 1)
> - Match_type : 값을 표시하기 위한 숫자(0은 정확히 일치, 1은 오름차순)

⑤ 식 **실 납부액 = 등록금*(1 − 장학금수령비율)** 로 값의 결과를 얻기 위해서 식에 맞게 위의 수식의 앞에 I3*(1−를 넣고 맨 뒤에 괄호를 닫아준 다음 Enter 로 식을 완성한다. 셀의 테두리에서 포인터가 '+' 표시가 되었을 때 아래 방향으로 드래그해서 복사한다.

	F	G	H	I	J
1	[표2]				
2	학번	성명	총점	등록금	실납부액
3	25-10325	김종민	345	3,992,000	798,400
4	25-10326	문세윤	324	3,847,000	
5	25-10327	유선호	234	4,502,500	
6	25-10328	이 준	198	3,579,100	
7	25-10329	조세호	178	4,135,100	
8	25-10330	딘 딘	443	3,264,910	
9	25-10331	유재석	223	3,468,130	
10	25-10332	주우재	339	4,033,250	
11	25-10333	이이경	458	2,990,900	
12	25-10334	신동엽	377	3,768,350	

|수식|
=I3*(1−HLOOKUP(RANK.EQ(H3,$H$3:$H$12),$M$2:$P$3,2))

> 2번 결과

	F	G	H	I	J	K	L	M	N	O	P
1	[표2]							장학금수령액			
2	학번	성명	총점	등록금	실납부액		순위	1	3	5	7
3	25-10325	김종민	345	3,992,000	798,400		장학금	100%	80%	60%	0%
4	25-10326	문세윤	324	3,847,000	1,538,800						
5	25-10327	유선호	234	4,502,500	4,502,500						
6	25-10328	이 준	198	3,579,100	3,579,100						
7	25-10329	조세호	178	4,135,100	4,135,100						
8	25-10330	딘 딘	443	3,264,910	-						
9	25-10331	유재석	223	3,468,130	3,468,130						
10	25-10332	주우재	339	4,033,250	1,613,300						
11	25-10333	이이경	458	2,990,900	-						
12	25-10334	신동엽	377	3,768,350	753,670						

수식: `=I3*(1-HLOOKUP(RANK.EQ(H3,$H$3:$H$12),$M$2:$P$3,2))`

03 텍스트 함수

💬 함수 설명

1. 텍스트 함수
- FIND(찾을 문자, 문자) : 찾을 문자가 문자에 있는 위치를 숫자 형식으로 표시
- MID(문자, 시작 위치, 문자수) : 문자에서 시작 위치부터 문자수만큼 문자 형식으로 표시

※ 풀이 포인트
지역코드에서 추출할 문자는 '-' 뒤의 문자부터 한 글자이므로 시작 위치는 '-'의 위치+1이 된다. MID, FIND 함수로 한 글자를 추출한 다음 그 문자가 1, 2, 3, 4인 경우에 대한 값을 IF문으로 구하는 형식이다.

📒 기적의 TIP

FIND
1. 기능 : 특정 문자의 위치를 찾음
2. 인수 구성
   - Find_textNumber : 위치를 찾으려는 문자
   - Within_text : 문자의 위치를 찾으려는 기준 문자

① 이 문제는 지역코드의 '-'의 다음의 숫자값에 따라 반구성이 달라지는 유형이다.
  - FIND함수로 '-'의 위치를 찾고 MID 함수의 시작위치에 지정한다. [표3] 근처의 아무 셀에 MID로 찾는 문자에 대한 조건식을 IF 함수로 작성한다.

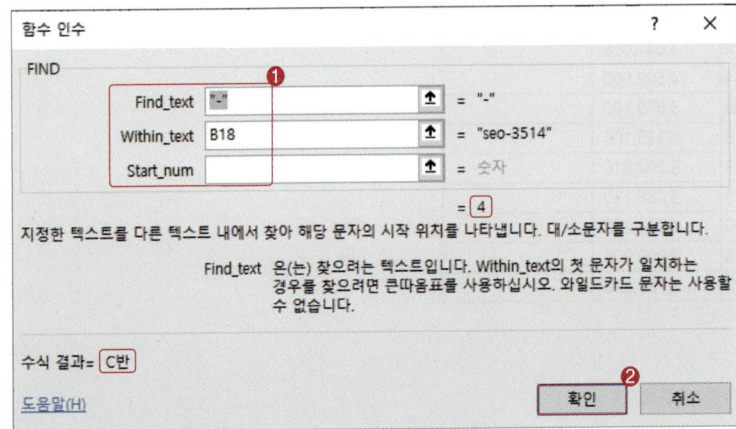

|초기 수식|
FIND("-",B18)

> **기적의 TIP**
>
> IF
> 1. 기능 : 조건을 판정해서 TRUE, FALSE의 결과값 표시
> 2. 인수 구성
>   - Logical_test : 논리식
>   - Value_If_True : 참인 경우 대체하는 값
>   - Value_If_False : 거짓인 경우 대체하는 값

- '-' 뒤의 숫자가 시작 위치가 되기 때문에 FIND로 '-' 위치를 찾은 값에 +1을 한다.

|중간 수식|
=MID(B18,FIND("-",B18)+1,1)

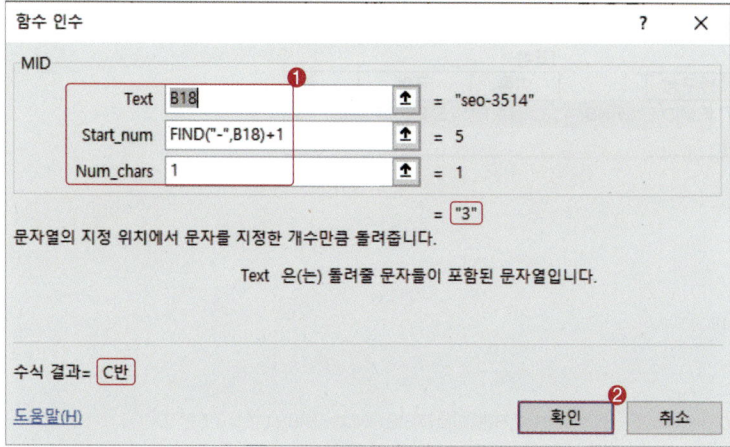

> **기적의 TIP**
>
> MID
> 1. 기능 : 지정한 위치를 기준으로 지정한 수만큼 문자 추출
> 2. 인수 구성
>   - Text : 문자
>   - Start_num : 문자를 추출할 시작 위치
>   - Num_Chars : 추출할 문자수

- "A반"을 구성할 학생들을 산출하기 위해 [D18] 셀에 아래의 식을 입력한다. 이 식은 이후 B반, C반, D반을 구성할 학생들을 산출하는 데 사용할 기본 식이 된다.

|중간 수식|
=IF(MID(B18,FIND("-",B18)+1,1)*1=1,"A반")
- MID로 추출되는 값이 문자 형식이기 때문에 식 MID(B18,FIND("-",B18)+1,1)*1=1에서 MID*1을 하여 "1"*1=1의 형식을 만들어 줘야 한다.

	A	B	C	D
16	[표3]			
17	지역	지역코드	참가횟수	반구성
18	육준서	=IF(MID(B18,FIND("-",B18)+1,1)*1=1,"A반"		
19	김은정			
20	최은철	dae-1347	24	
21	김정우	inc-2794	30	
22	이시아	gun-1789	29	
23	이은성	jej-4392	28	
24	김희도	kyu-3467	27	
25	김슬기	gan-4872	26	
26	오빈나	chu-1791	24	

② ①의 기본 식을 활용하여, 지역코드의 '-' 뒤의 숫자 1자리가 2인 경우, 3인 경우, 그 외의 경우로 식을 확장하기 위해 아래의 과정을 거친다.

- IF(MID(B18,FIND("-",B18)+1,1)*1=1,"A반", 식을 복사한 다음 뒤에 붙여넣기를 두 번 반복하고 식을 수정한다. 이때, 닫는 괄호의 개수는 입력한 IF의 개수와 동일하다.

	A	B	C	D	E	F	G	H
16	[표3]					[표4]		
17	지역	지역코드	참가횟수	반구성		이름	국어	수학
18	=IF(MID(B18,FIND("-",B18)+1,1)*1=1,"A반",IF(MID(B18,FIND("-",B18)+1,1)*1=2,"B반",IF(MID							3
19	B18,FIND("-",B18)+1,1)*1=3,"C반","D반")))							4

- 최종적인 수식은 아래와 같다.

│수식의 구조│
=IF(조건식,값1,IF(조건식,값2,IF(조건식,값3,값4)))

│최종 수식│
=IF(MID(B18,FIND("-",B18)+1,1)*1=1,"A반",IF(MID(B18,FIND("-",B18)+1,1)*1=2,"B반",IF(MID(B18,FIND("-",B18)+1,1)*1=3,"C반","D반")))

3번 결과

	A	B	C	D
16	[표3]			
17	지역	지역코드	참가횟수	반구성
18	육준서	seo-3514	28	C반
19	김은정	bus-2364	26	B반
20	최은철	dae-1347	24	A반
21	김정우	inc-2794	30	B반
22	이시아	gun-1789	29	A반
23	이은성	jej-4392	28	D반
24	김희도	kyu-3467	27	C반
25	김슬기	gan-4872	26	D반
26	오빈나	chu-1791	24	A반

04 논리 함수, 찾기/참조 함수, 수학/삼각 함수, 통계 함수

💬 함수 설명

1. 논리 함수
- IFERROR(정상적으로 계산된 결과값, 오류가 생겼을 때 대체하는 값)

2. 찾기/참조 함수
- CHOOSE(번호, "값1", "값2", "값3"…)

3. 수학/삼각함수
- INT(숫자)

4. 통계 함수
- AVERAGEA(값1, 값2…)

※ 풀이 포인트
과목의 정수인 평균값(문자열 포함)을 구하고 그 값을 대체하는 순위를 구한다. CHOOSE 함수가 작동한 결과로 오류가 나타나도록 하는 것이 이 문제의 포인트이다.

① [K18] 셀에 같은 행의 값(국어,수학,영어,사회)의 평균을 구하기 위해 =AVERAGEA(까지 입력하고 범위 [G18:J18]를 넣은 다음 Enter 를 입력한다.

|수식|
=AVERAGEA(G18:J18)

	F	G	H	I	J	K
15						
16	[표4]					
17	이름	국어	수학	영어	사회	순위
18	육준서	1	3	5		=AVERAGEA(G18:J18)

📘 기적의 TIP

AVERAGEA
문자를 포함한 값의 평균값을 구한다.

② 평균 값을 정수로 나타내기 위해 =INT(AVERAGEA(G18:J18))을 입력한 후 Enter 를 입력한다.

	F	G	H	I	J	K
15						
16	[표4]					
17	이름	국어	수학	영어	사회	순위
18	육준서	1	3	5		=INT(AVERAGEA(G18:J18))

📘 기적의 TIP

수학/삼각 함수
- INT(숫자) : 숫자의 정수값을 구함
- TRUNC(숫자, 자릿수) : 자릿수의 숫자를 버림
- ROUND(숫자, 자릿수) : 자릿수의 숫자에서 반올림
- ROUNDUP(숫자, 자릿수) : 자릿수의 숫자에서 올림
- ROUNDDOWN(숫자, 자릿수) : 자릿수의 숫자에서 버림

③ 평균 값에 대한 순위를 구하기 위해 입력한 수식 앞에 =CHOOSE(를 입력한 후 식을 완성한다(수식입력줄의 함수 삽입(fx)을 클릭해 함수 마법사에서 작성 가능).

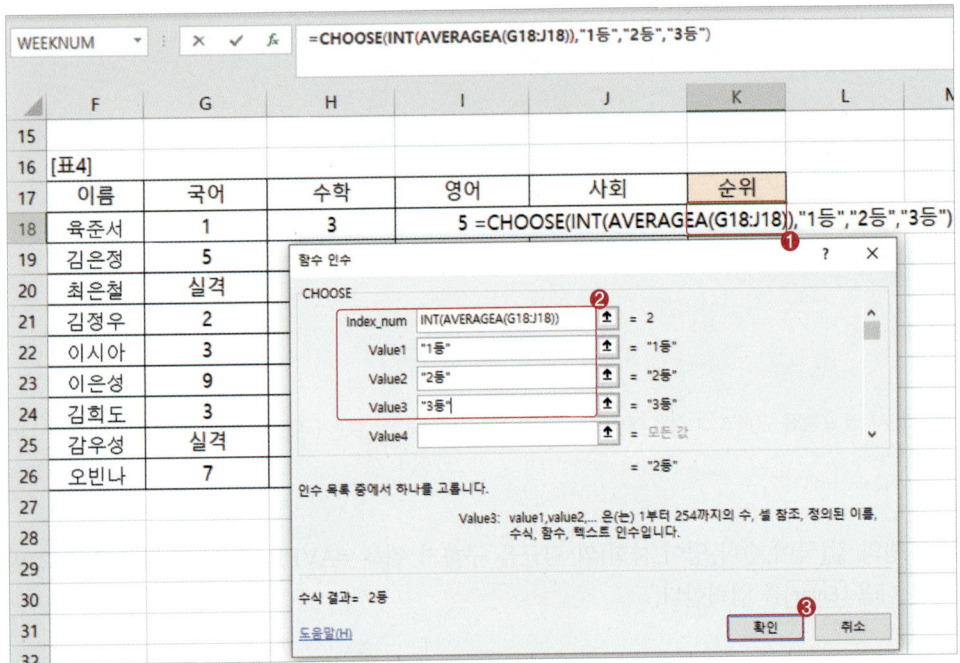

> 🔑 **기적의 TIP**
>
> **CHOOSE**
> - Index_num : 인수의 위치를 번호로 지정
> - Value1 : 번호가 1인 경우 지정할 값
> - Value2 : 번호가 2인 경우 지정할 값
> ※ Index_num에서 찾는 번호에 대한 Value값이 없는 경우 #Value! 오류가 나타난다.

④ Value3까지 입력했으므로 순위가 3보다 큰 값인 경우, 오류가 나타난다. 따라서, 오류 대신 공백으로 표시하기 위해 수식 앞에 IFERROR 함수를 입력하여 식을 완성한 다음, 아래로 복사한다.

> 🔑 **기적의 TIP**
>
> **IFERROR**
> - Value : 정상적으로 계산된 결과값
> - Value_if_error : Value 값이 오류인 경우 대체하는 값

기적의 TIP

공백
- " " : 결과값으로 셀 전체에 공백을 입력하는 경우
- " " : 결과값으로 문자 사이에 공백을 입력하는 경우
- : 수식에서 공백을 찾는 경우

|최종 수식|
=IFERROR(CHOOSE(INT(AVERAGE(G18:J18)),"1등","2등","3등"),"")

4번 결과

05 통계 함수

함수 설명

1. 통계 함수
- COUNTIF(범위, 조건)
- MODE.SNGL(숫자범위)

※ 풀이 포인트
가장 빈번하게 나온 수의 개수를 구한다. 이때, COUNTIF 함수의 조건은 '조건이 빈번하게 나온 수'이다.

① [D40] 셀에 =MODE.SNGL(을 입력한 후 출판사에 해당하는 값 범위[A31:A37]를 넣은 다음 Enter로 식을 완성한다. 도서코드에서 개수가 가장 많은 2가 도출된다.

기적의 TIP

MODE.SNGL
number1, number2 : 숫자 범위를 넣음

② 2의 개수를 구하기 위해 수식 앞에 **COUNTIF 함수**를 입력한 후 'Range'에 **[A31:A37]**을 넣어서 식을 완성한다. [확인]을 누르면 2의 개수인 3이 나온다.

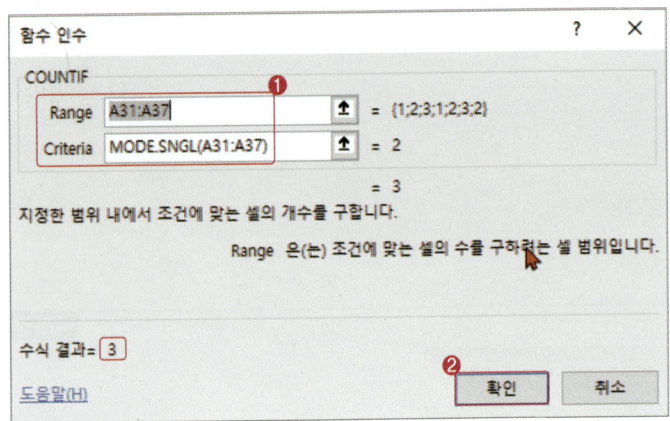

> 🅑 기적의 TIP
>
> **COUNTIF**
> 1. **기능** : 특정한 범위에서 조건에 맞는 값을 찾음
> 2. **인수 구성**
>   - Range : 조건을 찾을 범위
>   - Criteria : 조건이 될 수 있는 숫자, 식, 텍스트
>   – 조건은 숫자인 값은 그대로, 문자인 값은 큰따옴표 안에 입력한다.
>   – 비교연산자를 이용한 식은 큰따옴표 안에 입력한다[표시 예 : ">=2"].

③ 결과값 3을 3권으로 표시하기 위해 **식&"권"**의 형식으로 입력하고 Enter 를 누른다.

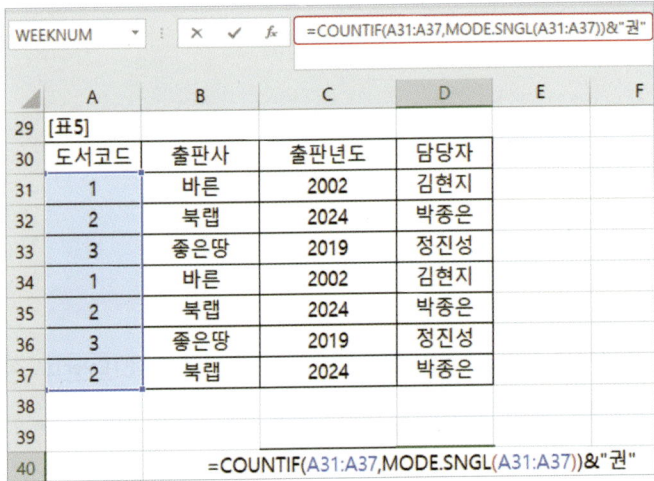

| 최종 수식 |
=COUNTIF(A31:A37,MODE.SNGL(A31:A37))&"권"

5번 결과

D40 : fx =COUNTIF(A31:A37,MODE.SNGL(A31:A37))&"권"

	A	B	C	D
29	[표5]			
30	도서코드	출판사	출판년도	담당자
31	1	바른	2002	김현지
32	2	북랩	2024	박종은
33	3	좋은땅	2019	정진성
34	1	바른	2002	김현지
35	2	북랩	2024	박종은
36	3	좋은땅	2019	정진성
37	2	북랩	2024	박종은
38				
39				
40			최빈코드수	3권

시험유형 ❷ '07계산작업.xlsx' 파일의 '계산작업-실습2' 시트

1. [표1]의 '판매금액'을 이용하여 누적합계를 [E3:E14] 영역에 표시하시오.
   ▶ SUM 함수를 사용하시오.
2. [표2]의 '학번'의 앞에서 네 글자를 학과검색[M3:N5]를 이용하여 [표2]의 [K3:K11] 영역에 학과명을 표시하시오.
   ▶ 학번의 앞에서 네 글자가 "AG12"이면 "금속공학", "BS23"이면 "비서학", "EU34"면 "영문학"으로 표시하시오.
   ▶ [표시 예 : 금속공학 → 금속공학과]
   ▶ VLOOKUP, LEFT 함수와 & 연산자를 사용하시오.
3. [표3]의 '모델', '주행거리'를 이용하여 '주행거리'가 가장 긴 '모델'의 이름을 [D28] 셀에 표시하시오.
   ▶ INDEX, MATCH, MAX 함수를 사용하시오.
4. [표4]의 '점수'를 이용하여서 상위 2위 이내면 "★", 하위 2위 이내면 "☆"로 표시하고 나머지는 공백으로 [L19:L27] 영역에 표시하시오.
   ▶ IF, LARGE, SMALL 함수를 사용하시오.
5. [표5]의 '평균' 값이 70점 대에 대한 전체 평균의 비율을 [E43] 셀에 표시하시오.
   ▶ COUNT, COUNTIFS 함수를 사용하시오.

01 수학/삼각 함수

함수 설명

1. 수학/삼각 함수
   • SUM(숫자1, 숫자2…)

※ 풀이 포인트
누적합계는 셀 값이 행이 증가할 때마다 누적된 합계를 구하는 것이다.

① [E3] 셀에 커서를 두고 =SUM(을 입력한 후 D3:을 입력하면, 자동으로 D3:D3으로 변경된다.

	A	B	C	D	E	F
1	[표1]					
2	서점명	출고단가	거래량	판매금액	누적금액	
3	세종서점	6841	12	82,092	=SUM(D3:D3	
4	고래문고	3670	20	73,400	SUM(number1, [number2], ...)	

② 누적합계는 첫셀부터 증가된 행의 값이 범위로 들어가야 하기 때문에, D3:D3에서 앞의 D3에 커서를 두고 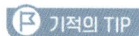를 눌러서 $D$3:D3의 형식으로 만든 다음, 괄호를 닫고 Enter 를 눌러서 식을 완성한다.

	A	B	C	D	E
1	[표1]				
2	서점명	출고단가	거래량	판매금액	누적금액
3	세종서점	6841	12	82,092	=SUM($D$3:D3)

③ 수식을 아래로 복사한다.

> **기적의 TIP**
>
> **누적계산**
> 누적계산을 하려면 참조범위에서 첫셀의 행과 열을 모두 고정해야 한다.
> ⓔ $D$3:D3의 형태

|최종 수식|
=SUM($D$3:D3)

1번 결과

E3 fx =SUM($D$3:D3)

	A	B	C	D	E
1	[표1]				
2	서점명	출고단가	거래량	판매금액	누적금액
3	세종서점	6841	12	82,092	82,092
4	고래문고	3670	20	73,400	155,492
5	말글터	5554	16	88,864	244,356
6	말글터	6231	17	105,927	350,283
7	고래문고	6520	15	97,800	448,083
8	영진서적	8790	30	263,700	711,783
9	세종서점	7450	25	186,250	898,033
10	말글터	6543	18	117,774	1,015,807
11	고래문고	6289	20	125,780	1,141,587
12	영진서적	6180	23	142,140	1,283,727
13	고래문고	5349	20	106,980	1,390,707
14	상공서점	9700	25	242,500	1,633,207

02 찾기/참조 함수와 텍스트 함수

💬 함수 설명

1. 찾기/참조 함수
   - VLOOKUP(찾을 값, 참조범위, 열번호, 옵션)
     - 옵션=0 또는 FALSE : 찾을 값이 참조값과 정확히 일치할 때
     - 옵션=1 또는 TRUE 또는 생략 : 참조범위가 오름차순으로 되어 있을 때

2. 텍스트 함수
   - LEFT(문자, 문자수)

※ 풀이 포인트
문자의 일부분의 값을 이용하여서 학과검색표에서 학과명을 찾는다.

---

① [K3] 셀에 포인터를 두고 =LEFT(H3,4)를 입력한 다음 Enter를 누른다. 학번의 왼쪽에서 네 글자를 추출하므로 'AG12'의 결과값을 갖게 된다.

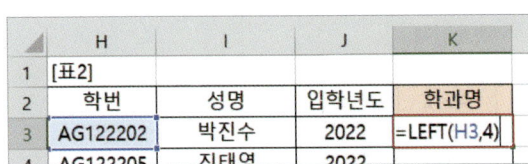

📒 기적의 TIP

LEFT
1. 기능 : 문자열의 왼쪽(첫 글자)부터 지정한 수만큼 문자 추출
2. 인수 구성
   - Text : 문자
   - Num_Char : 추출할 문자수

② LEFT의 결과값을 이용하여서 학과명을 찾기 위해 LEFT 함수 앞에 **VLOOKUP 함수**를 입력한 후 아래의 식을 완성한다(수식입력줄의 함수 삽입(fx)을 클릭해 함수 마법사에서 작성 가능).

|수식|
=VLOOKUP(LEFT(H3,4),$M$3:$N$5,2,0)
- Lookup_value : 학번의 네글자에 대한 값을 찾기 위해 LEFT의 식을 넣음
- Table_array : 참조범위는 F4를 눌러서 절대참조 형식으로 변경
- Row_index_num : 학번코드에 행 번호 1, 학과명에 행 번호 2가 부여되는데, 문제에서 요구하는 학과명을 구해야 하므로 2를 입력
- Range_lookup : 찾는 값이 참조범위 안에 정확히 일치해야 하기 때문에 0 또는 FALSE를 입력

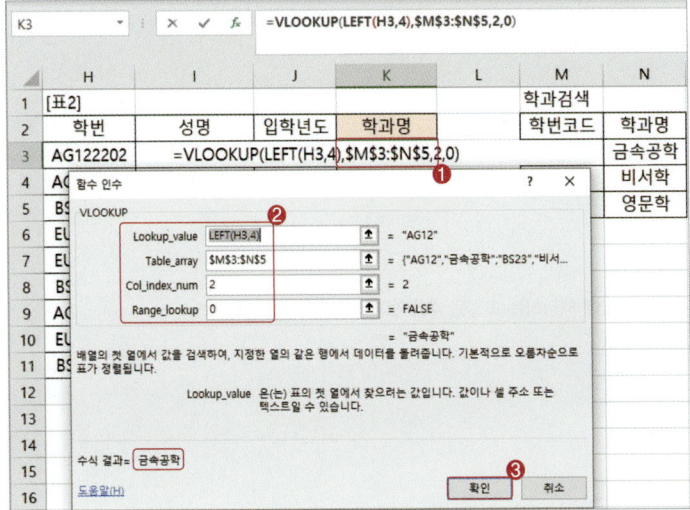

📒 기적의 TIP

VLOOKUP
- Lookup_value : 찾으려는 값
- Table_array : 찾으려는 값이 포함된 범위(범위는 절대참조)
- Col_index_num : 값을 추출할 열(첫 열은 1)
- Match_type : 값을 표시하기 위한 숫자(0은 정확히 일치, 1은 오름차순)

③ 수식을 아래로 드래그해서 복사한다.

	H	I	J	K
1	[표2]			
2	학번	성명	입학년도	학과명
3	AG122202	박진수	2022	금속공학
4	AG122205	진태영	2022	
5	BS232105	원준희	2021	
6	EU342307	조희찬	2023	
7	EU342310	성현빈	2023	
8	BS232108	김미연	2021	
9	AG122206	강기철	2022	
10	EU342312	한정아	2023	
11	BS232108	마진천	2021	

드래그

2번 결과

K3 fx =VLOOKUP(LEFT(H3,4),$M$3:$N$5,2,0)

	H	I	J	K	L	M	N
1	[표2]					학과검색	
2	학번	성명	입학년도	학과명		학번코드	학과명
3	AG122202	박진수	2022	금속공학		AG12	금속공학
4	AG122205	진태영	2022	금속공학		BS23	비서학
5	BS232105	원준희	2021	비서학		EU34	영문학
6	EU342307	조희찬	2023	영문학			
7	EU342310	성현빈	2023	영문학			
8	BS232108	김미연	2021	비서학			
9	AG122206	강기철	2022	금속공학			
10	EU342312	한정아	2023	영문학			
11	BS232108	마진천	2021	비서학			

03 통계 함수와 찾기/참조 함수

함수 설명

1. 통계 함수
   • MAX(숫자범위)

2. 찾기/참조 함수
   • MATCH(찾을 값, 참조범위, 옵션)
     – 옵션=0 : 찾을 값이 참조값과 정확히 일치할 때
     – 옵션=1 : 참조범위가 오름차순일 때
     – 옵션=-1 : 참조범위가 내림차순일 때
   • INDEX(찾을 범위, 행번호, 열번호)

※ 풀이 포인트
주행거리에서 가장 큰 값을 찾은 다음, 주행거리가 가장 큰 값에 해당하는 모델을 추출한다.

① [D28] 셀에 포인터를 두고 =MAX(C19:C28)을 입력한 후 Enter 를 눌러 식을 완성해서 주행거리의 최대값을 구한다. 결과값으로 164000이 표시된다.

	A	B	C	D
17	[표3]			
18	모델	연식	주행거리	
19	미8822	2017년 10월	75,000	
20	포3651	2023 4월	54,000	
21	아3481	2016년 8월	113,000	
22	그4833	2020 5월	75,000	
23	벤1301	2024년 7월	21,000	
24	그5813	2021년 10월	110,000	
25	미9318	2007년 11월	150,000	
26	제9775	2023년 9월	53,000	
27	산7653	2009년 2월	164,000	최대주행
28	아1355		=MAX(C19:C28)	

② MAX 값인 164000에 해당하는 모델을 구하려면 164000이 몇 번째에 위치하는지를 계산해야 하므로, MAX 함수 앞에 **MATCH 함수**를 입력한 다음의 식을 완성한다(함수 마법사를 이용하여 작성 가능).

중간 수식

=MATCH(MAX(C19:C28),C19:C28,0)
- 수식이 작동하면 1640000이 위치한 9가 도출된다.

기적의 TIP

MATCH
- Lookup_value : 찾으려는 값
- Lookup_array : 찾으려는 값이 포함된 범위
- Match_type : 값을 표시하기 위한 숫자(0은 정확히 일치, 1은 오름차순)

	A	B	C	D	E	F
17	[표3]					
18	모델	연식	주행거리			
19	미8822	2017년 10월	75,000			
20	포3651	2023 4월	54,000			
21	아3481	2016년 8월	113,000			
22	그4833	2020 5월	75,000			
23	벤1301	2024년 7월	21,000			
24	그5813	2021년 10월	110,000			
25	미9318	2007년 11월	150,000			
26	제9775	2023년 9월	53,000			
27	산7653	2009년 2월	164,000	최대주행		
28	아1355	2015	=MATCH(MAX(C19:C28),C19:C28,0)			
29			MATCH(lookup_value, lookup_array, [match_type])			
30					(...)1 - 보다 작음	
					(...)0 - 정확히 일치	
31	[표5]				(...)-1 - 보다 큼	

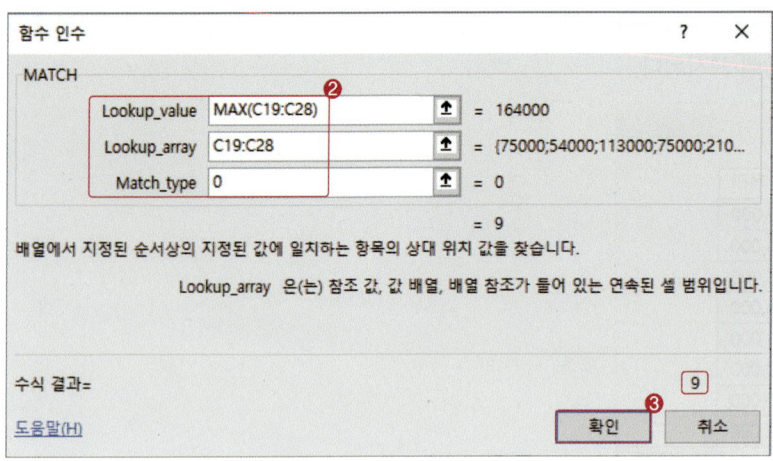

③ 모델 범위에서 9번째에 해당하는 모델을 구하려면, 수식 앞에 INDEX **함수**를 입력한 후 아래의 수식을 완성한다. 수식입력줄에서 [함수 삽입] 버튼(🔣)을 클릭하고, 나타나는 '인수 선택' 대화상자에서 array,row_num,column_num 항목을 선택한 뒤 [확인]을 클릭한다.

| **최종 수식** |
=INDEX(A19:A28,MATCH(MAX(C19:C28),C19:C28,0),1)
- 수식이 작동하면 모델의 9번째 값인 산76530l 반환된다.

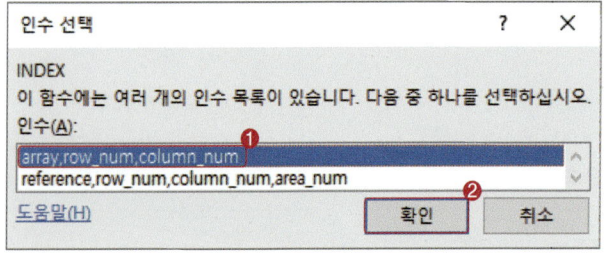

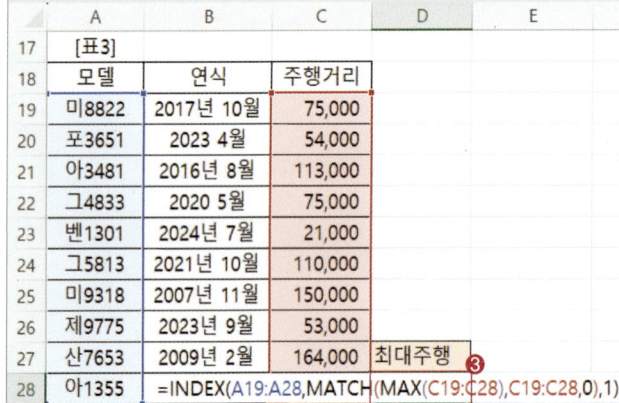

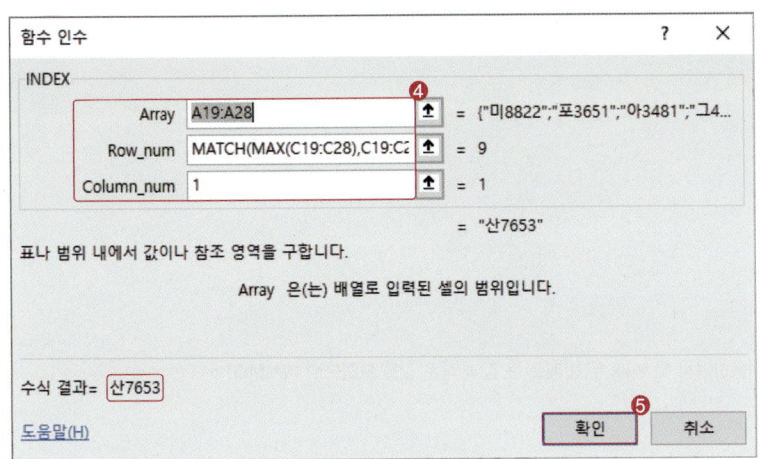

기적의 TIP

INDEX
- Array : 셀의 범위(찾을 값의 범위)
- Row_num : 찾을 값의 행번호
- Column_num : 찾을 값의 열번호(열이 하나인 경우 생략 가능)

3번 결과

	A	B	C	D	E	F
17	[표3]					
18	모델	연식	주행거리			
19	미8822	2017년 10월	75,000			
20	포3651	2023 4월	54,000			
21	아3481	2016년 8월	113,000			
22	그4833	2020 5월	75,000			
23	벤1301	2024년 7월	21,000			
24	그5813	2021년 10월	110,000			
25	미9318	2007년 11월	150,000			
26	제9775	2023년 9월	53,000			
27	산7653	2009년 2월	164,000	최대주행		
28	아1355	2015	132,000	산7653		

D28 =INDEX(A19:A28,MATCH(MAX(C19:C28),C19:C28,0),1)

04 논리 함수와 통계 함수

> **함수 설명**

1. 논리 함수
   - IF(조건식, 참값, 거짓값)

2. 통계 함수
   - LARGE(참조범위, K)
   - SMALL(참조범위, K)

※ 풀이 포인트
점수의 크기를 LARGE, SMALL 함수를 이용하여서 첫 번째, 두 번째로 큰 값과 작은 값을 도형으로 대체한다.

① [L19] 셀의 값에서 점수가 두 번째로 큰 값을 찾기 위해 =L을 입력하면 L로 시작하는 함수 목록이 나타난다. 첫 번째 위치한 LARGE를 더블클릭 또는 Tab 을 눌러서 LARGE 함수 입력모드로 들어간다.

	H	I	J	K	L	M
17	[표4]					
18	성명	학과	입학년도	점수	등급	
19	박진수	영어교육학과	2022	67	=L	
20	진태영	의료공학과	2022	70		
21	원준희	비서학과	2021	84		
22	조희찬	생물공학과	2023	78		

② Ctrl + A 를 누르거나 수식입력줄에서 [함수 삽입] 버튼(fx)을 클릭하여 함수 마법사를 실행하고 아래의 수식을 입력한다.

초기 수식
=LARGE($K$19:$K$27,2)
- Array 안에는 점수 범위[K19:K27]를 드래그하여 범위 지정한 다음 F4 를 눌러서 절대참조로 변경한다.
- K의 값에는 두 번째로 큰 값을 구하기 위해 2를 입력한다.
- 수식이 작동되면 점수 범위에서 두 번째로 큰 값인 90이 도출된다.

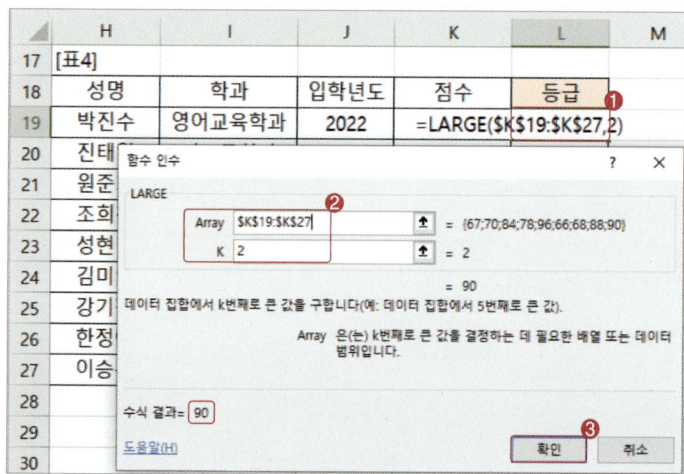

> **기적의 TIP**
>
> LARGE
> - 참조범위 : K번째로 큰 값을 구하기 위한 범위
> - K : 몇 번째로 큰 값을 구할 것인지의 기준 숫자

③ 점수를 기준으로 두 번째로 큰 값까지 특수문자(★)를 반환하는 경우, IF문을 아래와 같이 작성해서 표시한다.

중간 수식
=IF(K19>=LARGE($K$19:$K$27,2),"★",

> **기적의 TIP**
>
> **특수문자**
> - 한글 자음 ㅁ을 입력한 후 [한자]를 누르면 도형이 나타난다(★은 ㅁ → [한자] → 8).
> - [Tab]을 눌러서 목록을 확장한 다음 문제에서 요구하는 도형을 더블클릭하거나 관련 번호를 입력한다.

> **기적의 TIP**
>
> **IF**
> - 조건식 : 결과값으로 TRUE 또는 FALSE를 낼 수 있는 조건식
> - 참값 : 조건식의 결과가 TRUE인 경우 표시되는 값
> - 거짓값 : 조건식의 결과가 FALSE인 경우 표시되는 값

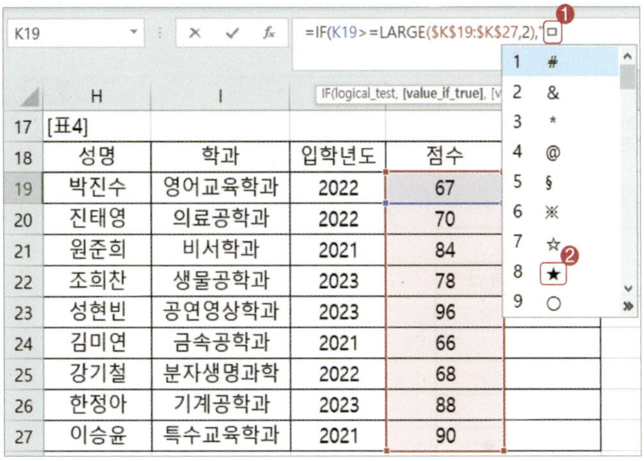

④ 중첩 IF문을 작성하기 위해서 (편의상) 작성한 식의 IF부터 마우스로 드래그한 다음 복사([Ctrl]+[C]), 붙여넣기([Ctrl]+[V])를 한다.

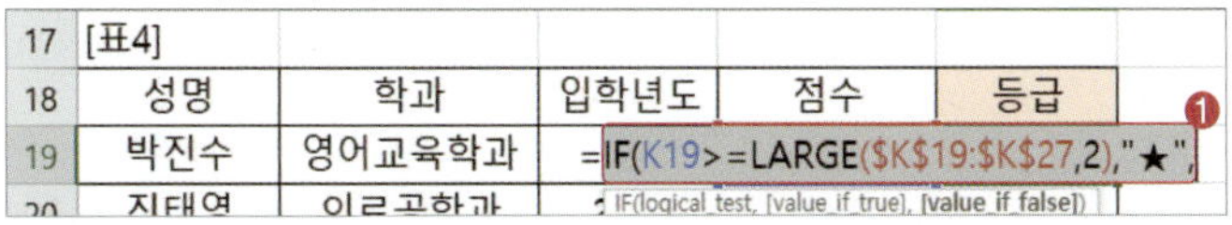

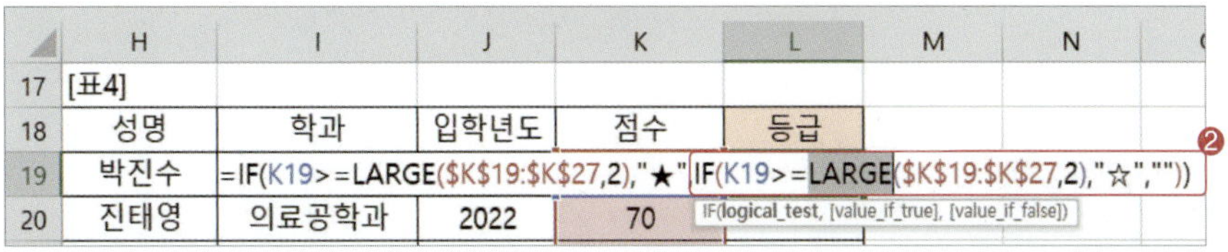

⑤ **>=를 <=로, LARGE를 SMALL로, ★을 ☆로** 각각 변경한다. 이후 식의 맨 끝에 **쉼표(,)와 따옴표(")**를 입력하고, **괄호를 두 번** 입력한 후 Enter 를 눌러서 식을 완성한다.

최종 수식
=IF(K19>=LARGE($K$19:$K$27,2),"★",IF(K19<=SMALL($K$19:$K$27,2),"☆",""))

	H	I	J	K	L	M	N	O
17	[표4]							
18	성명	학과	입학년도	점수	등급			
19	박진수	=IF(K19>=LARGE($K$19:$K$27,2),"★",IF(K19<=SMALL($K$19:$K$27,2),"☆",""))						

> **기적의 TIP**
>
> **괄호 넣기**
> - IF(조건식,참값,IF(조건식,참값,거짓값))
> - 중첩함수에서 괄호는 함수별로 괄호를 연 만큼 마지막에 닫아야 한다.

⑥ 입력한 식을 아래로 복사한다.

4번 결과

	H	I	J	K	L	M	N	O
17	[표4]							
18	성명	학과	입학년도	점수	등급			
19	박진수	영어교육학과	2022	67	☆			
20	진태영	의료공학과	2022	70				
21	원준희	비서학과	2021	84				
22	조희찬	생물공학과	2023	78				
23	성현빈	공연영상학과	2023	96	★			
24	김미연	금속공학과	2021	66	☆			
25	강기철	분자생명과학	2022	68				
26	한정아	기계공학과	2023	88				
27	이승윤	특수교육학과	2021	90	★			

05 통계함수

> **함수 설명**
>
> **1. 통계함수**
> - COUNT(숫자범위)
> - COUNTIFS(조건범위1, 조건1, 조건범위2, 조건2)
>
> ※ **풀이 포인트**
> 숫자 범위에서 70점대의 개수를 구하려면 70 이상이면서 80 미만인 조건으로 구하고 전체개수로 나눈다.

① 수식을 작성할 [E43] 셀에 커서를 두고 =COUNTIFS(까지 입력한 상태에서 Ctrl+A를 눌러 함수 마법사에서 식을 작성한다.

|초기 수식|
=COUNTIFS(E33:E41,">=70",E33:E41,"<80")
• 70점대 개수는 70점 이상이면서 80점 미만인 점수의 수이다.

※ 같은 유형 다른 문제
COUNTIF 함수만으로 70점대의 개수를 구하려면, =COUNTIF(범위,">=70")−COUNTIF(범위,">=80")처럼 70점 이상인 개수에서 80점 이상인 개수를 빼는 방식으로 계산한다.

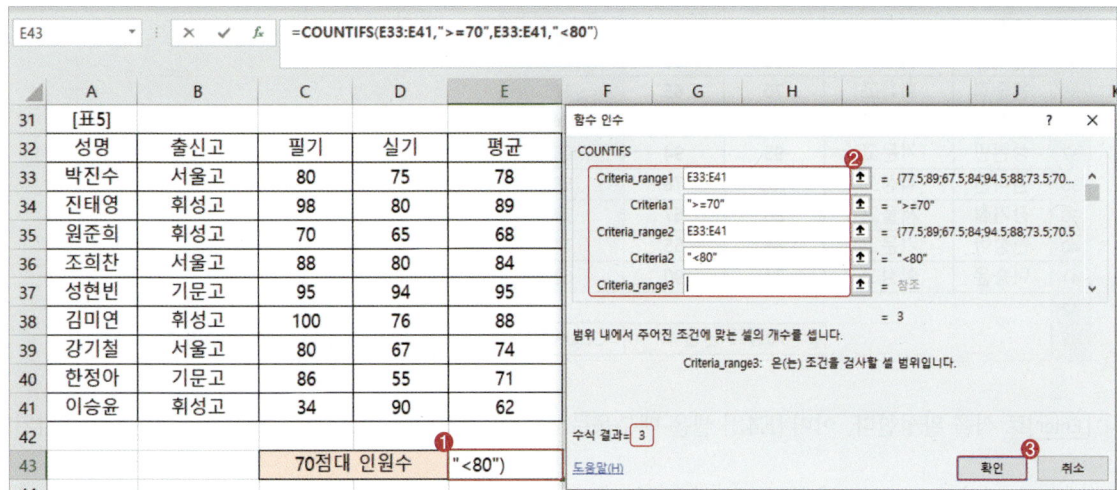

기적의 TIP

COUNTIFS
1. 기능 : 여러 조건식을 동시에 만족하는 개수
2. 인수 구성
 • Range : 조건을 찾을 범위
 • Criteria : 조건이 될 수 있는 숫자, 식, 텍스트
  − 조건은 숫자인 값은 그대로, 문자인 값은 큰따옴표 안에 입력한다.
  − 비교연산자를 이용한 식은 큰따옴표 안에 입력한다[표시 예 : ">=2"].
  − 조건을 여러 개 넣게 되면 입력된 모든 조건을 만족하는 개수를 구할 수 있다.

② 점수값의 전체 개수를 구하기 위해 COUNT함수로 아래의 식을 작성한다.

|중간 수식|
=COUNT(E33:E41)

기적의 TIP

COUNT
1. 기능 : 숫자의 개수를 구함
2. 인수 구성
 • Value1 : 숫자를 쉼표로 구분하여 넣거나 범위를 넣음

③ 비율을 구하려면 '70점대 개수'를 '전체 개수'로 나누어야 한다. 따라서 아래와 같이 COUNTIFS로 70점대 개수를 구한 뒤, 이를 COUNT로 전체 개수로 나누는 수식을 작성한다.

| 최종 수식 |

=COUNTIFS(E33:E41,")=70",E33:E41,"<80")/COUNT(E33:E41)
- =COUNTIFS(E33:E41,")=70",E33:E41,"<80")는 70점대의 개수를 구하는 식이다.
- COUNT(E33:E41)는 전체 개수를 구하는 식이다.

	A	B	C	D	E
31	[표5]				
32	성명	출신고	필기	실기	평균
33	박진수	서울고	80	75	78
34	진태영	휘성고	98	80	89
35	원준희	휘성고	70	65	68
36	조희찬	서울고	88	80	84
37	성현빈	기문고	95	94	95
38	김미연	휘성고	100	76	88
39	강기철	서울고	80	67	74
40	한정아	기문고	86	55	71
41	이승윤	휘성고	34	90	62
42					
43			70점대 인원수		=COUNTIFS(E33:E41,">=70",E33:E41,"<80")/COUNT(E33:E41)

④ Enter 로 식을 완성한다. 이미 [E43] 셀은 백분율로 서식이 지정되어 있으므로 결과값으로 33%이 표시된다.

5번 결과

	A	B	C	D	E
31	[표5]				
32	성명	출신고	필기	실기	평균
33	박진수	서울고	80	75	78
34	진태영	휘성고	98	80	89
35	원준희	휘성고	70	65	68
36	조희찬	서울고	88	80	84
37	성현빈	기문고	95	94	95
38	김미연	휘성고	100	76	88
39	강기철	서울고	80	67	74
40	한정아	기문고	86	55	71
41	이승윤	휘성고	34	90	62
42					
43			70점대 인원수		33%

08 [분석작업] 피벗 테이블

반복학습 1 2 3

시험유형 ❶ '08분석작업-피벗테이블.xlsx' 파일의 '피벗테이블-실습1' 시트

※ '피벗테이블-실습1' 시트에 대하여 다음의 지시사항을 처리하시오.

[피벗 테이블] 기능을 이용하여 '사원현황' 표의 부서명은 '행', 성별은 '열'로 처리하고, '값'에는 상여금의 합계와 실수령액의 최대값을 계산하시오.

▶ 피벗 테이블 보고서는 동일 시트의 [A26] 셀에서 시작하시오.
▶ 'Σ' 기호를 '행' 영역으로 이동하시오.
▶ 피벗 테이블 보고서는 행 및 열의 총합계를 해제하시오.

① 피벗 테이블을 작성할 데이터 영역 안에 커서를 두고 (또는 표 전체 범위를 영역 설정하고), [삽입] 탭의 [피벗 테이블]을 클릭한다.

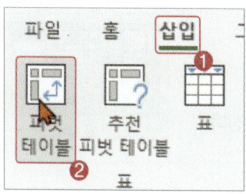

> **기적의 TIP**
>
> **블록 설정**
> • 데이터 범위 안에 커서를 놓고 Ctrl + A 를 누르면 전체 범위가 선택된다.
> • 마우스로 표의 제일 왼쪽 위부터 대각선 방향으로 표의 오른쪽 아래 끝까지 드래그한다.
> • 제일 왼쪽 위의 첫 셀에 커서를 두고 Ctrl + Shift + → 를 누른 다음 Ctrl + Shift + ↓ 를 누른다.

② [피벗 테이블 만들기] 대화상자에서 '표/범위'에는 사원현황 표 전체 영역이 입력되어 있다('피벗테이블-실습1'!$A$3:$I$22). 같은 워크시트의 [A26] 셀부터 피벗 테이블이 시작되므로 '피벗 테이블 보고서를 넣을 위치'에서 **기존 워크시트**를 선택하고, 워크 시트의 **[A26] 셀**을 마우스로 클릭한 다음 [확인]을 클릭한다.

③ '피벗 테이블 윤곽'이 생기고 [피벗 테이블 필드]에 '사원 현황' 표의 필드 목록이 추가되어 있다.

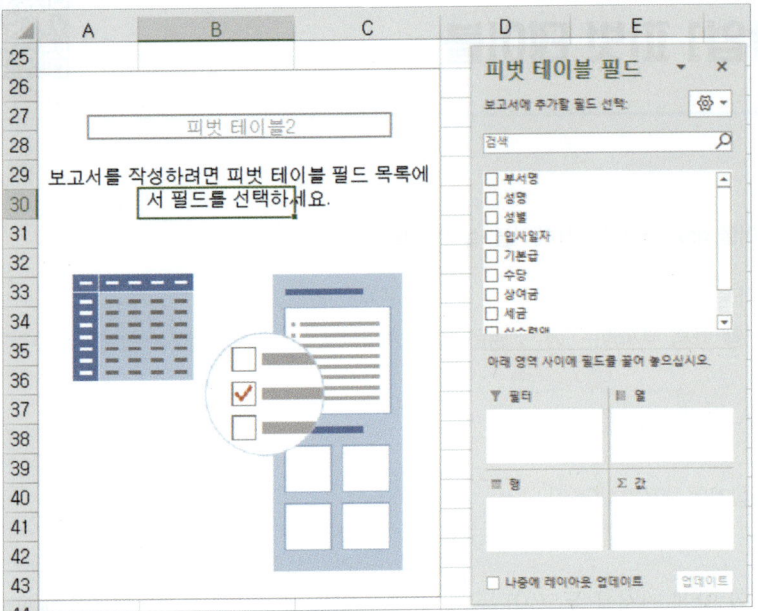

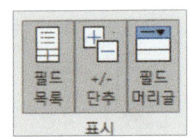

기적의 TIP

피벗 테이블 분석/디자인
- [피벗테이블 분석] 탭의 [표시]에서 [필드 목록]을 선택한다.
- 피벗 테이블 목록에 커서를 두면 자동으로 상단 메뉴에 [피벗 테이블 분석], [디자인] 탭이 생성된다.
- 피벗 테이블 목록에 커서를 두면 [피벗 테이블 필드]가 나타나고 피벗 테이블 목록 밖에 커서를 두면 사라진다.

④ **부서명**은 '행', **성별**은 '열', **상여금**과 **실수령액**은 '값' 영역으로 드래그하여 놓는다.

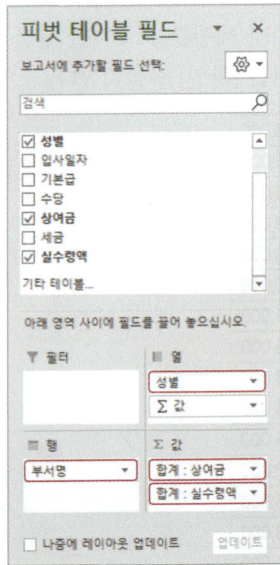

⑤ 값 영역의 '상여금'과 '실수령액'은 자동으로 '합계 : 상여금', '합계 : 실수령액'으로 변경된다(기본값은 합계).

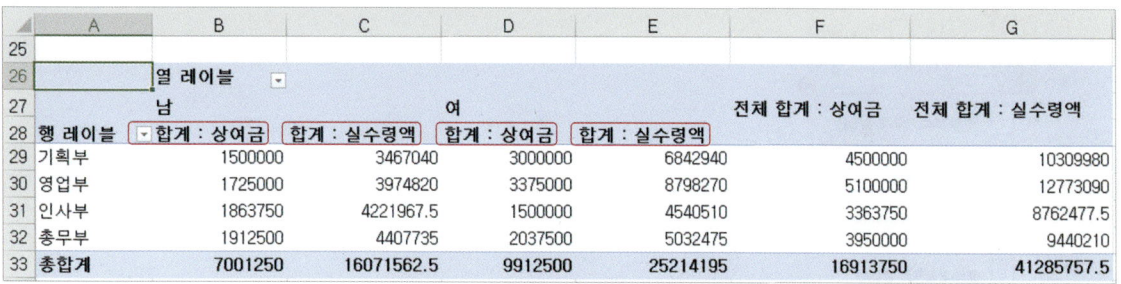

⑥ '실수령액'을 최대값으로 계산하기 위해 실수령액 영역[C29]에서 마우스 오른쪽 버튼을 눌러 [값 요약 기준] 의 [최대값]을 선택한다('최대 : 실수령액'으로 변경).

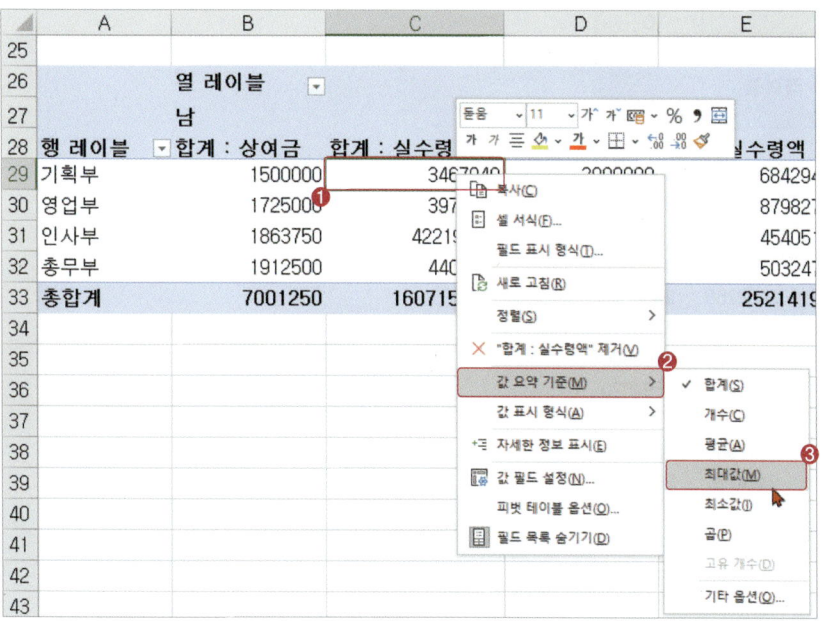

⑦ 열 방향인 값 영역을 행 방향으로 이동하기 위해 [피벗 테이블 필드] 목록에서 열 레이블에 있는 'Σ값'을 행 레이블로 드래그하여 놓는다.

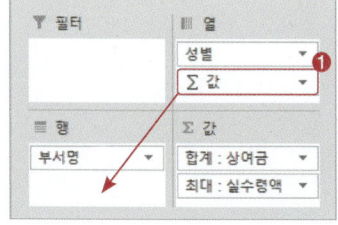 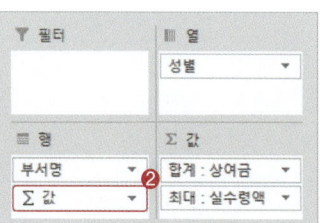

⑧ [디자인] 탭의 [레이아웃]의 [총합계]에서 [행 및 열의 총합계 해제]를 클릭한다.

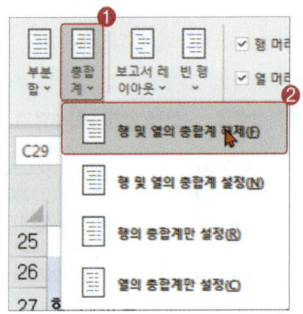

풀이결과

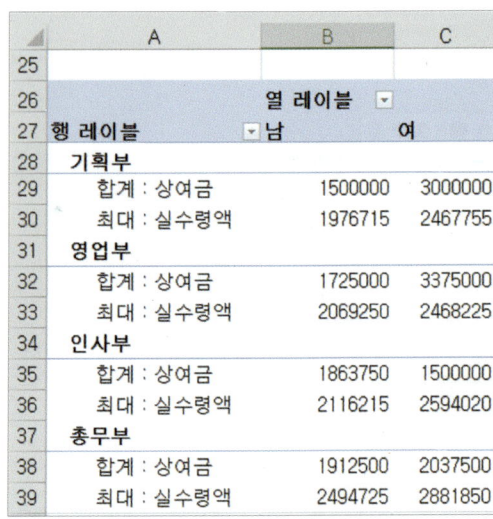

시험유형 ❷ '08분석작업-피벗테이블.xlsx' 파일의 '피벗테이블-실습2' 시트

※ '피벗테이블-실습2' 시트에서 다음의 지시사항에 따라 피벗 테이블 보고서를 작성하시오.
[피벗 테이블] 기능을 이용하여 '1사분기 판매현황' 표의 지역은 '행', 판매일은 '열'로 처리하고, '값'에 판매수량의 평균, 판매금액의 평균을 계산하시오.

▶ 피벗 테이블 보고서는 새 시트에서 시작하고 새 시트 이름은 '1분기판매'로 지정하시오.
▶ 보고서 레이아웃은 '개요 형식으로 표시'로 설정하시오.
▶ 판매일은 월 단위로 그룹화를 설정하시오.
▶ 빈 셀은 "*" 표시하고 피벗 테이블 보고서는 열의 총합계만 설정하시오.
▶ 값 영역의 표시 형식은 '값 필드 설정'의 셀 서식 대화상자에서 '숫자' 범주의 '1000 단위 구분 기호 사용'을 이용하여 지정하시오.
▶ 피벗 테이블 스타일을 '흰색, 피벗 스타일 밝게 7'로 설정하시오.

① 피벗 테이블의 원본이 되는 데이터 영역에 커서를 두고(또는 표 전체 범위를 영역 설정하고) [삽입] 탭의 [피벗 테이블]을 클릭한다.

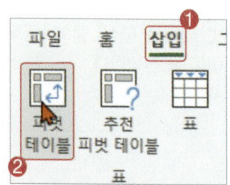

② [피벗 테이블 만들기] 대화상자에서 '표/범위'에는 사원현황 표 전체 영역이 입력되어 있다('피벗테이블-실습2'!$A$2:$E$21). 새 시트에서 시작해야 하기 때문에 '새 워크시트'로 설정되어 있는지 확인 후 [확인]을 클릭한다.

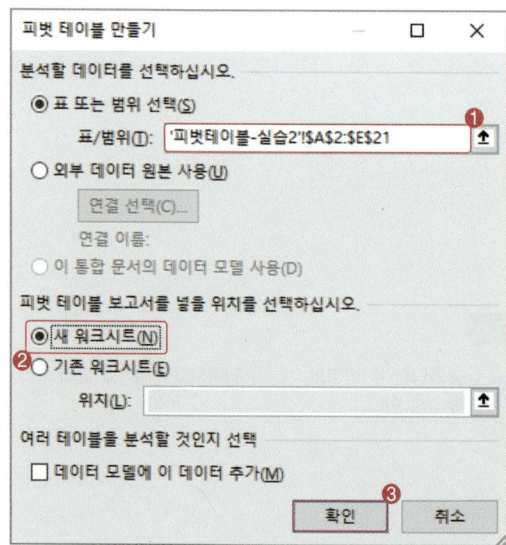

③ 'Sheet1'이라는 새 시트가 '피벗테이블-실습2' 시트의 왼쪽에 생성되고, [A3] 셀부터 '피벗 테이블 윤곽'이 생기며, [피벗 테이블 필드]에 '1사분기 판매현황' 표의 필드 목록이 추가되어 있는 것을 확인할 수 있다.

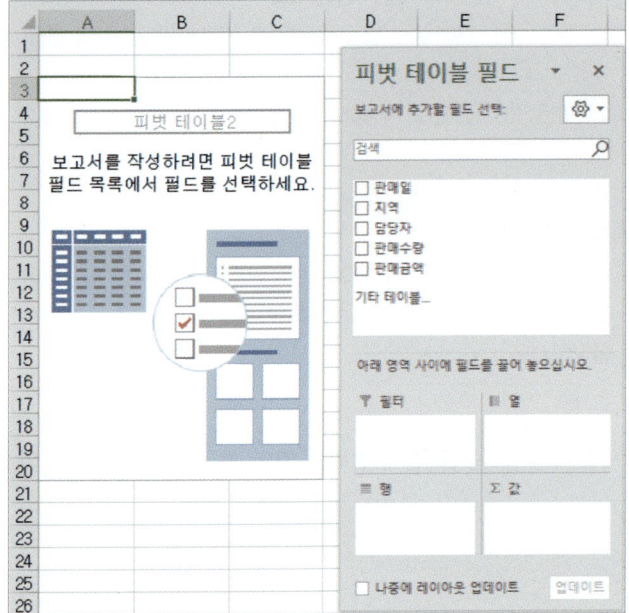

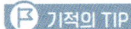

> **기적의 TIP**
>
> **피벗 테이블 위치**
> - 새 시트로 작성하는 경우 기존 시트의 왼쪽에 새 시트가 생성되고 [A3] 셀이 시작 셀이 되어 생성된다.
> - 위치를 변경하려면 [피벗 테이블 분석] 탭의 [동작] 메뉴에서 [피벗 테이블 이동]을 선택한다.

> **기적의 TIP**
>
> **피벗 테이블 데이터 수정**
> [피벗 테이블 분석] 탭의 [데이터] 메뉴에서 [데이터 원본 변경]을 선택한다.

④ 'Sheet1' 시트 이름 위에서 오른쪽 마우스 버튼을 눌러 [이름 바꾸기]를 클릭한 후 **1분기판매**를 입력하고 Enter 를 눌러 워크시트 이름을 변경한다.

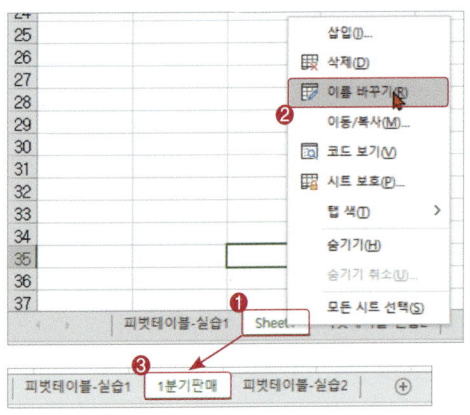

> **기적의 TIP**
>
> 커서를 놓고 더블클릭한 후 변경할 이름을 입력하고 Enter 를 눌러 워크시트 이름을 변경할 수도 있다.

⑤ **지역**은 '행'으로, **월**과 **판매일**은 '열'로, **판매수량**과 **판매금액**은 '값' 영역으로 드래그해서 놓는다.

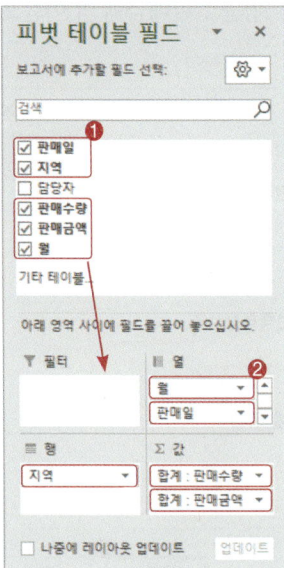

⑥ 값 영역의 '판매수량'과 '판매금액'은 자동으로 '합계 : 판매수량', '합계 : 판매금액'으로 변경된다(기본값은 합계).

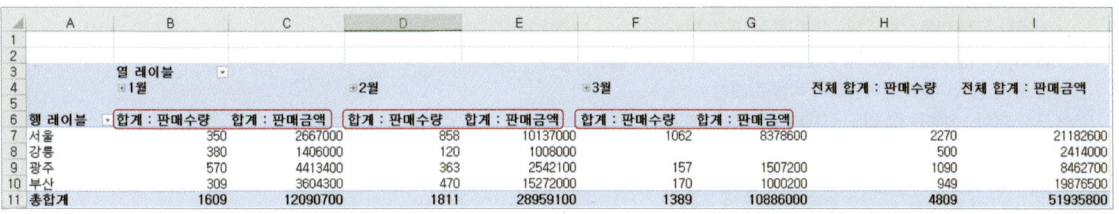

⑦ 판매수량과 판매금액의 평균을 계산하기 위해 먼저 [피벗테이블 필드 목록] 값 영역의 '판매수량'을 클릭하면 나타나는 메뉴에서 [값 필드 설정]을 클릭한다.

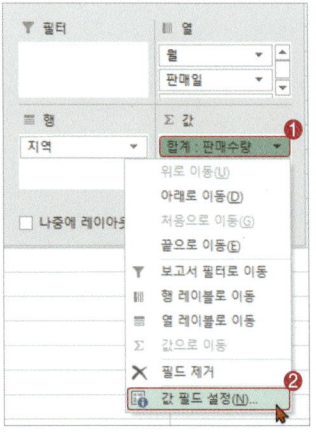

⑧ [값 필드 설정] 대화상자의 [값 요약 기준] 탭에서 **평균**을 선택한 다음 [확인]을 클릭한다. '판매금액'도 같은 방법으로 **평균**으로 변경한다. 값 필드 요약 기준을 변경하면 '평균 : 판매수량', '평균 : 판매금액'의 이름으로 변경된다.

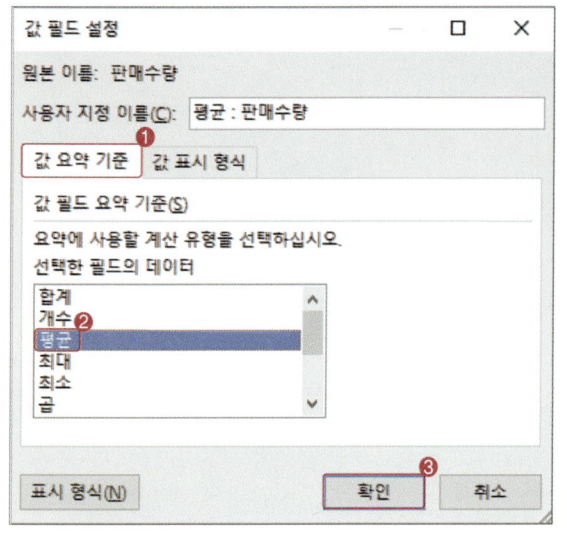 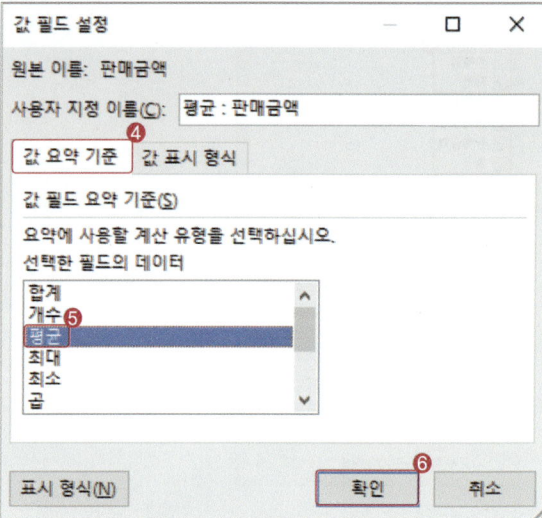

> 🎯 기적의 TIP
>
> **값 필드 설정**
> - 사용자 지정 이름 : 계산 필드의 이름을 변경 가능
> - 값 요약 기준 : 계산 필드 유형 선택
> - 값 표시 형식 : 필드를 이용하여 비율로 계산
> - 표시 형식 : 선택된 값 필드 전체의 셀 서식을 변경

⑨ [디자인] 탭의 [레이아웃]의 [보고서 레이아웃]에서 [개요 형식으로 표시]를 클릭한다. 행머리글과 열머리글의 필드이름이 데이터 원본의 필드이름으로 변경된다.

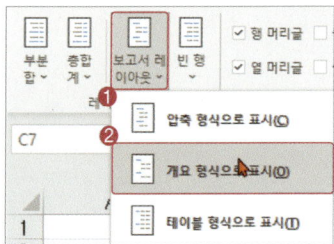

⑩ 열 머리글인 '판매일'을 그룹화하기 위해 '판매일'의 항목(1월, 2월, 3월) 중 임의의 항목 위에 커서를 두고, 마우스 오른쪽 버튼을 눌러 바로 가기 메뉴의 [그룹]을 클릭한다.

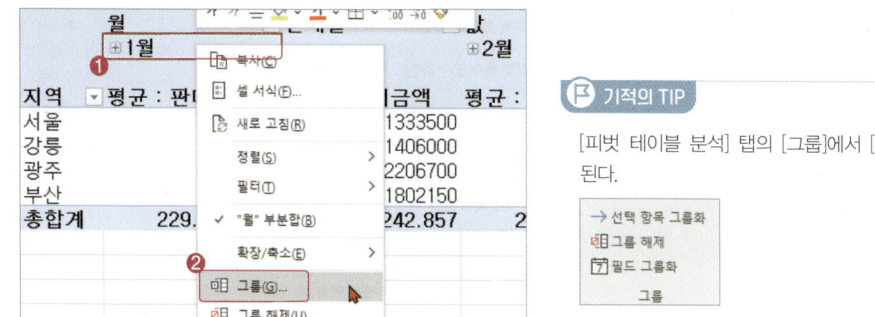

> 🅕 기적의 TIP
>
> [피벗 테이블 분석] 탭의 [그룹]에서 [선택 항목 그룹화]를 선택해도 된다.

⑪ [그룹화] 대화상자에서 '자동'의 시작과 끝 날짜는 기본값 그대로 두고 '단위'에서 **월**만 선택한 후 [확인]을 클릭하면 '판매일' 필드는 월단위로 그룹화된다.

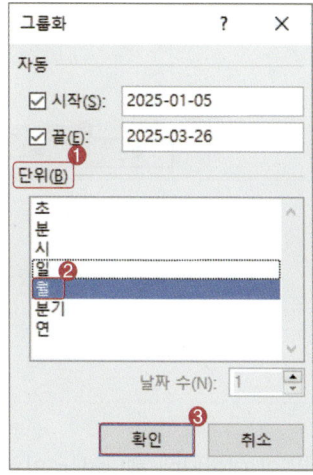

⑫ 피벗 테이블 영역 중 임의의 셀에 커서를 두고 바로 가기 메뉴의 [피벗 테이블 옵션]을 클릭한다.

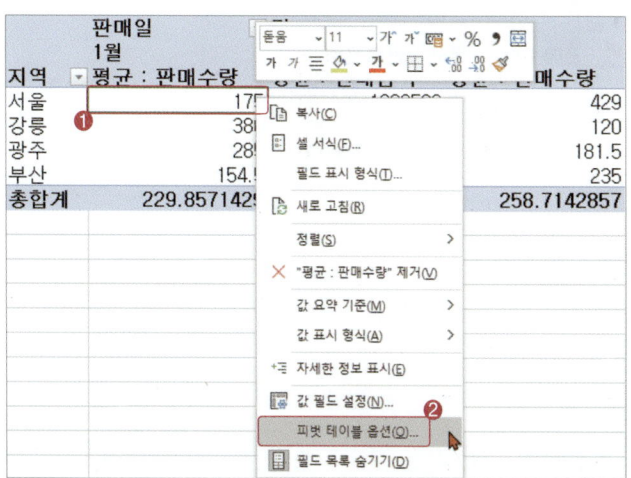

> 🅕 기적의 TIP
>
> [피벗 테이블 분석] 탭의 [피벗 테이블]에서 [옵션]을 클릭해도 된다.

⑬ [피벗 테이블 옵션] 대화상자에서 [레이아웃 및 서식] 탭의 '빈 셀 표시'에 *을 입력하고 [요약 및 필터] 탭의 '행 총합계 표시'를 체크 해제한 후 [확인]을 클릭한다.

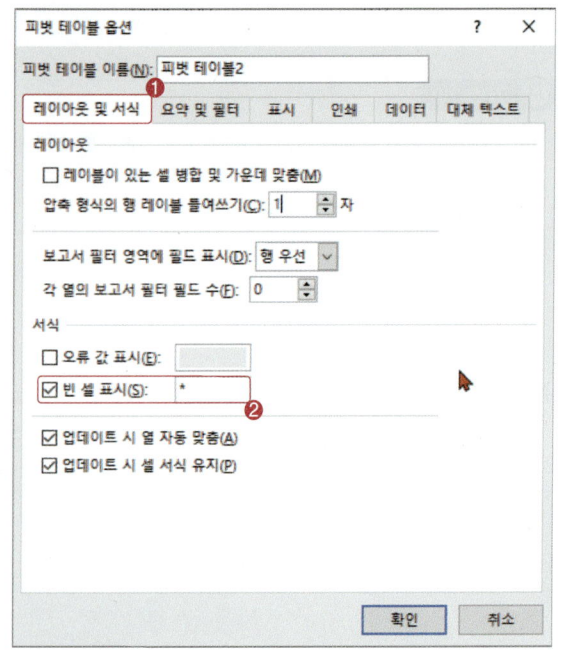 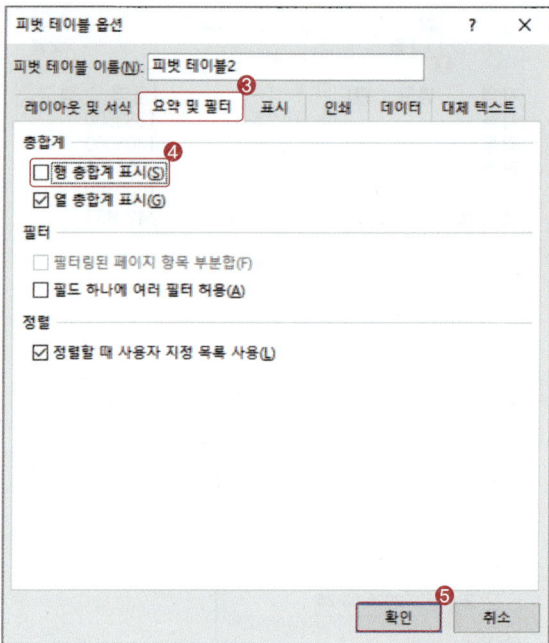

> 🅑 기적의 TIP
>
> **자주 출제되는 피벗 테이블 옵션**
> - 레이아웃 : 레이블이 있는 셀 병합 및 가운데 맞춤
> - 서식 : 빈 셀 표시
> - 요약 및 필터 : 총합계 표시 여부

⑭ '평균 : 판매수량'의 값 필드 설정의 셀 서식을 변경하기 위해 '평균 : 판매수량'의 데이터에 해당하는 임의의 셀을 선택한 후, 바로 가기 메뉴에서 [필드 표시 형식]을 선택한다.

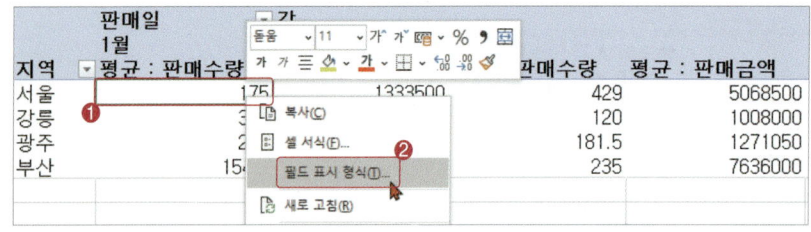

⑮ [셀 서식] 대화상자의 '범주'에서 [숫자]를 클릭하고 '1000 단위 구분 기호 사용'에 체크한 후 [확인]을 클릭한다. '평균 : 판매금액'도 같은 방법으로 값 필드 표시 형식을 지정한다. [확인]을 클릭하면 선택된 값 필드의 서식이 변경된다.

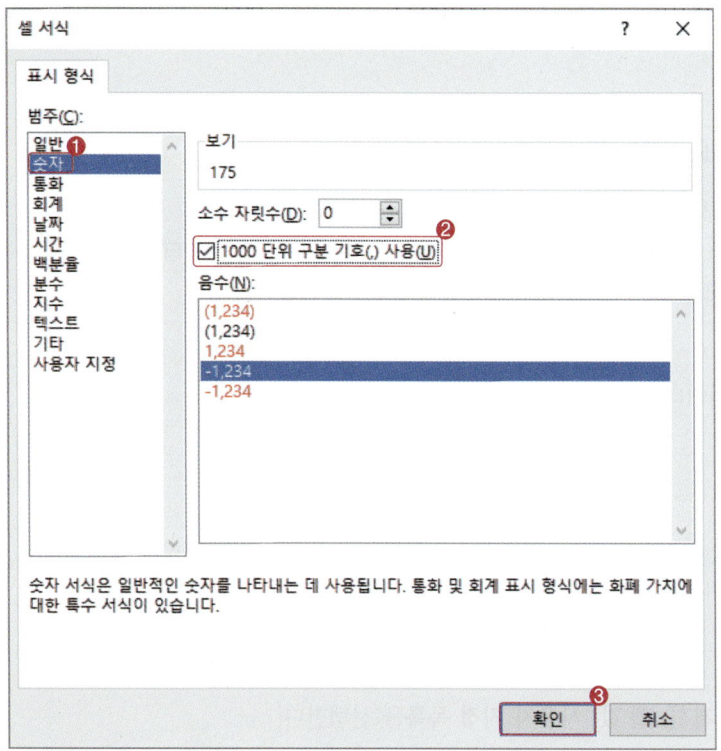

⑯ [디자인] 탭의 [피벗 테이블 스타일]에서 '밝게' 항목에서 **흰색, 피벗 스타일 밝게 7**을 클릭한다.

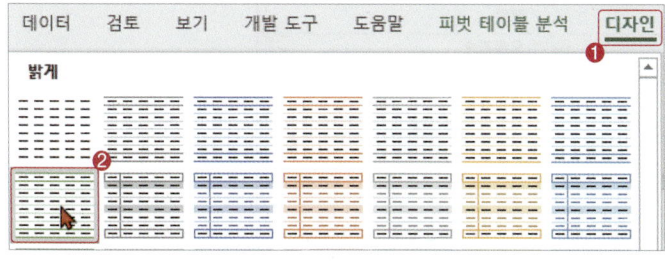

풀이결과

	A	B	C	D	E	F	G
1							
2							
3		판매일	값				
4			1월		2월		3월
5	지역	평균 : 판매수량	평균 : 판매금액	평균 : 판매수량	평균 : 판매금액	평균 : 판매수량	평균 : 판매금액
6	서울	175	1,333,500	429	5,068,500	354	2,792,867
7	강릉	380	1,406,000	120	1,008,000	*	*
8	광주	285	2,206,700	182	1,271,050	157	1,507,200
9	부산	155	1,802,150	235	7,636,000	170	1,000,200
10	총합계	230	1,727,243	259	4,137,014	278	2,177,200

09 [분석작업] 데이터 정렬

반복학습 1 2 3

시험유형 ① '09분석작업-데이터정렬.xlsx' 파일의 '데이터정렬-실습1' 시트

※ '데이터정렬-실습1' 시트에서 다음의 지시사항에 따라 처리하시오.
▶ [정렬] 기능을 이용하여 '축구 클럽 회원 현황' 표에서 '포지션'을 '공격수-수비수-미드필더-골기퍼' 순으로 정렬하고, 제품명이 동일한 경우 '가입년도'를 셀 색(51,200,51)인 값이 위에 표시되도록 정렬하시오.

① [A3:F13] 영역을 블록 설정한 후, [데이터] 탭의 [정렬 및 필터]에서 [정렬]을 클릭한다.

> **기적의 TIP**
>
> **영역을 지정하는 다양한 방법**
> - 표 안에 커서를 두고 Ctrl + A 를 누른다.
> - 마우스로 표 전체를 대각선 방향으로 드래그한다.
> - 첫 셀을 클릭한 다음, Ctrl + Shift + → 를 눌러 행 끝까지 영역을 지정하고 Ctrl + Shift + ↓ 를 눌러 열 끝까지 영역을 지정한다.
> - 표 안에 커서를 두고 데이터를 정렬한다.

② [정렬] 대화상자에서 '정렬 기준'은 **포지션, 셀 값, 사용자 지정 목록**을 선택한다.

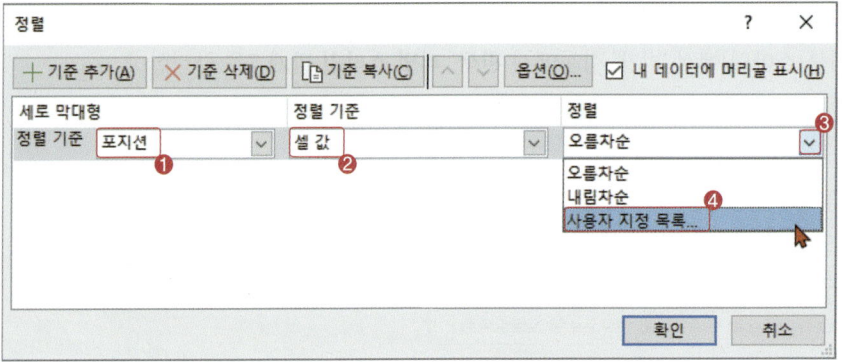

③ [사용자 지정 목록] 대화상자의 '목록 항목'에 **공격수** Enter **수비수** Enter **미드필더** Enter **골기퍼** 순으로 입력한 후, [추가]를 클릭하면 왼쪽 사용자 지정 목록의 제일 아래쪽에 추가가 된다. 추가된 항목을 선택한 후 [확인]을 클릭하면 정렬 첫 번째 항목에 표시된다.

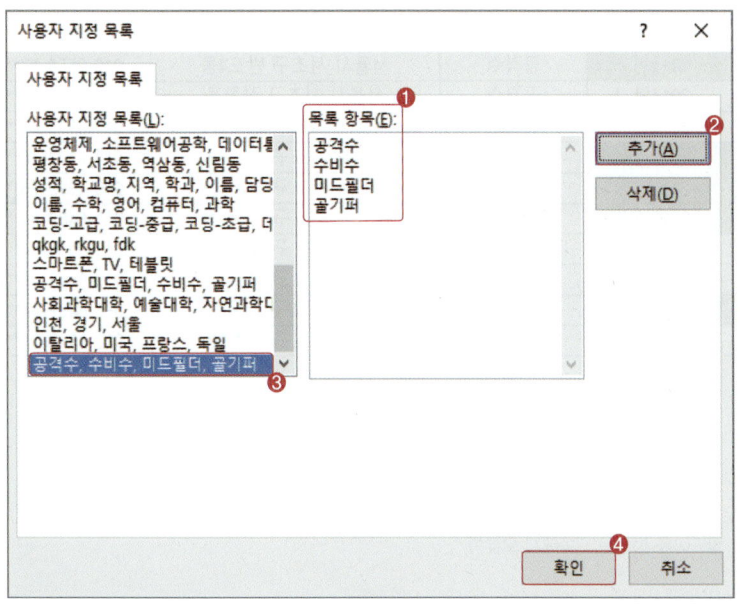

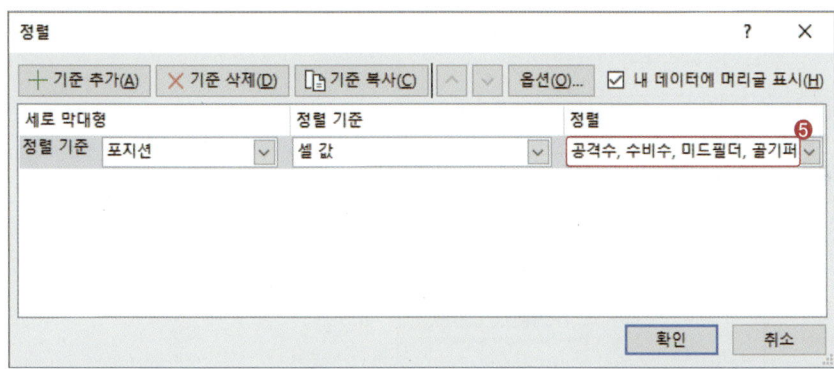

④ 두 번째 기준으로 정렬하기 위해 [기준 추가]를 클릭한 후, **가입년도**, **셀 색**, **색 항목**(RGB 51,200,51), **위에 표시**를 선택한다.

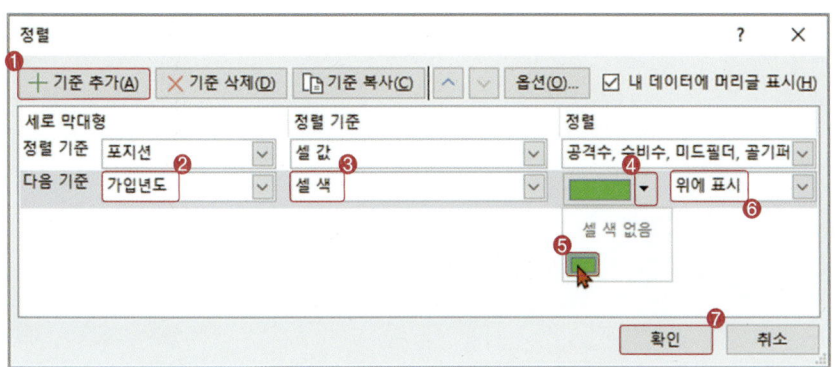

풀이결과

	A	B	C	D	E	F
1	축구 클럽 회원 현황					
2						
3	회원명	나이	가입년도	포지션	주소	연락처
4	이승훈	42	2015년	공격수	서울시 서초구 반포4동	010-9556-07**
5	남태희	25	2014년	공격수	서울시 서초구 잠원동	010-9004-72**
6	이승유	41	2014년	공격수	서울시 서초구 방배4동	010-8115-47**
7	조규성	33	2015년	수비수	서울시 서초구 반포3동	010-6147-30**
8	김민재	32	2015년	수비수	서울시 서초구 방배1동	010-4999-66**
9	손흥민	45	2015년	미드필더	서울시 서초구 양재1동	010-6482-94**
10	박지성	35	2014년	미드필더	서울시 서초구 양재2동	010-8514-54**
11	손준호	27	2014년	미드필더	서울시 서초구 서초2동	010-5568-11**
12	안정환	28	2015년	골기퍼	서울시 서초구 내곡동	010-6487-54**
13	황희찬	33	2014년	골기퍼	서울시 서초구 서초3동	010-8542-64**

기적의 TIP

데이터 정렬

1. 정렬 옵션
   - 대/소문자 구분 : 정렬 시 대문자와 소문자에 따라서 우선순위가 부여됨
   - 방향 : 데이터 정렬은 위쪽에서 아래쪽, 필드이름 정렬은 왼쪽에서 오른쪽
2. 내 데이터에 머리글 표시
   - 체크 시 : 정렬 기준에 필드이름이 표시
   - 체크 해제 시 : 열 A, 열 B 등으로 표시

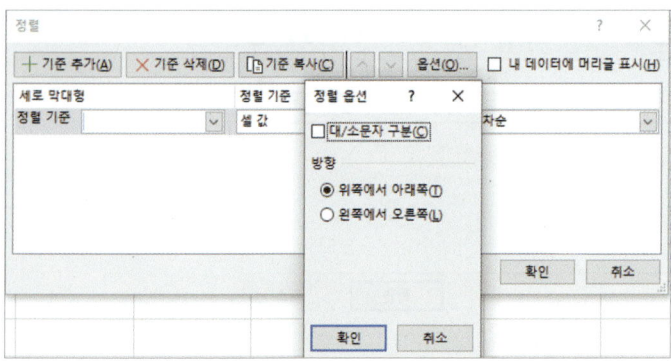

시험유형 ❷ '09분석작업-데이터정렬.xlsx' 파일의 '데이터정렬-실습2 시트

※ '데이터정렬-실습2' 시트에서 다음의 지시사항에 따라 처리하시오.
▶ [정렬] 기능을 이용하여 '학자금 대출현황표'에서 '소속'을 기준으로 오름차순 정렬하고, '소속'이 동일하면 '자격여부'를 기준으로 오름차순 정렬하고, '자격여부'가 동일하면 '대출날짜'를 기준으로 내림차순 정렬하시오.

① [A3:F13] 영역을 블록 설정한 후, [데이터] 탭의 [정렬 및 필터]에서 [정렬]을 클릭한다.

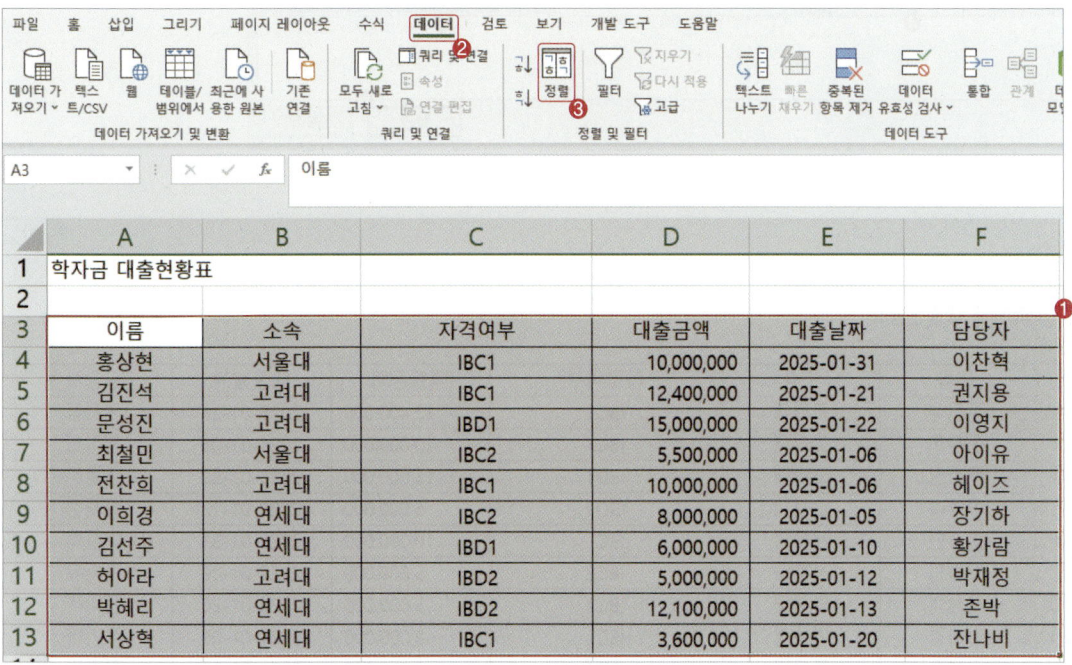

② [정렬] 대화상자에서 '정렬 기준'에 **소속, 오름차순**을 선택하고 [기준 추가]를 클릭한다.

[분석작업] 데이터 정렬 **99**

③ 두 번째 '다음 기준'에서 **자격여부, 오름차순**을 선택하고 [기준 추가]를 클릭한 다음, 세 번째 '다음 기준'에서 **대출날짜, 내림차순**으로 선택하고 [확인]을 클릭한다.

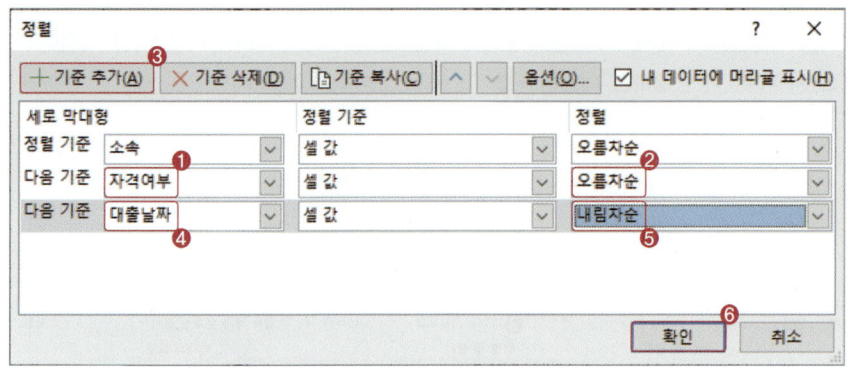

	A	B	C	D	E	F
1	학자금 대출현황표					
2						
3	이름	소속	자격여부	대출금액	대출날짜	담당자
4	김진석	고려대	IBC1	12,400,000	2025-01-21	권지용
5	전찬희	고려대	IBC1	10,000,000	2025-01-06	헤이즈
6	문성진	고려대	IBD1	15,000,000	2025-01-22	이영지
7	허아라	고려대	IBD2	5,000,000	2025-01-12	박재정
8	홍상현	서울대	IBC1	10,000,000	2025-01-31	이찬혁
9	최철민	서울대	IBC2	5,500,000	2025-01-06	아이유
10	서상혁	연세대	IBC1	3,600,000	2025-01-20	잔나비
11	이희경	연세대	IBC2	8,000,000	2025-01-05	장기하
12	김선주	연세대	IBD1	6,000,000	2025-01-10	황가람
13	박혜리	연세대	IBD2	12,100,000	2025-01-13	존박

10 [분석작업] 부분합

반복학습 1 2 3

시험유형 ❶ '10분석작업-부분합.xlsx' 파일의 '부분합-실습1' 시트

※ '부분합-실습1' 시트에서 다음의 지시사항에 따라 처리하시오.

부분합 기능을 이용하여 '지역별 경비성과' 표에 〈그림〉과 같이 지역팀 별로 '목표', '달성'의 최대를 계산한 후 '수도경비', '보안경비'의 최소를 계산하시오.

▶ 정렬은 '지역팀'을 기준으로 오름차순으로 정렬하고 '지역팀'이 동일한 경우 '고용형태' 기준으로 내림차순 정렬하시오.
▶ 최대과 최소는 위에 명시된 순서대로 처리하시오.

	A	B	C	D	E	F	G	H	I
1	지역별 경비성과								
2	지역팀	고용형태	달성률	목표	달성	수도경비	보안경비	ps달성률	성과
3	부산지사	정규직	1,000,000	19,000,000	50,620,000	610,000	306,000	299%	543,630
4	부산지사	정규직	4,000,000	29,000,000	21,320,000	490,000	120,000	408%	343,630
5	부산지사	계약직	5,000,000	33,000,000	1,300,000	430,000	159,000	270%	543,630
6	부산지사	계약직	10,000,000	36,000,000	17,382,000	139,000	208,100	67%	343,630
7	부산지사	계약직	3,000,000	28,000,000	4,000,000	570,000	140,900	405%	543,630
8	부산지사 최소					139,000	120,000		
9	부산지사 최대			36,000,000	50,620,000				
10	서울지사	정규직	5,000,000	23,000,000	6,127,000	290,000	215,000	135%	543,630
11	서울지사	정규직	5,000,000	29,000,000	14,304,000	380,000	254,000	150%	343,630
12	서울지사	정규직	10,000,000	19,000,000	8,197,000	350,000	528,000	66%	343,630
13	서울지사	계약직	5,000,000	16,000,000	36,060,000	165,000	762,000	22%	543,630
14	서울지사	계약직	15,000,000	19,000,000	15,000,000	218,000	60,000	363%	343,630
15	서울지사 최소					165,000	60,000		
16	서울지사 최대			29,000,000	36,060,000				
17	전체 최소값					139,000	60,000		
18	전체 최대값			36,000,000	50,620,000				

① [부분합]을 하기 전 정렬을 하기 위해 [A2:I12] 영역을 블록 설정한 후, [데이터] 탭의 [정렬 및 필터]에서 [정렬]을 클릭한다.
② [정렬] 대화상자에서 '정렬 기준'은 **지역팀**, **셀 값**, **오름차순**으로 설정한 후, [기준 추가]를 클릭한다. [다음 기준]에는 **고용형태**, **셀 값**, **내림차순**으로 설정한 후 [확인]을 눌러 정렬한다.

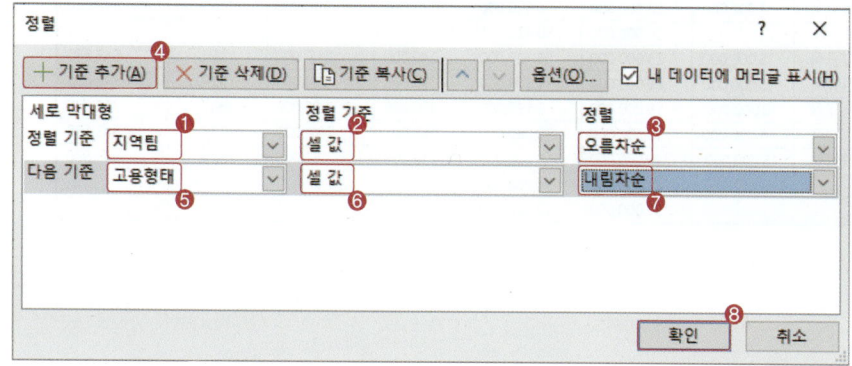

③ 블록을 해제하지 않은 상태로 [데이터] 탭의 [개요]에서 [부분합]을 클릭한다.

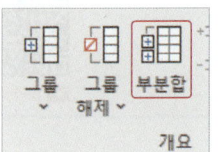

④ '지역팀'별 '목표', '달성'의 최대를 구하기 위해, [부분합] 대화상자에서 '그룹화할 항목'은 **지역팀**, '사용할 함수'는 **최대**, '부분합 계산 항목'은 **목표**, **달성**을 체크하고, **성과**는 체크 해제한 후 [확인]을 클릭한다.

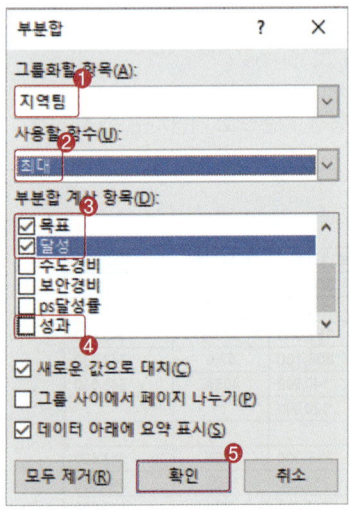

> 🅕 기적의 TIP
>
> 부분합
> - 그룹화할 항목 : 정렬 기준인 필드를 선택해서 필드 기준으로 그룹화함
> - 사용할 함수 : 그룹화된 필드 기준의 계산 함수
> - 부분합 계산 항목 : 계산할 필드(다수 선택 가능)
> - 새로운 값으로 대치 : 여러 함수를 계산하는 경우는 반드시 체크 해제
> - 그룹 사이에서 페이지 나누기 : 인쇄 시 그룹별로 페이지가 나누어져서 인쇄됨
> - 데이터 아래에 요약 표시 : 그룹별 요약이 그룹의 하단에 표시되며, 체크 해제하면 상단에 표시됨
> - 모두 제거 : 작성된 부분합의 틀을 제거함(원본은 제거되지 않음)

⑤ 부분합이 설정된 상태 그대로(블록을 해제하지 않음), 다시 [데이터] 탭의 [개요]에서 [부분합]을 클릭한다.
⑥ [부분합] 대화상자에서 '그룹화할 항목'은 **지역팀**, '사용할 함수'는 **최소**로 설정한다. '부분합 계산 항목'의 **목표**와 **달성**은 체크 해제, **수도경비**와 **보안경비**는 체크, '새로운 값으로 대치'를 체크 해제한 다음 [확인]을 클릭한다.

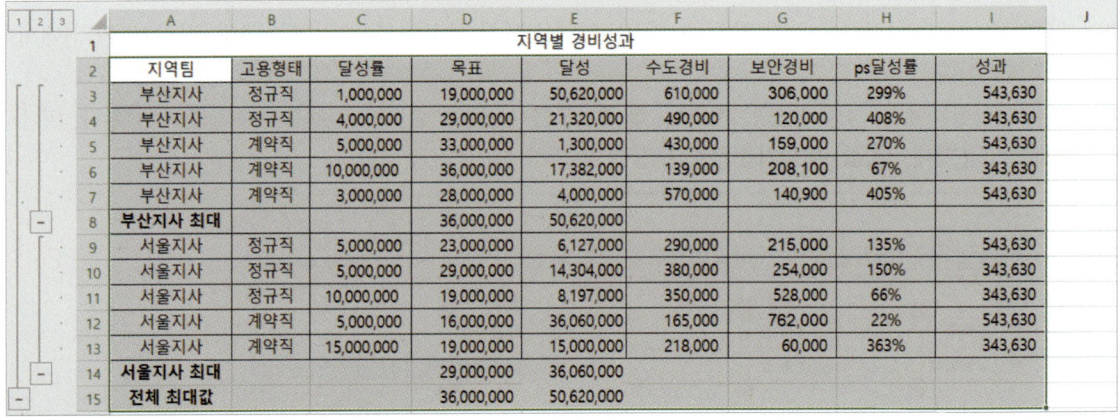

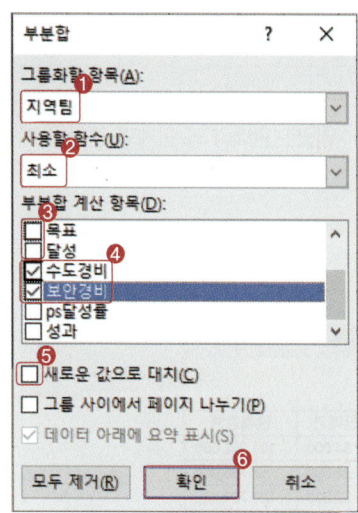

🅑 기적의 TIP

부분합 개요보기

- 부분합을 작성하면 왼쪽에 개요보기가 생성된다.
- 함수별로 그룹화되고 확장/축소 버튼으로 결과값을 확장 또는 축소할 수 있다.
- 결과 그림은 1,2,3,4 단위까지 나타나있고 가장 큰 번호는 모든 데이터를 확장하고 가장 작은 번호는 모든 데이터를 축소시킨다.
- 개요 숫자를 클릭하면 항목별로 축소된다.
- 개요보기를 제거하려면 [데이터] 탭의 [개요] 그룹에서 [그룹 해제]를 클릭한 뒤, [개요 지우기]를 선택한다.

풀이결과

	A	B	C	D	E	F	G	H	I
1	지역별 경비성과								
2	지역팀	고용형태	달성률	목표	달성	수도경비	보안경비	ps달성률	성과
3	부산지사	정규직	1,000,000	19,000,000	50,620,000	610,000	306,000	299%	543,630
4	부산지사	정규직	4,000,000	29,000,000	21,320,000	490,000	120,000	408%	343,630
5	부산지사	계약직	5,000,000	33,000,000	1,300,000	430,000	159,000	270%	543,630
6	부산지사	계약직	10,000,000	36,000,000	17,382,000	139,000	208,100	67%	343,630
7	부산지사	계약직	3,000,000	28,000,000	4,000,000	570,000	140,900	405%	543,630
8	부산지사 최소					139,000	120,000		
9	부산지사 최대			36,000,000	50,620,000				
10	서울지사	정규직	5,000,000	23,000,000	6,127,000	290,000	215,000	135%	543,630
11	서울지사	정규직	5,000,000	29,000,000	14,304,000	380,000	254,000	150%	343,630
12	서울지사	정규직	10,000,000	19,000,000	8,197,000	350,000	528,000	66%	343,630
13	서울지사	계약직	5,000,000	16,000,000	36,060,000	165,000	762,000	22%	543,630
14	서울지사	계약직	15,000,000	19,000,000	15,000,000	218,000	60,000	363%	343,630
15	서울지사 최소					165,000	60,000		
16	서울지사 최대			29,000,000	36,060,000				
17	전체 최소값					139,000	60,000		
18	전체 최대값			36,000,000	50,620,000				

시험유형 ❷ '10분석작업−부분합.xlsx' 파일의 '부분합−실습2' 시트

※ '부분합−실습2' 시트에서 다음의 지시사항에 따라 처리하시오.

부분합 기능을 이용하여 '수입화장품 판매 현황' 표에 〈그림〉과 같이 '수입국'별로 '수입량', '판매량'의 합계와 평균을 계산하시오.

▶ 정렬은 '수입국'을 기준으로 '독일−미국−이탈리아−프랑스' 순으로 정렬하시오.
▶ 이탈리아와 프랑스의 부분합 결과는 숨김 처리하시오.
▶ 합계와 평균은 위에 명시된 순서대로 처리하시오.

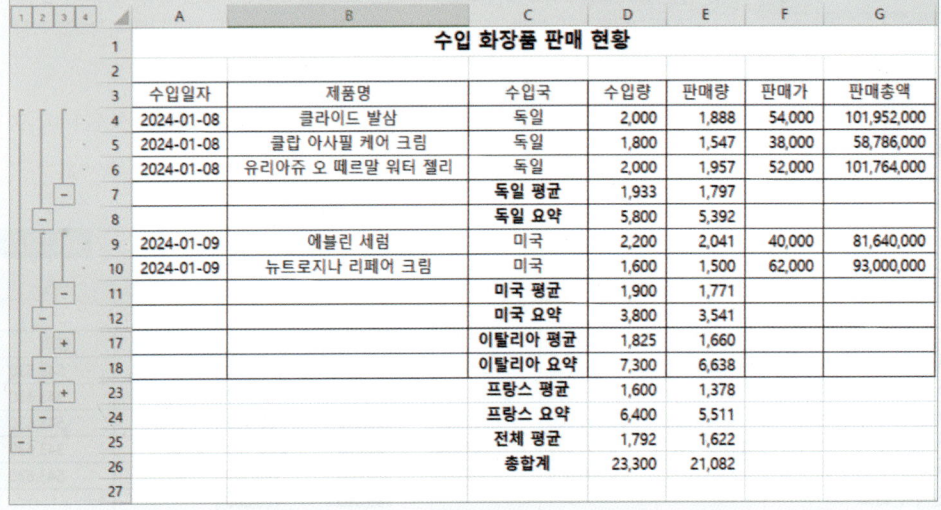

① [부분합]을 하기 전 정렬을 하기 위해 [A3:G16] 영역을 블록 설정한 후, [데이터] 탭의 [정렬 및 필터]에서 [정렬]을 클릭한다.

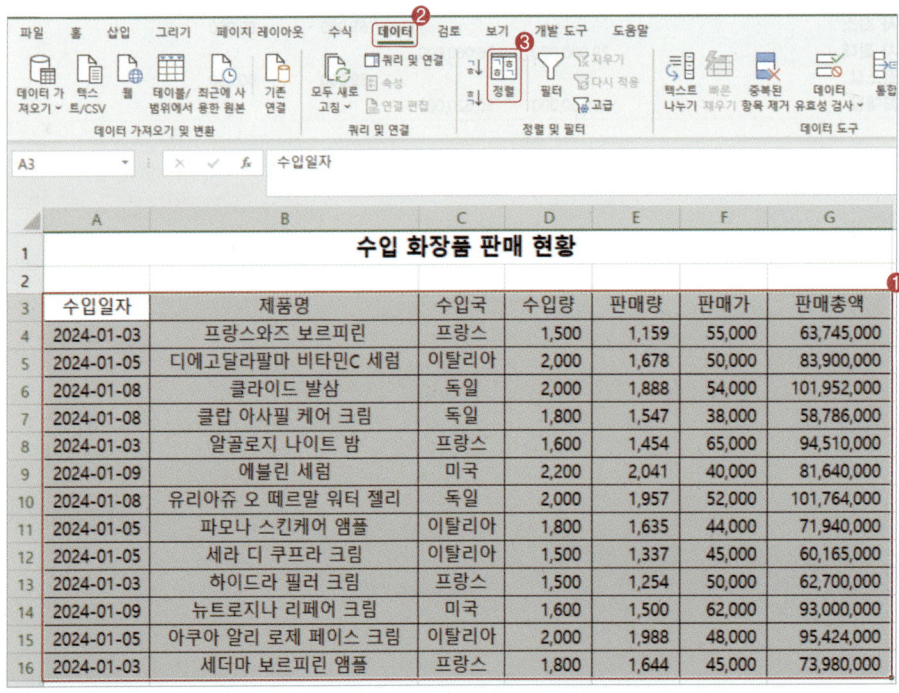

② [정렬] 대화상자에서 '정렬 기준'은 **수입국**, **셀 값**, **사용자 지정 목록**을 선택한다.

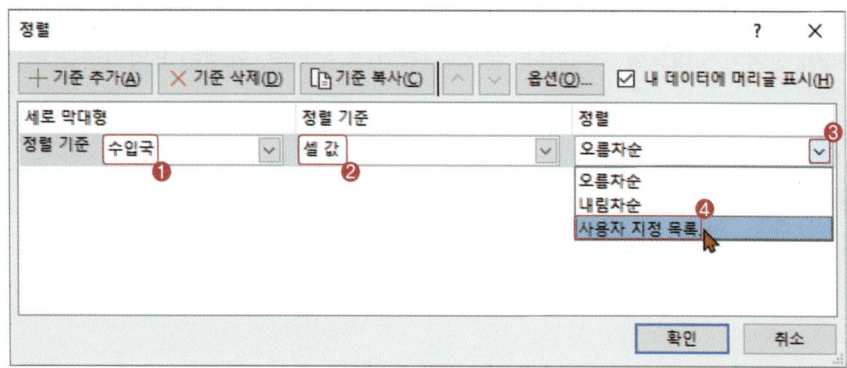

③ [사용자 지정 목록] 대화상자의 '목록 항목'에 **독일** Enter **미국** Enter **이탈리아** Enter **프랑스** 순으로 입력한 후 [추가]를 클릭한 후 '사용자 지정 목록' 항목에서 선택을 확인하고 [확인]을 클릭한다.

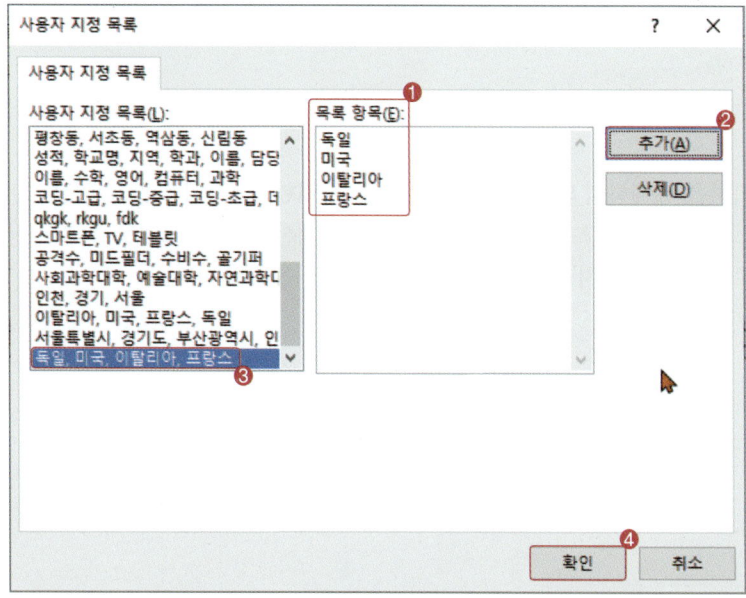

④ [정렬] 대화상자에서 [확인]을 클릭하면 수입국별로 정렬된다.

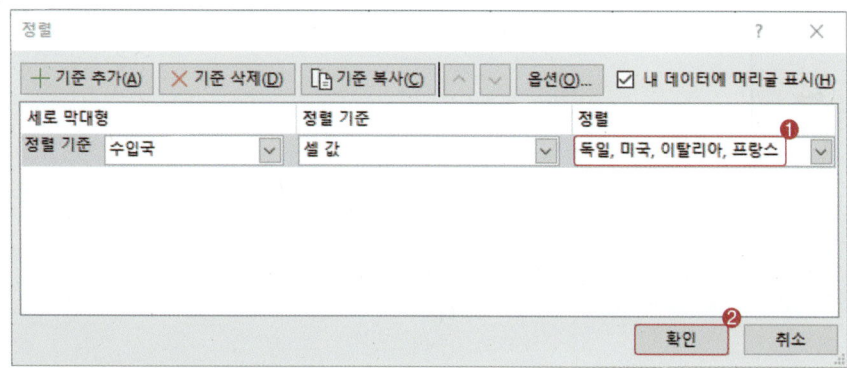

⑤ [A3:G16] 영역을 설정한 상태로 [데이터] 탭의 [개요]에서 [부분합]을 클릭한다.

⑥ '수입국'별 '수입량', '판매량'의 합계를 구하기 위해, [부분합] 대화상자에서 '그룹화할 항목'은 **수입국**, '사용할 함수'는 **합계**, '부분합 계산 항목'은 **수입량, 판매량**을 체크하고, 판매총액은 체크 해제한 다음 [확인]을 클릭한다. 이때 다른 계산 항목이 선택되지 않도록 주의한다. 끝으로 [확인]을 누르면, 합계는 **요약**이라는 이름으로 나타난다.

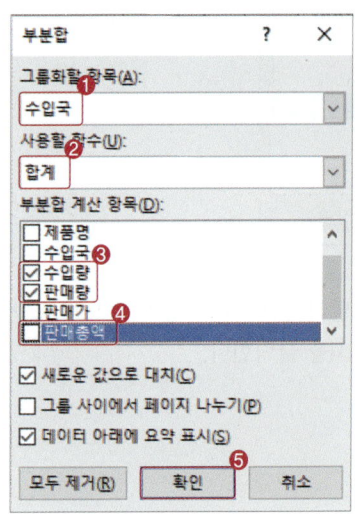

⑦ 부분합이 설정된 그 상태 그대로(블록을 해제하지 않음) 다시 [부분합]을 클릭한다. '수입국'별 '수입량', '판매량'의 평균을 구하기 위해 [부분합] 대화상자에서 '그룹화할 항목'과 '부분합 계산 항목'은 그대로 두고 '사용할 함수'를 **평균**으로 변경한 다음 '새로운 값으로 대치'를 체크 해제한 다음 [확인]을 클릭한다.

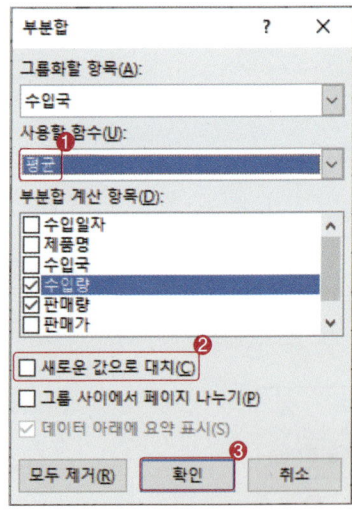

⑧ 글씨가 잘린 C열의 너비를 늘려서 잘린 글씨가 다 보이게 한다. 열 머리글 C와 D사이의 경계선에서 더블클릭하면 C열의 너비만큼 넓어진다.

	A	B	C	D	E	F	G
1			수입 화장품 판매				
2							
3	수입일자	제품명	수입국	수입량	판매량	판매가	판매총액
4	2024-01-08	클라이드 발삼	독일	2,000	1,888	54,000	101,952,000
5	2024-01-08	클랍 아사필 케어 크림	독일	1,800	1,547	38,000	58,786,000
6	2024-01-08	유리아쥬 오 떼르말 워터 젤리	독일	2,000	1,957	52,000	101,764,000
7			독일 평균	1,933	1,797		
8			독일 요약	5,800	5,392		
9	2024-01-09	에블린 세럼	미국	2,200	2,041	40,000	81,640,000
10	2024-01-09	뉴트로지나 리페어 크림	미국	1,600	1,500	62,000	93,000,000
11			미국 평균	1,900	1,771		
12			미국 요약	3,800	3,541		
13	2024-01-05	디에고달라팔마 비타민C 세럼	이탈리아	2,000	1,678	50,000	83,900,000
14	2024-01-05	파모나 스킨케어 앰플	이탈리아	1,800	1,635	44,000	71,940,000
15	2024-01-05	세라 디 쿠프라 크림	이탈리아	1,500	1,337	45,000	60,165,000
16	2024-01-05	아쿠아 알리 로제 페이스 크림	이탈리아	2,000	1,988	48,000	95,424,000
17			이탈리아 평균	1,825	1,660		
18			이탈리아 요약	7,300	6,638		
19	2024-01-03	프랑스와즈 보르피린	프랑스	1,500	1,159	55,000	63,745,000
20	2024-01-03	알골로지 나이트 밤	프랑스	1,600	1,454	65,000	94,510,000
21	2024-01-03	하이드라 필러 크림	프랑스	1,500	1,254	50,000	62,700,000
22	2024-01-03	세더마 보르피린 앰플	프랑스	1,800	1,644	45,000	73,980,000
23			프랑스 평균	1,600	1,378		
24			프랑스 요약	6,400	5,511		
25			전체 평균	1,792	1,622		
26			총합계	23,300	21,082		

⑨ [부분합] 결과의 왼쪽의 개요 영역에서 이탈리아와 프랑스 항목의 확장단추(−)를 클릭하여 축소한다.
− 기호가 + 기호로 변경되고 부분합 결과에서 이탈리아와 프랑스의 세부내역이 숨겨진다.

	A	B	C
1		수입 화장품 판매	
2			
3	수입일자	제품명	수입국
4	2024-01-08	클라이드 발삼	독일
5	2024-01-08	클랍 아사필 케어 크림	독일
6	2024-01-08	유리아쥬 오 떼르말 워터 젤리	독일
7			독일 평균
8			독일 요약
9	2024-01-09	에블린 세럼	미국
10	2024-01-09	뉴트로지나 리페어 크림	미국
11			미국 평균
12			미국 요약
17			이탈리아 평균
18			이탈리아 요약
23			프랑스 평균
24			프랑스 요약
25			전체 평균
26			총합계

풀이결과

	A	B	C	D	E	F	G
1		수입 화장품 판매 현황					
2							
3	수입일자	제품명	수입국	수입량	판매량	판매가	판매총액
4	2024-01-08	클라이드 발삼	독일	2,000	1,888	54,000	101,952,000
5	2024-01-08	클랍 아사필 케어 크림	독일	1,800	1,547	38,000	58,786,000
6	2024-01-08	유리아쥬 오 떼르말 워터 젤리	독일	2,000	1,957	52,000	101,764,000
7			독일 평균	1,933	1,797		
8			독일 요약	5,800	5,392		
9	2024-01-09	에블린 세럼	미국	2,200	2,041	40,000	81,640,000
10	2024-01-09	뉴트로지나 리페어 크림	미국	1,600	1,500	62,000	93,000,000
11			미국 평균	1,900	1,771		
12			미국 요약	3,800	3,541		
17			이탈리아 평균	1,825	1,660		
18			이탈리아 요약	7,300	6,638		
23			프랑스 평균	1,600	1,378		
24			프랑스 요약	6,400	5,511		
25			전체 평균	1,792	1,622		
26			총합계	23,300	21,082		

11 [분석작업] 목표값 찾기

반복학습 1 2 3

시험유형 ❶ '11분석작업-목표값찾기.xlsx' 파일의 '목표값찾기-실습1' 시트

※ '목표값찾기-실습1' 시트에서 다음의 지시사항에 따라 처리하시오.
▶ [목표값찾기] 기능을 이용하여 '신입사원 성적 현황' 표에서 성명이 최철민의 총점[F8]이 150이 되려면 면접[E8] 점수가 얼마가 되어야 하는지 계산하시오.

① [F8] 셀에 커서를 두고, [데이터] 탭의 [예측]의 [가상 분석]에서 [목표값 찾기]를 클릭한다.

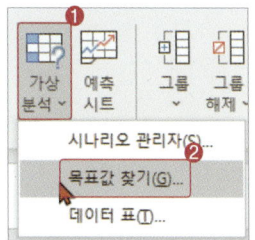

② [목표값 찾기] 대화 상자에서 '수식 셀'은 [F8] 셀을 선택하고, '찾는 값'은 150을 입력한 다음, '값을 바꿀 셀'로 [$E$8]를 지정한 뒤 [확인]을 클릭한다.

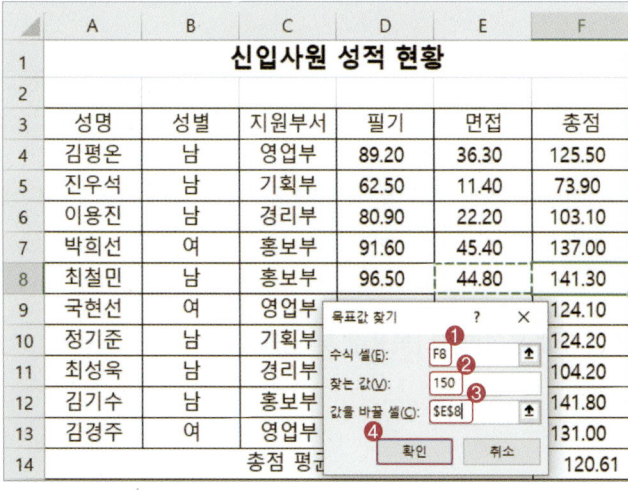

> 📌 **기적의 TIP**
>
> **목표값 찾기**
> • 수식 셀 : 수식이 입력되어 있는 셀(셀 선택)
> • 찾는 값 : 수식이 입력되어 있는 셀이 변경되어야 할 값(직접 입력)
> • 값을 바꿀 셀 : 찾는 값이 되기 위해 변경될 셀(수식에 포함)

③ [목표값 찾기 상태] 대화상자에서 '목표값'(최철민의 총점)과 '현재값'(150)이 맞게 되었는지 확인 후 [확인]을 클릭하면 [F8] 셀의 값이 150으로 변경되고 [E8] 셀의 값도 찾는 값에 맞춰서 변경된다.

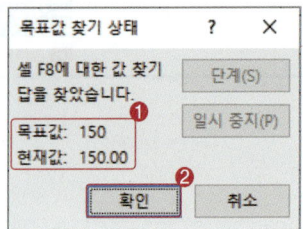

풀이결과

	A	B	C	D	E	F
1			신입사원 성적 현황			
2						
3	성명	성별	지원부서	필기	면접	총점
4	김평온	남	영업부	89.20	36.30	125.50
5	진우석	남	기획부	62.50	11.40	73.90
6	이용진	남	경리부	80.90	22.20	103.10
7	박희선	여	홍보부	91.60	45.40	137.00
8	최철민	남	홍보부	96.50	53.50	150.00
9	국현선	여	영업부	84.80	39.30	124.10
10	정기준	남	기획부	88.10	36.10	124.20
11	최성욱	남	경리부	79.60	24.60	104.20
12	김기수	남	홍보부	97.20	44.60	141.80
13	김경주	여	영업부	92.70	38.30	131.00
14			총점 평균			121.48

시험유형 ❷ '11분석작업-목표값찾기.xlsx' 파일의 '목표값찾기-실습2' 시트

※ '목표값찾기-실습2' 시트에서 다음의 지시사항에 따라 처리하시오.
▶ [목표값찾기] 기능을 이용하여 [표1]과 [표2]의 '과제1', '과제2', '중간', '기말'에 대한 총점을 구하고 그에 따른 학점[C11]을 계산했다. 학점[C11]이 4가 되려면 과제1[C6] 점수가 얼마가 되어야 하는지 계산하시오.

① [C11] 셀에 커서를 두고, [데이터] 탭의 [예측]의 [가상 분석]에서 [목표값 찾기]를 클릭한다.

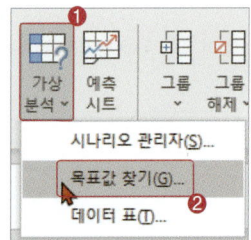

② [목표값 찾기] 대화상자에서 '수식 셀'은 [C11] 셀을 선택하고, '찾는 값'에 4를 입력한 다음, '값을 바꿀 셀'로 [$C$6]을 지정한 뒤 [확인]을 클릭한다.

③ [목표값 찾기 상태] 대화상자에서 '목표값'(학점)과 '현재값'(4)이 맞게 되었는지 확인 후 [확인]을 클릭하면 [C11] 셀의 값이 4로 변경되고 [C6] 셀의 값도 찾는 값에 맞춰서 변경된다.

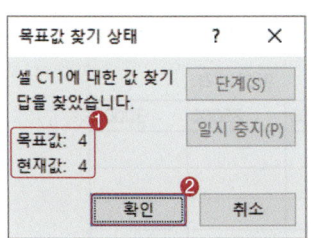

풀이결과

	A	B	C	D	E
1		[표1]			
2		과제1	과제2	중간	기말
3		10%	10%	40%	40%
4					
5		[표2]			
6		과제1	85		
7		과제2	75		
8		중간	80		
9		기말	80		
10		총점	80		
11		학점	4		

12 [분석작업] 데이터 표

반복학습 1 2 3

시험유형 ❶ '12분석작업–데이터표.xlsx' 파일의 '데이터표–실습1' 시트

※ '데이터표–실습1' 시트에서 다음의 지시사항에 따라 처리하시오.
▶ '1월 교재 판매 현황' 표의 판매총액[B6]은 판매가격[B4]과 판매수량[B5]을 이용하여 계산한 것이다. [데이터 표] 기능을 이용하여 판매수량과 판매가격의 변동에 따른 판매총액의 변화를 [G4:I6] 영역에 계산하시오.

① [데이터 표] 기능을 사용하기 전에 [표2]의 [F3] 셀에 수식을 직접 입력하거나 복사하기 위해 [F3]을 클릭한 후 =B6을 입력하고 Enter 를 눌러 [B6] 셀에 입력된 수식을 연결한다. 수식 결과값이 표시가 된다.

② 수식과 변경될 값 영역이 포함된 [F3:I7]을 영역 설정한 후 [데이터] 탭의 [예측]의 [가상 분석]에서 [데이터 표]를 클릭한다.

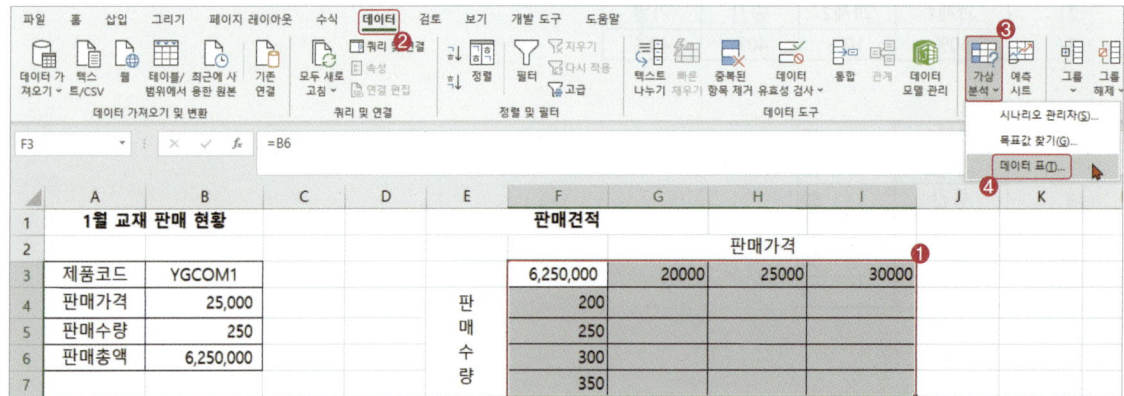

③ [데이터 테이블] 대화상자에서 '행 입력 셀'(가로 변경셀)은 [B4] 셀을, '열 입력 셀'(세로 변경 셀)은 [B5] 셀을 클릭한 후 [확인]을 클릭한다.

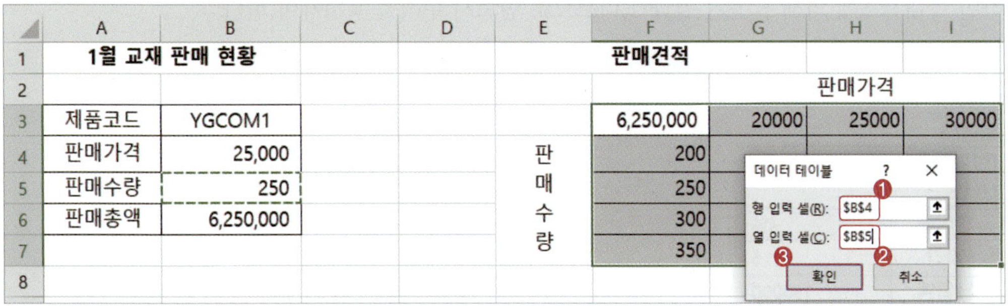

기적의 TIP

데이터 표

- 행 입력 셀 : 결과값이 표시될 표의 행 방향(가로 방향)의 원본 데이터가 있는 셀
- 열 입력 셀 : 결과값이 표시될 표의 열 방향(세로 방향)의 원본 데이터가 있는 셀

풀이결과

	A	B	C	D	E	F	G	H	I
1	1월 교재 판매 현황				판매견적				
2								판매가격	
3	제품코드	YGCOM1				6,250,000	20000	25000	30000
4	판매가격	25,000			판	200	4,000,000	5,000,000	6,000,000
5	판매수량	250			매	250	5,000,000	6,250,000	7,500,000
6	판매총액	6,250,000			수	300	6,000,000	7,500,000	9,000,000
7					량	350	7,000,000	8,750,000	10,500,000

시험유형 ❷ '12분석작업-데이터표.xlsx' 파일의 '데이터표-실습2' 시트

※ '데이터표-실습2' 시트에서 다음의 지시사항에 따라 처리하시오.

▶ [표1]의 'FV'는 '연이율', '기간', '납입액'을 이용하여 계산한 것이다. [데이터 표] 기능을 이용하여 [표2]의 [G4:G7] 영역에 '연이율'과 '기간'에 따른 'FV'를 계산하시오.

▶ 기간에 들어가는 값은 1, 5, 10, 15이다. [표2]에 알맞게 입력한 다음 FV를 계산하시오.

① [데이터 표] 기능을 사용하기 전에 [표2]의 기간 범위[F4:F7]에 차례대로 1, 5, 10, 15를 미리 입력한다.

	A	B	C	D	E	F	G
1		[정기적금]					
2		[표1]				[표2]	
3		연이율	4%				
4		기간	5			1	
5		납입액	150000		기	5	
6		FV	₩9,944,847		간	10	
7						15	

② [G3] 셀에 수식을 직접 입력하거나 복사하기 위해 [C6] 셀을 클릭한 후, 수식입력줄의 수식을 복사하여 [G3] 셀에 붙여넣기를 한다. [C6] 셀에 입력된 수식이 복사되며 수식 결과값이 표시된다. 이때 [G3] 셀의 값을 복사하면 상대참조에 의해 잘못된 결과가 나오므로 반드시 수식을 복사해야 한다.

> **기적의 TIP**
>
> **수식 복사 방법(선택 가능)**
> - =으로 식을 연결한다.
> - 수식을 복사한 다음 붙여넣기한다.

③ 수식과 변경될 값 영역이 포함된 [F3:G7]을 영역 설정한 후, [데이터] 탭의 [예측]의 [가상 분석]에서 [데이터 표]를 클릭한다.

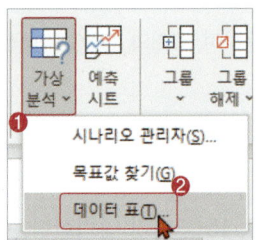

④ [데이터 테이블] 대화상자의 '행 입력 셀'(가로 변경셀)에는 비워 놓고, '열 입력 셀'(세로 변경 셀)은 [C4] 셀을 클릭한 후 [확인]을 클릭한다.

> **기적의 TIP**
>
> **데이터 표**
> - 행 입력 셀 : 결과값이 표시될 표의 행 방향(가로 방향)의 원본 데이터가 있는 셀
>   → 참조범위가 열 방향에만 입력된 경우 행 입력 셀은 비워 둔다.
> - 열 입력 셀 : 결과값이 표시될 표의 열 방향(세로 방향)의 원본 데이터가 있는 셀
>   → 참조범위가 행 방향에만 입력된 경우 열 입력 셀은 비워 둔다.

풀이결과

	A	B	C	D	E	F	G
1		[정기적금]					
2		[표1]				[표2]	
3		연이율	4%				₩9,944,847
4		기간	5		기	1	1,833,369
5		납입액	150000		간	5	9,944,847
6		FV	₩9,944,847			10	22,087,471
7						15	36,913,573

13 [분석작업] 시나리오

반복학습 1 2 3

시험유형 ❶ '13분석작업-시나리오.xlsx' 파일의 '시나리오-실습1' 시트

※ '시나리오-실습1' 시트에서 다음의 지시사항에 따라 처리하시오.
[시나리오 관리자] 기능을 이용하여 [표1]에서 연이율[C3]과 기간[C4]이 다음과 같이 변동되는 경우 현재가[C6], 미래가[C7]의 변동 시나리오를 작성하시오.

▶ [C3] 셀의 이름은 ' 연이율', [C4] 셀의 이름은 '기간', [C6] 셀의 이름은 '현재가치', [C7] 셀의 이름은 '미래가치'로 정의하시오.
▶ 시나리오1 : 시나리오 이름은 '이율기간증가', 연이율은 4.5%, 기간은 7로 설정하시오.
▶ 시나리오2 : 시나리오 이름은 '이율기간감소', 연이율은 3%, 기간은 3으로 설정하시오.
▶ 위 시나리오에 의한 '시나리오 요약 보고서'는 '시나리오' 시트 바로 왼쪽에 위치시키시오.
⚠ 시나리오 요약 보고서 작성 시 정답과 일치하여야 하며, 오차로 인한 부분점수는 인정하지 않음

① [B3:C4] 영역을 선택한 후, [수식] 탭의 [정의된 이름]에서 [선택 영역에서 만들기]를 클릭한다.

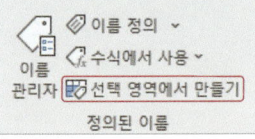 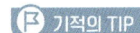 기적의 TIP

시나리오을 작성하기 전에 시나리오가 적용될 셀의 이름을 먼저 지정한다.

② [선택 영역에서 이름 만들기] 대화상자에서 '왼쪽 열'을 체크한 후 [확인]을 클릭하면 [C3]의 이름은 "연이율", [C4]의 이름은 "기간"으로 정의된다. 수식입력줄의 [이름 상자]를 클릭하면 정의된 이름 목록이 표시된다.

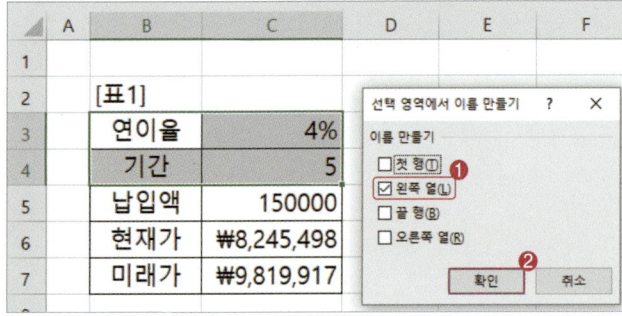

③ [C6] 셀은 선택한 후, [이름 상자]에 **현재가치**를 입력하고 Enter 를 눌러 이름을 완성한다. 같은 방법으로 [C7] 셀을 선택한 후 [이름 상자]에 **미래가치**를 입력하고 Enter 를 눌러 이름을 완성한다. ②의 방법으로 하지 않고 직접 입력하는 이유는 왼쪽 열의 이름과 지정할 이름이 다르기 때문이다.

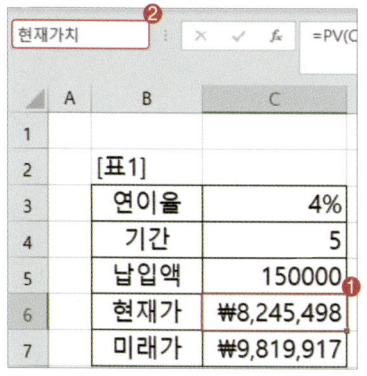 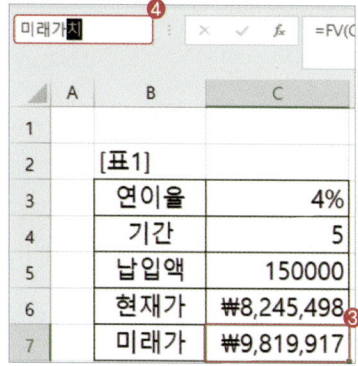

🎯 기적의 TIP

이름 정의

1. 이름 정의의 방식
   - 정의할 셀(또는 범위)를 선택한 후 [이름 상자]에 직접 입력한 후 Enter 를 누른다.
   - 이름과 값을 연속으로 블록 설정한 후 [선택 영역에서 만들기]를 클릭한다.
   - [이름 관리자]의 [새로 만들기]를 클릭한다.

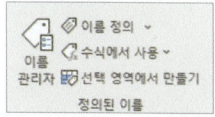

2. 정의된 이름의 수정 방식
   - 정의된 이름은 [이름 관리자] 창에서 [편집]을 클릭하여 수정할 수 있다.
   - [이름 편집] 창에서는 이름, 설명, 참조대상을 수정할 수 있다.

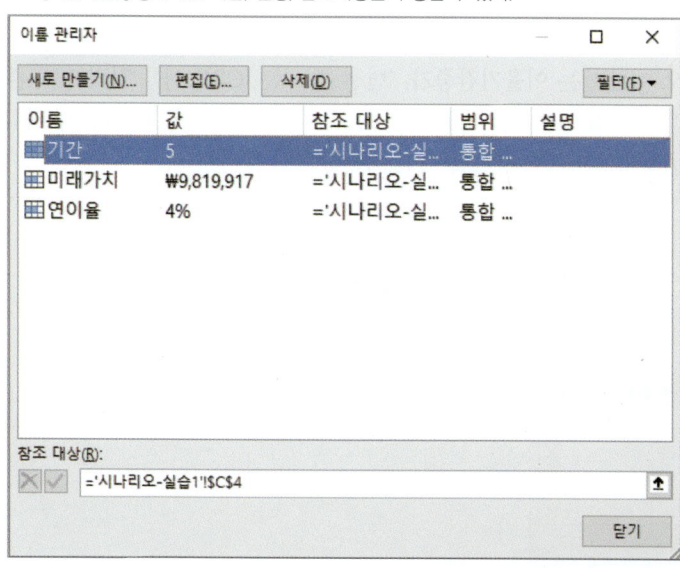 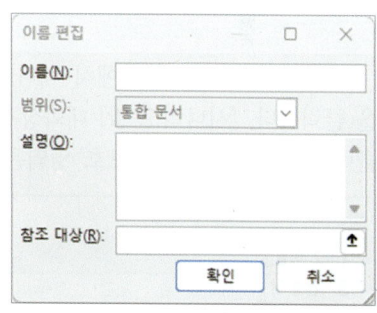

[분석작업] 시나리오

④ 변경될 셀 범위 [C3:C4]를 블록 설정한 후, [데이터] 탭의 [예측]의 [가상 분석]에서 [시나리오 관리자]를 클릭한다.

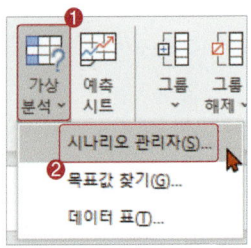

⑤ [시나리오 관리자] 대화상자에서 새로운 시나리오를 작성하기 위해 [추가]를 클릭한다.

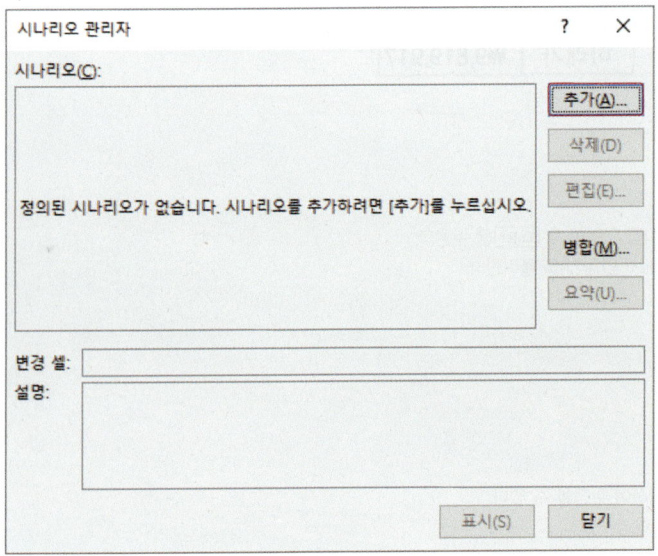

⑥ [시나리오 추가] 대화상자에서 '시나리오 이름'에는 **이율기간증가**, '변경 셀'에는 [C3:C4]를 입력하고, [확인]을 클릭한다. [시나리오 값] 대화상자의 '연이율'에는 4.5%(또는 0.045), '기간'에는 7을 입력하고, [추가]를 클릭한다. 이때 '설명'과 '보호' 영역은 문제에서 제시하지 않았다면 기본값으로 둔다.

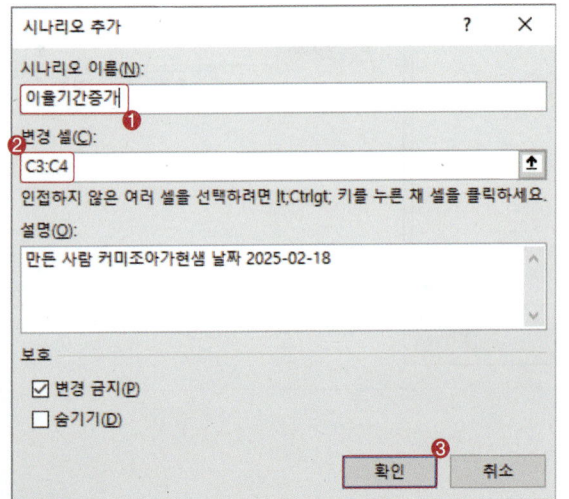
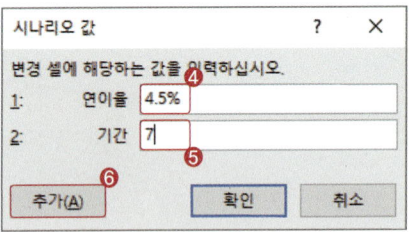

> 기적의 TIP
>
> 1. 시나리오 관리자
>   - 추가 : 새로운 시나리오를 추가
>   - 삭제 : 생성된 시나리오를 삭제
>   - 편집 : 생성된 시나리오를 편집(시나리오 이름 단계부터 시작)
>   - 병합 : 다른 워크시트에서 만들어진 시나리오를 병합
>   - 요약 : 시나리오 마법사 생성
>
> 2. 시나리오 추가
>   - 시나리오 이름 : 이름으로 사용할 수 있는 문자 사용, 31자까지 가능
>   - 변경 셀 : 수식에 포함되는 셀, 변경될 값을 입력할 셀
>   - 설명 : 주석, 기본값으로 그대로 둠(비어 있는 경우는 영역 설정 후 삭제)
>   - 보호 : 시트 보호 시 시나리오 보호 설정, 기본값으로 둠
>
> 3. 시나리오 값
>   - 변경 셀에 해당하는 값을 입력한다.
>   - 백분율인 경우 4.5% 또는 0.045로 입력한다.

⑦ 두 번째 [시나리오 추가]의 '시나리오 이름'에는 **이율기간감소**, '변경 셀'에는 [C3:C4]를 입력하고, [확인]을 클릭한다. [시나리오 값] 대화상자의 '연이율'에는 3%(또는 0.03), '기간'에는 3을 입력하고, [확인]을 클릭한다.

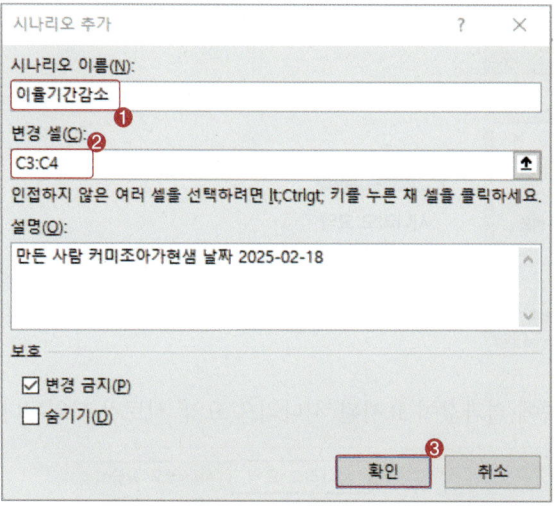
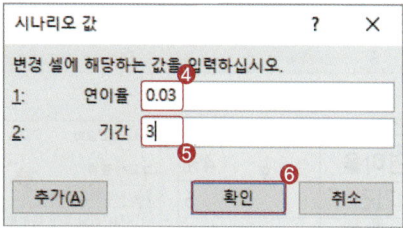

⑧ [시나리오 관리자] 대화상자에 추가한 '이율기간증가'와 '이율기간감소' 시나리오 목록이 표시되면, [요약]을 클릭한다.

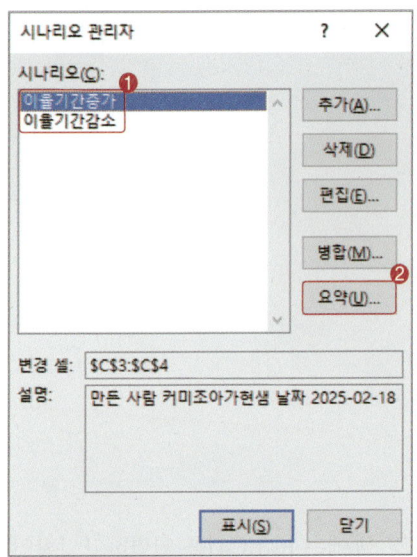

⑨ [시나리오 요약] 대화상자에서 '보고서 종류'는 **시나리오 요약**을 선택하고, '결과 셀'에는 [C6:C7]을 드래그하여 추가한 후 [확인]을 클릭한다.

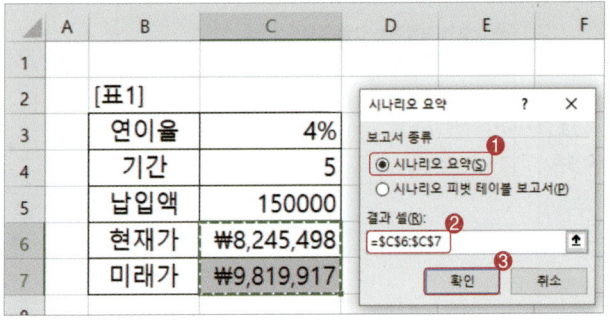

> 📑 **기적의 TIP**
>
> **시나리오 요약**
> - 결과 셀이 연속으로 되어 있는 경우는 드래그한다.
> - 결과 셀이 떨어져 있는 경우는 한 셀을 클릭한 다음 Ctrl 을 누르고 다른 셀을 클릭한다(또는 쉼표로 구분).

⑩ [시나리오 보고서]를 작성하던 '시나리오' 시트의 왼쪽에 결과값이 표시된 '시나리오 요약' 시트가 삽입된다.

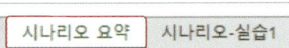
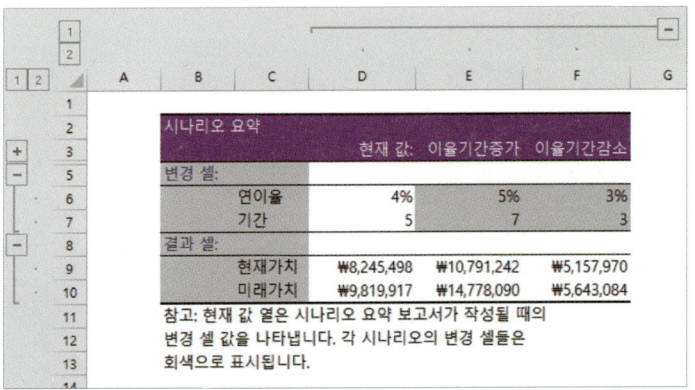

기적의 TIP

시나리오
- 시나리오를 수정하려면 결과값이 표시된 '시나리오 요약' 시트를 삭제 후 수정한다.
- 시나리오 수정은 [시나리오 관리자]의 편집을 클릭해 수정한다.
- 새로 생성된 시트의 이름을 변경해야 하는 경우(지시사항에 있는 경우)는 시트 이름 위에서 바로 가기 메뉴에서 이름 바꾸기를 선택한 후 새 이름을 입력하거나 시트 이름을 더블클릭한 후 이름을 입력한다.

시험유형 ❷ '13분석작업-시나리오.xlsx' 파일의 '시나리오-실습2' 시트

※ '시나리오-실습2' 시트에서 다음의 지시사항에 따라 처리하시오.

[시나리오 관리자] 기능을 이용하여 '전반기 주류 납품 현황' 표에서 일반[B13], 골드[C13]이 다음과 같이 변동되는 경우 총이익금합계[G10]의 변동 시나리오를 작성하시오.
▶ [G10] 셀의 이름은 '총이익금합계', [B13] 셀의 이름은 '일반', [C13] 셀의 이름은 '골드'로 정의하시오.
▶ 시나리오1 : 시나리오 이름은 '할인율상승', '일반' 20%, '골드'는 25%로 설정하시오.
▶ 시나리오2 : 시나리오 이름은 '할인율하락', '일반' 12%, '골드'는 15%로 설정하시오.
▶ 위 시나리오에 의한 '시나리오 요약 보고서'는 '시나리오' 시트 바로 뒤쪽에 위치시키오.
⚠ 시나리오 요약 보고서 작성 시 정답과 일치하여야 하며, 오차로 인한 부분점수는 인정하지 않음

① [B12:C13]의 영역을 선택한 후, [수식] 탭의 [정의된 이름]에서 [선택 영역에서 만들기]를 클릭한다.

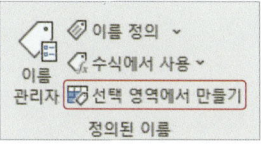

② [선택 영역에서 이름 만들기] 대화상자에서 '첫 행'을 체크한 후 [확인]을 클릭하면 [B13]의 이름은 "일반", [C13]의 이름은 "골드"로 정의된다. 수식입력줄의 [이름 상자]를 클릭하면 정의된 이름 목록이 표시된다.

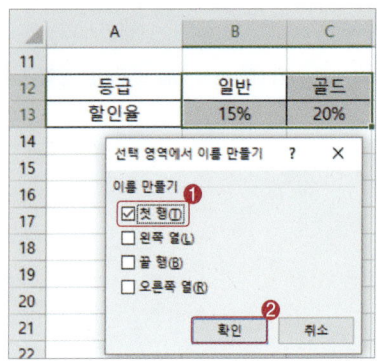

③ [G10] 셀을 선택한 후, [이름 상자]에 **총이익금합계**를 입력하고 Enter 를 눌러 이름을 완성한다.

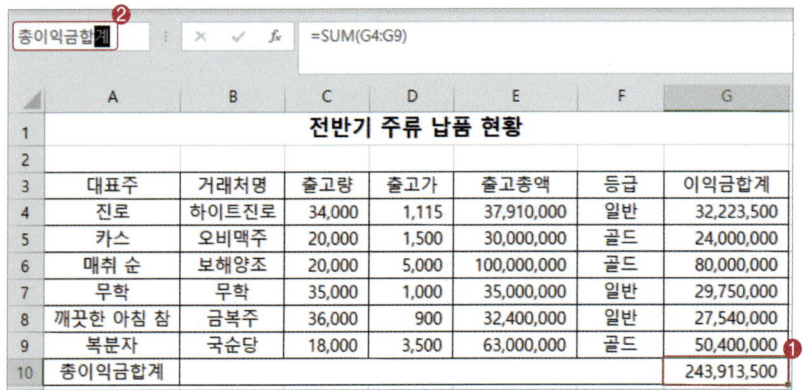

④ 변경될 셀 범위 [B13:C13]을 블록 설정한 후, [데이터] 탭의 [예측]의 [가상 분석]에서 [시나리오 관리자]를 클릭한다.

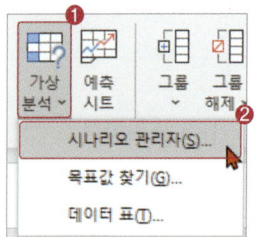

⑤ [시나리오 관리자] 대화상자에서 새로운 시나리오를 작성하기 위해 [추가]를 클릭한다.

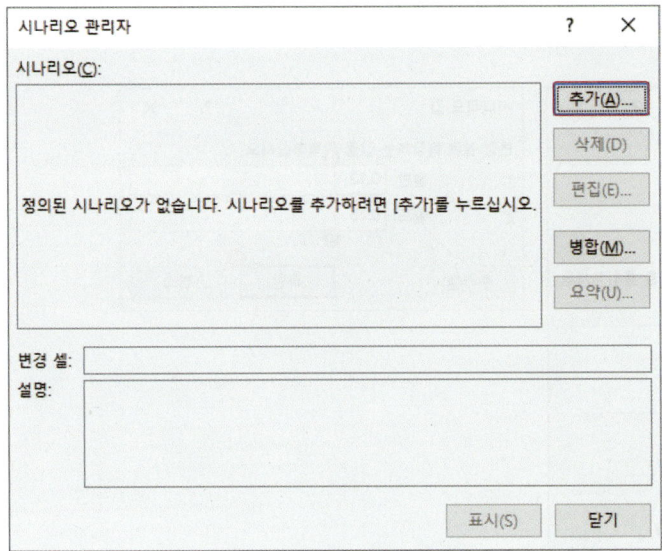

⑥ [시나리오 추가] 대화상자의 '시나리오 이름'에는 **할인율상승**, '변경 셀'에는 [B13:C13]을 입력하고 [확인]을 클릭한다. 이때 '설명'과 '보호' 영역은 문제에서 제시하지 않았다면 기본값으로 둔다. [시나리오 값] 대화상자에서 '일반'에는 20%(또는 0.2), '골드'에는 25%(또는 0.25)를 입력한 후 [추가]를 클릭한다.

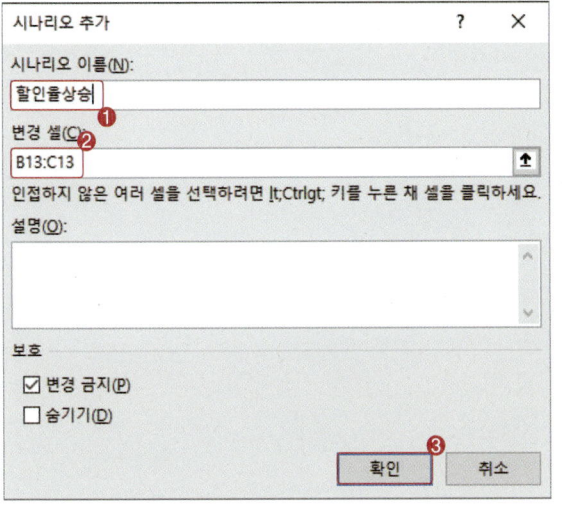
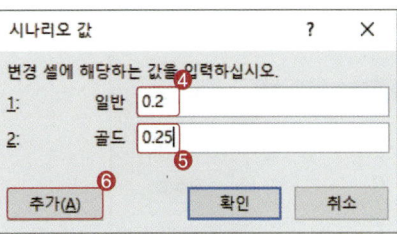

⑦ 두 번째 [시나리오 추가] 대화상자의 '시나리오 이름'에는 **할인율하락**, '변경 셀'에는 [B13:C13]을 입력한 후, [확인]을 클릭하고, [시나리오 값] 대화상자의 '일반'에는 12%(또는 0.12), '골드'에는 15%(또는 0.15)를 입력한 후 [확인]을 클릭한다.

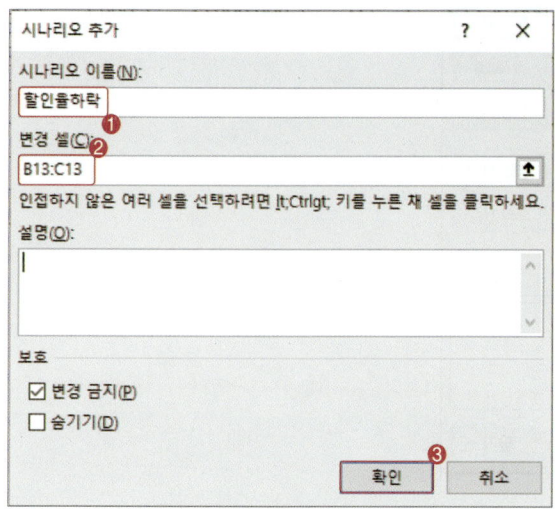
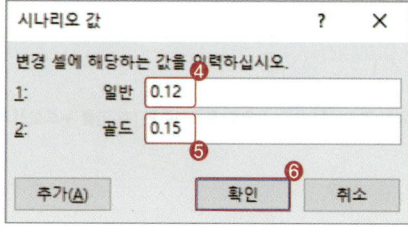

⑧ [시나리오 관리자] 대화상자에 추가한 '할인율상승'과 '할인율하락'이 시나리오 목록에 표시되면, [요약]을 클릭한다.

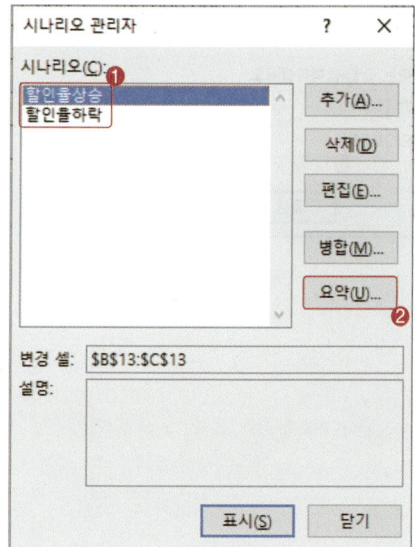

⑨ [시나리오 요약] 대화상자에서 '보고서 종류'는 **시나리오 요약**, '결과 셀'은 [G10] 셀을 클릭한 후 [확인]을 클릭하여 보고서를 완성한다.

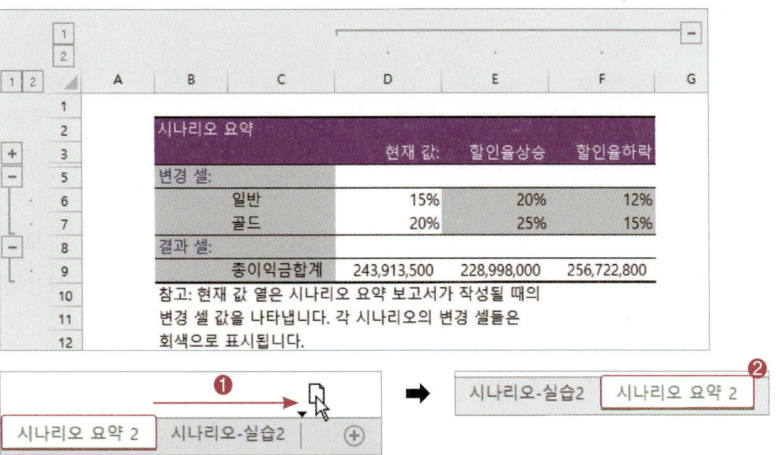

⑩ [시나리오 보고서]를 작성하던 '시나리오-실습2' 시트의 왼쪽에 결과값이 표시된 '시나리오 요약2' 시트가 삽입된다. 이때 '시나리오-실습2' 시트 뒤에 위치하게 하기 위해 워크시트를 드래그하여 이동한다.

14 [분석작업] 데이터 통합

반복학습 1 2 3

시험유형 ❶ '14분석작업-데이터통합.xlsx' 파일의 '데이터통합-실습1' 시트

※ '데이터통합-실습1' 시트에서 다음의 지시사항에 따라 처리하시오.

▶ 데이터 도구 [통합] 기능을 이용하여 [표1], [표2], [표3]에서 지점별 수강료, 강사료, 기타잡비, 광고료의 합계를 [표4] [G4:J9] 영역에 계산하시오.

① [표4]의 [F3:J3] 영역을 블록 설정한 후, [데이터] 탭의 [정렬 및 필터]에서 [통합]을 클릭한다.

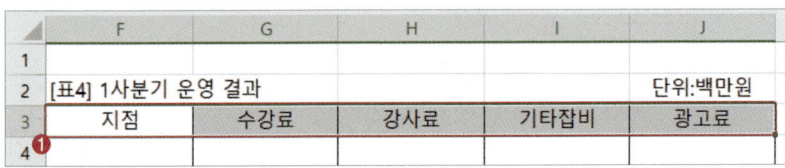 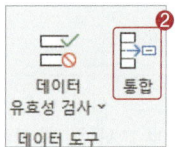

> **기적의 TIP**
>
> **통합 범위**
> - 통합은 왼쪽 열과 첫 행 기준으로 데이터의 계산을 수행한다.
> - 통합할 표에 기준 필드를 입력하지 않은 경우는 참조 표의 행과 열의 필드가 기준이 된다.
> - 통합할 조건이 있다면 미리 왼쪽 열 구간에 입력하고 통합할 계산필드가 있다면 첫 행 구간에 미리 입력한다.

② [통합] 대화상자에서 '함수'는 합계, '참조' 영역에 [표1][A3:D7]을 블록 설정한 후 [추가]를 클릭하여 모든 참조 영역에 추가한다. 나머지 [표2][A12:D16], [표3][A21:D25] 영역도 같은 방법으로 추가한 후, 사용할 레이블의 '첫 행'과 '왼쪽 열'을 체크하고 [확인]을 클릭한다.

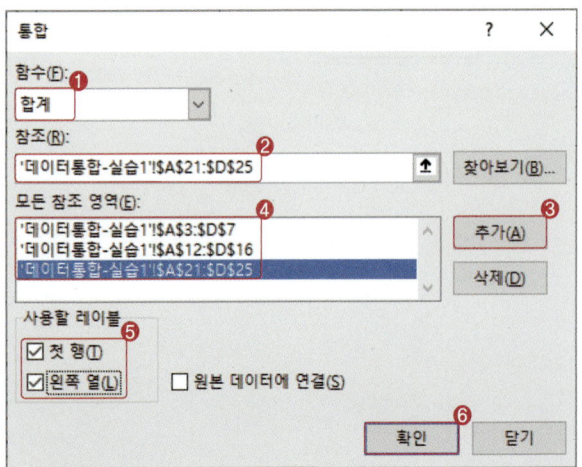

> **기적의 TIP**
>
> **통합**
> - 함수 : 계산할 함수
> - 참조 : 참조될 영역을 마우스로 끈 다음, [추가]를 클릭
> - 사용할 레이블 : 통합할 때 기준이 되는 행과 열필드
>   - 왼쪽 열 : 항목 필드 제목이 되며 왼쪽 열 기준으로 통합됨
>   - 첫 행 : 계산 필드의 제목이 되며 범위 안에 있는 항목이 지정한 함수로 계산됨
> - 원본 데이터 연결 : 여러 시트 통합할 때 원본의 값이 변경되면 통합 결과값도 같이 변경

풀이결과

	F	G	H	I	J
1					
2	[표4] 1사분기 운영 결과				단위:백만원
3	지점	수강료	강사료	기타잡비	광고료
4	중구	102	99	52	36
5	성동	80	79		76
6	강남	112	119	50	72
7	강서	99	96	54	37
8	중부	58	54	60	
9	동부	81	73		76

시험유형 ❷ '14분석작업.xlsx' 파일의 '데이터통합-실습2' 시트

※ '데이터통합-실습2' 시트에서 다음의 지시사항에 따라 처리하시오.

▶ 데이터 도구 [통합] 기능을 이용하여 [표1]의 학교명이 "초등" 또는 "중" 또는 "고등"이 포함된 '남학생수', '여학생수'의 평균을 [표2]의 [G2] 셀 부터 계산하시오.

① '데이터통합-실습2' 시트의 [G2] 셀에 학교명 [G3] 셀에 ***초등***, [G4] 셀에 ***중***, [G5] 셀에 ***고등***을 입력하고 [H2] 셀에 **남학생수**, [I2] 셀에 **여학생수**를 입력한 후, [표2][G2:I5] 영역을 블록 설정하고 [데이터] 탭의 [정렬 및 필터]에서 [통합]을 클릭한다.

	F	G	H	I
1		[표2] 2025년 학교별 남,여학생수		
2		학교명	남학생수	여학생수
3		*초등*		
4		*중*		
5		*고등*		

🅕 기적의 TIP

통합
특정 필드만 통합할 때는 미리 왼쪽 열에 입력한다.
- 커미로 시작 : 커미*
- 커미로 끝남 : *커미
- 커미가 포함 : *커미*

② [통합] 대화상자에서 '함수'는 **평균**으로 지정하고, '참조' 영역에 [표1][A2:D13]을 블록 설정하고 [추가]를 클릭하여 참조 영역에 추가한다. 사용할 레이블의 '첫 행'과 '왼쪽 열'을 체크한 후 [확인]을 클릭한다. 이때 원본 데이터에 연결은 체크하지 않는다.

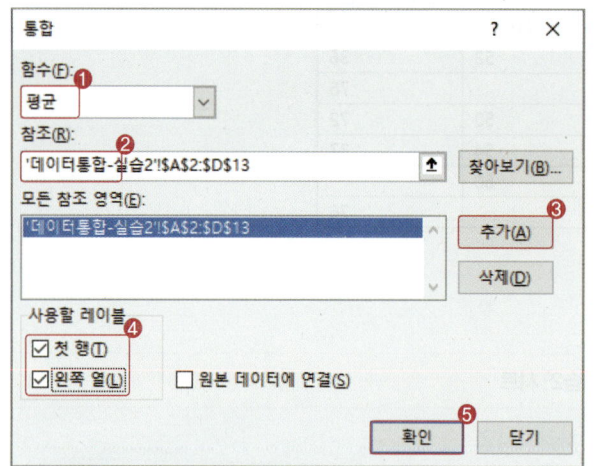

풀이결과

	F	G	H	I
1		[표2] 2025년 학교별 남,여학생수		
2		학교명	남학생수	여학생수
3		*초등*	325	316
4		*중*	174	429
5		*고등*	481	587

기적의 TIP

통합 결과 수정
통합 결과로 계산된 영역만 영역 설정한 후 삭제한 다음 처음부터 다시 통합을 수행한다.

15 [기타작업] 매크로

반복학습 1 2 3

> **시험유형 ❶** '15기타작업-매크로.xlsx' 파일의 '매크로-실습1' 시트

※ '매크로-실습1' 시트에서 다음과 같은 기능을 수행하는 매크로를 현재 통합문서에 작성하고 실행하시오.

① [G4:G10] 영역에 금은동의 합계를 계산하는 매크로를 생성하여 실행하시오.
- ▶ 매크로 이름 : 총점
- ▶ 총점은 SUM 함수로 계산하시오.
- ▶ [개발 도구] – [컨트롤] – [삽입] 탭의 [양식 컨트롤]의 '단추'를 동일 시트의 [I3:J4] 영역에 생성한 후 텍스트를 '총점'으로 입력한 후, 단추를 클릭할 때 '총점' 매크로가 실행되도록 설정하시오.

② [A3:G3] 영역에 채우기 색으로 '황금색, 강조4'를 적용하는 매크로를 생성하여 실행하시오.
- ▶ 매크로 이름 : 채우기
- ▶ [삽입] 탭의 [일러스트레이션] – [도형] – [기본 도형]의 '사각형: 빗면(▢)'을 동일 시트의 [I5:J6] 영역에 생성하고, 텍스트를 '채우기'로 입력한 후 도형을 클릭할 때 '채우기' 매크로가 실행되도록 설정하시오.

⚠ 셀 포인터의 위치에 상관없이 현재 통합문서에서 매크로가 실행되어야 정답으로 인정됨

① 커서의 위치는 매크로가 적용되는 범위 외의 영역에 두고, [개발 도구] 탭의 [코드]에서 [매크로 기록]을 클릭한다.

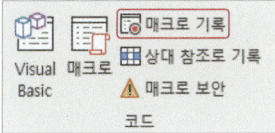

> **기적의 TIP**
>
> **매크로 시작 위치**
> - 절대참조로 기록할 경우 : 셀 포인터의 위치에 관계없이 매크로가 항상 동일한 셀에서 실행되어야 정답으로 인정된다. 따라서 매크로 기록을 시작하기 전에, 결과가 표시될 영역과 관련 없는 셀에 커서를 두고 시작해야 함
> - 상대참조로 기록할 경우 : 매크로는 현재 셀 포인터를 기준으로 실행되므로, 결과가 표시될 셀에 커서를 위치시킨 상태에서 매크로를 기록해야 함

> **기적의 TIP**
>
> **[개발도구] 탭이 보이지 않을 때**
> 1. [파일] 탭을 클릭한 다음, 왼쪽 메뉴에서 [옵션]을 선택한다.
> 2. [Excel 옵션] 창이 열리면 왼쪽에서 [리본 사용자 지정]을 클릭한다.
> 3. 왼쪽의 '리본 메뉴 사용자 지정' 목록을 [기본 탭]으로 설정한다.
> 4. 오른쪽 '명령 선택' 목록에서 [모든 탭]의 '개발 도구'를 클릭한다.
> 5. 바로 옆의 [추가(A)>>]를 클릭하여 왼쪽에 추가되는 것을 확인한다.
> 6. [확인]을 눌러 창을 닫으면, [개발도구] 탭이 리본 메뉴에 표시된다.

② [매크로 기록] 대화상자에서 '매크로 이름'을 **총점**으로 입력한 후 [확인]을 클릭한다.

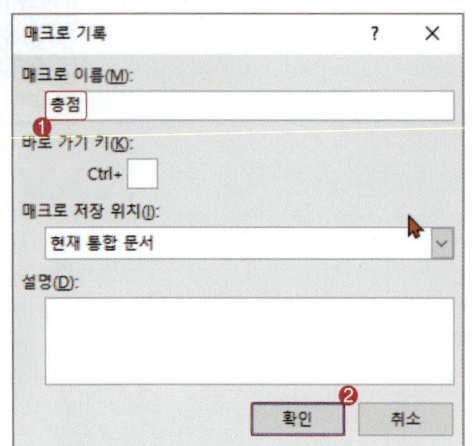

> 🅑 **기적의 TIP**
>
> **매크로 기록**
> 1. 이름 : 매크로를 설정할 이름 입력
> 2. 바로 가기 키 : 매크로를 실행할 때 설정하는 바로 가기 키(문제에 지시사항이 없으므로 비워 둠)
> 3. 매크로 저장 위치 : 현재 통합 문서가 기본값이므로 그대로 둠
> 4. 설명 : 기본값 그대로 둠

③ [G4] 셀에 커서를 두고, =SUM(D4:F4)를 입력한 후 Enter 를 눌러 수식 결과를 낸 후 [G10] 셀까지 드래그 하여 수식을 복사한다.

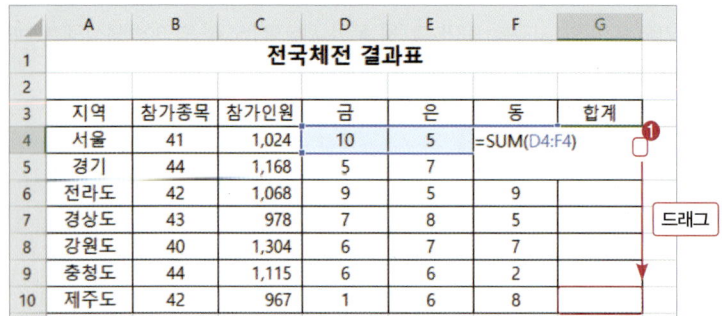

> 🅑 **기적의 TIP**
>
> **오류 표시**
> 셀 위쪽에 초록색 삼각형 오류 표시는 인접한 범위가 수식에 참조될 때 나타나는 메시지이므로 무시한다.

④ 블록을 해제한 후, [개발 도구] 탭의 [코드]에서 [기록 중지]를 클릭하여 매크로 기록을 중지한다.

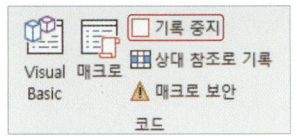

> 🎯 기적의 TIP
>
> **매크로의 수정**
> 1. 빈셀에 커서를 두고 [매크로 기록]을 누른다.
> 2. 동일한 매크로 이름을 입력한 후 [확인]을 클릭한다.
> 3. 기존의 매크로를 바꾸겠냐는 대화상자가 뜨면 [예]를 클릭한다.
>
>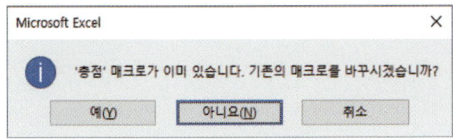

⑤ [개발 도구] 탭의 [컨트롤]의 [삽입]에서 **단추(양식 컨트롤)**을 클릭한다.

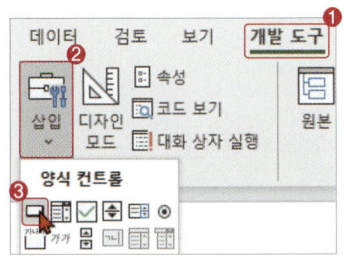

⑥ 마우스 포인터가 '+' 표시로 바뀌었을 때, [I3:J4] 영역에 Alt 를 누른 상태로 드래그하면 [매크로 지정] 대화상자가 나타난다. [매크로 지정] 대화상자에서 '매크로 이름' 목록에 있는 **총점**을 클릭한 후 [확인]을 클릭한다.

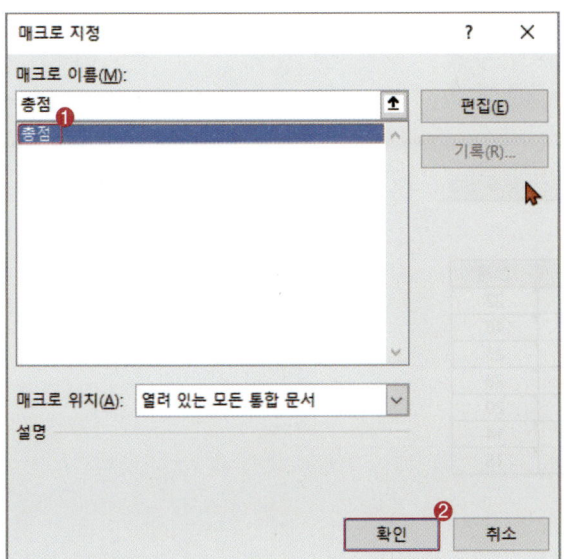

⑦ 매크로 단추를 Alt 를 누른 상태에서 정확히 [I3:J4]에 일치하게 드래그해서 그린 후, 단추 안의 문자를 지우고 **총점**을 입력한다.

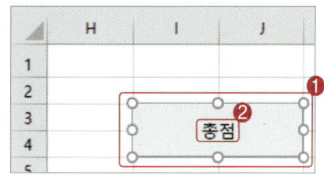

⑧ 두 번째 매크로를 작성하기 위해 커서의 위치는 매크로가 적용되는 범위 외의 영역에 두고, [개발 도구] 탭의 [코드]에서 [매크로 기록]을 클릭한다.

⑨ [매크로 기록] 대화상자에서 '매크로 이름'을 **채우기**로 입력한 후 [확인]을 클릭한다.

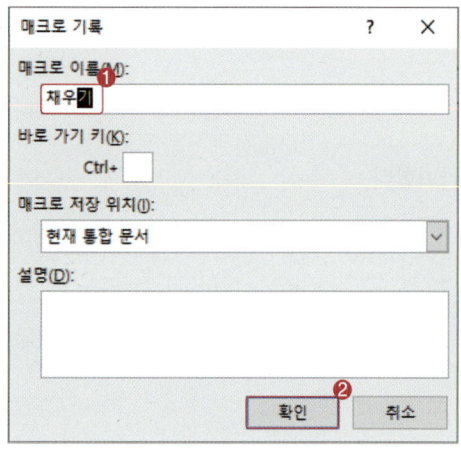

⑩ 영역에 서식을 지정하기 위해 [A3:G3]을 영역 설정한 후, [홈] 탭의 [글꼴]의 [채우기 색]에서 **테마색 – 황금색 강조4**를 선택하고 블록을 해제한다. [개발 도구] 탭의 [코드]에서 [기록 중지]를 클릭한다.

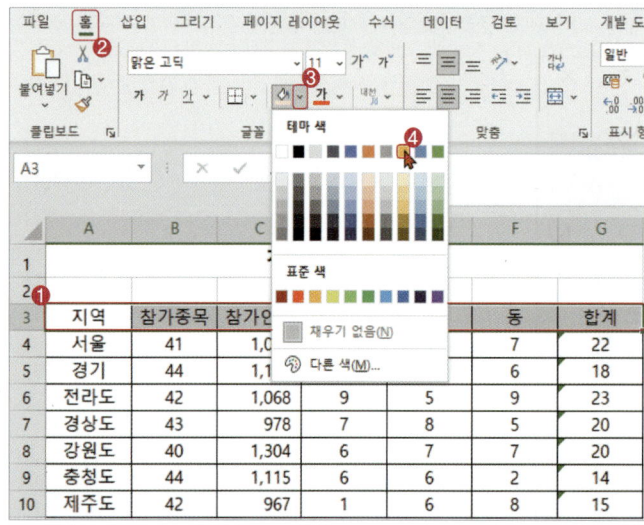

⑪ [삽입] 탭의 [일러스트레이션]의 [도형]에서 '기본 도형'의 **빗면(□)**을 클릭한다. 마우스 포인터가 '+' 표시로 바뀐 다음, [I5:J6] 영역에 Alt 를 누른 상태에서 정확히 [I5:J6]에 일치하게 드래그하여 그리고, 도형 안에 **채우기**를 입력한다.

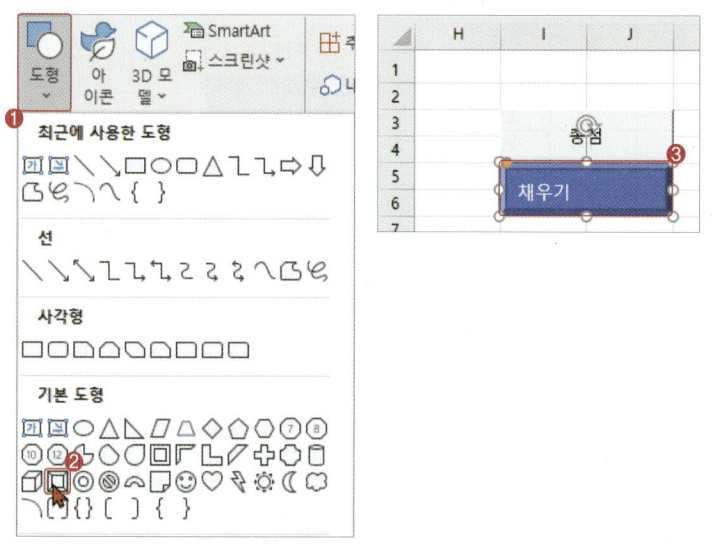

⑫ 도형을 선택한 후 마우스 오른쪽 버튼을 눌러 바로 가기 메뉴에서 [매크로 지정]을 클릭한다. [매크로 지정] 대화상자의 목록에서 **채우기**를 선택한 후 [확인]을 클릭한다.

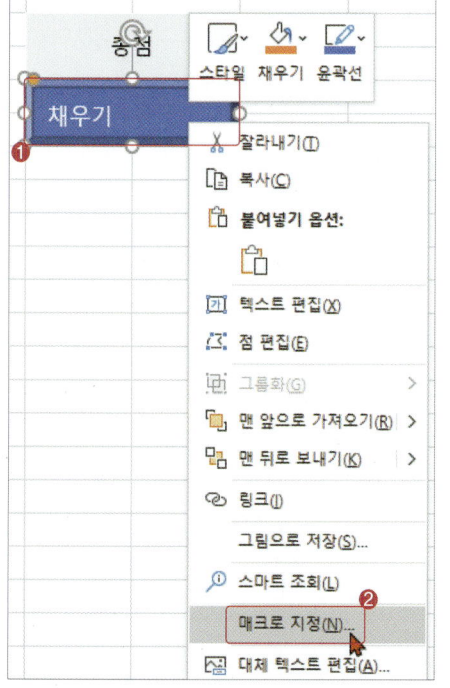
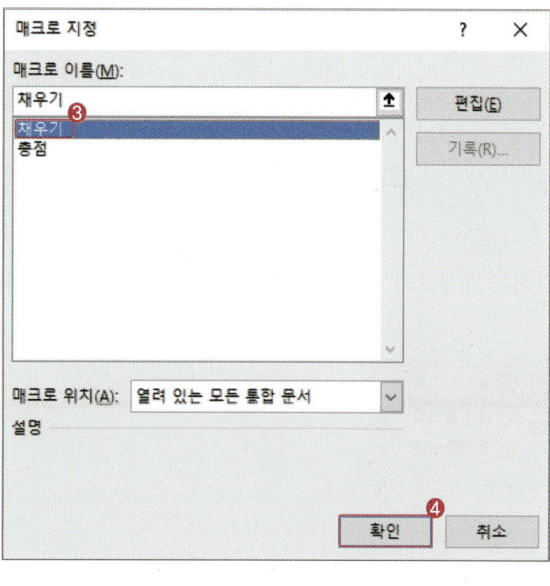

풀이결과

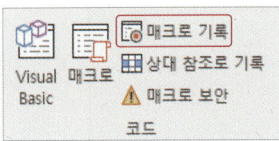

시험유형 ❷ '15기타작업-매크로.xlsx' 파일의 '매크로-실습2' 시트

※ '매크로-실습2' 시트에서 다음과 같은 기능을 수행하는 매크로를 현재 통합문서에 작성하고 실행하시오.

① [G4:G15] 영역에 이용금액을 계산하는 매크로를 생성하여 실행하시오.
  ▶ 매크로 이름 : 이용료
  ▶ 이용료 = (이용일수*24+이용시간)*700
  ▶ [삽입] 탭의 [일러스트레이션] – [도형] – [기본 도형]의 '웃는 얼굴(☺)'을 동일 시트의 [I3:I5] 영역에 생성한 후 단추를 클릭할 때 '이용료' 매크로가 실행되도록 설정하시오.

② [D4:F15] 영역의 셀 서식을 쉼표 스타일로 적용하는 매크로를 생성하여 실행하시오.
  ▶ 매크로 이름 : 서식
  ▶ [삽입] 탭의 [일러스트레이션] – [도형] – [기본 도형]의 '하트(♡)'를 동일 시트의 [J3:J5] 영역에 생성하고 도형을 클릭할 때 '서식' 매크로가 실행되도록 설정하시오.

⚠ 셀 포인터의 위치에 상관없이 현재 통합문서에서 매크로가 실행되어야 정답으로 인정됨

① 커서의 위치는 매크로가 적용되는 범위 외의 영역에 두고, [개발 도구] 탭의 [코드]에서 [매크로 기록]을 클릭한다.

② [매크로 기록] 대화상자에서 '매크로 이름'에 이용료를 입력한 후, [확인]을 클릭한다.

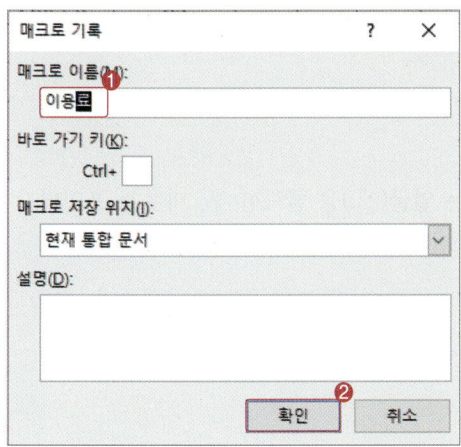

③ [G3] 셀에 커서를 두고, =(E4*24+F4)*700을 입력한 후 Enter 을 눌러 결과를 내고, 아래 방향으로 수식을 복사한다.

[기타작업] 매크로 135

④ 블록을 해제한 후, [개발 도구] 탭의 [코드]에서 [기록 중지]를 클릭하여 매크로 기록을 중지한다.

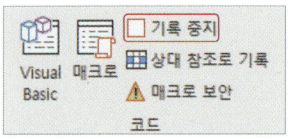

⑤ [삽입] 탭의 [일러스트레이션]의 [도형]에서 '기본 도형'의 **웃는 얼굴(☺)**을 클릭한 후, 마우스 포인터가 '+' 표시로 바뀌면 [I3:I5] 영역에 Alt 를 누른 상태에서 정확히 [I3:I5]에 일치하게 드래그해서 그린다.

⑥ 도형을 선택한 후 마우스 오른쪽 버튼을 눌러 바로 가기 메뉴에서 [매크로 지정]을 클릭한다. [매크로 지정] 대화상자의 목록에서 **이용료**를 선택한 다음 [확인]을 클릭한다.

 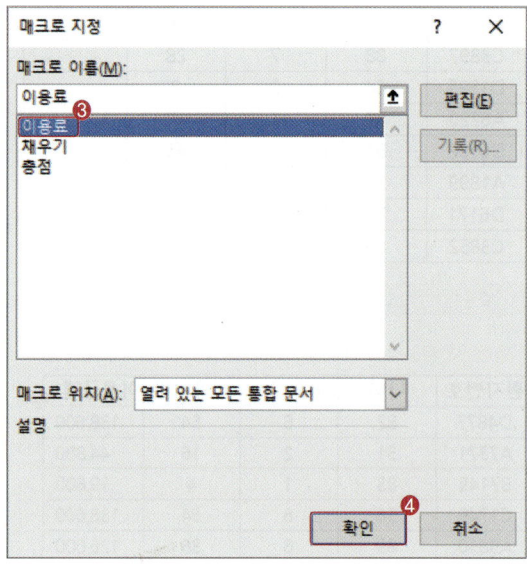

⑦ 두 번째 매크로를 작성하기 위해 커서의 위치는 매크로가 적용되는 범위 외의 영역에 두고, [개발 도구] 탭의 [코드]에서 [매크로 기록]을 클릭한다.

⑧ [매크로 기록] 대화상자에서 '매크로 이름'을 **서식**으로 입력한 후 [확인]을 클릭한다.

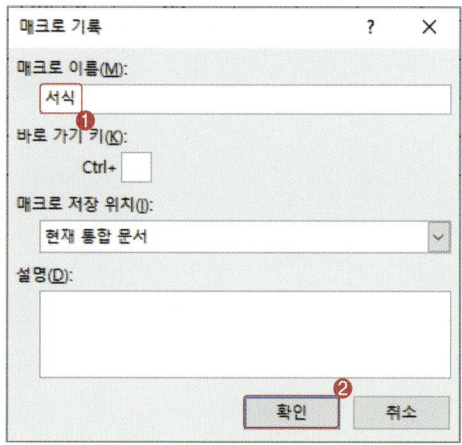

⑨ 영역에 서식을 지정하기 위해 [D4:F15]를 영역 설정한 후, [홈] 탭의 [표시형식]에서 **쉼표 스타일**을 클릭한다. 임의의 셀을 클릭하여 블록을 해제한 후, [개발 도구] 탭의 [코드]에서 [기록 중지]를 클릭한다.

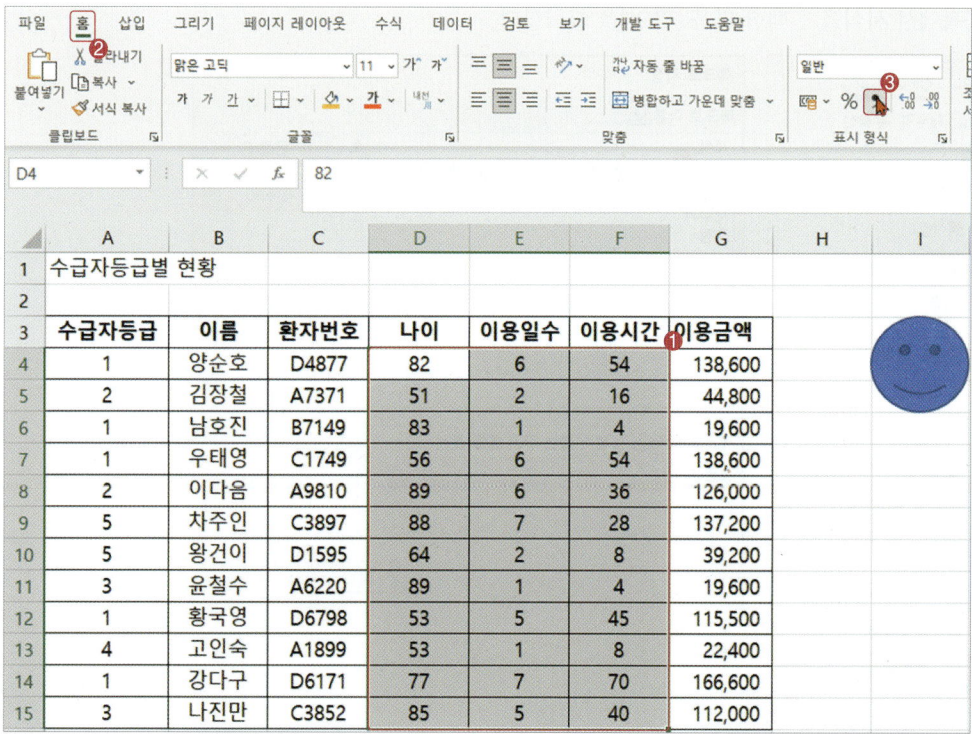

⑩ [삽입] 탭의 [일러스트레이션]의 [도형]에서 '기본 도형'의 **하트(♡)**를 클릭한 후, 마우스 포인터가 '+' 표시로 바뀌면 [J3:J5] 영역에 Alt 를 누른 상태에서 정확히 [J3:J5]에 일치하게 드래그해서 그린다.

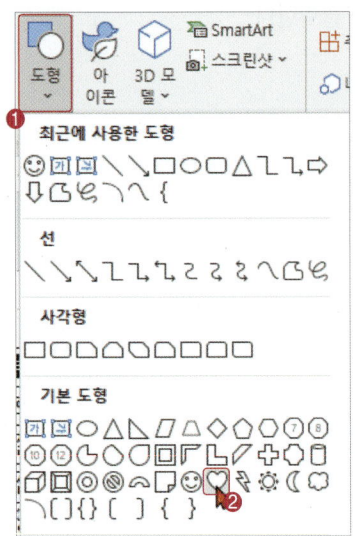

⑪ 도형을 선택한 후 마우스 오른쪽 버튼을 눌러 바로 가기 메뉴에서 [매크로 지정]을 클릭한다. [매크로 지정] 대화상자 목록에서 **서식**을 선택한 다음 [확인]을 클릭한다.

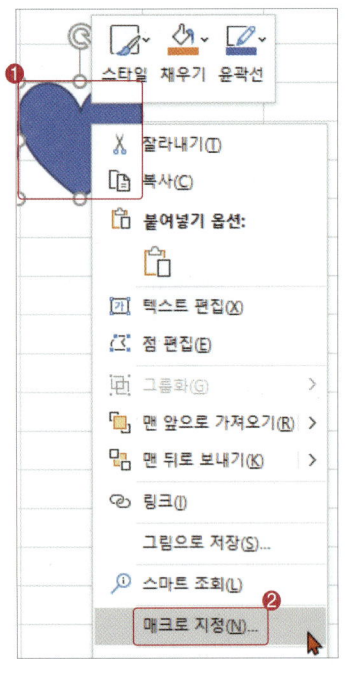
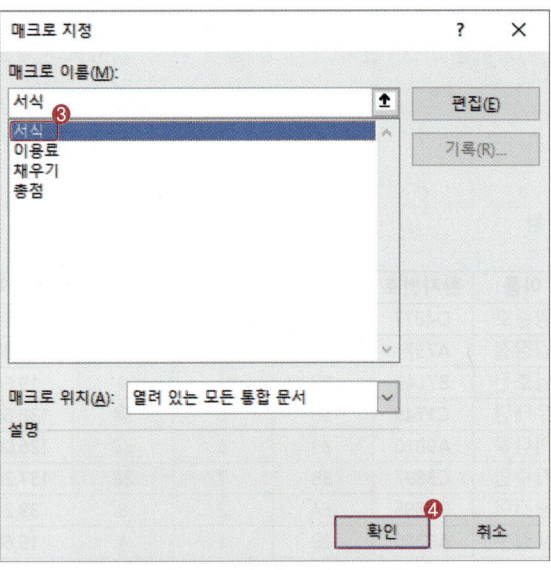

	A	B	C	D	E	F	G
1	수급자등급별 현황						
2							
3	수급자등급	이름	환자번호	나이	이용일수	이용시간	이용금액
4	1	양순호	D4877	82	6	54	138,600
5	2	김장철	A7371	51	2	16	44,800
6	1	남호진	B7149	83	1	4	19,600
7	1	우태영	C1749	56	6	54	138,600
8	2	이다움	A9810	89	6	36	126,000
9	5	차주인	C3897	88	7	28	137,200
10	5	왕건이	D1595	64	2	8	39,200
11	3	윤철수	A6220	89	1	4	19,600
12	1	황국영	D6798	53	5	45	115,500
13	4	고인숙	A1899	53	1	8	22,400
14	1	강다구	D6171	77	7	70	166,600
15	3	나진만	C3852	85	5	40	112,000

16 [기타작업] 차트

반복학습 1 2 3

시험유형 ❶ '16기타작업-차트.xlsx' 파일의 '차트-실습1' 시트

※ '차트-실습1' 시트의 차트를 지시사항에 따라 아래 〈그림〉과 같이 수정하시오.

① '3학년' 계열이 차트에 나타나도록 데이터 범위를 추가하고 '특목고', '특성화고', '자율고' 항목은 표시되지 않게 필터표시하시오.
② '1학년', '2학년', '3학년' 계열의 차트 종류를 '표식이 있는 꺾은선형'으로 변경하고 보조축으로 설정하시오.
③ 차트 제목은 '차트 위'로 지정한 후 [A1] 셀과 연동되도록 설정하고 차트 제목의 도형 스타일을 '색 윤곽선 - 파랑, 강조 1'로 설정하시오.
④ '학급수' 계열에만 데이터 레이블 '값'을 표시하고, 레이블의 위치를 '바깥쪽 끝에'로 설정하시오.
⑤ 기본 세로(값) 축의 표시단위를 10000으로 설정하고 단위 레이블은 제거하시오.

⚠ 차트는 반드시 문제에서 제공한 차트를 사용하여야 하며, 신규로 작성 시 0점 처리됨

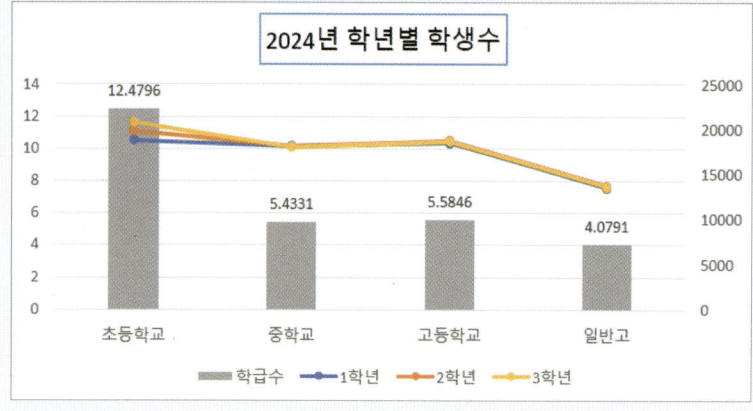

기적의 TIP

차트를 선택하면 [차트 디자인]과 [서식] 탭이 활성화된다. 문제를 풀이하려면 차트를 먼저 선택한 후 관련 메뉴를 이용해야 한다.

① '3학년' 계열을 추가하기 위해 [F3:F10] 영역을 블록 설정한 후, 복사(Ctrl+C)한 다음, 차트를 선택하여 붙여넣기(Ctrl+V)를 한다. [차트 영역]의 계열에 '3학년' 계열이 추가된다.

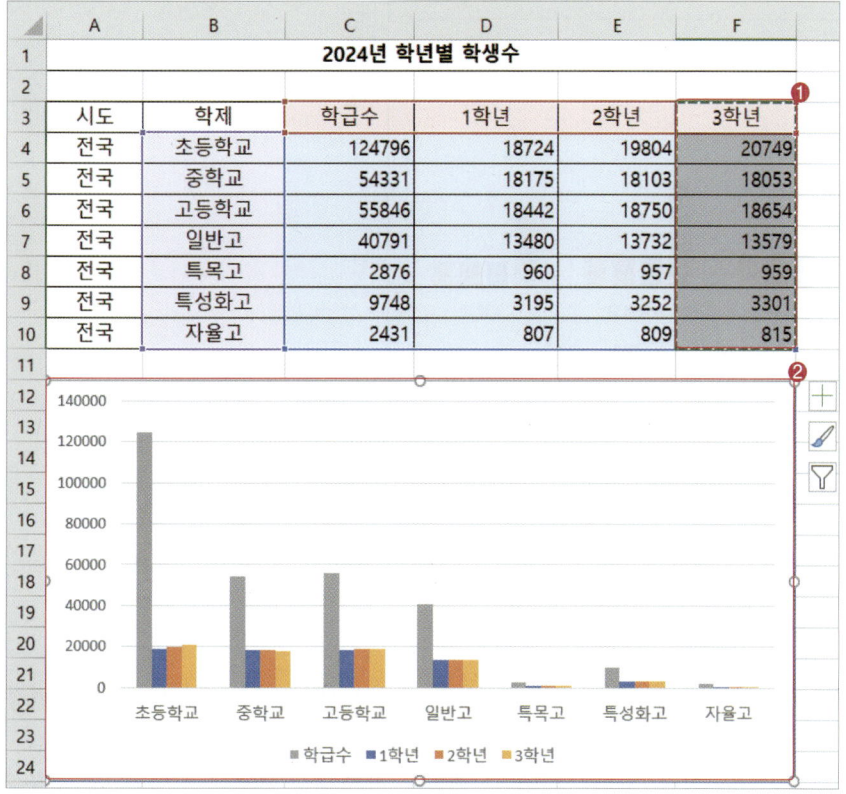

기적의 TIP

데이터 선택을 이용한 데이터 계열 추가
- [차트 디자인] 탭의 [데이터]의 [데이터 선택]을 클릭한다.
- [데이터 원본 선택] 대화상자의 '범례 항목(계열)'에서 [추가]를 클릭한 뒤, [계열 편집]을 선택한다.
  - '계열 이름' : '3학년'이 입력되어 있는 [F3] 클릭
  - '계열 값' : '3학년' 데이터 영역 [F4:F10]을 드래그, 초기 화면에 입력되어 있는 '={ }'는 삭제 후 드래그

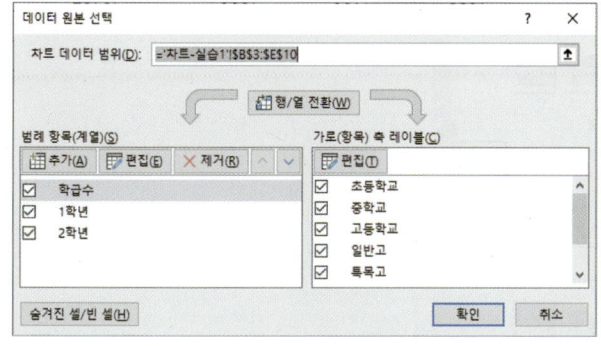
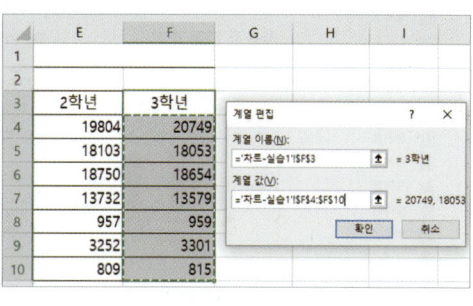

② '차트 영역' 오른쪽 메뉴에서 [차트 필터]를 클릭한 후, [범주] 항목에서 '특목고', '특성화고', '자율고'의 체크 표시를 해제하고 [적용]을 클릭한다.

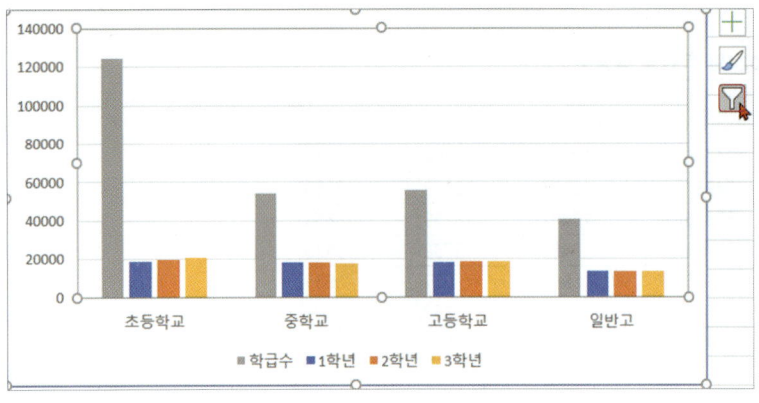

🅑 기적의 TIP

차트 필터
1. [차트 디자인] 탭의 [데이터] 그룹에서 [데이터 선택]을 클릭한다.
2. [데이터 원본 선택] 대화상자의 '가로(항목) 축 레이블'에서 항목을 체크 해제한다.
※ 필터 표시를 해제(체크 해제)하면 차트 영역에 표시되지는 않지만 실제 데이터 영역이 변경되는 것은 아니라서 데이터 범위를 수정하는 것과는 다르다.

③ 계열별 차트 종류를 변경하려면 임의의 계열을 선택한 후, [차트 디자인] 탭의 [종류]에서 [차트 종류 변경]을 클릭한다.
④ [차트 종류 변경] 대화상자의 오른쪽 하단 메뉴에서 '1학년' 계열의 '차트 종류' 목록을 클릭한 후, '꺾은선형' 그룹에서 **표식이 있는 꺾은선형**을 클릭하여 변경한다. '2학년', '3학년'도 동일한 방법으로 변경한 후, '1학년', '2학년', '3학년'의 '보조 축'을 체크하고 [확인]을 클릭한다.

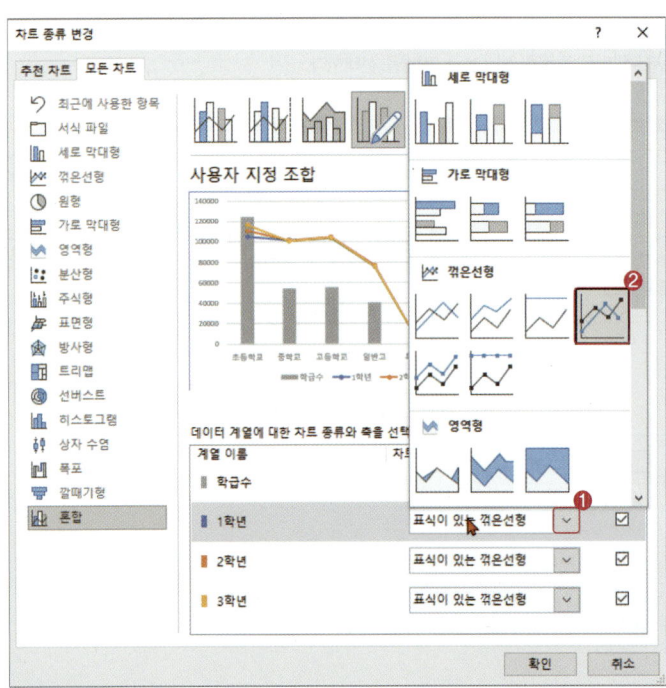

> **기적의 TIP**
>
> **차트 종류 변경**
> - 전체 차트의 종류를 하는 변경하는 경우 : 차트를 선택한 후 [차트 디자인] 탭의 [차트 종류 변경]을 클릭한 후 왼쪽 항목에서 지정한 차트를 선택한 후 오른쪽 목록에서 특정 차트를 선택함
> - 계열 차트의 종류를 하는 변경하는 경우 : 계열 중 하나를 선택한 다음 [차트 디자인] 탭의 [차트 종류 변경]을 클릭한 후 오른쪽 하단에서 종류를 변경하려는 계열의 차트 종류 목록을 변경함

⑤ '차트 제목'을 입력하기 위해 차트 영역의 오른쪽 상단에 있는 [차트 요소]의 [차트 제목]에서 [차트 위]를 클릭한다.

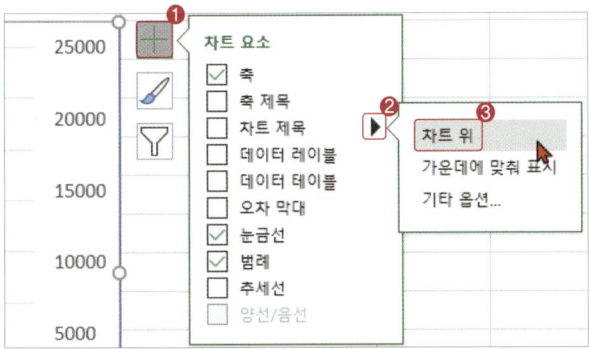

⑥ '차트 제목'이 선택된 상태에서 '수식입력줄'에 =를 입력하고, [A1] 셀을 클릭하면 셀 주소가 자동으로 입력된다. Enter를 누르면 '차트 제목'에 제목이 표시된다. 이때, 셀 병합이 되어 있기 때문에 병합된 셀 주소가 입력되고 병합되지 않은 경우에는 A1만 입력된다.

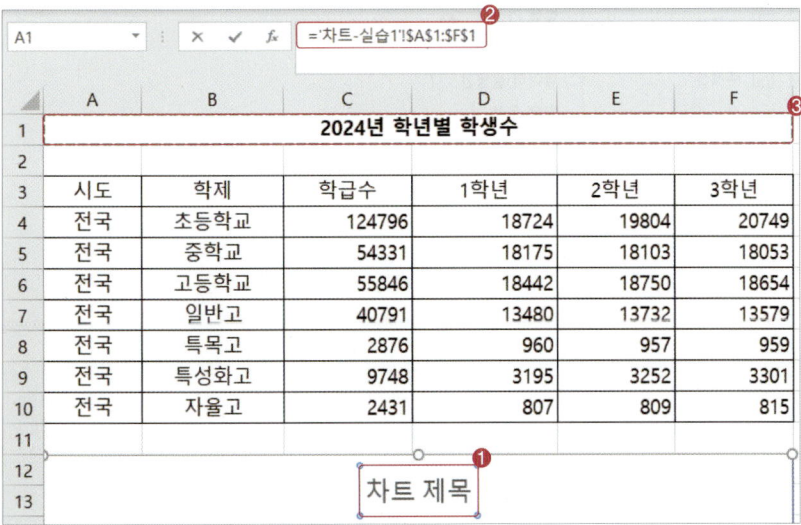

⑦ '차트 제목'을 클릭한 상태에서, [서식] 탭의 [도형 스타일]에서 '자세히' 버튼을 클릭한 후 목록에서 **색 윤곽선 - 파랑, 강조1**로 클릭한다.

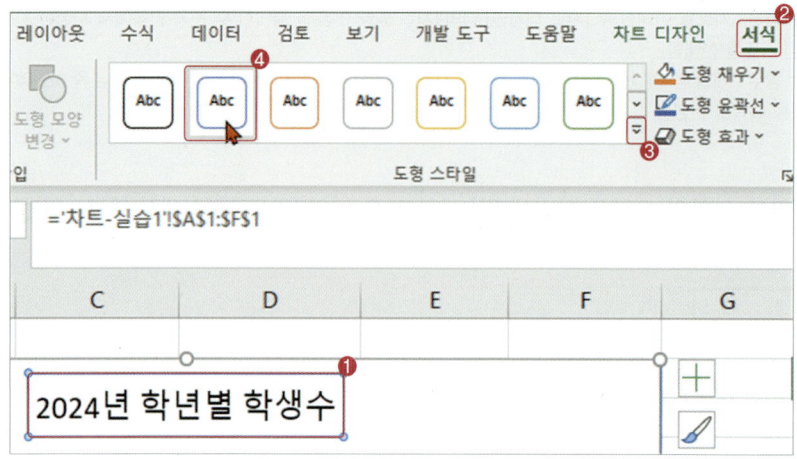

⑧ '학급수' 계열을 선택한 후, 차트 영역의 오른쪽 상단에 있는 [차트 요소]의 [데이터 레이블]에서 [바깥쪽 끝에]를 클릭하면 '학급수' 계열의 바깥쪽 끝에 레이블이 표시된다.

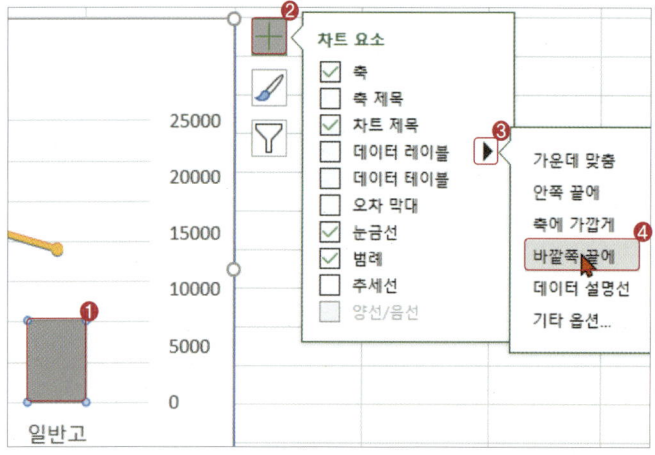

> 🅱 기적의 TIP
>
> **차트 요소 추가**
> - 축, 축 제목, 차트 제목, 데이터 레이블, 데이터 테이블, 오차 막대, 눈금선, 범례, 선, 추세선, 양선/음선 등을 차트 영역에 추가를 할 수 있다.
> - [차트 디자인] 탭의 [차트 레이아웃] 그룹에서 [차트 요소 추가]를 클릭하거나, 차트 영역 오른쪽 상단의 [차트 요소(⊞)] 버튼을 클릭한다.
> - 차트 영역 내의 항목을 더블클릭[또는 바로 가기 메뉴의 서식(항목별 이름이 다름)]을 클릭한 후 나타나는 서식 대화상자에서 설정한다.

⑨ '기본 세로(값)' 축을 더블클릭하면 나타나는 [축 서식]에서 [축 옵션]의 [표시 단위] 목록에서 10000을 선택하고, '차트에 단위 레이블 표시'의 체크를 해제한다.

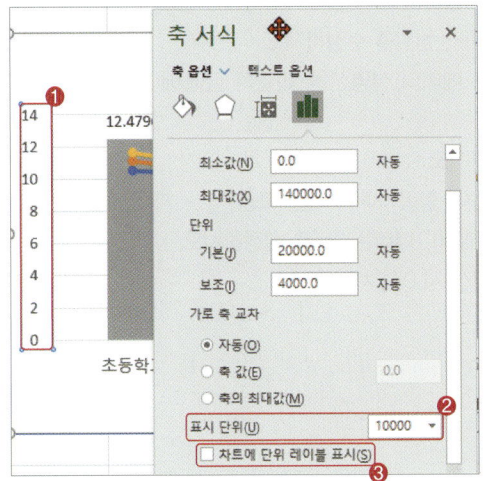

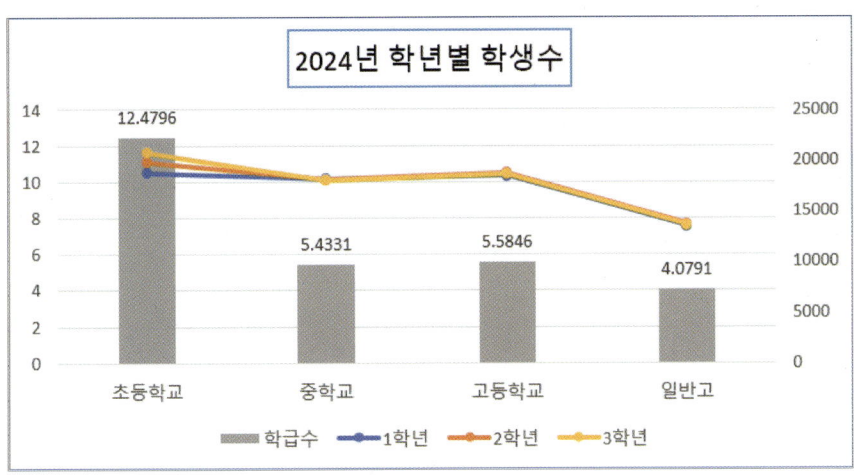

시험유형 ❷ '16기타작업-차트.xlsx' 파일의 '차트-실습2' 시트

※ '차트-실습2' 시트의 차트를 지시사항에 따라 아래 〈그림〉과 같이 수정하시오.
① '평균' 계열과 '학번'이 24로 시작하는 '성명' 요소가 제거되도록 데이터 범위를 수정하시오.
② '영어' 계열의 '계열 겹치기'를 20, '간격 너비'를 100으로 설정하고 데이터 설명선을 '바깥쪽 끝에'에 표시하시오(값 만 표시).
③ 차트 제목은 〈그림〉과 같이 입력하고 글꼴 스타일을 '굵게'로 설정하시오.
④ 차트 영역 서식의 채우기는 '캔버스'로 설정하고 '국어' 계열의 '김준혁' 항목의 채우기는 '표준 색 – 자주'로 설정하시오.
⑤ 범례 표지를 포함한 데이터 테이블을 표시하고 테이블 색은 '흰색, 배경1', 너비는 '1.5'로 설정하시오.
⚠ 차트는 반드시 문제에서 제공한 차트를 사용하여야 하며, 신규로 작성 시 0점 처리됨

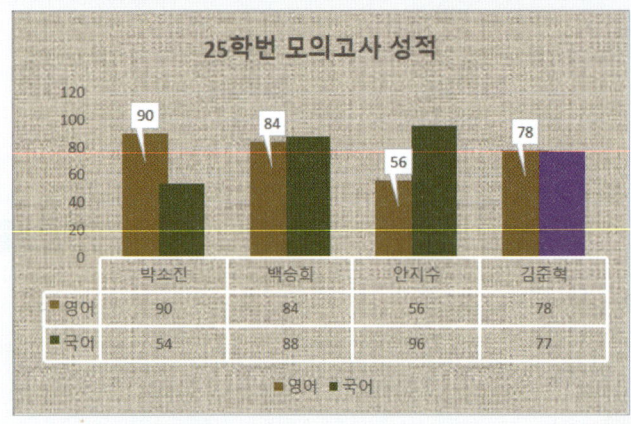

① 차트 영역에서 '평균' 계열을 클릭한 후 Delete 를 눌러서 삭제한다.

> **기적의 TIP**
>
> **데이터 계열 제거**
> 1. [차트 디자인] 탭의 [데이터] 그룹에서 [데이터 선택]을 클릭한다.
> 2. [데이터 원본 선택] 대화상자의 '범례 항목(계열)'에서 '평균'을 선택한 후 [제거]를 클릭한다.
>
>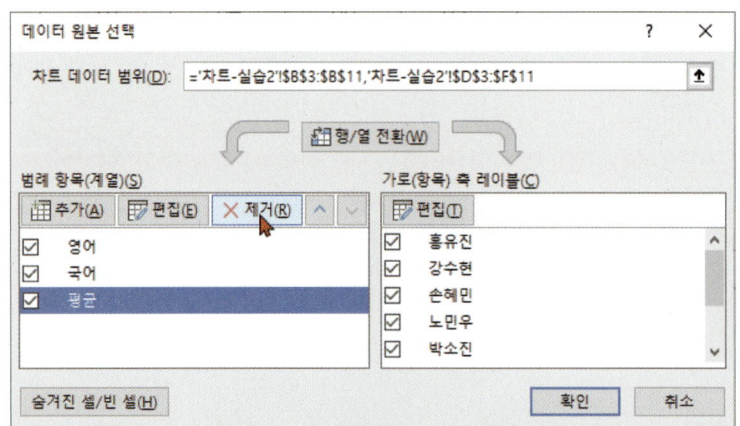
>
> 3. 차트 영역에서 '평균' 계열을 클릭한 후 Delete 를 눌러서 제거한다.

② 학번이 24로 시작하는 항목을 제거하기 위해 [차트 디자인] 탭의 [데이터]에서 [데이터 선택]을 클릭한다.
③ [데이터 원본 선택] 대화상자에서 먼저 [행/열 전환]을 클릭한다. 그런 다음 '범례 항목(계열)' 목록에서 '24'로 시작하는 항목을 선택하고, [제거]를 클릭한다. 다시 한 번 [행/열 전환]을 클릭한 후, [확인]을 눌러 설정을 완료한다.

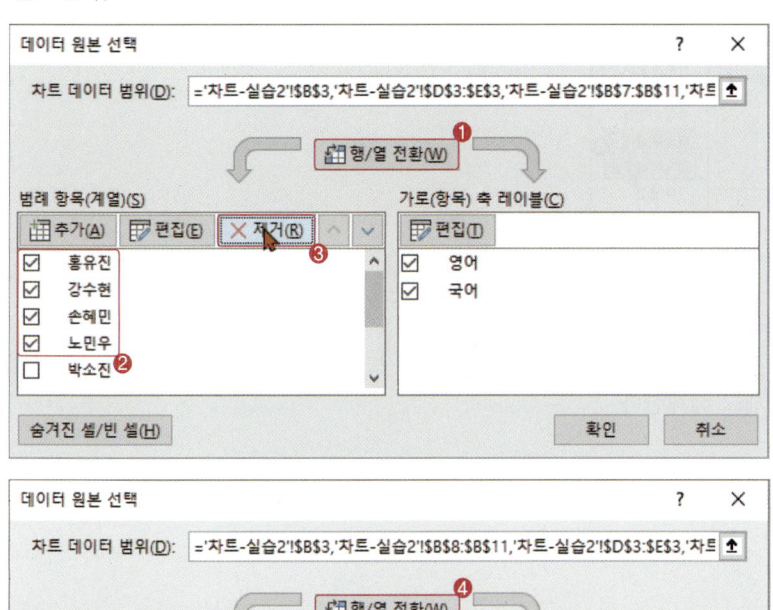

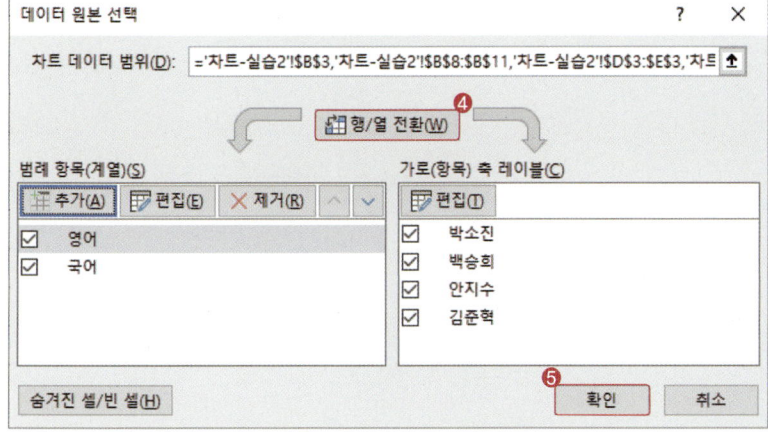

④ 차트의 '영어' 계열을 더블클릭한 후, [데이터 계열 서식]에서 [계열 옵션]의 '계열 겹치기'에는 20을, '간격 너비'에는 100을 입력한다.

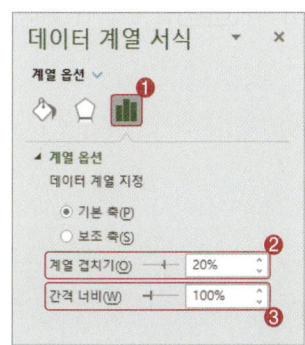

> 🔑 기적의 TIP
>
> **[데이터 계열 서식]의 '계열 옵션'**
> • 계열 겹치기 : 여러 계열의 겹치기를 설정
> • 간격 너비 : 계열 간 간격 너비를 설정

⑤ 차트의 '영어' 계열을 선택한 후, 차트 영역의 오른쪽 상단에 있는 [차트 요소]의 [데이터 레이블]에서 [데이터 설명선]을 클릭하면 '학급수' 계열의 바깥쪽 끝에 데이터 설명선이 표시된다(기본값은 항목, 값, 바깥쪽 끝에).

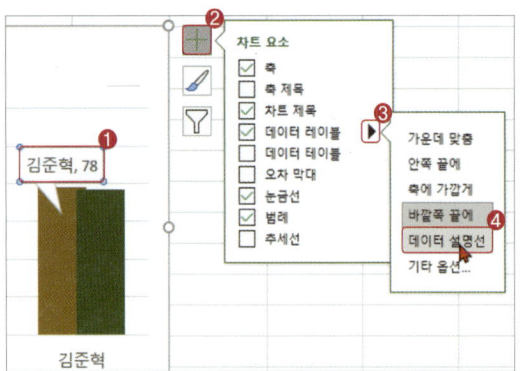

⑥ 데이터 레이블에서 값만 표시하기 위해서 '데이터 테이블'을 선택한 후, [데이터 레이블 서식]에서 [레이블 옵션]의 '값'은 체크, '항목 이름'은 체크 해제한다.

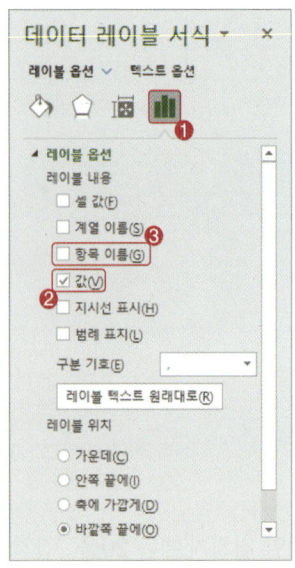

⑦ '차트 제목'이 선택된 상태에서 '수식입력줄'에 **25학번 모의고사 성적**을 입력한 후 Enter 를 누르면 '차트 제목'에 제목이 표시된다.

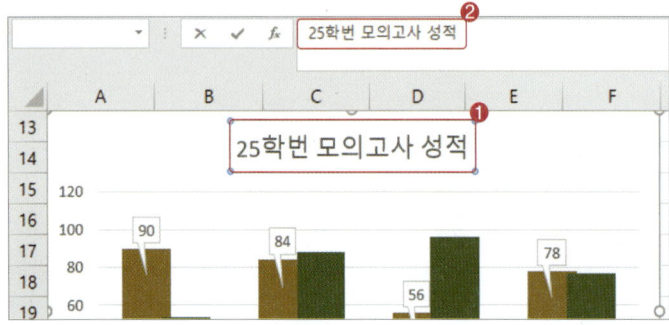

⑧ 차트의 '차트 제목'을 선택한 후, [홈] 탭의 [글꼴]에서 **굵게**를 클릭한다.

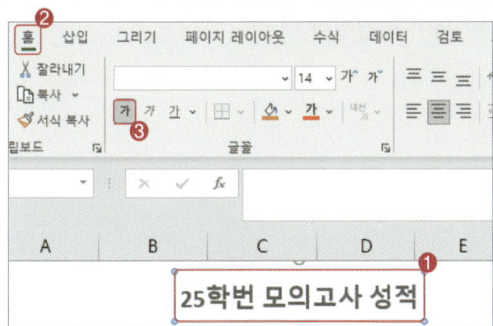

⑨ 차트의 '차트 영역'을 선택한 후, [차트 영역 서식]에서 [채우기 및 선]의 '채우기'는 **그림 또는 질감 채우기**를 선택하고, '질감' 목록에서 **캔버스**를 클릭하면 차트 영역이 캔버스 질감으로 채워진다.

⑩ '김준혁' 항목의 '국어' 계열만 천천히 두 번 클릭하여 선택한 후, [데이터 요소 서식]에서 [채우기 및 선]의 '채우기'는 '색' 목록의 **표준 색 – 자주**를 클릭하면 김준혁 항목만 색이 변경된다.

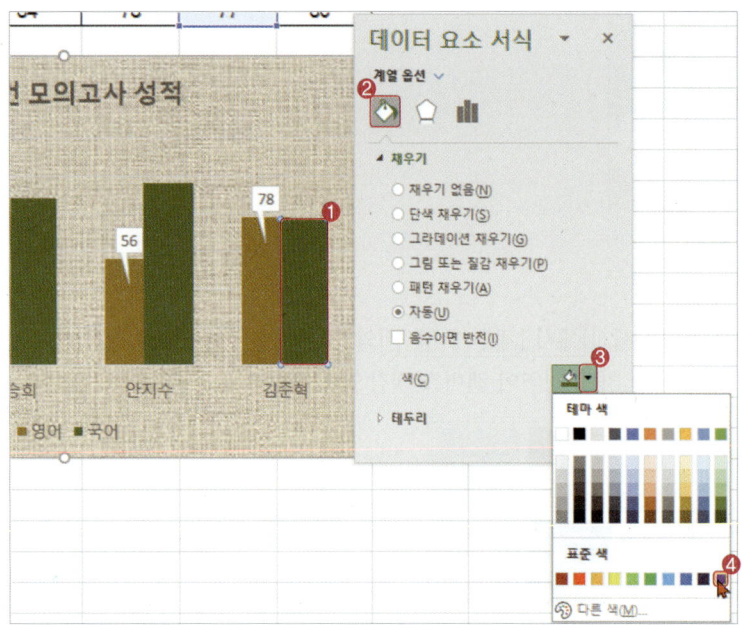

> **기적의 TIP**
>
> **채우기 색**
> - 항목을 선택한 뒤 오른쪽 메뉴에서 [채우기]를 클릭한다.
> - 항목을 선택한 뒤 [서식] 탭의 [차트 옵션]에서 [색 및 선]을 선택하고, [채우기]를 클릭한다.
> - 항목을 선택한 뒤 [서식] 탭의 [도형 채우기]를 실행한다.

⑪ 차트 영역의 오른쪽 상단에 있는 [차트 요소]의 [데이터 테이블]에서 [범례 표지 포함]을 클릭하면 차트 가로 항목 아래에 범례 표지를 포함한 테이블이 표시된다.

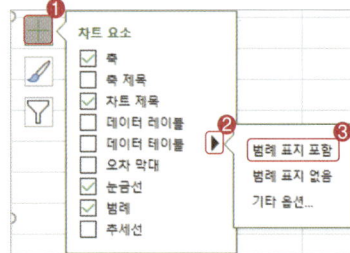

⑫ 차트의 '데이터 테이블'을 선택한 상태에서 [데이터 표 서식] 중 [채우기 및 선]의 '테두리'는 **실선**을 선택하고, '색'은 **흰색, 배경1**을 선택하고, '너비'에는 1.5를 입력한다.

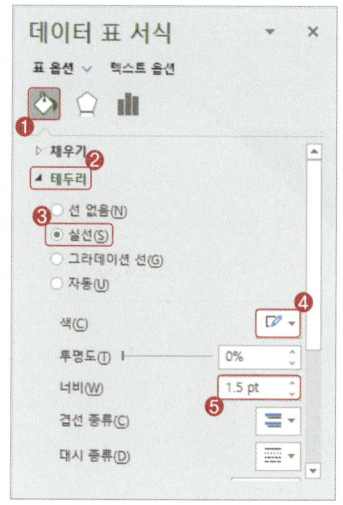

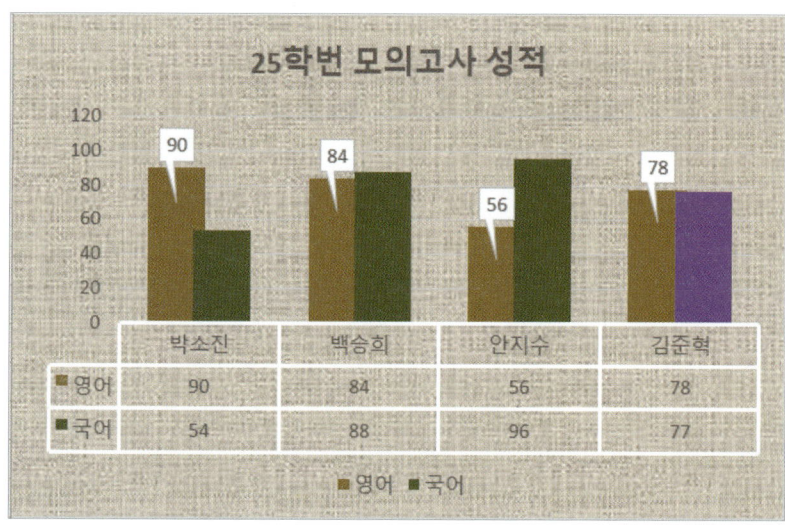

PART 02

기출 유형 따라하기

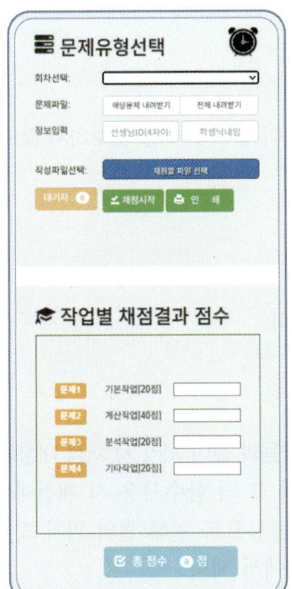

자동 채점 서비스(웹 용)

① comlicense.co.kr 접속
② '도서' 확인 후, [채점하기] 클릭
③ '회차'와 '채점할 파일' 선택
④ [채점시작] 클릭

예제 파일 위치

[26컴활2급(커미조아)] → [PART 02] 폴더

기출 유형 따라하기

프로그램명	제한시간
EXCEL	40분

수험번호 : _____

성   명 : _____

······················· **유의사항** ·······················

- 인적 사항 누락 및 잘못 작성으로 인한 불이익은 수험자 책임으로 합니다.

- 화면에 암호 입력창이 나타나면 아래의 암호를 입력하여야 합니다.
  - 암호 :

- 작성된 답안은 경로 및 파일명을 변경하지 마시고 그대로 저장하여야 합니다. 이를 준수하지 않으면 실격 처리됩니다.
  - 답안 파일명의 예 : C:₩OA₩수험번호8자리.xlsm

- 외부데이터 위치 : C:₩OA₩파일명

- 별도의 지시사항이 없는 경우, 다음과 같이 처리 시 실격 처리됩니다.
  - 제시된 시트 및 개체의 순서나 이름을 임의로 변경한 경우
  - 제시된 시트 및 개체를 임의로 추가 또는 삭제한 경우

- 답안은 반드시 문제에서 지시 또는 요구한 셀에 입력하여야 하며 다음과 같이 처리 시 채점 대상에서 제외됩니다.
  - 제시된 함수가 있을 경우 제시된 함수만을 사용하여야 하며 그 외 함수사용 시 채점대상에서 제외
  - 수험자가 임의로 지시하지 않은 셀의 이동, 수정, 삭제, 변경 등으로 인해 셀의 위치 및 내용이 변경된 경우 해당 작업에 영향을 미치는 관련 문제 모두 채점 대상에서 제외
  - 도형 및 차트의 개체가 중첩되어 있거나 동일한 계산결과 시트가 복수로 존재할 경우 해당 개체나 시트는 채점 대상에서 제외

- 수식 작성 시 제시된 문제 파일의 데이터는 변경 가능한(가변적) 데이터임을 감안하여 문제 풀이를 하시오.

- 별도의 지시사항이 없는 경우, 주어진 각 시트 및 개체의 설정값 또는 기본 설정값(Default)으로 처리하시오.

- 저장 시간은 별도로 주어지지 않으므로 제한된 시간 내에 저장을 완료하여야 하며, 제한 시간 내에 저장이 되지 않은 경우에는 실격 처리됩니다.

- 출제된 문제의 용어는 MS Office Professional Plus 2021을 기준으로 작성되었습니다.

대 한 상 공 회 의 소

문제 ❶ 주어진 시트에서 다음의 과정을 수행하고 저장하시오. | 기본작업(20점)

01 '기본작업-1' 시트에 다음의 자료를 주어진 대로 입력하시오. (5점)

	A	B	C	D	E	F	G
1	직원 휴직명단						
2							
3	성명	직급	직급코드	성별	휴직명	휴직시작일	휴직수당
4	김의중	1급 법무관	Ab12-18	남	질병휴직	2024-07-05	2250000
5	이정은	인문과학 연구원	Ug21-20	여	유학휴직	2023-07-01	1756000
6	고아라	건축공학기술자	Gi41-35	여	질병휴직	2024-04-12	2384100
7	김시진	4급 공무원	Ag32-95	남	질병휴직	2023-10-05	2000350
8	조정현	식품공학 시험원	Ug36-47	남	육아휴직	2022-05-01	2579100
9	전세형	6급 군무원	Ag14-85	남	육아휴직	2023-08-25	1536850

02 '기본작업-2' 시트에 대하여 다음의 지시사항을 처리하시오. (각 2점)

① [A1:G1] 영역은 '병합하고 (가로) 가운데 맞춤', '세로 가운데 맞춤'으로 지정하시오. 제목 앞과 뒤에는 특수문자 ♡가 표시되게 지정하고, 글자 크기는 '15'로 지정하시오.
② [A3:G3] 영역은 가로 '균등 분할 (들여쓰기)'로 설정하고, '세로 가운데 맞춤'으로 설정하시오.
③ [A4:A7], [A8:A10], [A11:B11] 영역은 '병합하고 (가로) 가운데 맞춤', '세로 가운데 맞춤'으로 설정하고, [A4:A10] 영역의 이름을 '거래처'로 지정하시오.
④ [C4:D11]은 쉼표 스타일, [E4:E11]은 회계 스타일, [F4:G10]은 사용자 지정 서식을 이용해서 [표시 예]와 같이 셀 서식을 지정하시오.
▶ [표시 예 : 2025-03-14 → 3월14일(금요일)]
⑤ [A3:G11] 영역에 '모든 테두리(⊞)'를 적용한 후, [A3:G3] 영역은 '위쪽/굵은 아래쪽 테두리'로 표시하고, [F11:G11] 영역은 '대각선(X)'으로 표시하시오.

03 '기본작업-3' 시트에서 다음의 지시사항을 처리하시오. (5점)

'컴퓨터관련 교양 평가' 표에서 수험번호가 2로 끝나고 재외내국민이 "내국민"이면서 평균이 60점 초과이거나 70점 이하인 '수험번호', '이름', '학교명', '응시날짜', '평균'의 데이터를 고급필터를 사용하여 검색하시오.
▶ 고급 필터 조건은 [E20:G23] 범위 내에 알맞게 입력하시오.
▶ 고급 필터 결과의 복사 위치는 '고급필터' 시트의 [A3] 셀에서 시작하시오.

문제 ❷ '계산작업' 시트에서 다음의 과정을 수행하고 저장하시오. | 계산작업(40점)

01 [표1]의 생년월일[D3:D12]을 이용하여 태어난 요일을 [E3:E12] 영역에 표시하시오. (8점)
- ▶ 월요일이 1번인 형식으로 계산하고, 월요일, 화요일, 수요일… 형식으로 표시하시오.
- ▶ [표시 예 : 2008-04-30 → 4월 30일(수요일)]
- ▶ MONTH, DAY, WEEKDAY, CHOOSE 함수와 & 연산자를 사용하시오.

02 [표2]의 공연코드[G3:G10]와 [공연코드1], [공연코드2]를 이용하여 공연종류(규모)[J3:J10]를 표시하시오. (8점)
- ▶ 공연종류는 공연코드의 첫 번째 문자를 이용하고, 공연규모는 마지막 문자를 이용하시오.
- ▶ [표시 예 : CB631 → C와 1을 이용해서 찾고 콘서트(소형)으로 표시]
- ▶ VLOOKUP, HLOOKUP, LEFT, RIGHT 함수와 & 연산자를 사용하시오.

03 [표3]의 시험날짜[C17:C25]를 이용하여 시험날짜의 일자가 5의 배수이면 "정기시험", 아니면 "상시시험"으로 시험구분[D17:D25] 영역에 표시하시오. (8점)
- ▶ IF, DAY, MOD 함수를 사용하시오.

04 [표4]의 국어[G17:G24], 영어[H17:H24], 수학[I17:I24]과 [과목별지정단위]를 이용하여 총합[J17:J24] 영역에 계산하시오. (8점)
- ▶ 총합은 국어, 영어, 수학 점수에 각 지정단위를 곱해 더한 값으로 계산하시오.
- ▶ [표시 예 : 49 → 49점]
- ▶ SUMPRODUCT 함수와 & 연산자를 사용하시오.

05 [표5]의 1차시험[B30:B37]과 2차시험[C30:C37]을 이용하여 1차와 2차 모두 45 이상이고, 총 합계가 평균 이상인 직원의 비율을 [D38] 셀에 표시하시오. (8점)
- ▶ COUNTIFS, AVERAGE, COUNTA 함수를 사용하시오.

문제 ❸ 주어진 시트에서 다음의 과정을 수행하고 저장하시오. | 분석작업(20점)

01 '분석작업-1' 시트에 대하여 다음의 지시사항을 처리하시오. (10점)

※ [피벗 테이블] 기능을 이용하여 '자격증 취득 구성원 현황' 표의 등급은 '필터', 자격증은 '행', 추가인원수는 '열'로 처리하고, '값'에 수수료의 평균, 인원수의 합계를 계산하시오.

▶ 피벗 테이블 보고서는 동일 시트의 [H3] 셀에서 시작하시오.
▶ 보고서 레이아웃은 '테이블 형식으로 표시'로 설정하시오.
▶ 추가인원수는 시작 1, 끝 20, 단위 5로 그룹화를 설정하시오.
▶ 빈 셀은 "★" 표시하고, 레이블이 있는 셀 병합 및 가운데 맞춤을 설정하시오.
▶ 'Σ' 기호를 '행' 영역으로 이동하시오.
▶ '평균: 수수료'의 표시 형식은 '값 필드 설정'의 셀 서식 대화상자에서 사용자지정 서식을 이용하여 [표시 예]와 같이 표시하시오. [표시 예 : 15000 → 15,000원]
▶ 등급은 '기사'만 표시될 수 있게 필터하시오.
▶ 행과 열의 총합계는 해제하시오.
▶ 피벗 테이블 스타일을 '흰색, 피벗 스타일 밝게 1'로 설정하시오.

02 '분석작업-2' 시트에 대하여 다음의 지시사항을 처리하시오. (10점)

▶ 데이터 도구 [통합] 기능을 이용하여 [표1]에 대한 도착지가 공항 또는 선착장으로 끝나는 2020년, 2021년, 2022년, 2023년의 합계를 [표4]의 [H2] 셀부터 계산하시오.

문제 ❹ 주어진 시트에서 다음의 과정을 수행하고 저장하시오. | 기타작업(20점)

01 '매크로작업' 시트의 [표]에서 다음과 같은 기능을 수행하는 매크로를 현재 통합문서에 작성하고 실행하시오. (각 5점)

① [B11:E11] 영역에 총계를 계산하는 매크로를 생성하여 실행하시오.
▶ 매크로 이름 : 총계
▶ 총계는 자동 합계 기능을 사용하시오.
▶ [개발 도구]-[삽입]-[양식 컨트롤]의 '단추(□)'를 동일 시트의 [A13:A14] 영역에 생성하고, 텍스트를 '총계'로 입력한 후 단추를 클릭할 때 '총계' 매크로가 실행되도록 설정하시오.

② [A3:E4] 영역에 테마 셀 스타일 '황금색, 강조4'로 적용하는 매크로를 생성하여 실행하시오.
▶ 매크로 이름 : 셀스타일
▶ [삽입]-[일러스트레이션]-[도형]-[기본 도형]의 '사각형: 직사각형(□)'을 동일 시트의 [B13:C14] 영역에 생성하고, 텍스트를 '셀스타일'로 입력한 후 도형을 클릭할 때 '셀스타일' 매크로가 실행되도록 설정하시오.

⚠ 셀 포인터의 위치에 관계없이 매크로가 실행되어야 정답으로 인정됨

02 '차트작업' 시트의 차트를 지시사항에 따라 아래 그림과 같이 수정하시오. (각 2점)

⚠ 차트는 반드시 문제에서 제공하는 차트를 사용하여야 하며, 신규로 작성 시 0점 처리됨

① '과목'별로 초등학생수와 중등학생수 계열과 과학, 음악, 미술 항목만 표시되도록 데이터 범위를 수정하시오.

② 차트 종류는 '데이터 표식이 있는 꺾은선형'으로 변경하고, 초등학생수 계열의 표식모양을 삼각형으로 변경하시오.

③ 레이아웃을 [빠른 레이아웃]의 '레이아웃 9'로 설정한 다음, 차트 제목은 "기타과목 학원현황"으로 입력하고 글꼴 크기는 '16' 포인트로 설정하시오.

④ 세로(값)축의 최대는 '30000', 가로 축 교차는 '5000'으로 설정하고, 기본 주 가로 눈금선은 제거하고 기본 주 세로 눈금선은 나타내시오. 세로 눈금선의 너비는 '1pt', 색은 '주황, 강조2', 대시 종류는 '사각 점선'으로 지정하시오.

⑤ 그림 영역은 채우기 '테마색-주황, 강조2, 80% 더 밝게'로 지정하고, 차트 위치를 '새 시트' 유형으로 하고 생성될 차트 이름은 'Chart'로 설정하시오.

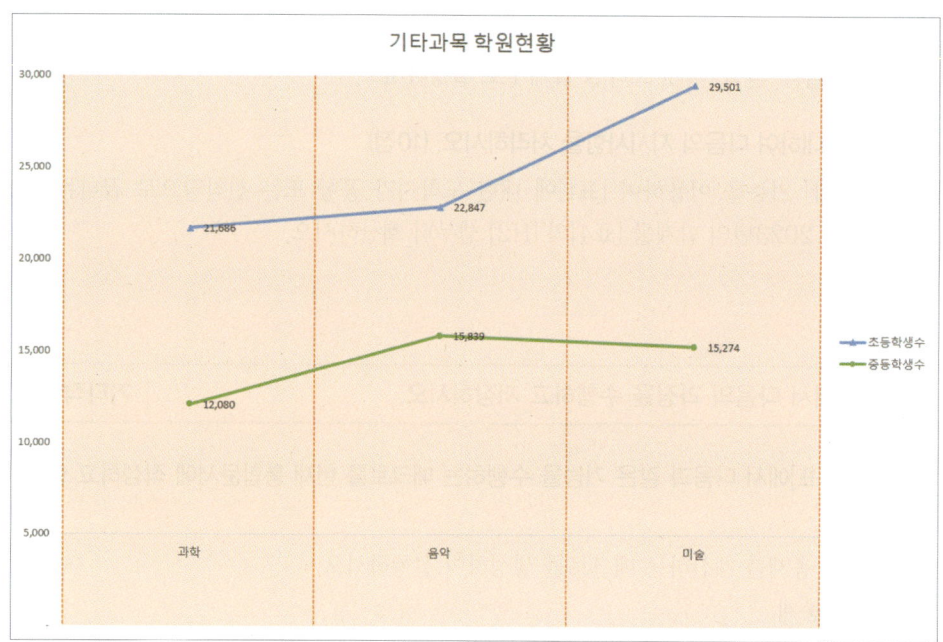

기출 유형 따라하기 해설

★ 시험 보기 전에 확인하세요 ★

1. [개발 도구] 탭이 있는지 확인한다. 만약 없다면?
   [파일] 탭의 [옵션]의 [리본 사용자 지정]에서 '개발 도구'에 체크한 후 [확인]을 클릭한다.
2. [빠른 실행]에 저장 아이콘이 없다면?
   제목 표시줄 왼쪽에 있는 [빠른 실행 도구 모음 사용자 지정]을 클릭한 후 목록에서 저장을 선택한다.

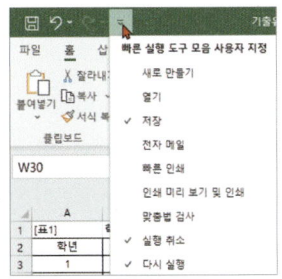

3. 화면 상단에 [보안 경고]가 나타난 경우는 [콘텐츠 사용]을 클릭한다.

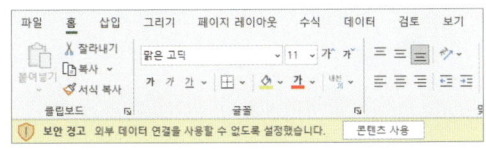

문제 ❶ 기본작업 1. 데이터 입력('기본작업-1' 시트)

|정답|

	A	B	C	D	E	F	G
1	직원 휴직명단						
2							
3	성명	직급	직급코드	성별	휴직명	휴직시작일	휴직수당
4	김의중	1급 법무관	Ab12-18	남	질병휴직	2024-07-05	2250000
5	이정은	인문과학 연구원	Ug21-20	여	유학휴직	2023-07-01	1756000
6	고아라	건축공학기술자	Gi41-35	여	질병휴직	2024-04-12	2384100
7	김시진	4급 공무원	Ag32-95	남	질병휴직	2023-10-05	2000350
8	조정현	식품공학 시험원	Ug36-47	남	육아휴직	2022-05-01	2579100
9	전세형	6급 군무원	Ag14-85	남	육아휴직	2023-08-25	1536850

① 문제의 그림과 같은 위치에 문제와 동일하게 입력한다. 만약 문제 그림에서 오타나 띄어쓰기가 있다면 **수정하지 말고 틀린 그대로 입력**한다. 시작위치인 [A3] 셀에 커서를 두고 **성명**을 입력한 후 Tab 을 눌러 오른쪽으로 이동하면서 차례대로 **직급, 직급코드, 성별, 휴직명, 휴직시작일, 휴직수당**을 입력한다.

② Enter 를 눌러 [A4] 셀로 이동한다. (입력 도중 수정하는 과정이 있었다면 마우스로 직접 [A4] 셀을 클릭한 상태로 입력) [A4] 셀에 **김의중**을 입력한 후 Enter 를 누르면 아래 방향으로 이동한다.

③ '직급코드'는 영문 대문자, 소문자를 주의하면서 입력하고, '휴직시작일'은 날짜형식과 동일하므로 **24-7-5**의 형식으로 입력하면 자동으로 2024-07-05로 변경된다.
④ [빠른 실행]의 저장을 클릭한다.

> **기적의 TIP**
>
> **데이터의 입력**
> - 제목행을 먼저 입력한 다음 A열부터 아래 방향으로 한 열씩 입력한다(→↓→↓).
> - 띄어쓰기를 주의하고 타자가 느리다면 입력은 모든 문제를 푼 다음에 한다.
> - 임의로 서식을 변경하지 말고, 보이는 그대로 입력한다.
> - 영문/한글은 키보드의 [한/영]을 눌러서 변환한다.
> - 오른쪽 방향은 [Tab] 또는 →를 눌러서 이동한다.
> - 아래 방향은 [Enter]를 눌러 이동한다.
>
> **데이터의 수정**
> - 입력된 셀에 커서를 두고 [F2]를 눌러서 수정한다.
> - 입력된 셀에 커서를 두고 더블클릭을 한 다음 수정한다.
> - 전체 수정은 입력된 셀에 커서를 두고 바로 입력한다.
>
> **파일의 저장**
> - [빠른 실행]의 저장(💾)을 클릭한다.
> - [Ctrl]+[S]를 동시에 입력한다.
> - [파일] 탭의 [저장]을 클릭한다.

문제 ① 기본작업 2. 데이터 서식('기본작업-2' 시트)

정답

	A	B	C	D	E	F	G
1			♡도서 주문 내역♡				
2							
3	거 래 처	도 서 명	단 가	수 량	금 액	주 문 일 자	입 고 일 자
4	서울충판	C 프로그래밍	22,500	300	₩ 6,750,000	3월14일(금요일)	3월20일(목요일)
5		PLC 프로그래밍	25,200	200	₩ 5,040,000	3월20일(목요일)	3월22일(토요일)
6		자바 프로그래밍	32,400	150	₩ 4,860,000	3월24일(월요일)	3월27일(목요일)
7		리눅스 서버 구축	28,000	120	₩ 3,360,000	3월29일(토요일)	4월2일(수요일)
8	경기충판	파이썬 프로그래밍	22,500	250	₩ 5,625,000	4월7일(월요일)	4월10일(목요일)
9		AI프로그래밍	18,000	180	₩ 3,240,000	4월11일(금요일)	4월20일(일요일)
10		HTML5	31,000	100	₩ 3,100,000	4월16일(수요일)	4월19일(토요일)
11	합계		179,600	1,300	₩ 31,975,000		

01 병합하고 가로 세로 가운데 맞춤, 특수문자 표시

① [A1] 셀을 더블클릭한 후 "도서 주문 내역"의 제일 앞에 커서를 두고, 키보드에서 자음 'ㅁ'을 입력한 후 한자를 누르면 특수문자 도구모음이 나타난다. 첫 번째 목록에 없기 때문에 [보기 변경]을 클릭하거나, 키보드에서 Tab 을 누르면 아래와 같이 모든 특수 문자가 나타난다. 목록에서 '♡'를 찾아서 클릭하면 입력이 된다. 같은 방법으로 제목 뒤에 커서를 두고 '♡'를 추가한다.

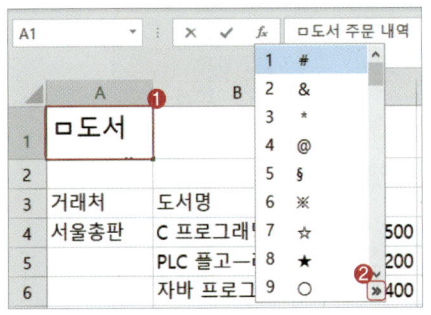 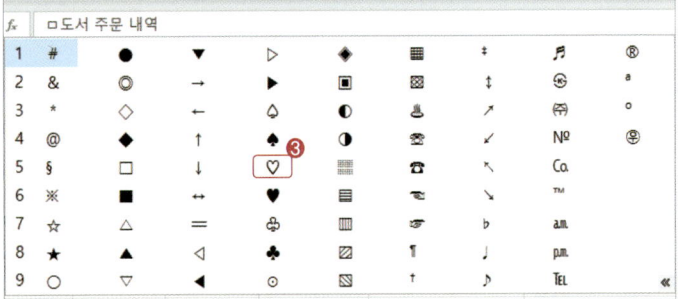

> **기적의 TIP**
>
> 자주 사용하는 특수문자
> - ㅁ 한자 : ★☆※○●◎◇◆□■△▲♡■
> - ㄹ 한자 : ㎡ ㎠

② [A1:G1] 영역을 블록 설정한 후, [홈] 탭의 [맞춤]에서 **병합하고 가운데 맞춤**과 **세로 가운데 맞춤**을 순서대로 클릭한 다음 [글꼴]의 글자 크기란에 15를 입력한다.

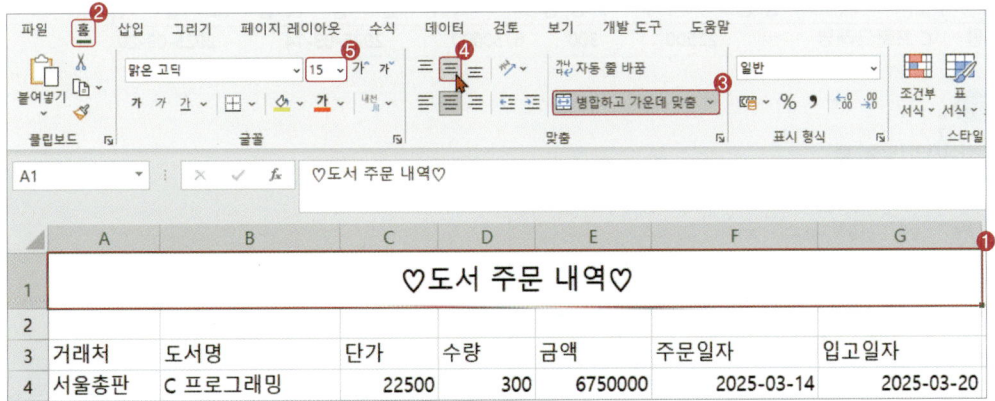

> **기적의 TIP**
>
> 병합하고 가운데 맞춤
>
>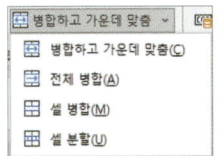
>
> - 병합하고 가운데 맞춤 : 여러 셀(여러 열 또는 여러 행)을 블록 설정한 후 클릭하여 블록 설정된 셀을 하나로 통합하되, 정렬은 가로 가운데로 맞춤함
> - 전체 병합 : 같은 행을 하나로 통합하되, 정렬은 기본으로 맞춤함(문자는 왼쪽 맞춤, 숫자는 오른쪽 맞춤)
> - 셀 병합 : 여러 열이나 여러 행을 하나로 통합하되, 정렬은 기본으로 맞춤함(문자는 왼쪽 맞춤, 숫자는 오른쪽 맞춤)
> - 셀 분할 : 병합된 셀을 분할함

02 가로 균등 분할(들여쓰기), 세로 가운데 맞춤

③ [A3:G3] 영역을 블록 설정한 후, Ctrl+1 을 누른다. [셀 서식] 대화상자에서 [맞춤] 탭을 선택한 후 '가로'의 **균등 분할(들여쓰기)**과 '세로'의 **가운데**를 순서대로 클릭한다.

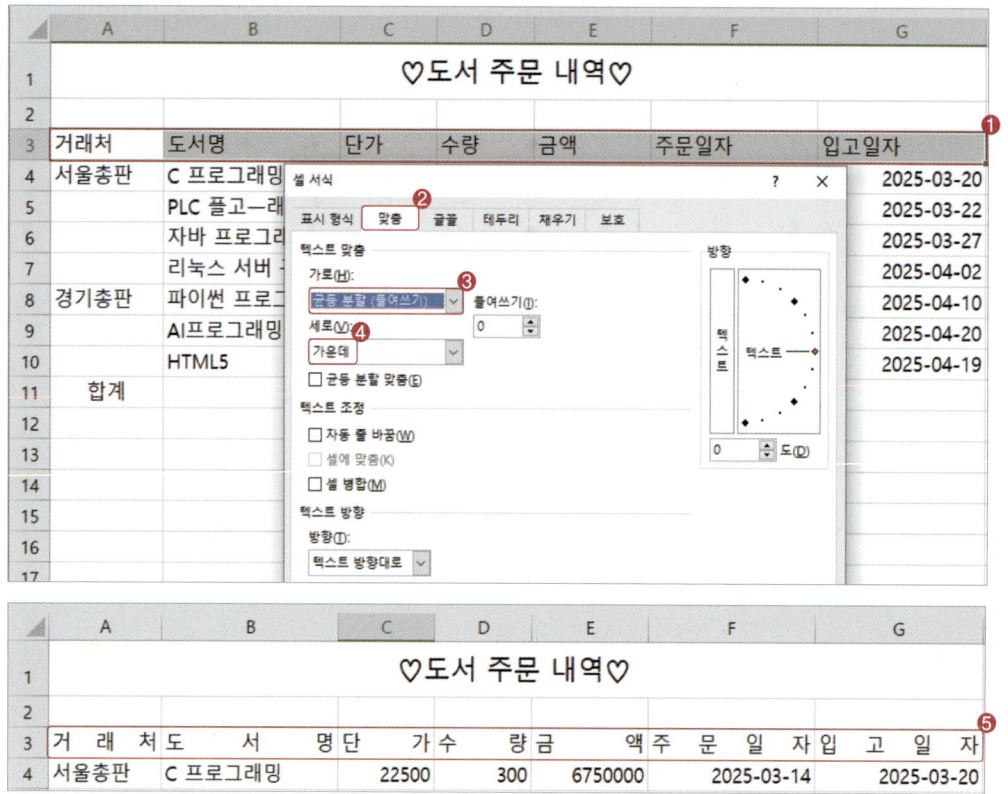

🔑 기적의 TIP

[셀 서식] 대화상자의 [맞춤] 탭

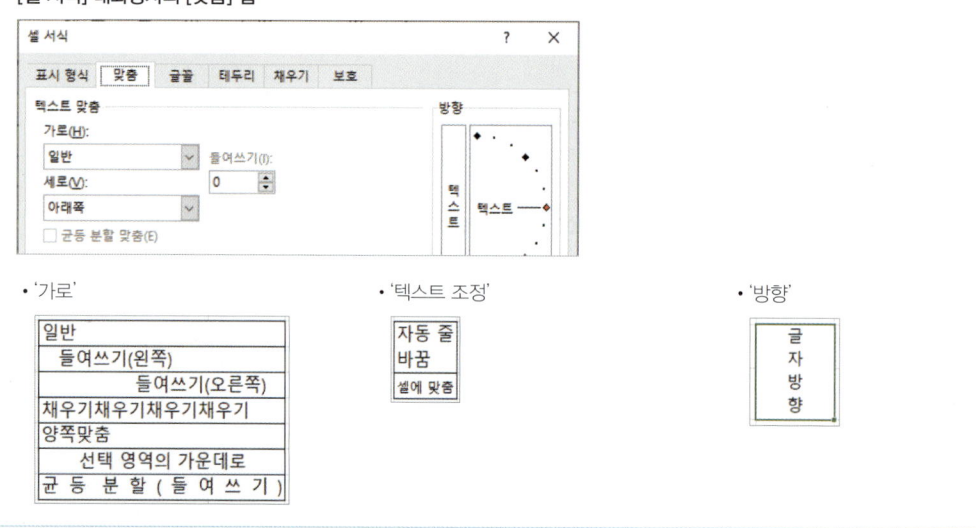

03 여러 영역 병합, 이름 정의

④ [A4:A7] 영역을 블록 설정한 후, Ctrl 을 누른 상태에서 [A8:A10], [A11:B11]을 선택한 후, [홈] 탭의 [맞춤]에서 **병합하고 가운데 맞춤, 세로 가운데 맞춤**을 클릭한다.

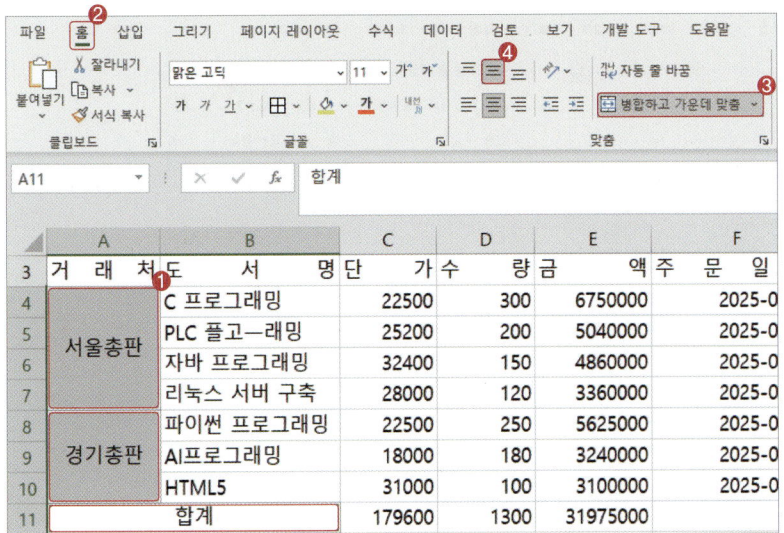

⑤ [A4:A10] 영역을 블록 설정한 후, [이름 상자]에 **거래처**를 입력한 후 Enter 를 입력한다.

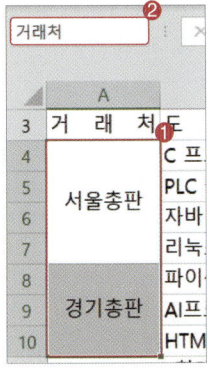

🅑 기적의 TIP

이름을 정의하는 다양한 방식

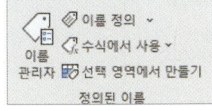

- 범위 지정한 다음, [이름 상자]에 이름을 입력한 후 Enter 를 누른다.
- [수식] 탭의 [정의된 이름] 그룹에서 [이름 정의]를 선택한다.
- [수식] 탭의 [정의된 이름] 그룹에서 [이름 관리자]를 클릭한 뒤 [새로 만들기]를 선택한다.
- [수식] 탭의 [정의된 이름] 그룹에서 [이름 관리자]를 클릭한 뒤, [편집]으로 이름을 수정하거나 [삭제]로 이름을 삭제한다.
- 이름과 해당 셀을 함께 블록 지정한 경우, [수식] 탭의 [정의된 이름] 그룹에서 [선택 영역에서 만들기]를 선택한다.

04 서식 지정

⑥ [C4:D11] 영역을 블록 설정한 후, [홈] 탭의 [표시형식]에서 **쉼표 스타일**을 클릭한다. 왼쪽 여백이 있는 천 단위 구분 기호로 변경된다(0은 -로 표시).

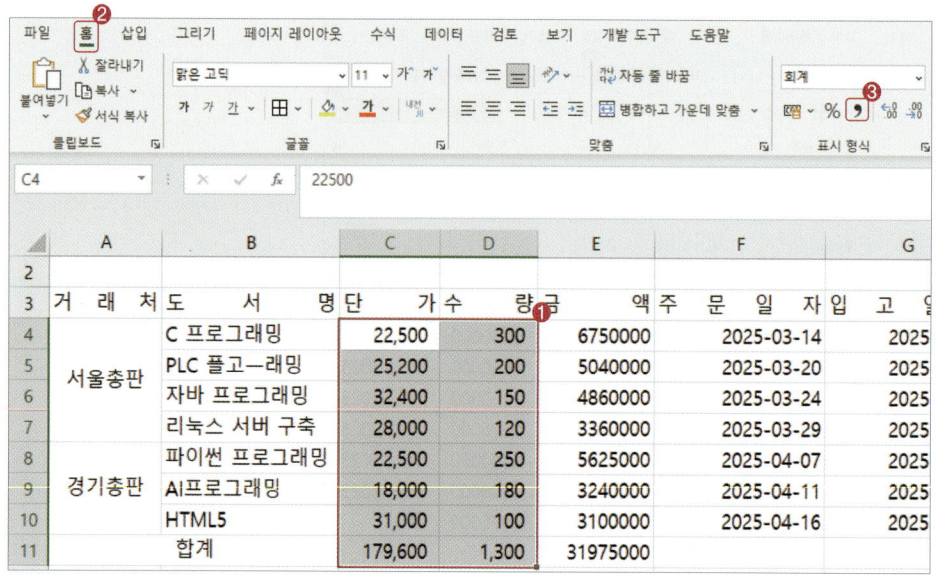

⑦ [E4:E11] 영역을 블록 설정한 후, [홈] 탭의 [표시형식]에서 '목록'의 **회계**를 클릭한다. 통화표시단위와 천 단위 구분 기호의 숫자가 양쪽 맞춤 형식으로 변경이 된다.

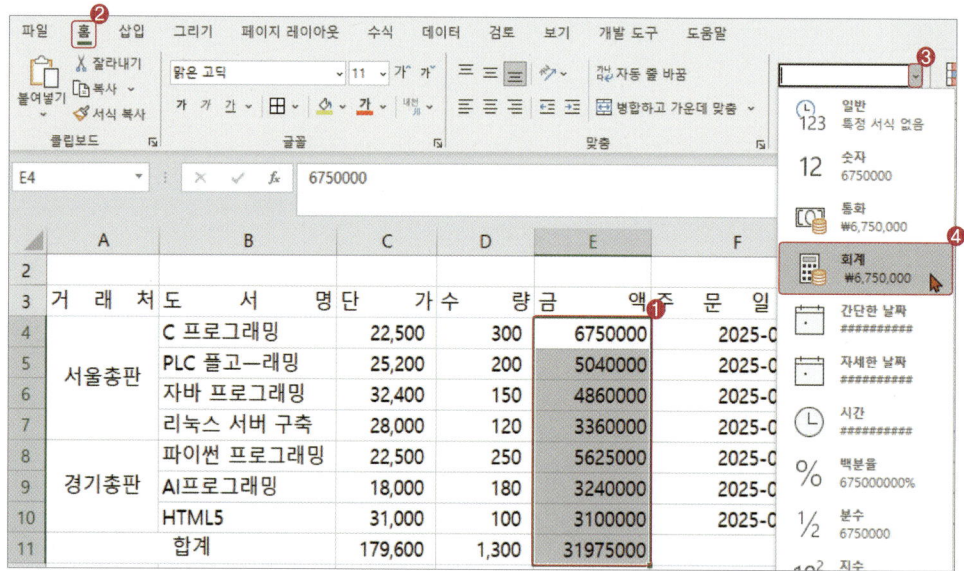

⑧ [F4:G10] 영역을 블록 설정한 후, Ctrl+1을 누른다. [셀 서식] 대화상자에서 [표시 형식] 탭의 '범주'에서 [사용자 지정]을 클릭한 다음, '형식' 텍스트 상자에 m월d일(aaaa)를 입력한 후 [확인]을 클릭한다.

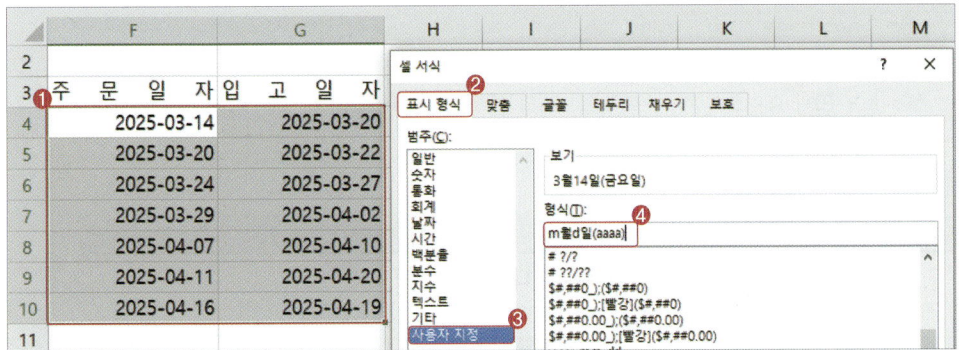

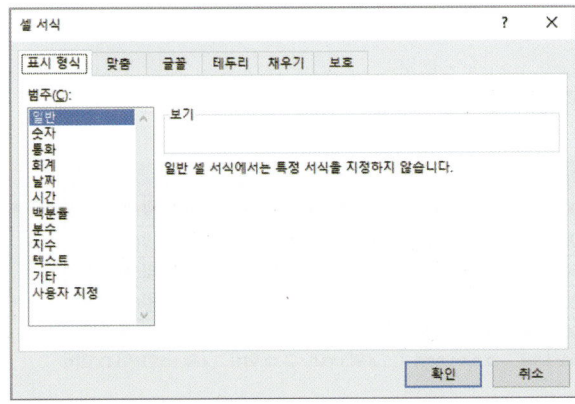

> 🟦 **기적의 TIP**
>
> **날짜 표시 형식**
>
> ※ '2025–03–28'을 아래와 같이 다양한 형식으로 표시할 수 있으며, 각 항목은 '표현형(화면 표시 결과)'로 정리하였다.
>
> - **연월일 형식**
>   - YYYY–MM–DD(2025–03–28, 기본형식)
>   - YY–MM–DD(25–03–28)
>   - YY–M–D(25–3–28)
>
> - **월/일/요일 형식**
>   - 월 : M(3), MM(03), MMM(Mar), MMMM(March)
>   - 일 : D(28), DD(28)
>   - 요일 : DDD(Fri), DDDD(Friday), AAA(금), AAAA(금요일)

> 🟦 **기적의 TIP**
>
> **[셀 서식] 대화상자의 [표시형식] 탭**

	일반	G/표준
25000	일반	G/표준
25,000.0	숫자	#,##0.0_
₩25,000.0	통화	₩#,##0.0
₩ 25,000.0	회계	_-₩* #,##0.0_-
3월 14일	날짜	m"월" d"일"
오후 1:20:00	시간	h:mm:ss AM/PM
25%	백분율	0%
2/3	분수	# ?/?
4.E+01	지수	0.00E+00
2	텍스트	@
000-123	기타	000-000

05 테두리

⑨ [A3:G11] 영역을 블록 설정한 후, [홈] 탭의 [글꼴]에서 [모든 테두리]를 클릭한다.

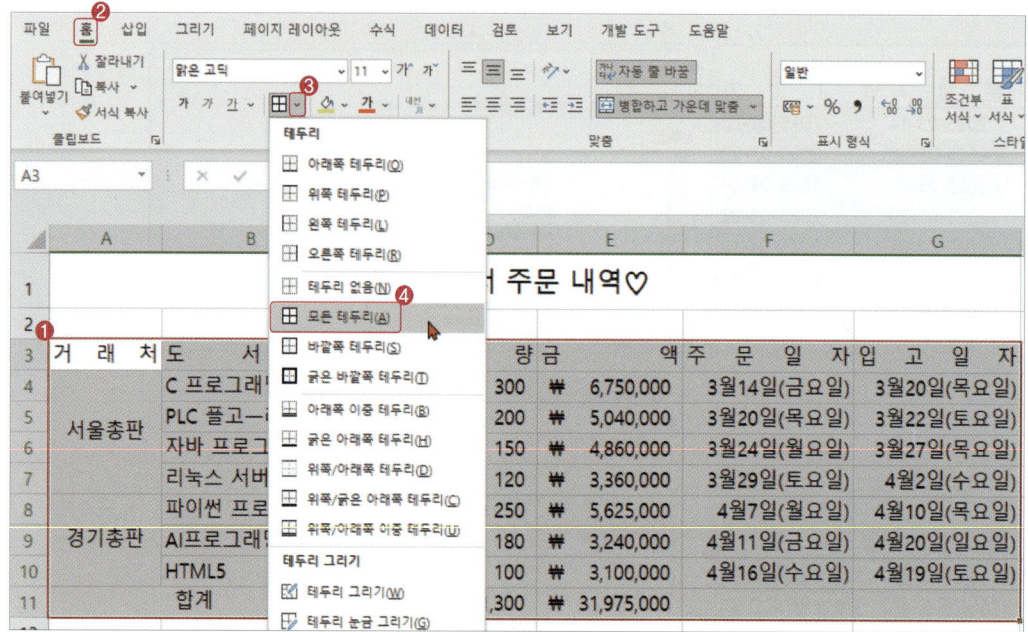

⑩ [A3:G3] 영역을 블록 설정한 후, [홈] 탭의 [글꼴]에서 [위쪽/굵은 아래쪽 테두리]를 클릭한다.

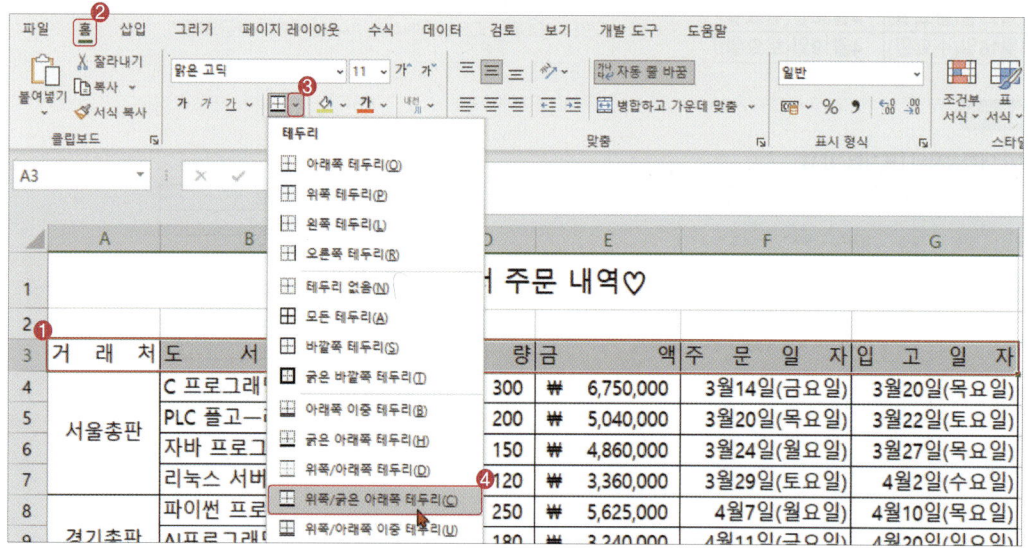

⑪ [F11:G11] 영역을 블록 설정한 후, Ctrl+1을 누른다. [셀 서식] 대화상자에서 [테두리] 탭의 ◸, ◹를 클릭한 후 [확인]을 클릭한다.

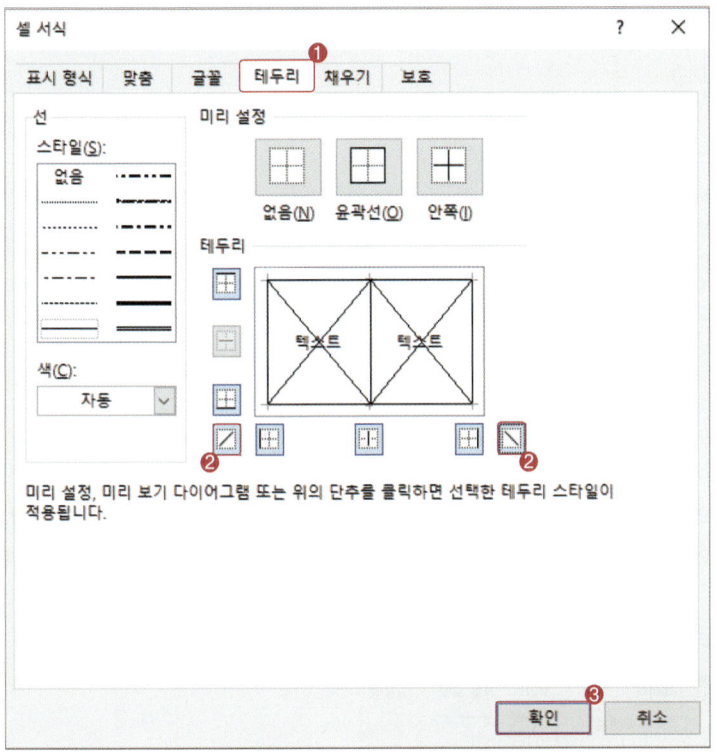

⑫ [빠른 실행]의 **저장**을 클릭한다.

문제 ❶ 기본작업 3. 고급 필터('기본작업-3' 시트)

|정답|

	A	B	C	D	E
1	내국민 합격자 명단				
2					
3	수험번호	이름	학교명	응시날짜	평균
4	가052	김우진	평택고	2024-08-01	67
5	다952	김제덕	울산과학고	2024-08-15	65
6	나052	오예진	경기외고	2024-08-21	58
7	가092	허미미	중산외고	2024-10-21	62

① '고급필터'를 작성하려면 먼저 조건을 입력하여야 한다. 조건 범위인 [E20:G23] 영역에 아래 그림과 같이 조건을 입력한다.

	E	F	G
20	수험번호	재외내국민	평균
21	*2	내국민	>60
22	*2	내국민	<=70

> **기적의 TIP**
>
> **조건 입력**
> 1. 조건에 사용되는 필드는 같은 행에 입력한다. 이때 참조 표의 필드를 복사(Ctrl+C) 후 붙여넣기(Ctrl+V)하거나 직접 입력하여도 된다.
> 2. 조건은 필드 바로 아래 행, 같은 열에 입력한다.
> 3. And조건(이면서, 이고)는 같은 행에 입력한다.
> 4. Or조건(이거나, 또는)은 다른 행에 입력한다.

② '고급 필터'의 결과 데이터는 모든 데이터가 아닌 일부 필드의 내용만 가지고 와야 하므로 미리 필터되어야 할 필드를 입력한다. '고급필터' 시트의 [A3] 셀에 **수험번호**를 입력하고 같은 행에 **이름, 학교명, 응시날짜, 평균** 필드를 입력한다. (이때 참조 표의 필드를 복사(Ctrl+C) 후 붙여넣기(Ctrl+V)하거나 직접 입력해도 됨) '고급 필터'의 결과 데이터는 다른 시트인 '고급필터' 시트에 나타내야 하므로 결과 시트인 '고급필터' 시트의 임의의 빈 셀에 커서를 놓고 [데이터] 탭의 [정렬 및 필터]에서 [고급]을 클릭한다.

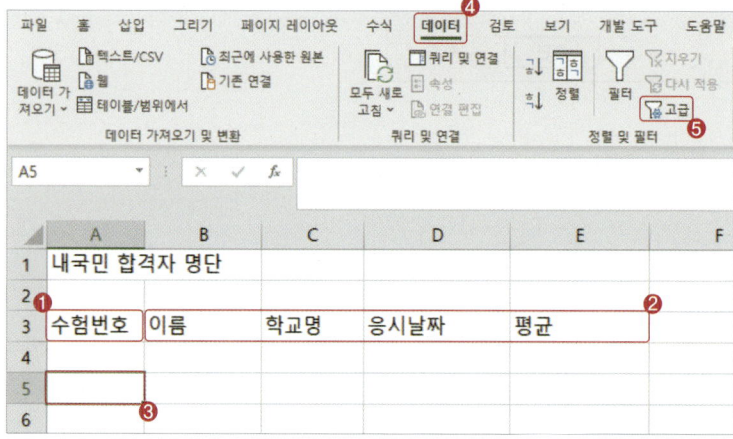

③ [고급 필터] 대화상자에서 '결과'는 **다른 장소에 복사**를 선택한다. '목록 범위'는 **'기본작업-3'시트의 [$A$3:$J$17]**, '조건 범위'는 **'기본작업-3' 시트의 [$E$20:$G$22]**, '복사 위치'는 **'고급필터' 시트의 [$A$3:$E$3]**으로 설정하고 [확인]을 클릭한다(범위를 넣는 방법은 입력 방식이 아닌 마우스로 드래그하는 방법으로 함).

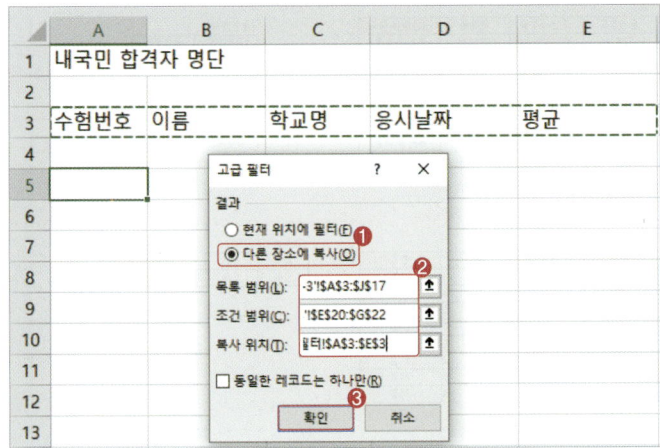

④ [A3] 셀부터 조건에 맞는 데이터가 필터된다.

	A	B	C	D	E
1	내국민 합격자 명단				
2					
3	수험번호	이름	학교명	응시날짜	평균
4	가052	김우진	평택고	2024-08-01	67
5	다952	김제덕	울산과학고	2024-08-15	65
6	나052	오예진	경기외고	2024-08-21	58
7	가092	허미미	중산외고	2024-10-21	62

⑤ [빠른 실행]의 **저장**을 클릭한다.

> 📑 **기적의 TIP**
>
> **고급 필터 수정**
>
> 1. 조건을 잘못 입력했다면 수정한다.
> 2-1. 필터 결과에서 필드 수정 없이 데이터만 변경되는 경우는 필터된 결과 데이터를 블록 설정한 후 바로 가기 메뉴인 [삭제](단축키 `Ctrl`+`-`)를 클릭한 후 '열 전체'를 제외한 나머지 메뉴 아무거나 클릭하면 데이터가 삭제가 된다.
> 2-2. 필터 결과의 '행 번호'를 드래그하여 선택한 후 바로 가기 메뉴에서 [삭제](`Ctrl`+`-`)를 하면 선택된 행이 제거된다.
>
>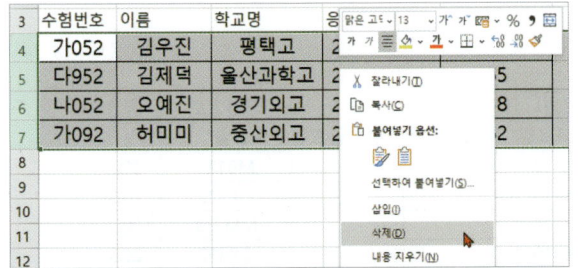
>
> 3. 나머지 고급필터 필터 과정은 동일하다.

문제 ❷ 계산작업 '계산작업' 시트

|정답|

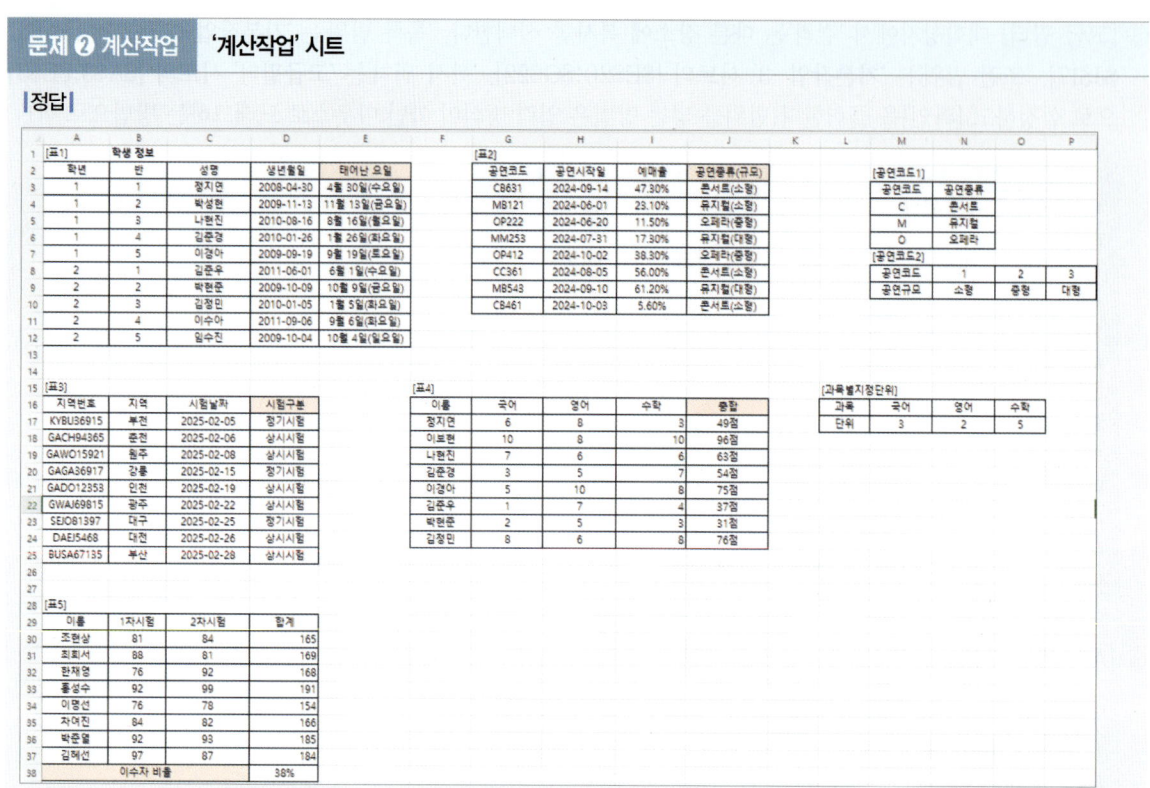

01 태어난 요일[E3:E12]

|정답|

=MONTH(D3)&"월 "&DAY(D3)&"일("&CHOOSE(WEEKDAY(D3,2),"월요일","화요일","수요일","목요일","금요일","토요일","일요일")&")"

① 태어난 요일의 '요일' 부분을 구하기 위해 WEEKDAY 함수로 요일 번호를 산출한 뒤, CHOOSE 함수로 해당 번호에 맞는 요일명을 불러온다.

|초기 수식|

=CHOOSE(WEEKDAY(D3,2),"월요일","화요일","수요일","목요일","금요일","토요일","일요일")&")"

 **함수 설명**

WEEKDAY(날짜, 옵션)
1. 기능 : 날짜의 요일을 숫자로 변환함
2. 인수에 따른 표시형식
   - 옵션이 1 또는 생략 : 일요일이 1번으로 변환(일요일 1, 월요일 2, 화요일 3, 수요일 4, 목요일 5, 금요일 6, 토요일 7)
   - 옵션이 2 : 월요일이 1번으로 변환(월요일 1, 화요일 2, 수요일 3, 목요일 4, 금요일 5, 토요일 6, 일요일 7)

함수 설명

CHOOSE(색인번호, "값", "값")
1. 기능 : 색인번호에 해당하는 값을 추출
2. 사용법
   - 색인번호는 정수인 숫자 유형이며 숫자(1, 2…), 문자("1", "2"…), 함수로 추출된 숫자를 넣을 수 있다.
   - "값" 인수는 색인번호의 수만큼 입력한다. 색인번호에 해당하는 값이 없는 경우 #VALUE! 오류가 나타난다.
   - 값을 나열해서 입력하여야 하므로 수식입력줄에 있는 함수 마법사(fx)를 이용하면 간편하다.

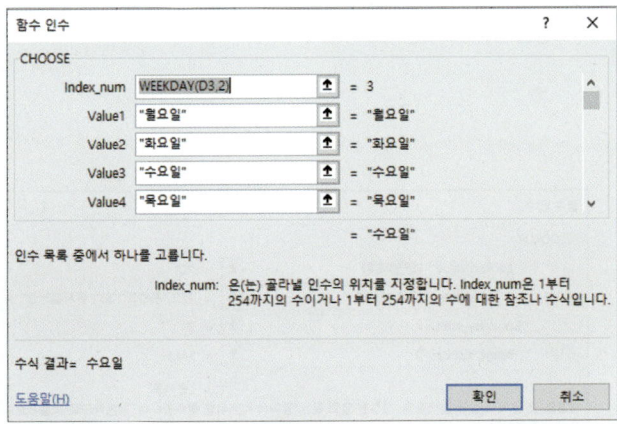

함수 설명

CHOOSE(WEELDAY(날짜, 2),"월요일", "화요일"....)
- WEEKDAY함수가 나타낼 수 있는 숫자 범위는 1~7이기 때문에 값에는 그 숫자에 맞는 값을 입력한다.
- 2번 옵션은 월요일이 1번인 형식이므로 "월요일", "화요일"... 순서대로 입력한다.

② 태어난 요일의 '날짜' 부분을 구하기 위해 MONTH 함수와 DAY 함수로 월과 일을 추출한다. 이후 '8월3일 (화)'의 형식으로 만들기 위해 **월**과 **일** 그리고 **괄호**를 & 연산자로 연결하여야 한다.

| 수식 |

=MONTH(D3)&"월 "&DAY(D3)&"일("&CHOOSE(WEEKDAY(D3,2),"월요일","화요일","수요일","목요일","금요일","토요일","일요일")&")"

※ 풀이 포인트
실제 식을 입력할 때에는 띄어쓰기를 하지 말고 붙여서 입력하여야 하지만 헷갈린다면 띄어쓰기로 구분하여도 상관없다. 단, 함수이름은 붙여서 입력하여야 한다.

③ [E3] 셀에 식을 입력한 후 Enter 를 누르면 수식이 완성된다. 셀 오른쪽 아래에 셀 포인터를 위치시켜 포인터의 모양이 '+' 표시로 변경되면 아래 방향으로 드래그하여 수식을 [E12] 셀까지 복사한다.

02 공연종류(규모)[J3:J10]

|정답|
=VLOOKUP(LEFT(G3,1),$M$4:$N$6,2,0)&"("&HLOOKUP(RIGHT(G3,1)*1,$N$8:$P$9,2,0)&")"

① [J3] 셀에 VLOOKUP 함수를 활용하는 아래의 식으로 공연종류를 먼저 계산한다. 이때 공연종류는 [공연코드1] 표의 두 번째 열에 있으므로 참조할 표는 [공연코드1] 표가 된다.

|초기 수식 1|
=VLOOKUP(LEFT(G3,1),$M$4:$N$6,2,0)

💬 함수 설명

VLOOKUP(찾을 값, 참조범위, 열번호, 옵션)
- 찾을 값 : 참조범위의 첫 번째 열에서 찾을 값
- 참조범위 : 찾을 값을 첫 번째 열에서 찾고 추출할 데이터가 포함된 범위(참조표는 세로방향)
- 열번호 : 추출할 데이터가 있는 열번호(첫 번째 열은 1)

💬 함수 설명

VLOOKUP(LEFT(G3,1),$M$4:$N$6,2,0)
- 첫 번째 인수 : 공연코드의 첫 번째 문자 LEFT(G3,1)
- 참조범위 : M4:N6(수식 자체를 복사할 때, 참조하는 범위는 바뀌면 안 되므로 절대참조해야 함)
- 열번호 : 공연코드(1), 공연종류(2)인 상태에서 공연종류를 추출해야 하므로 2를 입력함
- 옵션 : 공연코드의 첫 번째 문자(C,M,O)는 참조범위의 첫 번째 열에 모두 정확하게 일치하므로 0을 입력함
  - 정확하게 일치 : 0 또는 FALSE
  - 첫 열을 기준으로 오름차순 정렬되어 있을 경우 : 1 또는 TRUE 또는 생략

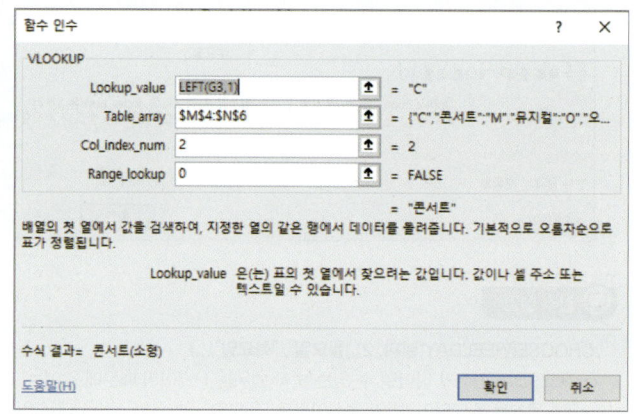

② 공연종류(규모) 형식으로 만들기 위해 LOOKUP 함수로 찾은 공연종류와 HLOOKUP 함수로 찾을 공연규모를 & 연산자로 연결한다. 이때, 여는 괄호만 작성해야 한다.

|중간 수식|
=VLOOKUP(LEFT(G3,1),$M$4:$N$6,2,0)&"("&

③ 이어서 HLOOKUP 함수를 활용하는 아래의 식으로 공연규모를 계산한다. 이때 공연규모는 [공연코드2] 표의 두 번째 열에 있기 때문에 참조할 표는 [공연코드2] 표가 된다.

|초기 수식 2|
=HLOOKUP(RIGHT(G3,1)*1,$N$8:$P$9,2,0)

 **함수 설명**

HLOOKUP(찾을 값, 참조범위, 행번호, 옵션)
- 찾을 값 : 참조범위의 첫 번째 행에서 찾을 값
- 참조범위 : 찾을 값을 첫 번째 행에서 찾고 추출할 데이터가 포함된 범위(참조표는 가로방향)
- 행번호 : 추출할 데이터가 있는 행번호(첫 번째 행은 1)

함수 설명

HLOOKUP(RIGHT(G3,1)*1,$N$8:$P$9,2,0)
- 첫 번째 인수 : 공연코드의 마지막 문자RIGHT(G3,1)*1
- 참조범위의 첫 번째 행의 값(숫자 1,2,3)과 동일한 형식이 되어야 하므로 *1을 해서 숫자로 변경함
- 참조범위 : N8:P9 (이때 수식이 입력되는 [표2]와 별도의 표에 있는 범위인 경우 주소는 절대참조 ($N$8:$P$9)로 함
- 행번호 : 공연코드(1), 공연규모(2)인 상태에서 공연규모를 추출해야 하므로 2를 입력함
- 옵션 : 공연코드의 마지막 문자(1,2,3)은 참조범위의 첫 번째 행에 모두 정확하게 일치하므로 0을 입력함
  - 정확하게 일치 : 0 또는 FALSE
  - 오름차순을 정렬된 범위에 속한 경우 : 1 또는 TRUE 또는 생략
  ※ 참조범위의 첫 번째 행은 1,2,3 오름차순으로 되어 있으므로 1도 가능하다.

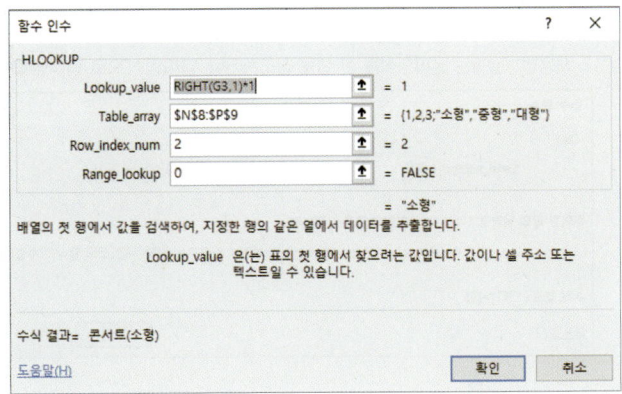

중간 수식

=VLOOKUP(LEFT(G3,1),$M$4:$N$6,2,0)&"("&HLOOKUP(RIGHT(G3,1)*1,$N$8:$P$9,2,0)

④ 이후 공연종류(규모) 형식으로 만들기 위해 ②에서 열었던 괄호를 & 연산자로 닫는다.

최종 수식

=VLOOKUP(LEFT(G3,1),$M$4:$N$6,2,0)&"("&HLOOKUP(RIGHT(G3,1)*1,$N$8:$P$9,2,0)&")"

⑤ 식을 입력한 후 Enter 를 누르면 수식이 완성이 된다. 아래 방향으로 드래그하여 수식을 [J10] 셀까지 복사한다.

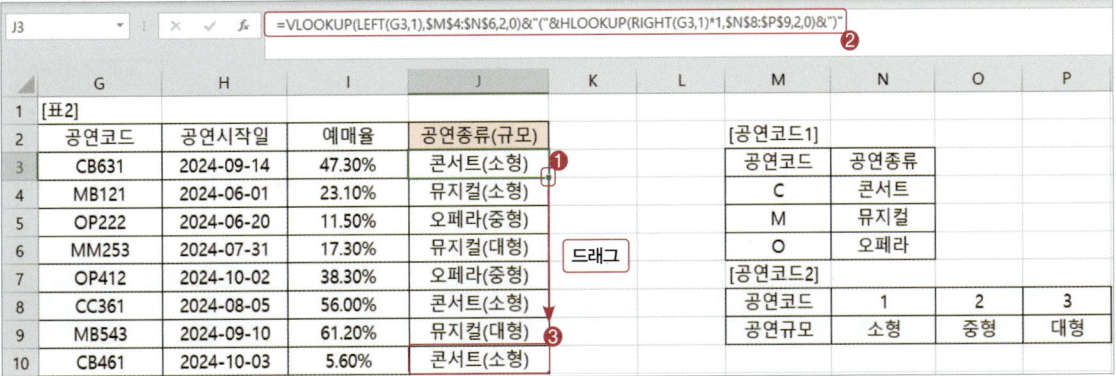

03 시험구분[D17:D25]

|정답|

=IF(MOD(DAY(C17),5)=0,"정기시험","상시시험")

① 시험날짜의 일수를 산출하기 위해 **DAY 함수**를 활용하는 수식을 [D17] 셀에 입력한다.

 함수 설명

DAY(날짜)
1. 기능 : 날짜에서 '일'을 반환함
2. 사용법 : 날짜는 날짜형식을 한 셀을 참조하거나 "날짜형식"으로 입력함(예 DAY(C17) 또는 DAY("2025-02-05"))

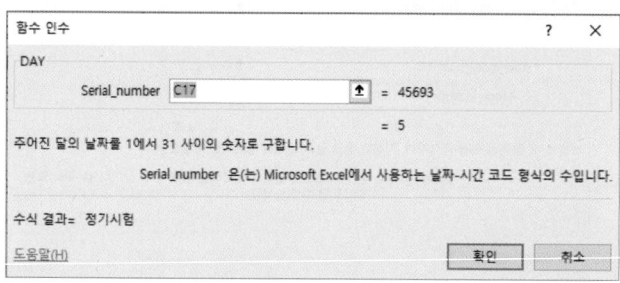

② 시험날짜의 일자가 5의 배수인지 확인하기 위해 MOD 함수를 활용하는 식을 작성한다. 이때, 시험날짜의 일자가 5의 배수이면, DAY(C17)을 5로 나눈 나머지가 0이다.

|중간 수식|

=MOD(DAY(C17),5)=0

 함수 설명

MOD(피제수, 제수)
1. 기능 : 피제수를 제수로 나눈 나머지값을 반환함
2. 인수 구성
  • 피제수 : 제수에 의해 나누어지는 수
  • 제수 : 피제수를 나누는 수(예 5의 배수인 경우 제수는 5)

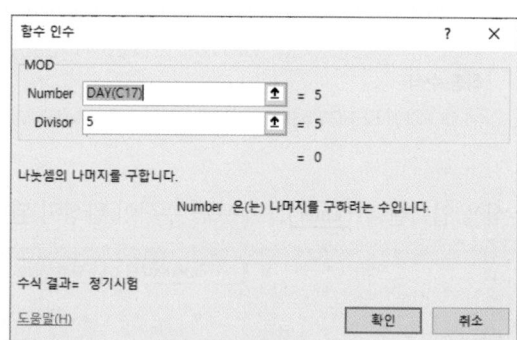

③ 시험 날짜의 일이 5의 배수이면 '정기시험', 그렇지 않으면 '상시시험'으로 표시하는 IF 함수를 작성한다. 수식을 입력한 뒤 Enter 를 눌러 확정하고, [D25] 셀까지 복사한다.

|최종 수식|

=IF(MOD(DAY(C17),5)=0,"정기시험","상시시험")

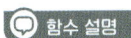 **함수 설명**

IF(조건식,참값,거짓값)
1. 기능 : 조건식이 TRUE면 참값, FALSE면 거짓값을 반환함
2. 인수 구성
   - 조건식 : 비교연산자와 함께 두개의 값을 비교하는 논리식
   - 참값 : 조건을 판정했을 때 결과값이 TRUE인 경우 표시할 값
   - 거짓값 : 조건을 판정했을 때 결과값이 FALSE인 경우 표시할 값

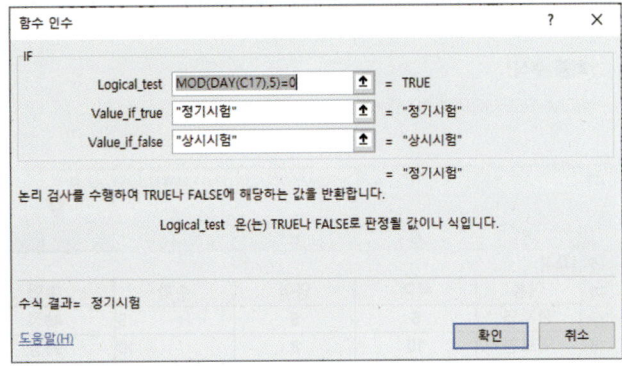

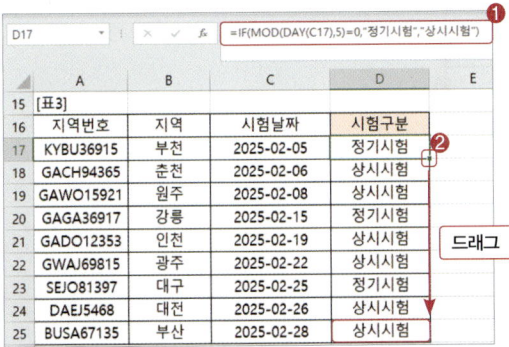

04 총합[J17:J24]

|정답|
=SUMPRODUCT(G17:I17,$M$17:$O$17)&"점"

① 수식을 [J17] 셀에 입력한다. **SUMPRODUCT 함수**는 이름별로 국어, 영어, 수학에 대한 단위를 곱한 값을 합하는 기능을 한다.

|초기 수식|
=SUMPRODUCT(G17:I17,$M$17:$O$17)

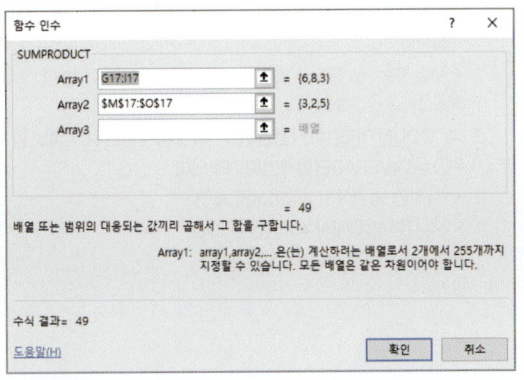 **함수 설명**

SUMPRODUCT(배열1, 배열2)
1. 기능 : 둘 이상의 배열에서 같은 위치의 요소끼리 곱한 후, 그 값들을 모두 더함
2. 인수 구성
   - 배열1 : 총합을 구해줄 기준 값 {6,7,8}
   - 배열2 : 총합에 곱해줄 단위 값 {3,2,5}
   - 결과 : (6×3)+(7×2)+(8×5)
3. 식 'SUMPRODUCT(G17:I17,$M$17:$O$17)'에서의 적용법
   - 배열1과 배열2의 개수는 동일해야 한다.
   - 배열1의 범위는 수식과 같은 방향이므로 상대참조해야 한다.
   - 배열2의 범위는 수식을 입력하는 셀은 절대참조해야 한다.

② 작성한 식을 Enter를 눌러 완성한 후 이어서 &"점"을 넣고 다시 Enter를 누른다. 수식이 입력된 [J17] 셀을 아래로 드래그하여 [J24] 셀까지 복사한다.

| 최종 수식 |

=SUMPRODUCT(G17:I17,$M$17:$O$17)&"점"

F	G	H	I	J	K	L	M	N	O
[표4]						[과목별지정단위]			
이름	국어	영어	수학	총합		과목	국어	영어	수학
정지연	6	8	3	49점		단위	3	2	5
이보현	10	8	10	96점					
나현진	7	6	6	63점					
김준경	3	5	7	54점					
이경아	5	10	8	75점					
김준우	1	7	4	37점					
박현준	2	5	3	31점					
김정민	8	6	8	76점					

05 이수자 비율[D38]

| 정답 |

=COUNTIFS(B30:B37,">=45",C30:C37,">=45",D30:D37,">="&AVERAGE(D30:D37))/COUNTA(D30:D37)

① 1차시험, 2차시험의 값이 45점 이상인 조건과 합계가 평균 이상인 경우의 비율을 구하기 위해 수식을 [D38] 셀에 입력한다.

| 초기 수식 |

=COUNTIFS(B30:B37,">=45",C30:C37,">=45",D30:D37,">="&AVERAGE(D30:D37))

함수 설명

COUNTIFS(조건범위1,조건식1,조건범위2,조건식2,조건범위3,조건식3)

1. 기능 : 조건에 맞는 개수를 구함
2. 인수 작성 시 주의점
   - 조건식은 조건범위 안에서 찾아야 한다.
   - 숫자 또는 숫자로 이루어진 조건식은 각각 ")=숫자" 형식, 숫자 형식으로 작성한다.
   - 숫자가 아닌 조건식은 큰따옴표(")안에 넣어 "문자" 형식으로 작성한다.
   - 함수 또는 셀주소와 결합한 식은 각각 ")"&함수 형식, ")="&셀주소 형식으로 작성한다.
3. 식 'COUNTIFS(1차시험범위,")=45",2차시험범위,")=45",합계범위,")="&AVERAGE(합계범위))'의 의미
   - 1차시험 범위에서 45 이상인 조건
   - 2차시험 범위에서 45 이상인 조건
   - 합계범위에서 평균 이상인 조건

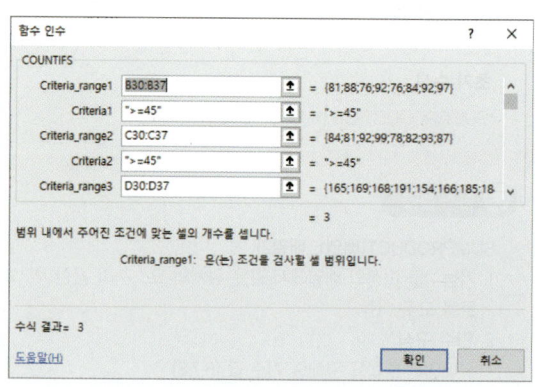

② 비율은 **부분/전체**의 형식으로 구한다. COUNTIFS/COUNTA 형식으로 구하기 위해 전체를 구하는 수식을 작성한다.

|중간 수식|
=COUNTA(D30:D37)

🗨 **함수 설명**

COUNTA(범위)
- 비어 있지(공백) 않은 셀의 개수를 구하는 함수이다.
- 인수로는 셀을 쉼표로 구분하거나 범위 형식으로 지정할 수 있다.
- 전체 개수를 구해야 하므로, 문제에서 제시한 필드 중 비어 있지 않은 셀 범위를 지정해야 한다.

③ 전체개수에는 합계 범위를 넣고 아래의 식을 작성한 후 Enter 를 눌러 완성한다. 결과값이 이미 지정된 서식인 백분율로 표시된다.

|최종 수식|
=COUNTIFS(B30:B37,">=45",C30:C37,">=45",D30:D37,">="&AVERAGE(D30:D37))/COUNTA(D30:D37)

	A	B	C	D
28	[표5]			
29	이름	1차시험	2차시험	합계
30	조현상	81	84	165
31	최희서	88	81	169
32	한채영	76	92	168
33	홍성수	92	99	191
34	이명선	76	78	154
35	차여진	84	82	166
36	박준열	92	93	185
37	김혜선	97	87	184
38	이수자 비율			38%

④ [빠른 실행]의 **저장**을 클릭한다.

문제 ❸ 분석작업   1. 피벗 테이블('분석작업-1' 시트)

|정답|

	H	I	J	K	L
1	등급	기사 ▼			
2					
3			추가인원수 ▼		
4	자격증 ▼	값	1-5	11-15	16-20
5	가스산업기사	평균 : 수수료	★	125,000원	★
6		합계 : 인원수	★	10	★
7	건설안전기사	평균 : 수수료	★	★	580,000원
8		합계 : 인원수	★	★	100
9	건축기사	평균 : 수수료	15,000원	★	★
10		합계 : 인원수	2	★	★
11	산업안전기사	평균 : 수수료	135,000원	★	★
12		합계 : 인원수	22	★	★
13	전기기사	평균 : 수수료	30,000원	★	★
14		합계 : 인원수	5	★	★
15	전기산업기사	평균 : 수수료	95,000원	★	★
16		합계 : 인원수	16	★	★
17	정보처리기사	평균 : 수수료	105,000원	★	★
18		합계 : 인원수	20	★	★
19	컴퓨터활용능력1급	평균 : 수수료	30,000원	★	★
20		합계 : 인원수	5	★	★

① '자격증 취득 구성원 현황' 표 안에 커서를 두고, [삽입] 탭의 [피벗 테이블]을 클릭한다.
② [피벗 테이블 만들기] 대화상자에서 '표 또는 범위 선택(S)'에 '자격증 취득 구성원 현황'의 표의 범위가 표시된다. 또는 마우스로 표 범위를 드래그하여도 범위가 표시된다. '기존 워크시트'를 선택하고 [H3] 셀을 클릭한 후 [확인]을 클릭한다.

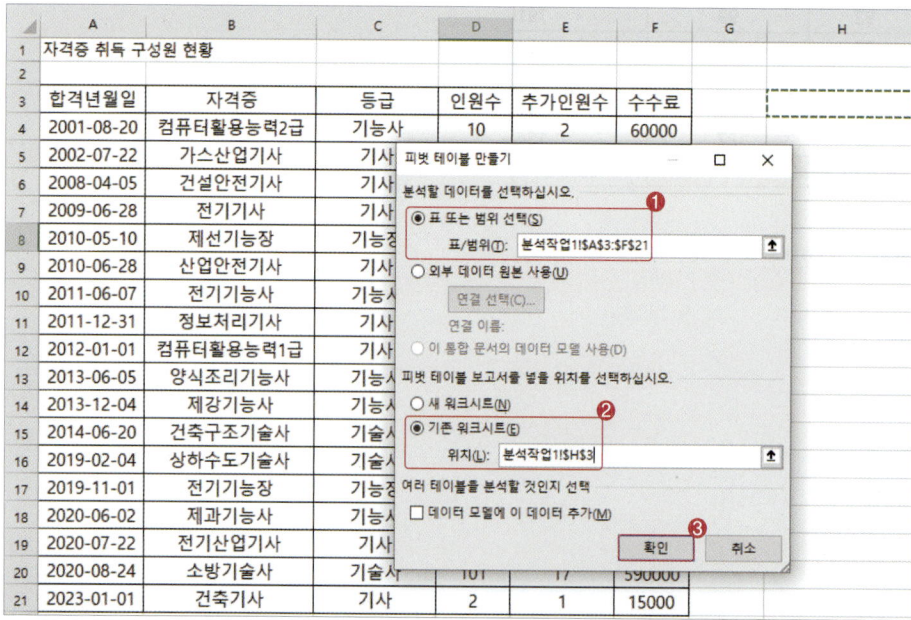

③ 피벗 테이블의 윤곽표시가 나타난다.

> **기적의 TIP**
>
> **피벗 테이블**
> 1. 윤곽 안에 커서를 두면 [피벗 테이블 분석] 탭과 [디자인] 탭이 생성된다.
> 2. 윤곽 안에 커서를 두면 [필드 목록]이 나타난다. [필드 목록]이 보이지 않으면 [피벗 테이블 분석] 탭의 [표시] 그룹에서 [필드 목록]을 클릭한다.

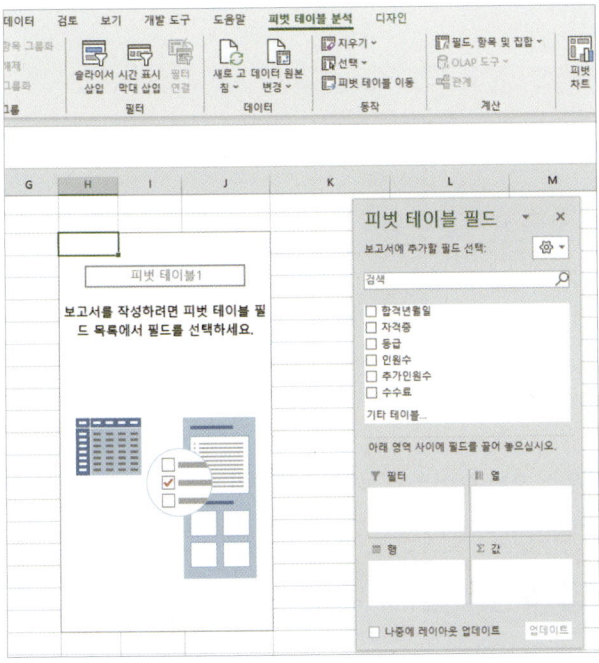

④ '등급'은 필터로, '자격증'은 행으로, '추가인원수'는 열로, 값 영역에는 수수료와 인원수를 마우스로 끌어서 놓은 다음, [디자인] 탭의 [레이아웃]의 [보고서 레이아웃]에서 [테이블 형식으로 표시]를 클릭한다. 워크시트에 끌어놓은 값의 레이아웃이 변경된다. 필터 항목을 추가하면 시작셀 [H3] 셀의 두 칸 위인 [H1] 셀에 표시된다.

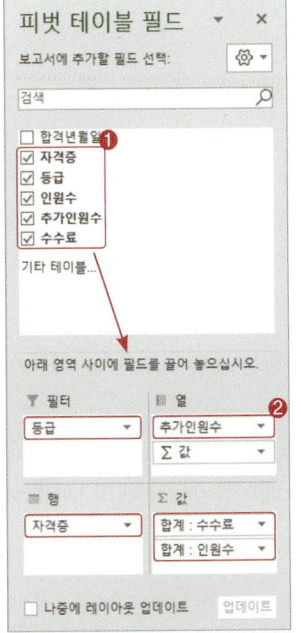
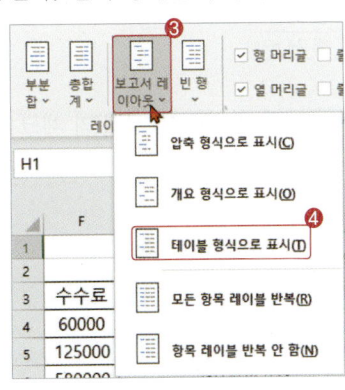

⑤ '합계 : 수수료' 계열의 값 데이터의 임의의 셀 위에서 오른쪽 마우스 버튼을 눌러 바로 가기 메뉴에서 [값 요약 기준]의 [평균]을 클릭하면 수수료가 **평균: 수수료**로 변경된다.

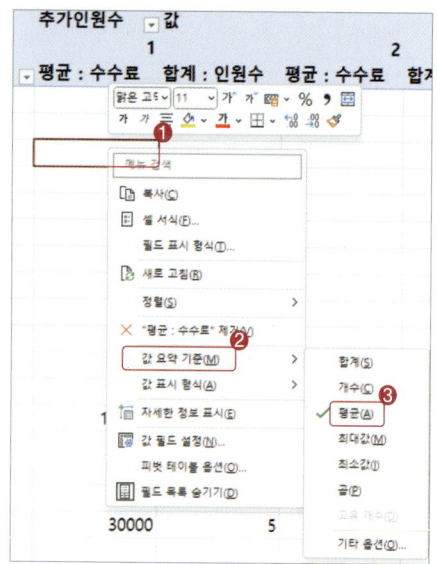

⑥ '추가인원수' 데이터의 임의의 셀을 클릭한 후 마우스 오른쪽 버튼을 눌러 바로 가기 메뉴의 [그룹]을 클릭한다.

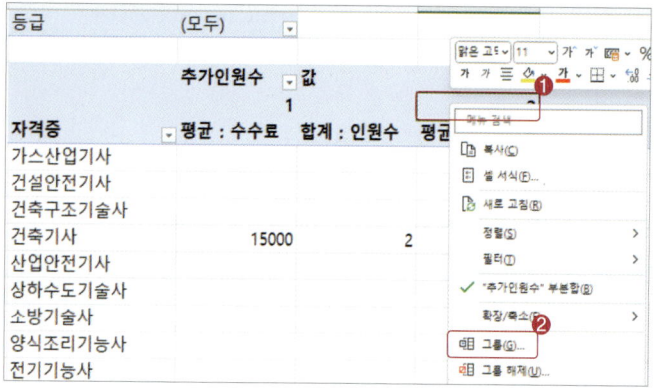

⑦ [그룹화] 대화 상자의 '끝'에는 20을 '단위'에는 5를 입력하고, '시작'의 체크를 해제한다. 시트에 1-5, 6-10, 11-15, 16-20의 그룹이 만들어진다.

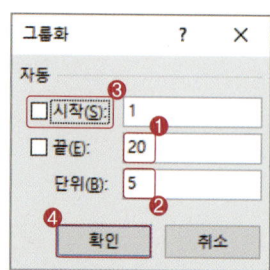

> 🅵 기적의 TIP
>
> 수치를 입력하면 자동 체크는 해제된다. 문제에서 시작(1), 끝(20), 단위(5)를 제시했기 때문에 시작에 1이 입력되어 있었어도 체크를 해제한다.

⑧ 빈 셀에 ★ 입력과 레이블이 있는 셀 병합 및 가운데 맞춤을 하기 위해 [피벗 테이블 분석] 탭의 [피벗 테이블]에서 [옵션]을 클릭한다.

⑨ [피벗 테이블 옵션] 대화상자의 [레이아웃 및 서식] 탭에서 '레이아웃'은 **레이블이 있는 셀 병합 및 가운데 맞춤**을 체크하고, '서식'은 '빈 셀 표시'에 ★(ㅁ+한자)을 입력한 후 [확인]을 클릭한다.

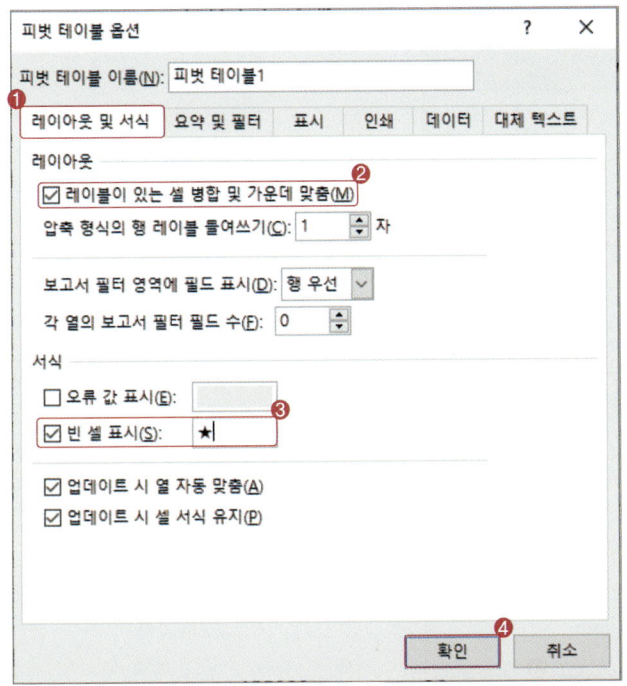

⑩ [필드 목록]의 열 영역의 항목인 'Σ' 기호를 '행' 영역으로 마우스로 끌어서 이동한다. 값의 방향이 행 방향으로 변경된다.

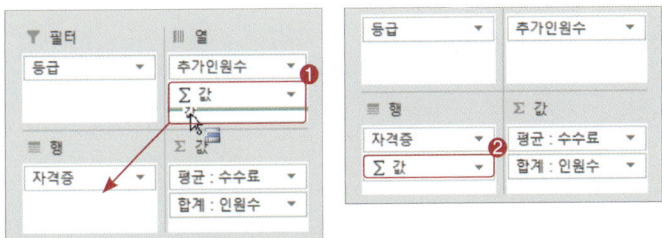

⑪ '평균 : 수수료'의 값 영역의 임의의 셀 위에서 오른쪽 마우스 버튼을 눌러 바로 가기 메뉴에서 [필드 표시 형식]을 클릭한다.

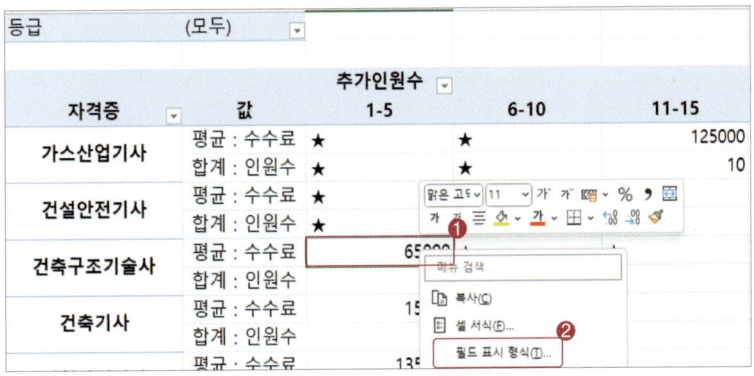

⑫ [셀 서식] 대화상자에서 [사용자 지정]의 '형식'에 **#,##0원**을 입력한 후 [확인]을 클릭한다. 수수료의 서식이 변경된다.

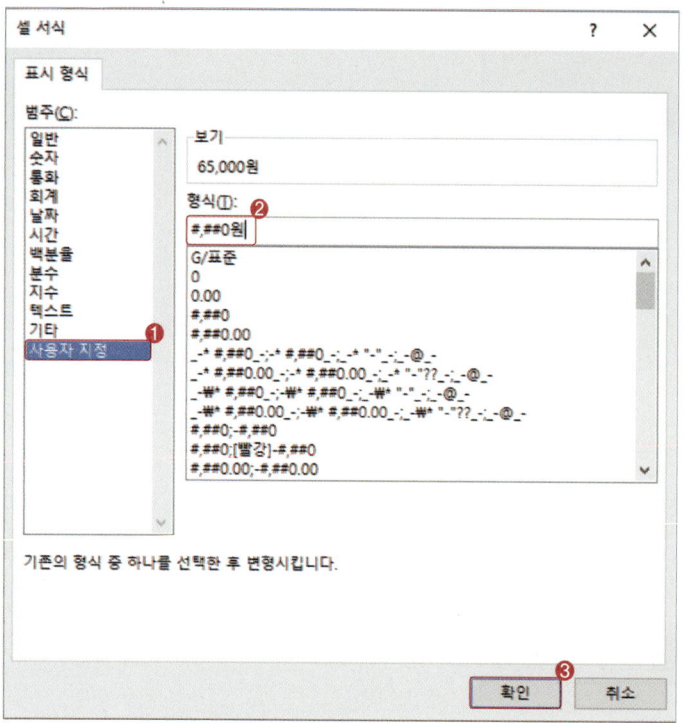

⑬ '필터' 영역의 '등급'의 목록에서 '기사'를 선택한 후 [확인]을 클릭한다. 시트에는 기사 등급과 관련한 항목만 필터된다.

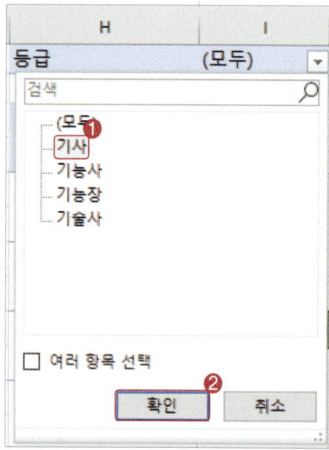

⑭ [디자인] 탭의 [레이아웃]의 [총합계]에서 [행 및 열의 총합계 해제]를 클릭한다.

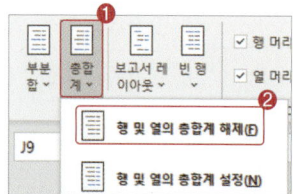

⑮ [디자인] 탭의 [피벗 테이블 스타일] 목록에서 **흰색, 피벗 스타일 밝게 1**을 클릭한다. [빠른 실행]의 **저장**을 클릭한다.

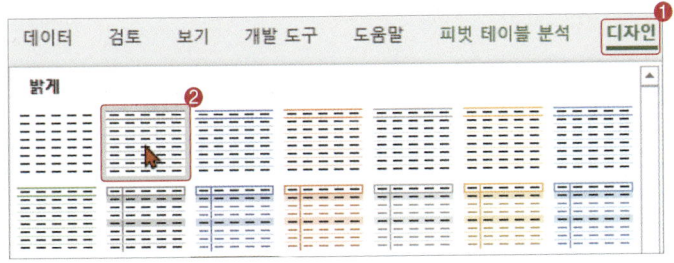

문제 ❸ 분석작업	2. 데이터 통합('분석작업-2' 시트)

| 정답 |

	H	I	J	K	L
1		[표4] 도착지별 이용 인원수			
2	도착지	2020년	2021년	2022년	2023년
3	*공항	24,391	5,662	7,812	11,600
4	*선착장	272	91	392	541

① 통합하기 전에 도착지가 공항과 선착장으로 끝나는 값을 계산하기 위해 미리 조건을 입력한다. [H2] 셀에 **도착지**, [H3] 셀에 ***공항**, [H4] 셀에 ***선착장**을 입력한다.

	A	B	C	D	E	F	G	H	I	J	K	L
1	[표1] 도착지별 이용 인원수(단위: 만)							[표4] 도착지별 이용 인원수				
2	도착지	2020년	2021년	2022년	2023년			❶				
3	인천국제공항	1,205	320	1,787	5,613			*공항	❷			
4	김포국제공항	1,745	2,253	2,452	2,342			*선착장				
5	남이섬선착장	145	25	252	270			❸				
6	원주공항	3	13	19	20							
7	대구국제공항	175	205	226	330							
8	삼목선착장	5	2	5	6							
9	제주국제공항	21,055	2,580	2,970	2,909							
10	군산공항	11	28	41	17							
11	청주국제공항	197	263	317	369							
12	월미도선착장	110	54	122	256							
13	강릉항선착장	12	10	13	9							

🅕 기적의 TIP

[H2] 셀은 비워도 상관없지만 지시사항에서 입력하라고 했다면 반드시 입력한다.

② [H2:L4] 영역을 블록 설정한 후, [데이터] 탭의 [데이터 도구]에서 [통합]을 클릭한다. [통합] 대화상자의 '함수'는 **합계**, '참조' 영역에 [A2:E13]을 드래그한 후 [추가]를 클릭하여 추가하고, '사용할 레이블'의 **첫 행**과 **왼쪽 열**을 체크한 후 [확인]을 클릭한다.

	A	B	C	D	E
1	[표1] 도착지별 이용 인원수(단위: 만)				
2	도착지	2020년	2021년	2022년	2023년
3	인천국제공항	1,205	320	1,787	5,613
4	김포국제공항	1,745	2,253	2,452	2,342
5	남이섬선착장	145	25	252	270
6	원주공항	3	13	19	20
7	대구국제공항	175	205	226	330
8	삼목선착장	5	2	5	6
9	제주국제공항	21,055	2,580	2,970	2,909
10	군산공항	11	28	41	17
11	청주국제공항	197	263	317	369
12	월미도선착장	110	54	122	256
13	강릉항선착장	12	10	13	9

③ 첫 행에는 [표1]의 2020년, 2021년, 2022년, 2023년 필드가 자동으로 입력되고 합계가 계산된다. [빠른 실행]의 **저장**을 클릭한다.

	H	I	J	K	L
1	[표4] 도착지별 이용 인원수				
2	도착지	2020년	2021년	2022년	2023년
3	*공항	24,391	5,662	7,812	11,600
4	*선착장	272	91	392	541

문제 ❹ 기타작업   1. 매크로('매크로작업' 시트)

|정답|

	A	B	C	D	E
1	유튜브 성취도				
2					
3	영상제목	노출수	클릭수	비율	
4				남자	여자
5	엑셀, 프로시저	1	90	15%	12%
6	엑셀, 자주하는 질문	2	50	20%	9%
7	엑셀, 합격비법	3	40	30%	18%
8	엑셀, 이것만 알고 가자	1	320	10%	10%
9	엑셀, 배열수식	2	100	22%	21%
10	엑셀, 피벗테이블	3	20	3%	30%
11	총계	12	620	100%	100%
12					
13	총계	셀스타일			
14					

① 셀 포인터의 위치는 매크로가 적용되는 범위 외의 영역에 두고, [개발 도구] 탭의 [코드]에서 [매크로 기록]을 클릭한다.

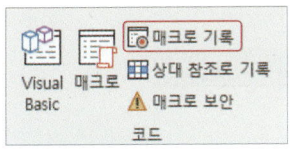

> 🅑 기적의 TIP
>
> **매크로 기록 시 주의사항**
> - 떨어진 구역을 블록 설정 시
>   - 단축키를 사용하지 말고, 마우스로 직접 드래그하여 선택한다.
>   - 단축키 사용 시 매크로 오류가 발생할 수 있다.
> - 매크로 기록 시
>   - 커서를 표 안이 아닌, 결과값과 무관한 빈 셀(표 밖의 아무 셀)에 두고 시작한다.
>   - 절대참조로 기록 시 오류 없이 정확한 위치에서 실행되도록 하기 위해서이다.

② [매크로 기록] 대화상자의 '매크로 이름'에 **총계**를 입력하고 [확인]을 클릭한다.

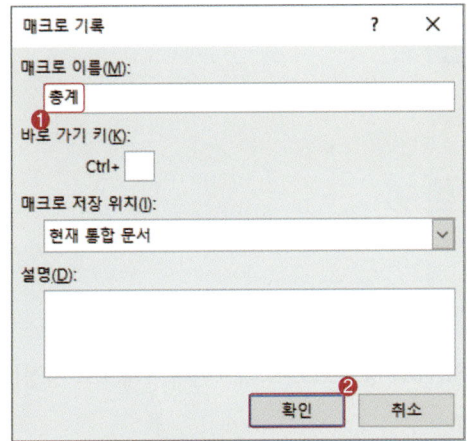

> 🅑 기적의 TIP
>
> [매크로 기록] 메뉴가 [기록 중지(□)]로 변경된다.

③ [B11:E11] 영역을 블록 설정한 후, [홈] 탭의 [편집]의 [자동합계]에서 [합계]를 클릭한다.

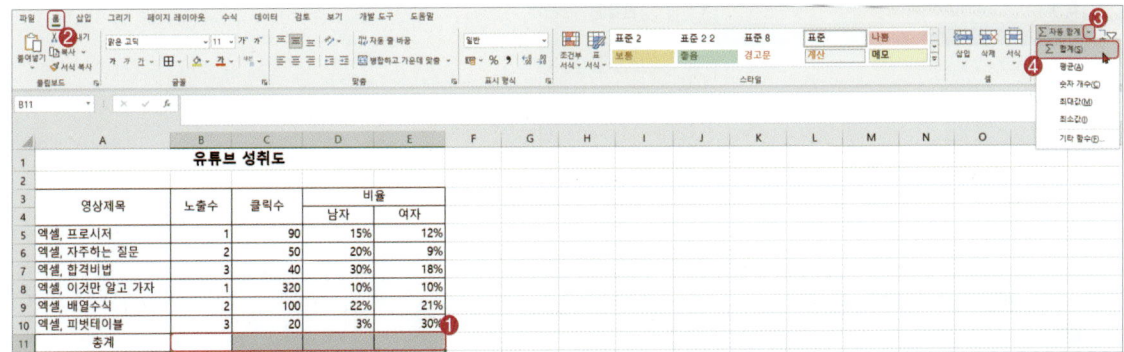

④ [B11:E11] 영역에 각 열의 자동합계가 계산된다. 임의의 셀을 클릭해서 블록 설정을 해제한 후, [개발 도구] 탭의 [코드]에서 [기록 중지(□)]를 클릭하여 매크로 기록을 종료한다(블록 설정은 해제해도 되고 하지 않아도 무방).

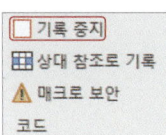

	A	B	C	D	E
1	유튜브 성취도				
2					
3	영상제목	노출수	클릭수	비율	
4				남자	여자
5	엑셀, 프로시저	1	90	15%	12%
6	엑셀, 자주하는 질문	2	50	20%	9%
7	엑셀, 합격비법	3	40	30%	18%
8	엑셀, 이것만 알고 가자	1	320	10%	10%
9	엑셀, 배열수식	2	100	22%	21%
10	엑셀, 피벗테이블	3	20	3%	30%
11	총계	12	620	100%	100%

⑤ [개발 도구] 탭의 [컨트롤]의 [삽입]에서 **단추(양식 컨트롤)**을 클릭한다.

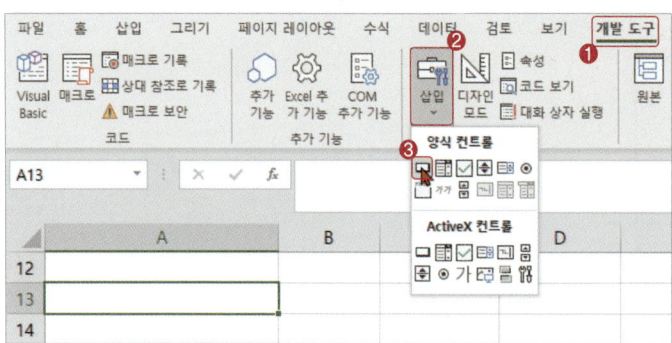

⑥ 마우스 포인터가 '+' 표시로 바뀌면 Alt 를 누른 상태에서 [A13:A14] 영역으로 드래그한다. [매크로 지정] 대화상자에서 '매크로 이름'을 **총계**로 선택하고 [확인]을 클릭한다.

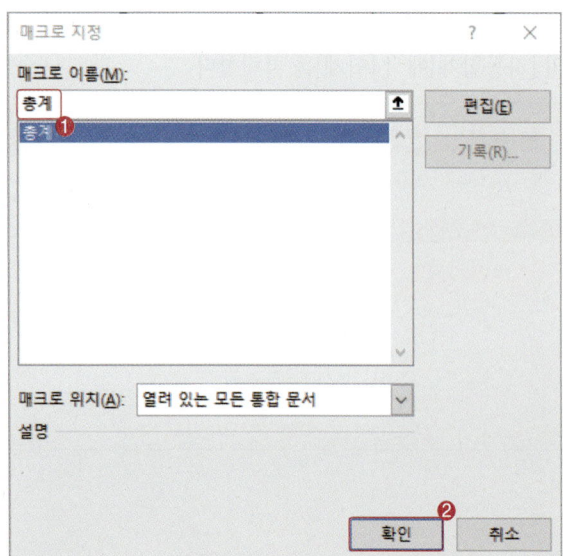

⑦ 단추에 텍스트를 수정하기 위해서 텍스트 편집 상태에서 단추에 입력된 '단추 1'을 지우고 **총계**를 입력한다. 입력이 해제되는 경우 마우스 오른쪽 버튼을 눌러 바로 가기 메뉴에서 [텍스트 편집]을 클릭한 후 수정한다.

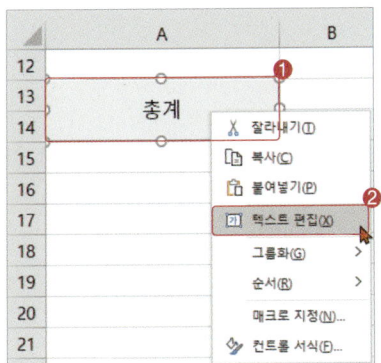

⑧ 두번째 매크로를 작성하기 위해 셀 포인터의 위치는 매크로가 적용되는 범위 외의 영역에 두고, [개발 도구] 탭의 [코드]에서 [매크로 기록]을 클릭한다.

⑨ [매크로 기록] 대화상자의 '매크로 이름'에 **셀스타일**을 입력하고 [확인]을 클릭한다.

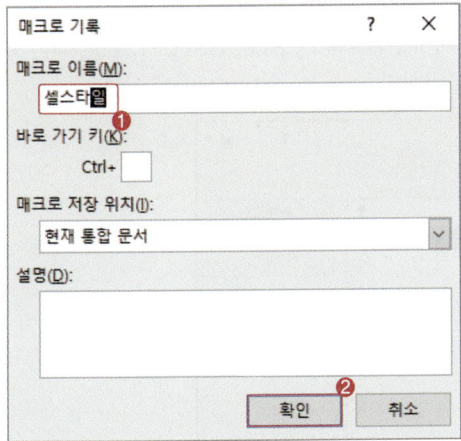

⑩ [A3:E4] 영역을 범위 지정한 후, [홈] 탭의 [스타일]의 [셀 스타일]에서 '테마 및 스타일'의 **황금색, 강조 4**를 클릭한다. [A3:E4] 영역에 스타일이 적용된다. 블록을 해제한다.

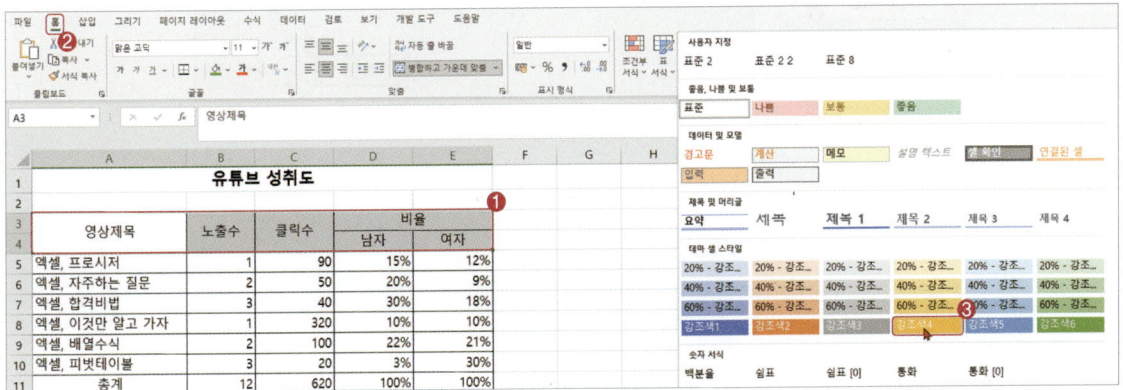

187

⑪ 임의의 셀을 클릭한 후 매크로 기록을 종료하기 위해 [개발 도구] 탭의 [코드]에서 [기록 중지]를 클릭한다.

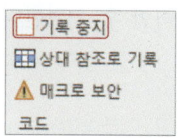

⑫ [삽입] 탭의 [일러스트레이션]의 [도형]에서 '사각형'의 **직사각형**을 선택한다. [Alt]를 누른 상태에서 [B13:C14] 영역으로 드래그한 후, 도형에 **셀스타일**을 입력한다.

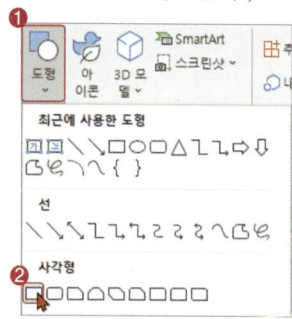

⑬ 도형을 클릭한 후 마우스 오른쪽 버튼을 눌러 바로 가기 메뉴에서 [매크로 지정]을 클릭한다. [매크로 지정] 대화상자에서 '매크로 이름'을 **셀스타일**로 선택하고 [확인]을 클릭한다.

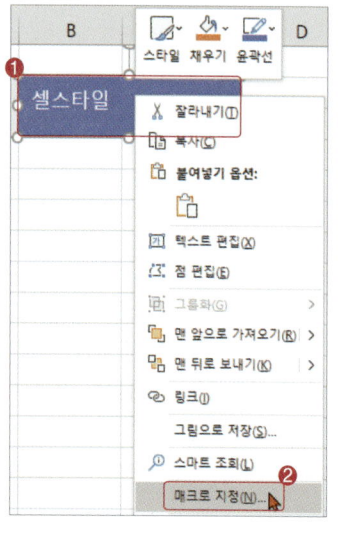 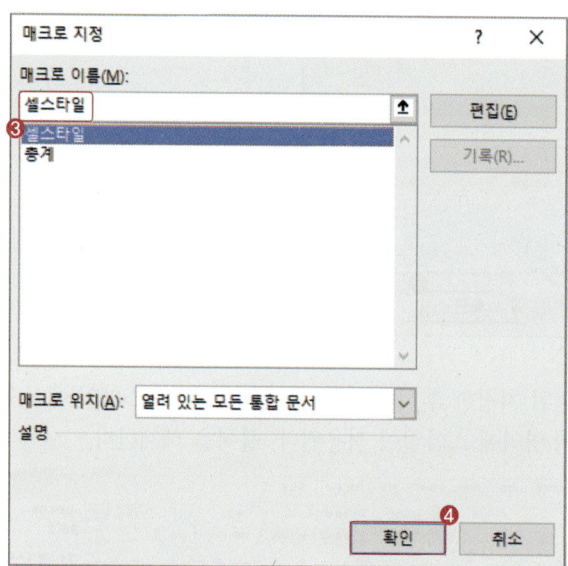

⑭ [빠른 실행]의 저장을 클릭한다.

	A	B	C	D	E
1		유튜브 성취도			
2					
3	영상제목	노출수	클릭수	비율	
4				남자	여자
5	엑셀, 프로시저	1	90	15%	12%
6	엑셀, 자주하는 질문	2	50	20%	9%
7	엑셀, 합격비법	3	40	30%	18%
8	엑셀, 이것만 알고 가자	1	320	10%	10%
9	엑셀, 배열수식	2	100	22%	21%
10	엑셀, 피벗테이블	3	20	3%	30%
11	총계	12	620	100%	100%
12					
13	총계	셀스타일			
14					

🅕 기적의 TIP

도형 그리기
- 도형을 그릴 때 Alt 를 누른 채로 정확히 눈금에 맞게 그린다.
- 도형에 글자를 입력할 때 글자 정렬에 대한 지시사항이 없다면 기본값 그대로 작성한다.

🅕 기적의 TIP

매크로 편집
1. 잘못 기록했을 때는 [매크로 기록]에서 매크로 이름을 지정하고 덮어쓰는 방식으로 다시 기록한다.
2. 매크로 이름을 잘못 입력한 경우, [개발 도구] 탭의 [코드] 그룹에서 [매크로]를 클릭하고 해당 매크로 이름을 선택한 뒤 [편집]을 클릭하면 Visual Basic 코드 창이 열린다.
3. 코드 창에서 아래 〈그림〉의 블록으로 설정된 부분을 수정한다.

※ 매크로 이름을 변경한 경우, 매크로 버튼에 다시 매크로를 지정해야 정상적으로 실행된다.
※ 과정이 복잡하다면, [매크로] 상자에서 잘못 입력한 매크로 이름을 선택하고 [삭제]를 클릭해 제거한 뒤 처음부터 다시 기록해도 된다.

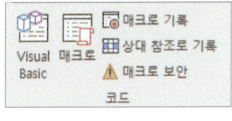

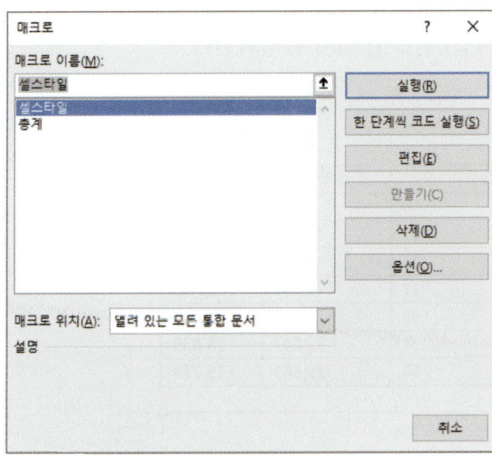

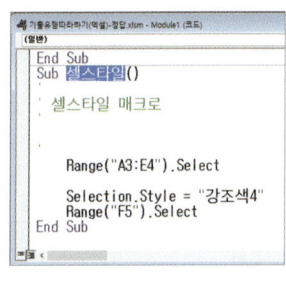

| 문제 ❹ 기타작업 | **2. 차트('차트작업' 시트)**

정답

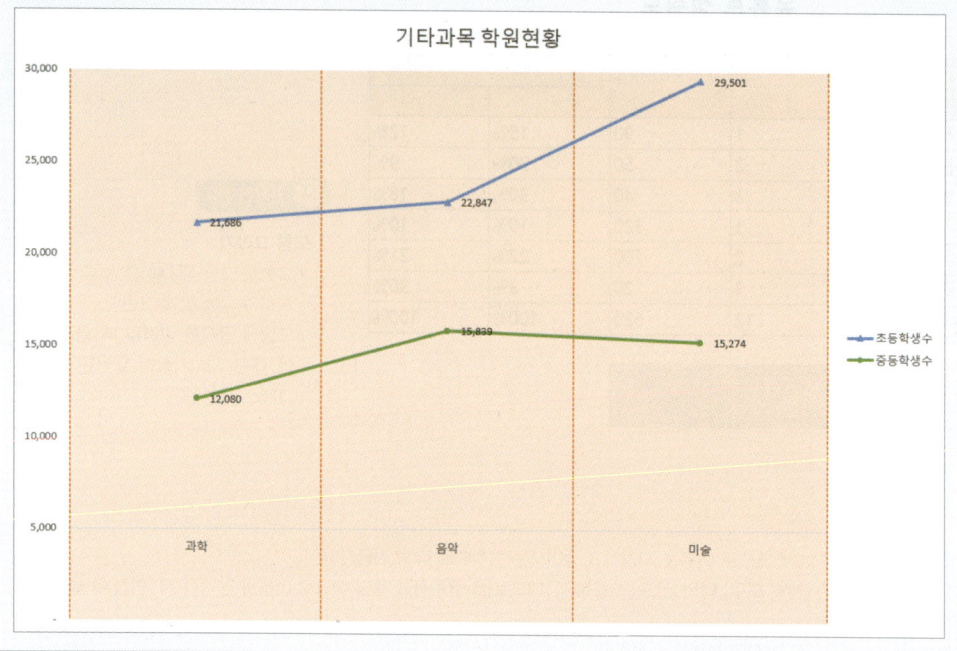

① 차트를 클릭하면 차트의 데이터가 데이터 원본에서 색으로 지정되어 표시된다. 전체 범위가 데이터 범위로 설정된 상태이다. 또한 [차트 디자인], [서식] 탭이 활성화된다.

② [차트 디자인] 탭의 [데이터]에서 [데이터 선택]을 클릭한다.
③ [데이터 원본 선택] 대화상자의 [범례 항목(계열)]에서 '학원 수'와 '초등학교수' 계열을 각각 선택한 후 [제거]를 클릭한다.

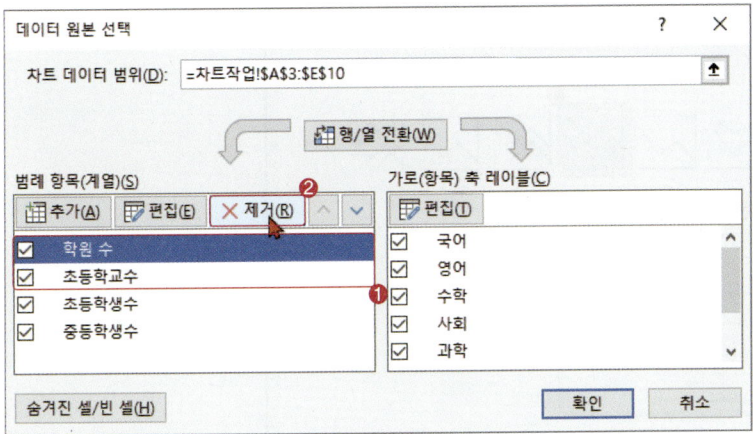

④ [행/열 전환]을 클릭한 후, [범례 항목(계열)] 목록에서 **국어, 영어, 수학, 사회**를 각각 선택하고 [제거]를 클릭한다. 다시 [행/열 전환]을 클릭하고 [확인]을 클릭한다.

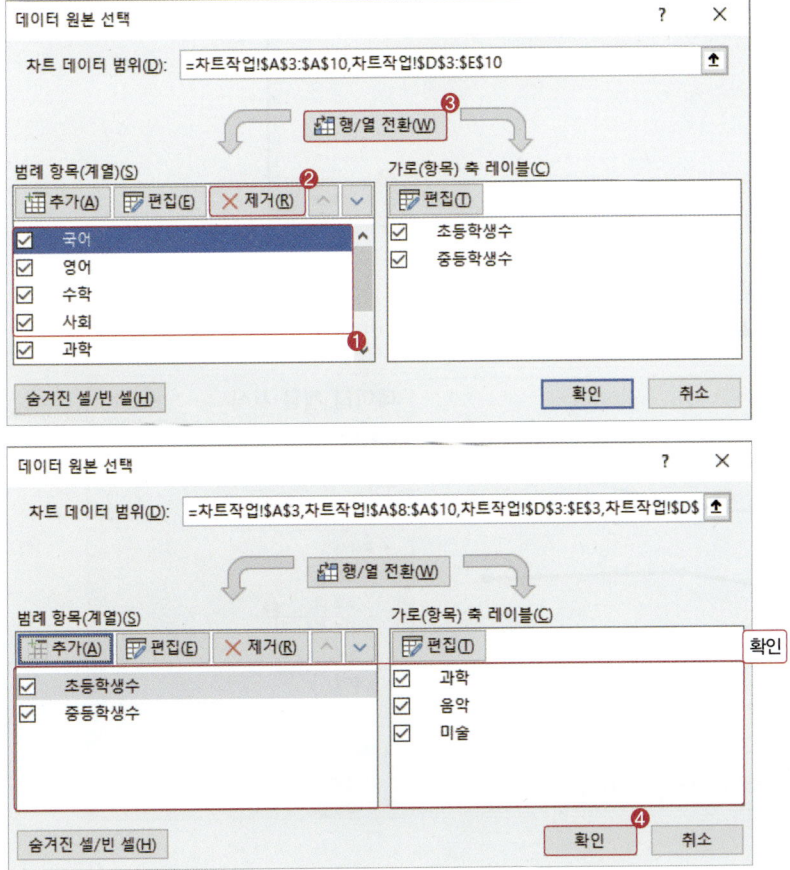

⑤ [차트 디자인] 탭의 [종류]에서 [차트 종류 변경]을 클릭한다. [차트 종류 변경] 대화상자의 차트 목록에서 [꺾은선형]을 클릭한 다음, 오른쪽 세부항목에서 **표식이 있는 꺾은선형**을 클릭하고 [확인]을 클릭한다. 전체 차트 종류가 표식이 있는 꺾은선형으로 변경된다.

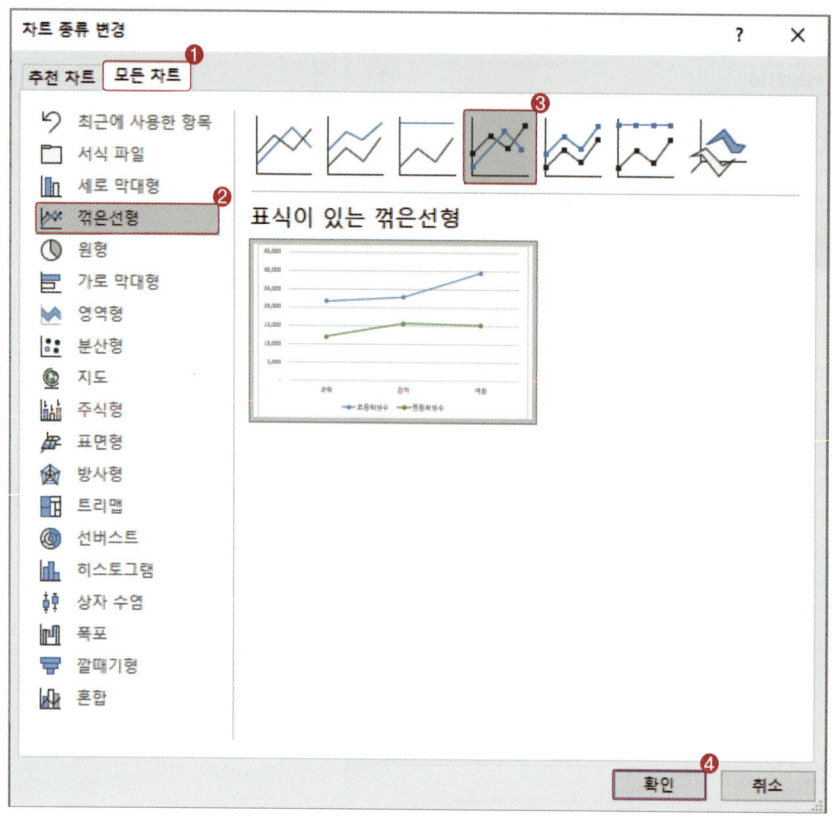

⑥ '초등학생수' 계열의 꺾은선형 그래프를 더블클릭한다. [데이터 계열 서식]에서 [채우기 및 선]의 [표식]-[표식 옵션]-[기본 제공]의 '형식'은 ▲을 선택한다. 표식 모양이 ▲으로 변경된다.

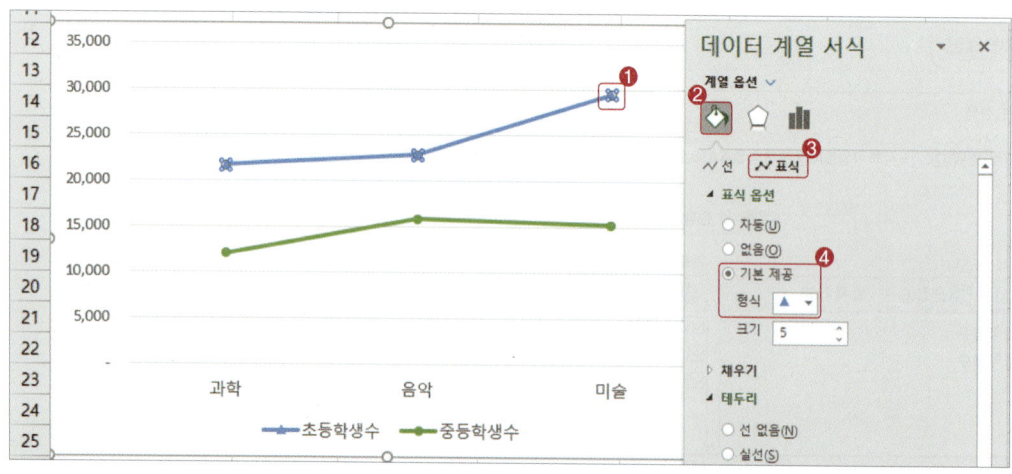

> **기적의 TIP**
>
> 데이터 계열 서식(꺾은선형)
> - [채우기 및 선]
>   - 선 : 선 종류, 선 색, 너비, 대시종류(선모양) 등
>   - 표식 : 표식 옵션(형식, 크기), 채우기, 테두리
> - [효과] : 그림자, 네온, 부드러운 가장자리, 3차원 서식
> - [계열 옵션]

⑦ [차트 디자인] 탭의 [차트 레이아웃]의 [빠른 레이아웃]에서 **레이아웃 9**를 클릭한다. 자동으로 [레이아웃 9]에 설정된 [차트 제목], [범례] 위치, [레이블] 등이 적용된다.

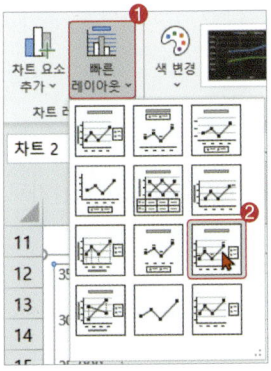

⑧ [차트 제목]을 선택한 후, 수식입력줄에 **기타과목 학원현황**을 입력한다.

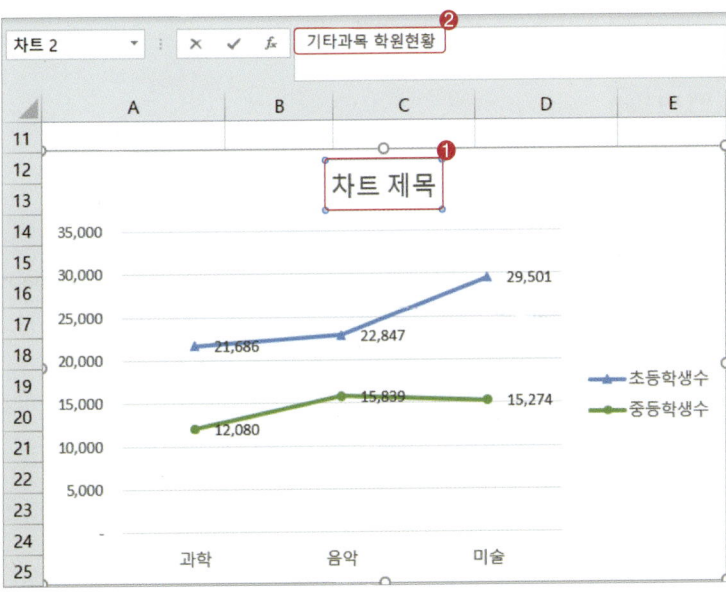

⑨ [홈] 탭의 [글꼴]에서 [글꼴 크기]를 16으로 설정한다.

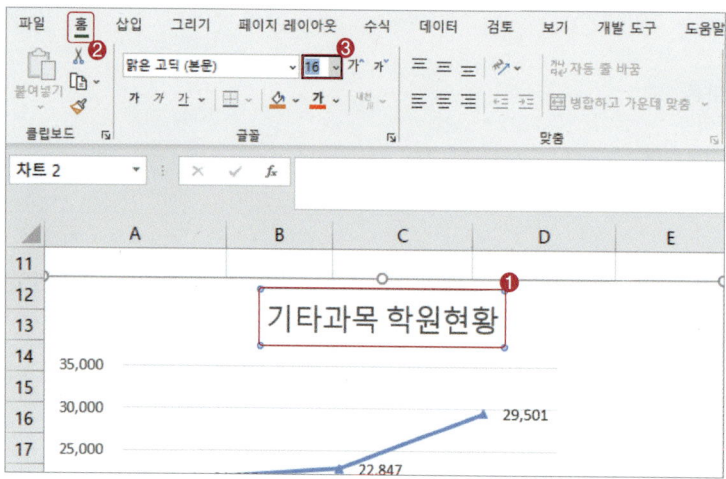

⑩ 차트에서 '세로(값)축'을 클릭한다. [축 서식]에서 [축 옵션]-[경계]의 '최대값'에 30000을 입력하고, [가로 축 교차]의 '축 값'을 선택한 후 5000을 입력한다.

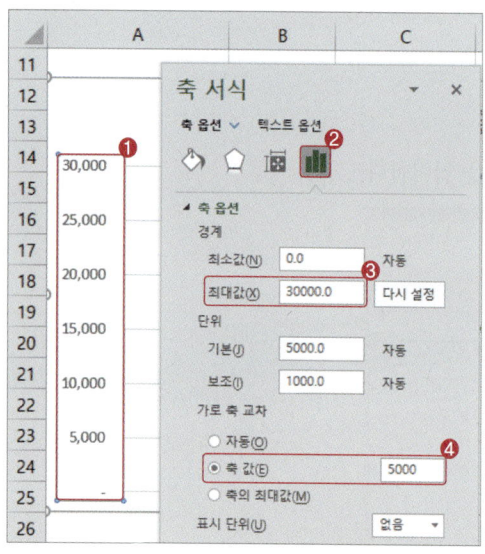

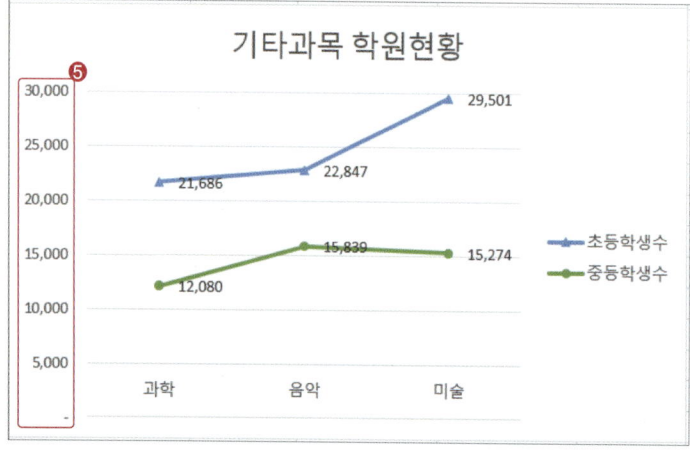

⑪ [차트 요소]의 [눈금선]에서 [기본 주 가로]는 체크 해제를, [기본 주 세로]는 체크한다. 기본 주 가로 눈금선이 제거되고 기본 주 세로 눈금선이 표시된다.

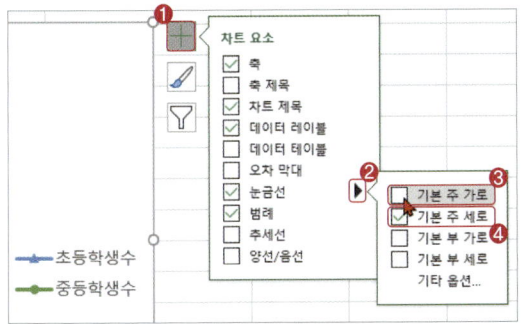

⑫ '기본 주 세로 눈금선'을 선택한 후, [주 눈금선 서식] 창에서 [채우기 및 선]의 [선] 항목으로 이동한다. '실선' 옵션을 선택하고, '색'은 **주황, 강조 2**, '너비'는 **1pt**, '대시 종류'는 **사각 점선**으로 각각 설정한다.

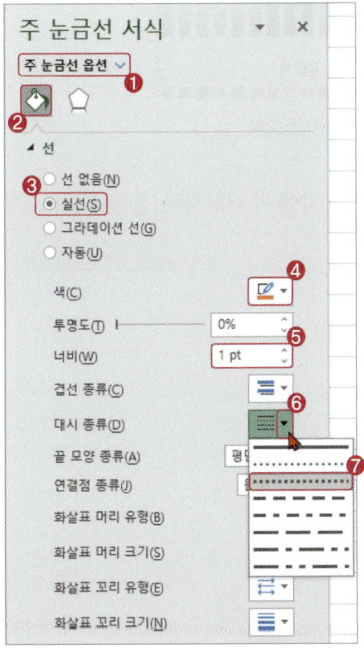

⑬ '그림 영역'을 선택하고, [그림 영역 서식]을 연다. [채우기 및 선]의 [채우기]에서 [단색 채우기]를 선택한 다음 '색'은 **주황, 강조 2, 80% 더 밝게**로 지정한다.

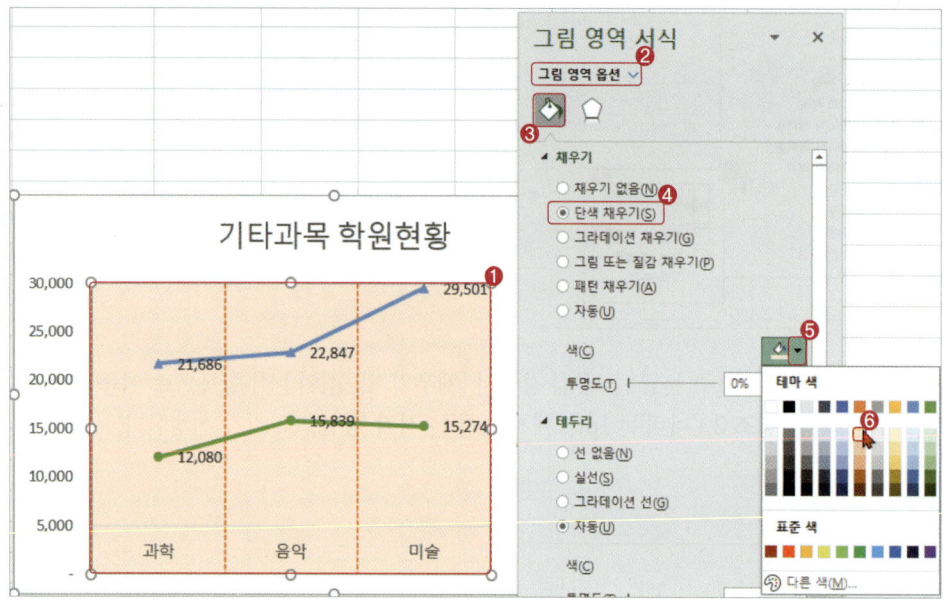

⑭ [차트 디자인] 탭의 [위치]에서 [차트 이동]을 클릭한다. [차트 이동] 대화상자에서 [새 시트]를 선택하고 이름을 **Chart**로 입력한 후 [확인]을 클릭한다.

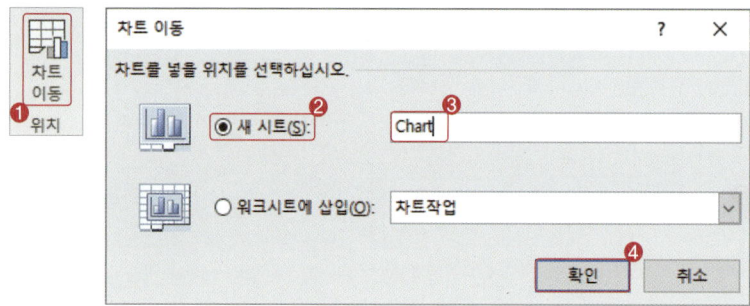

⑮ [차트작업] 시트의 왼쪽에 Chart 시트가 생성되며 차트가 표시된다.

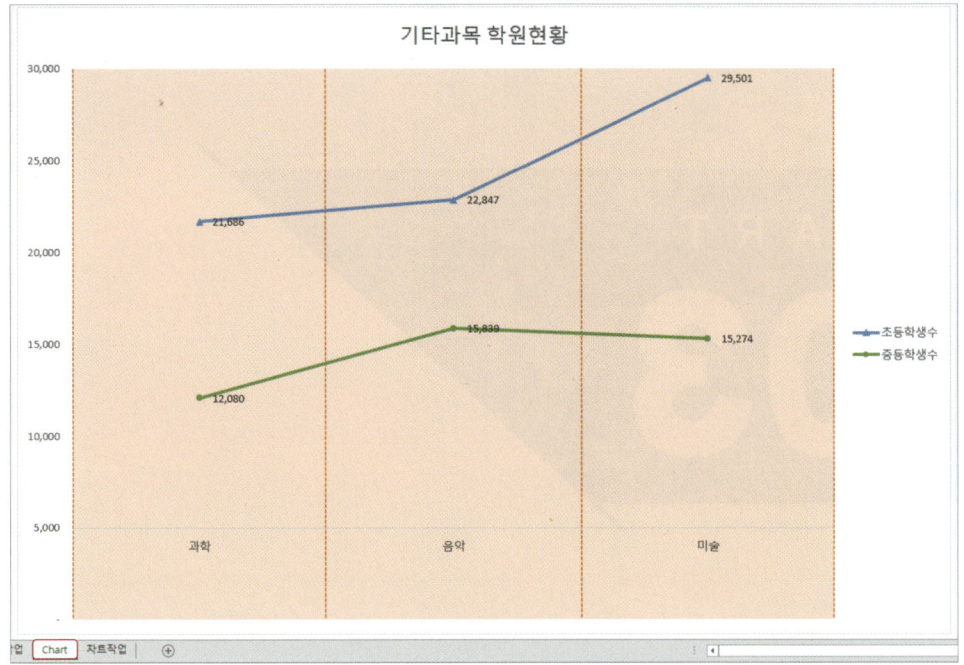

⑯ [빠른 실행]의 저장을 클릭한 후, [파일] 탭의 [닫기]를 클릭하여 프로그램을 종료한다.

PART 03

기출 유형 문제

자동 채점 서비스(웹 용)

① comlicense.co.kr 접속
② '도서' 확인 후, [채점하기] 클릭
③ '회차'와 '채점할 파일' 선택
④ [채점시작] 클릭

예제 파일 위치

[26컴활2급(커미조아)] → [PART 03] 폴더

기출 유형 문제 01회

프로그램명	제한시간
EXCEL	40분

수험번호 : _____

성   명 : _____

유의사항

- 인적 사항 누락 및 잘못 작성으로 인한 불이익은 수험자 책임으로 합니다.
- 화면에 암호 입력창이 나타나면 아래의 암호를 입력하여야 합니다.
  - 암호 :
- 작성된 답안은 경로 및 파일명을 변경하지 마시고 그대로 저장하여야 합니다. 이를 준수하지 않으면 실격 처리됩니다.
  - 답안 파일명의 예 : C:\OA\수험번호8자리.xlsm
- 외부데이터 위치 : C:\OA\파일명
- 별도의 지시사항이 없는 경우, 다음과 같이 처리 시 실격 처리됩니다.
  - 제시된 시트 및 개체의 순서나 이름을 임의로 변경한 경우
  - 제시된 시트 및 개체를 임의로 추가 또는 삭제한 경우
- 답안은 반드시 문제에서 지시 또는 요구한 셀에 입력하여야 하며 다음과 같이 처리 시 채점 대상에서 제외됩니다.
  - 제시된 함수가 있을 경우 제시된 함수만을 사용하여야 하며 그 외 함수사용 시 채점대상에서 제외
  - 수험자가 임의로 지시하지 않은 셀의 이동, 수정, 삭제, 변경 등으로 인해 셀의 위치 및 내용이 변경된 경우 해당 작업에 영향을 미치는 관련 문제 모두 채점 대상에서 제외
  - 도형 및 차트의 개체가 중첩되어 있거나 동일한 계산결과 시트가 복수로 존재할 경우 해당 개체나 시트는 채점 대상에서 제외
- 수식 작성 시 제시된 문제 파일의 데이터는 변경 가능한(가변적) 데이터임을 감안하여 문제 풀이를 하시오.
- 별도의 지시사항이 없는 경우, 주어진 각 시트 및 개체의 설정값 또는 기본 설정값(Default)으로 처리하시오.
- 저장 시간은 별도로 주어지지 않으므로 제한된 시간 내에 저장을 완료하여야 하며, 제한 시간 내에 저장이 되지 않은 경우에는 실격 처리됩니다.
- 출제된 문제의 용어는 MS Office Professional Plus 2021을 기준으로 작성되었습니다.

대 한 상 공 회 의 소

문제 ❶ 주어진 시트에서 다음의 과정을 수행하고 저장하시오. | 기본작업(20점)

01 '기본작업-1' 시트에 다음의 자료를 주어진 대로 입력하시오. (5점)

	A	B	C	D	E	F
1	건강관리센터 회원명단					
2						
3	회원코드	성명	수강과목	교육기간	수강료	수강상태
4	TE-013	노정원	테니스 중급	2개월(주2회)	245,000	접수대기중
5	YO-015	김명진	필라테스	3개월(주3회)	365,000	완료
6	HE-017	진아람	헬쓰프로젝트	2개월(주3회)	221,000	완료
7	YO-038	육준서	필라테스	3개월(주3회)	365,000	접수대기중
8	TE-024	이시아	테니스 중급	2개월(주3회)	245,000	접수대기중
9	HE-047	이진형	헬쓰프로젝트	2개월(주3회)	221,000	완료

02 '기본작업-2' 시트에 대하여 다음의 지시사항을 처리하시오. (각 2점)

① [A1:H1] 영역은 '셀 병합 후 가로, 세로 가운데 맞춤', 글꼴 모양 '바탕체', 글꼴 크기 '16', 글꼴 스타일 '굵게', 행 높이 '30'으로 지정하시오.
② 제목 행인 [A1] 셀에 입력된 값 중에서 '명세서'를 한자로 변환하시오. [표시 예 : 명세서 → 明細書]
③ [H3] 셀에 '2025년 2월 작성'이라는 메모를 삽입하고, '자동 크기'로 설정하고 항상 표시되도록 하시오.
④ [D4:D12], [F4:H12] 영역은 회계 표시 없는 회계 스타일로 셀 서식을 지정하시오.
⑤ [A3:H12] 영역에 '모든 테두리(⊞)'를 적용하고, [B12:C12] 영역의 각 셀에는 '×' 모양의 대각선으로 표시하시오.

03 '기본작업-3' 시트에서 다음의 지시사항을 처리하시오. (5점)

[A4:G12] 영역에서 평가[G4:G12]가 '합격'에 해당하는 행 전체의 글꼴 색을 '파랑', 글꼴 스타일을 '굵게'로 셀 서식을 지정하고, '불합격'에 해당하는 행 전체의 글꼴 색을 '빨강', 글꼴 스타일을 '기울임꼴'로 셀 서식을 지정하는 조건부 서식을 작성하시오.
▶ 규칙 유형은 '▶ 수식을 사용하여 서식을 지정할 셀 결정'으로 설정하시오.

문제 ❷ '계산작업' 시트에서 다음의 과정을 수행하고 저장하시오. | 계산작업(40점)

01 [표1]에서 주민등록번호[C3:C8]를 이용하여 성별[E3:E8]을 표시하시오. (8점)
- ▶ 주민등록번호의 앞에서 여덟 번째 숫자가 홀수면 '남', 짝수면 '여'로 표시하시오.
- ▶ CHOOSE, MID, MOD 함수를 이용하시오.

02 [표2]에서 매장명[H3:H9]과 상품명[J3:J9]을 이용하여 '매장명'이 "서부"이면서 '상품명'이 "HDTV"인 판매수량의 평균[L9]을 구하시오. (8점)
- ▶ 판매수량의 평균은 소수점 둘째 자리에서 내림한 값으로 계산하시오. [표시 예 : 8.99 → 8.9]
- ▶ ROUNDDOWN, AVERAGEIFS 함수를 사용하시오.

03 [표3]에서 상품명[B13:B20]과 판매개수[C13:C20]과 상품가격 [H12:K14]을 이용하여 매출액[D13:D20]을 구하시오. (8점)
- ▶ 매출액 = 판매개수 × 가격
- ▶ 단, 오류 발생 시 매출액에 '표시오류'로 표시하시오.
- ▶ IFERROR, HLOOKUP 함수를 사용하시오.

04 [표4]에서 학과[A25:A32]가 '시스템공학'과 '컴퓨터공학'인 학생의 컴활[E25:E32] 과목의 평균 점수의 차이 값을 [D35] 셀에 계산하시오. (8점)
- ▶ 평균 점수의 차이 = 컴퓨터공학−시스템공학
- ▶ [표시 예 : 8.1666 → 8]
- ▶ DAVERAGE, TRUNC 함수를 사용하시오.

05 [표5]에서 실수령액[K25:K31]을 기준으로 순위를 구하여 1~3위까지는 '고임금', 4~5위는 '보통임금', 6~7위는 '저임금'으로 비고[L25:L31]를 표시하시오. (8점)
- ▶ 실수령액의 가장 큰 값이 1위가 되게 인수를 지정하시오.
- ▶ IF와 RANK.EQ 함수를 사용하시오.

문제 ❸ 주어진 시트에서 다음의 과정을 수행하고 저장하시오. | 분석작업(20점)

01 '분석작업-1' 시트에 대하여 다음의 지시사항을 처리하시오. (10점)

데이터 도구 [통합] 기능을 이용하여 1월 비품 입출고내역[B3:E10], 2월 비품 입출고내역[G3:J10], 3월 비품 입출고내역[L3:O10]에 대한 품명별 '입고량', '출고량', '잔고'의 합계를 '1사분기 비품 입출고내역'의 표 [H17:J23] 영역에 계산하시오.

02 '분석작업-2' 시트에서 다음의 지시사항에 따라 처리하시오. (10점)

[부분합] 기능을 이용하여 '년도별 직위 상여금'의 표를 〈그림〉과 같이 직급별 2021, 2022의 합계를 계산한 후 2023, 2024의 평균을 계산하시오.

▶ 계산 결과값(합계, 평균)은 셀 서식의 숫자, 1000 단위로 표시하시오.
▶ 정렬 시 '직급'을 기준으로 오름차순으로 정렬하고, 직급이 동일하면 '직위'를 기준으로 내림차순 정렬하시오.

	A	B	C	D	E	F	G	H
1		[표1]년도별 직위 상여금(단위 천원)						
2								
3		직급	직위	부서명	2021	2022	2023	2024
4		사무관	실장	도로교통과	950	2000	2100	1000
5		사무관	실장	토지조사과	2100	1000	1900	1300
6		사무관	계장	행정지원실	1200	1300	1600	1600
7		사무관	계장	지방자치행정과	1000	1600	1300	1000
8		사무관	계장	국가안전기술연구소	2300	1000	1000	1000
9		사무관	계장	교통안전정책과	1000	1700	750	1700
10		사무관	계장	국토지주공사	1700	1300	1100	2000
11		사무관 평균					1,393	1,371
12		사무관 요약			10,250	9,900		
13		주무관	팀장	경찰안전과	1600	2000	1200	1800
14		주무관	팀장	국토정책실	2500	1700	950	2000
15		주무관	팀장	해양경찰청	1600	1700	1700	1600
16		주무관	팀장	소방시설안전관리과	1400	2600	1000	1400
17		주무관	실장	국토계획실	1500	650	2200	1800
18		주무관	부장	소방행정과	2000	1000	1800	710
19		주무관	부장	재난안전정책과	2400	750	1600	650
20		주무관	부장	교통산업정책과	950	600	1300	1600
21		주무관	국장	소방장비관리과	1300	1700	1000	1600
22		주무관 평균					1,417	1,462
23		주무관 요약			15,250	12,700		
24		전체 평균					1,406	1,423
25		총합계			25,500	22,600		

문제 ❹ 주어진 시트에서 다음의 과정을 수행하고 저장하시오. | 기타작업(20점)

01 '매크로작업' 시트의 [표1]에서 다음과 같은 기능을 수행하는 매크로를 현재 통합 문서에 작성하고 실행하시오. (각 5점)

⚠ 셀 포인터의 위치에 상관없이 현재 통합문서에서 매크로가 실행되어야 정답으로 인정됨

① [C12:F12] 영역에 합계를 계산하는 매크로를 생성하여 실행하시오.
  ▶ 매크로 이름 : 합계   ▶ SUM 함수를 사용하시오.
  ▶ [개발 도구]–[컨트롤]–[삽입]–[양식 컨트롤]의 '단추(□)'를 동일 시트의 [G3:G4] 영역에 생성하고, 텍스트를 '합계'로 입력한 후 단추를 클릭할 때 '합계' 매크로가 실행되도록 설정하시오.

② [C3:F11] 영역에 쉼표 스타일(,)을 지정하는 매크로를 생성하여 실행하시오.
  ▶ 매크로 이름 : 서식
  ▶ [삽입]–[일러스트레이션]–[도형]–[기본 도형]의 '사각형: 빗면(□)'을 동일 시트의 [G6:G7] 영역에 생성하고, 텍스트를 '서식'으로 입력한 후 도형을 클릭할 때 '서식' 매크로가 실행되도록 설정하시오.

02 '차트작업' 시트의 차트를 지시사항에 따라 아래 그림과 같이 수정하시오. (각 2점)

⚠ 차트는 반드시 문제에서 제공한 차트를 사용하여야 하며, 신규로 작성 시 0점 처리됨

① '지역명' 별로 '총계'만 차트에 표시되도록 데이터 범위를 수정한 후 차트 종류는 '표식이 있는 꺾은선형'으로 하시오.
② 데이터 계열 선은 너비 4pt, 선 스타일을 '완만한 선'으로 설정하고, 표식 옵션은 '마름모', 크기는 15, 채우기 색은 '표준 색 – 빨강'으로 설정하시오.
③ 차트 제목은 '지역별 판매현황'으로 입력하고, 도형 스타일은 '반투명–검정, 어둡게 1, 윤곽선 없음'으로 설정하시오.
④ '아시아'만 데이터 레이블 '값'을 지정하시오. 레이블 위치를 위쪽으로 설정하시오.
⑤ 기본 세로(값) 축의 가로 축 교차는 4000으로 설정하시오.

기출 유형 문제 01회 해설

문제 ❶ 기본작업 1. 데이터 입력('기본작업-1' 시트)

|정답|

	A	B	C	D	E	F
1	건강관리센터 회원명단					
2						
3	회원코드	성명	수강과목	교육기간	수강료	수강상태
4	TE-013	노정원	테니스 중급	2개월(주2회)	245,000	접수대기중
5	YO-015	김명진	필라테스	3개월(주3회)	365,000	완료
6	HE-017	진아람	헬쓰프로젝트	2개월(주3회)	221,000	완료
7	YO-038	육준서	필라테스	3개월(주3회)	365,000	접수대기중
8	TE-024	이시아	테니스 중급	2개월(주3회)	245,000	접수대기중
9	HE-047	이진형	헬쓰프로젝트	2개월(주3회)	221,000	완료

[A3] 셀부터 '회원코드', '성명', '수강과목', '교육기간', '수강료', '수강상태' 순으로 열 머리글을 입력한 후 열 머리글에 따른 데이터 영역을 아래 방향으로 입력한다. 서식은 변경하지 않고 값만 입력한다.

문제 ❶ 기본작업 2. 데이터 서식('기본작업-2' 시트)

|정답|

	A	B	C	D	E	F	G	H	I
1	㈜서울상사 제품 거래 明細書								
2									
3	거래번호	거래처명	상품코드	단가	수량	판매가	부가세	실판매가	2025년 2월 작성
4	S25-01-01	나라유통	PP-104	45,000	125	5,625,000	562,500	6,187,500	
5	S25-01-02	조은전자	LN-100	25,000	350	8,750,000	875,000	9,625,000	
6	S25-01-03	대한실업	MM-256	120,000	50	6,000,000	600,000	6,600,000	
7	S25-01-04	나라유통	PP-102	84,000	100	8,400,000	840,000	9,240,000	
8	S25-01-05	서울상사	VD-128	65,000	250	16,250,000	1,625,000	17,875,000	
9	S25-02-01	조은전자	MB-567	135,000	130	17,550,000	1,755,000	19,305,000	
10	S25-02-02	대한실업	HD-335	252,000	35	8,820,000	882,000	9,702,000	
11	S25-02-03	서울상사	MM-128	55,000	225	12,375,000	1,237,500	13,612,500	
12	합계			781,000	1265	83,770,000	8,377,000	92,147,000	

① [A1:H1] 영역 블록 설정한 후, [홈] 탭의 [맞춤]에서 **병합하고 가운데 맞춤 및 세로 가운데 맞춤**을 클릭한다. [글꼴]의 '글꼴'은 **바탕체**, '크기'는 **16pt**, **굵게**로 지정한다.
② '1행 머리글'의 바로 가기 메뉴의 [행 높이]를 클릭한다. [행 높이] 대화상자에서 30을 입력하고 [확인]을 클릭한다.

③ 제목에서 '명세서'만 블록 설정한 후, 키보드의 [한자]를 눌러 [한글/한자 변환] 대화상자에서 한자를 확인한 다음 [변환]을 클릭한다.

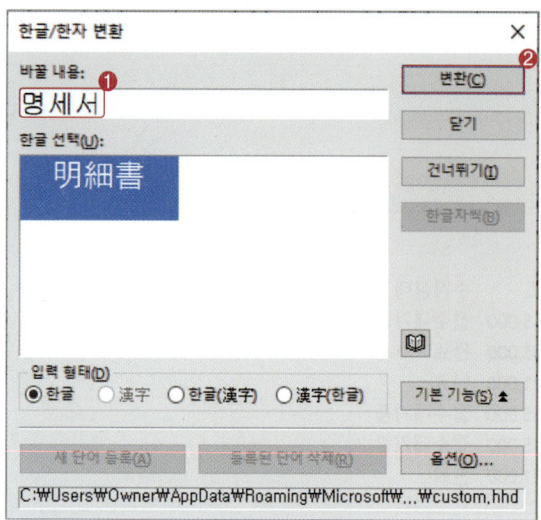

④ [H3] 셀의 바로 가기 메뉴에서 [메모 삽입]을 클릭하여 메모에 **2025년 2월 작성**을 입력한다.
⑤ 메모의 테두리를 선택한 후 Ctrl + 1 를 누른 다음, [메모 서식] 대화상자의 [맞춤] 탭에서 '자동 크기'에 체크하고 [확인]을 클릭한다.
⑥ 메모가 삽입된 [H3] 셀의 바로 가기 메뉴에서 [메모 표시/숨기기]를 클릭한다.
⑦ [D4:D12], [F4:H12] 영역을 Ctrl 을 누르며 블록 설정하고 [홈] 탭의 [표시 형식]에서 **쉼표 스타일**을 클릭한다.
⑧ [A3:H12] 영역을 블록 설정한 후, [홈] 탭의 [글꼴]의 [테두리]에서 **모든 테두리(田)**를 클릭한다.
⑨ [B12:C12] 영역을 블록 설정한 후 Ctrl + 1 을 누른 다음, [셀 서식] 대화상자에서 [테두리] 탭의 ◲, ◳ 를 클릭한다.

문제 ❶ 기본작업 3. 조건부 서식('기본작업-3' 시트)

|정답|

	A	B	C	D	E	F	G
1			컴퓨터활용능력 2급 시험				
2							
3	수험번호	성명	필기	실기	총점	평균	평가
4	330301	김도훈	85	64	149	74.5	합격
5	330302	홍기태	64	45	109	54.5	불합격
6	330303	성유나	78	80	158	79	합격
7	330304	강정훈	92	69	161	80.5	합격
8	330305	최진성	51	85	136	68	불합격
9	330306	이인혜	60	92	152	76	합격
10	330307	조철진	77	79	156	78	합격
11	330308	남도현	43	88	131	65.5	불합격
12	330309	소병국	91	54	145	72.5	불합격

① [A4:G12] 영역을 블록 설정한 후, [홈] 탭의 [스타일]의 [조건부 서식] – [규칙 관리]에서 [새 규칙] 순서로 클릭한다.
② [새 서식 규칙] 대화상자에서 ▶ **수식을 사용하여 서식을 지정할 셀 결정**을 선택하고, '수식'에 **=$G4="합격"**을 입력한다.
③ [서식]을 클릭한 다음 [셀 서식] 대화상자에서 '글꼴 스타일'은 **굵게**, '색'은 **표준 색 – 파랑**을 선택하고 [확인]을 클릭한다.
④ [새 규칙] 클릭한 다음 대화상자에서 ▶ **수식을 사용하여 서식을 지정할 셀 결정**을 선택한다. '수식'에 **=$G4="불합격"**을 입력한다.
⑤ [서식]을 클릭한 다음 [셀 서식] 대화상자에서 '글꼴 스타일'은 **기울임꼴**, '색'은 **표준 색 – 빨강**을 선택하고 [확인]을 클릭한다.
⑥ [조건부 서식 규칙 관리자] 대화상자에서 처음 지정한 조건부 서식이 위로 가게 순서를 변경한(위의 조건이 우선적으로 적용) 다음, [확인]을 클릭하여 창을 닫는다.

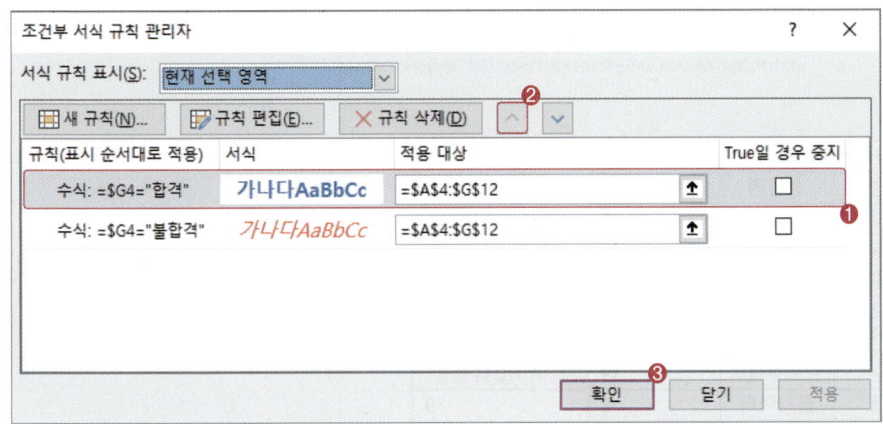

문제 ❷ 계산작업   1. 계산('계산작업' 시트)

정답

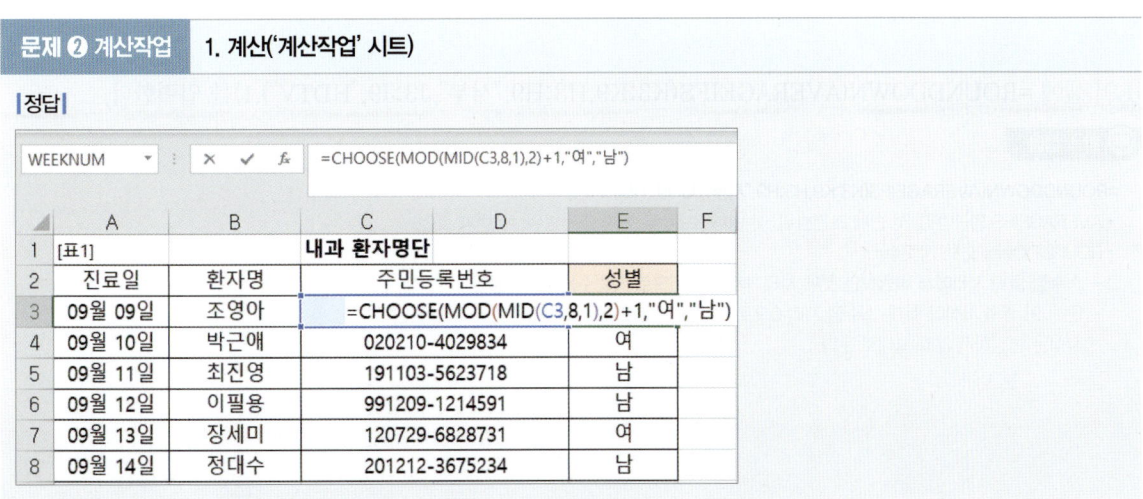

[E3] 셀에 **=CHOOSE(MOD(MID(C3,8,1),2)+1,"여","남")**을 입력한 후, [E8] 셀까지 수식을 복사한다.

💬 함수 설명

=CHOOSE(MOD(MID(C3,8,1),2)+1,"여","남")

- MID(C3,8,1)한 값이 1, 3, 7인 경우 "남", 2, 4, 6인 경우 "여"로 인식한다.
- MOD(MID(C3,8,1),2)한 값이 짝수인 경우 0, 홀수인 경우 1인 값으로 계산한다.
- CHOOSE(찾을 값, 1번 인수, 2번 인수)
  - CHOOSE 함수는 그 특성상 0인 값을 찾을 수 없기 때문에 1부터 시작하는 규칙을 만든다.
  - 'MOD(MID(C3,8,1,2)+1'의 값이 0인 경우(짝수, 여)는 1, 1인 경우(홀수, 남)는 2가 도출된다.

문제 ❷ 계산작업   2. 계산('계산작업' 시트)

|정답|

| L9 | ▼ | : | × | ✓ | fx | =ROUNDDOWN(AVERAGEIFS(K3:K9,H3:H9,"서부",J3:J9,"HDTV"),1) |

	H	I	J	K	L	M
1	[표2]	매장별 상품판매현황				
2	매장명	사원명	상품명	판매수량		
3	서부	안기자	HDTV	5		
4	서부	여규식	홈시어터	12		
5	남부	오선길	빔프로젝터	23		
6	서부	오준모	HDTV	12		
7	남부	여민찬	캠코더	16		
8	동부	김현수	빔프로젝터	19	서부*HDTV평균	
9	동부	구성태	홈시어터	8	9	
10						
11	상품가격					
12	상품명	아메리카노	에스프레소	카페라떼		
13	상품번호	CO001	CO002	CO003		
14	가격	4000	5000	5500		

[L9] 셀에 =ROUNDDOWN(AVERAGEIFS(K3:K9,H3:H9,"서부",J3:J9,"HDTV"),1)를 입력한다.

💬 함수 설명

=ROUNDDOWN(AVERAGEIFS(K3:K9,H3:H9,"서부",J3:J9,"HDTV"),1)

- AVERAGEIFS(평균범위, 첫 번째 조건범위, 첫 번째 조건, 두 번째 조건범위, 두 번째 조건)
- ROUNDDOWN(숫자, 자릿수)
  - 소수점 둘째 자리에서 버림하면 첫째 자리까지 표시되므로 자릿수는 1로 설정한다.
  - 단, [L9] 셀의 서식이 회계, 소수점 자리 0으로 설정되어 있으므로 결과값은 정수로 표시된다.
  - 서식은 변경하지 않고 그대로 둔다.

문제 ❷ 계산작업 — 3. 계산('계산작업' 시트)

|정답|

D13: `=IFERROR(C13*HLOOKUP(B13,$I$12:$K$14,3,0),"표시오류")`

	A	B	C	D
11	[표3]		카페 주문	
12	주문번호	상품명	판매개수	매출액
13	1	아메리카노	4	16000
14	2	카페라떼	2	11000
15	3	에스프레소	3	15000
16	4	아메리카노	1	4000
17	5	카페라떼	2	11000
18	6	커피	4	표시오류
19	7	카페라떼	3	16500
20	7	아메리카노	2	8000

[D13] 셀에 =IFERROR(C13*HLOOKUP(B13,$I$12:$K$14,3,0),"표시오류")를 입력한 후, [D20] 셀까지 복사한다.

💬 함수 설명

=IFERROR(C13*HLOOKUP(B13,$I$12:$K$14,3,0),"표시오류")
- HLOOKUP 함수로 상품명에 따른 가격을 구할 때 '커피'는 목록에 없기 때문에 #N/A! 오류가 나타난다.
- IFERROR(가격, "표시오류")의 형식으로 계산한다.

문제 ❷ 계산작업 — 4. 계산('계산작업' 시트)

|정답|

D35: `=TRUNC(DAVERAGE(A24:E32,E24,A24:A25)-DAVERAGE(A24:E32,E24,C34:C35))`

	A	B	C	D	E
23	[표4]		교양과목 1학기 성적표		
24	학과	성명	V-BASIC	AI	컴활
25	시스템공학	경기	98	92	89
26	응용통계	대구	82	78	82
27	컴퓨터공학	인천	95	92	99
28	시스템공학	부산	76	81	80
29	응용통계	인천	84	76	70
30	컴퓨터공학	대구	66	55	52
31	응용통계	인천	60	48	49
32	컴퓨터공학	인천	81	79	78
33					
34			학과	컴활 점수의 차이값	
35			컴퓨터공학	8	

[D35] 셀에 =TRUNC(DAVERAGE(A24:E32,E24,A24:A25)-DAVERAGE(A24:E32,E24,C34:C35))을 입력한다.

 함수 설명

=TRUNC(DAVERAGE(A24:E32,E24,A24:A25)-DAVERAGE(A24:E32,E24,C34:C35))
- =TRUNC(DAVERAGE(전체범위, 컬활 열번호, 컴퓨터공학인 조건)-DAVERAGE(전체범위, 컬활 열번호, 시스템공학인 조건))
- TRUNC 함수로 구한 값은 정수이지만 셀에 표시된 값은 소수점 둘째 자리이다. 이는 미리 서식이 지정된 경우이므로 그대로 둔다.

문제 ❷ 계산작업 5. 계산('계산작업' 시트)

|정답|

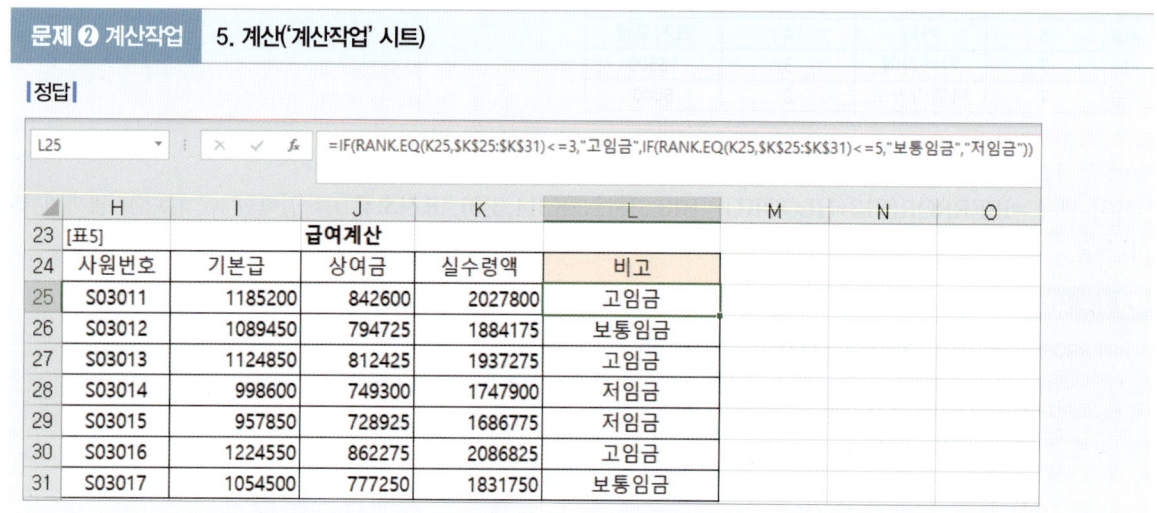

[L25] 셀에 =IF(RANK.EQ(K25,$K$25:$K$31)<=3,"고임금",IF(RANK.EQ(K25,$K$25:$K$31)<=5,"보통임금","저임금"))을 입력한 후, [L31] 셀까지 복사한다.

 함수 설명

=IF(RANK.EQ(K25,$K$25:$K$31)<=3,"고임금",IF(RANK.EQ(K25,$K$25:$K$31)<=5,"보통임금","저임금"))
- 첫 번째 조건식의 'IF(RANK.EQ(K25,$K$25:$K$31)<=3,"고임금"'을 복사해서 붙여넣은 후 두 번째 조건식을 작성한다.
- 수식 입력 시 열었던 괄호는 입력한 IF 함수의 수만큼 닫아야 한다.

문제 ③ 분석작업 1. 데이터 통합('분석작업-1' 시트)

정답

	F	G	H	I	J
14					
15		1사분기 비품 입출고내역			
16		품명	입고량	출고량	잔고
17		A4용지	140	126	14
18		메모용지	625	571	54
19		바인더	280	257	23
20		B4용지	260	249	11
21		스테이플러	400	370	30
22		문서재단기	940	735	205
23		카드리지	100	86	14

① [G16:J23] 영역을 블록 설정한 후, [데이터] 탭의 [데이터 도구]에서 [통합]을 클릭한다.

② [통합] 대화상자에서 '함수'는 **합계**로 설정한다. '참조'에는 각각 [B3:E10], [G3:J10], [L3:O10] 범위를 차례로 블록 설정한 뒤 [추가]를 클릭한다. 마지막으로 '첫 행'과 '왼쪽 열'에 체크하고 [확인]을 클릭한다.

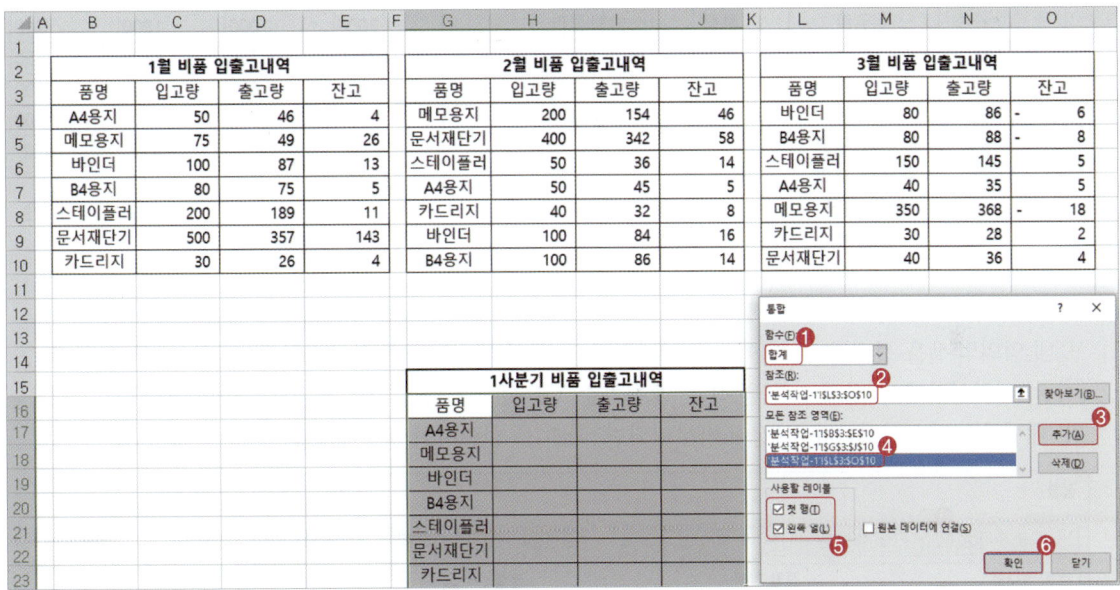

문제 ③ 분석작업 2. 부분합('분석작업-2' 시트)

정답

	A	B	C	D	E	F	G	H
1		[표1]년도별 직위 상여금(단위 천원)						
2								
3		직급	직위	부서명	2021	2022	2023	2024
4		사무관	실장	도로교통과	950	2000	2100	1000
5		사무관	실장	토지조사과	2100	1000	1900	1300
6		사무관	계장	행정지원실	1200	1300	1600	1600
7		사무관	계장	지방자치행정과	1000	1600	1300	1000
8		사무관	계장	국가안전기술연구소	2300	1000	1000	1000
9		사무관	계장	교통안전정책과	1000	1700	750	1700
10		사무관	계장	국토지주공사	1700	1300	1100	2000
11		사무관 평균					1,393	1,371
12		사무관 요약			10,250	9,900		
13		주무관	팀장	경찰안전과	1600	2000	1200	1800
14		주무관	팀장	국토정책실	2500	1700	950	2000
15		주무관	팀장	해양경찰청	1600	1700	1700	1600
16		주무관	팀장	소방시설안전관리과	1400	2600	1000	1400
17		주무관	실장	국토계획실	1500	650	2200	1800
18		주무관	부장	소방행정과	2000	1000	1800	710
19		주무관	부장	재난안전정책과	2400	750	1600	650
20		주무관	부장	교통산업정책과	950	600	1300	1600
21		주무관	국장	소방장비관리과	1300	1700	1000	1600
22		주무관 평균					1,417	1,462
23		주무관 요약			15,250	12,700		
24		전체 평균					1,406	1,423
25		총합계			25,500	22,600		

① 표 내 임의의 셀을 선택한 후 [데이터] 탭의 [정렬 및 필터]에서 [정렬]을 클릭한다.
② [정렬] 대화상자에서 '정렬 기준'을 **직급**, **오름차순**으로 설정한 다음 [기준 추가]를 클릭하여 '다음 기준'을 **직위**, **내림차순**으로 설정한다. 설정이 마무리되면 [확인]을 클릭하여 창을 닫는다.

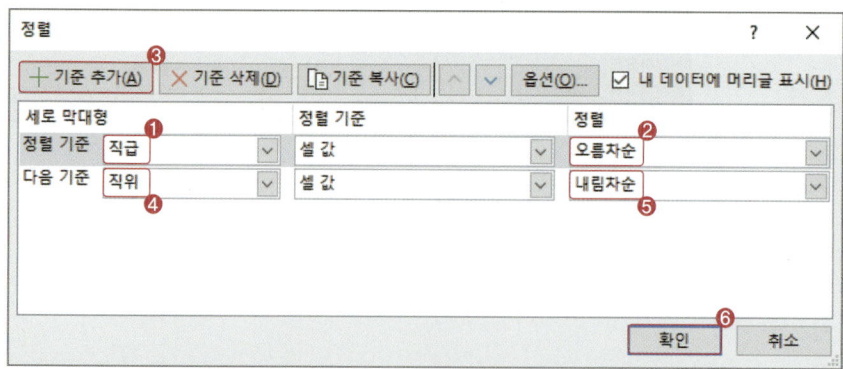

③ [데이터] 탭의 [개요]에서 [부분합]을 클릭한다.
④ 직급별 '2021', '2022'의 합계를 구하기 위해, [부분합] 대화상자에서 '그룹화할 항목'은 **직급**, '사용할 함수'는 **합계**, '부분합 계산 항목'은 2021, 2022를 체크하고, [확인]을 클릭한다.

⑤ [데이터] 탭의 [개요]에서 [부분합]을 클릭한다.
⑥ [부분합] 대화상자에서 '그룹화할 항목'은 **직급**, '사용할 함수'는 **평균**으로 설정한다. '부분합 계산 항목'의 '2021'과 '2022'는 체크 해제, '2023'과 '2024'는 체크, '새로운 값으로 대치'는 체크 해제한다. 작업이 마무리되면 [확인]을 클릭한다.
⑦ Ctrl을 누른 채 [G11:H11], [E12:F12], [G22:H22], [E23:F23], [G24:H24], [E25:F25] 영역을 블록 설정한 후, [셀 서식] 탭의 [표시 형식]에서 [숫자]의 '1000 단위 구분 기호 사용'을 체크한다.

문제 ④ 기타작업   1. 매크로('매크로 작업' 시트)

|정답|

	A	B	C	D	E	F	G
1	[표1]		상공카드 사용 내역서				
2	사용일자	사용내역	사용금액	할부수수료	수수료	결재금액	
3	03월 05일	식대	52,000	6,240	1,560	59,800	합계
4	03월 10일	의류구입	150,000	18,000	4,500	172,500	
5	03월 11일	진료비	15,000	1,800	450	17,250	
6	03월 15일	식품구입	32,500	3,900	975	37,375	서식
7	03월 16일	학원비	85,000	10,200	2,550	97,750	
8	03월 16일	도서구입	35,000	4,200	1,050	40,250	
9	03월 22일	식품구입	28,500	3,420	855	32,775	
10	03월 26일	관리비	156,000	18,720	4,680	179,400	
11	03월 28일	통신비	45,600	5,472	1,368	52,440	
12	합계		599,600	71,952	17,988	689,540	

① [개발 도구] 탭의 [코드]에서 [매크로 기록]을 클릭한다.
② [매크로 기록] 대화상자의 '매크로 이름'에 **합계**를 입력하고 [확인]을 클릭한다.

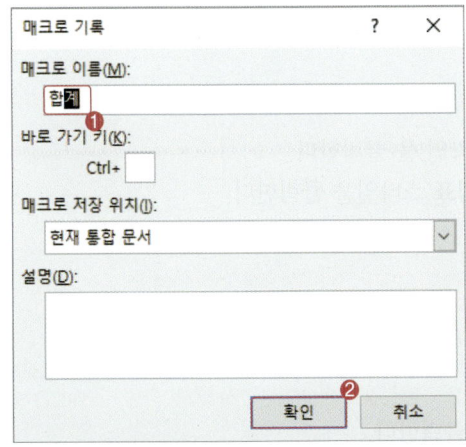

③ [C12] 셀에 커서를 두고 =SUM(C3:C11)을 입력한 뒤, Enter를 누른다. 수식이 입력된 [C12] 셀을 [F12] 셀까지 드래그하여 수식을 복사한다.

④ 블록 해제한 후, [개발 도구] 탭의 [코드]에서 [기록 중지]를 클릭한다.
⑤ [개발 도구] 탭의 [컨트롤]의 [삽입]에서 **단추(양식 컨트롤)**을 클릭한다.

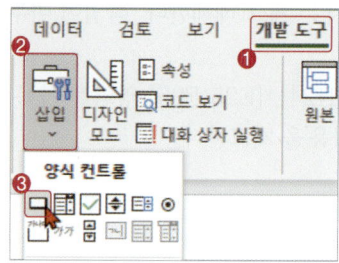

⑥ **[G3:G4]** 영역을 Alt 를 누르며 드래그한다. [매크로 지정] 대화상자에서 **합계**를 선택한 후, [확인]을 클릭한다.

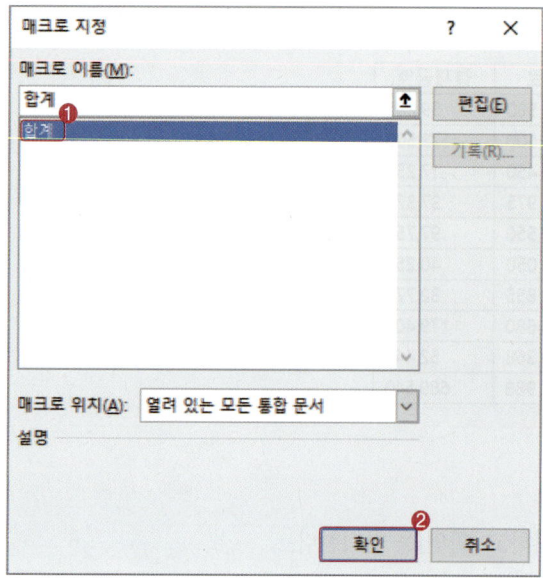

⑦ '단추 1' 텍스트를 지우고 **합계**를 입력한다.
⑧ [개발 도구] 탭의 [코드]에서 [매크로 기록]을 클릭한다.
⑨ [매크로 기록] 대화상자의 '매크로 이름'에 **서식**을 입력하고, [확인]을 클릭한다.
⑩ **[C3:F11]** 영역을 블록 설정한 후, [홈] 탭의 [표시 형식]에서 **쉼표** 스타일을 클릭한다.

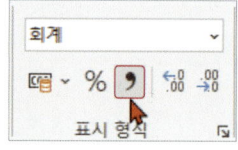

⑪ 블록을 해제한 후, [개발 도구] 탭의 [코드]에서 [기록 중지]를 클릭한다.

⑫ [삽입] 탭의 [일러스트레이션]에서 [도형]의 '기본 도형'의 **빗면**을 클릭한다.

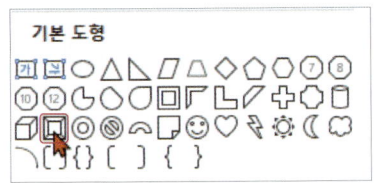

⑬ [G6:G7] 영역에 Alt 를 누르며 드래그하여 도형을 그린다. 도형에 **서식**을 입력한다.
⑭ 도형의 바로 가기 메뉴에서 [매크로 지정]을 클릭하여 **서식**을 선택한 다음 [확인]을 클릭한다.

문제 ❹ 기타작업 2. 차트('차트작업' 시트)

|정답|

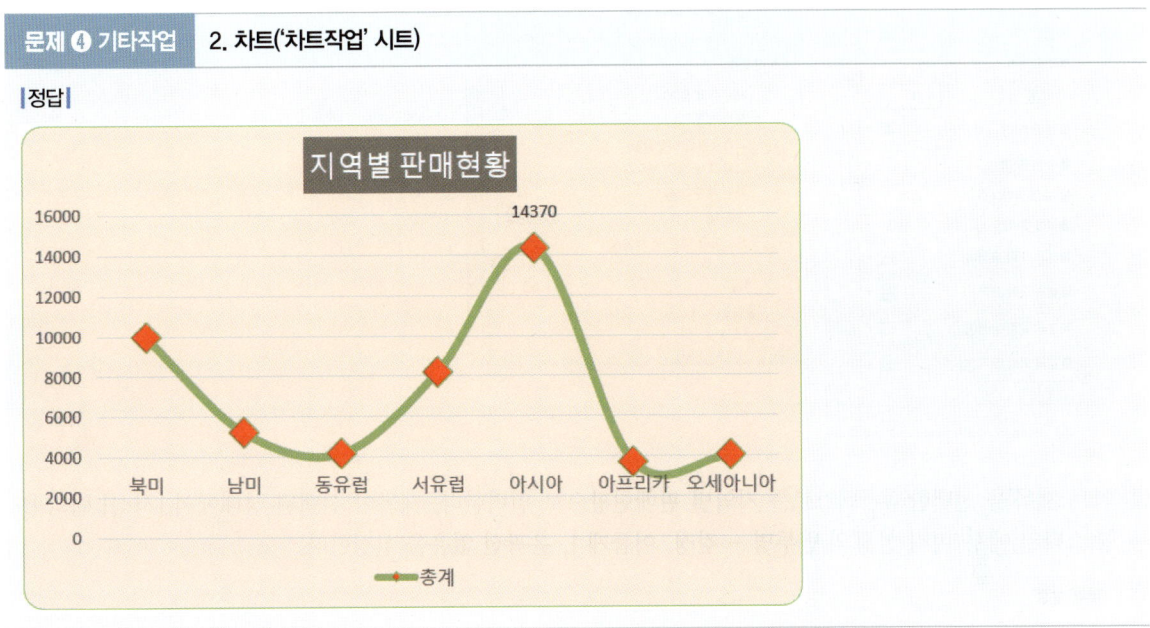

① 차트를 선택하고 [차트 디자인] 탭의 [데이터]에서 [데이터 선택]을 클릭한다.
② [데이터 원본 선택] 대화상자에서 '1사분기', '2사분기', '3사분기', '4사분기' 계열을 선택하고 [제거]를 클릭한다. 항목이 제거된 것을 확인하고 [확인]을 클릭한다.
③ [차트 디자인] 탭의 [종류]에서 [차트 종류 변경]을 클릭한다.
④ [차트 종류 변경] 대화상자에서 [꺾은선형]의 **표식이 있는 꺾은선형**을 선택하고, [확인]을 클릭한다.

⑤ '총계' 계열의 계열선을 더블클릭하여 [데이터 계열 서식]의 [채우기 및 선]에서 [선] 항목으로 이동한다. '너비'를 4로 설정하고, '완만한 선'을 체크한다(체크 시 자동으로 실선으로 변경됨). [표식]의 [표식 옵션]에서 **기본 제공**을 선택한다. '형식'은 **마름모**, '크기'는 **15**로 지정하고, [채우기]에서 '색'을 **표준 색 – 빨강**으로 설정한다(적용 시 자동으로 단색 채우기로 변경됨).

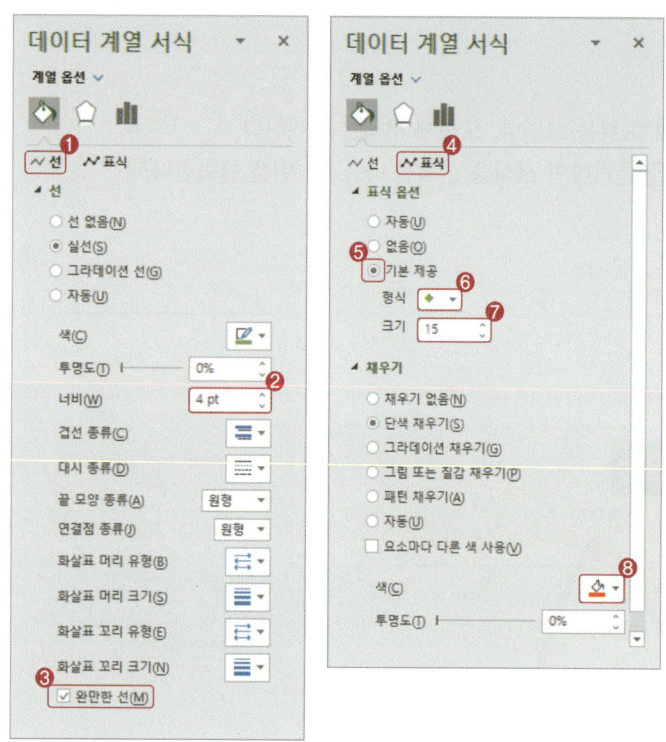

⑥ '차트 제목'을 선택한 후, 텍스트를 **지역별 판매현황**으로 입력한다. 제목이 선택된 상태에서 [서식] 탭의 [도형 스타일]에서 '미리 설정'의 **반투명 – 검정, 어둡게 1, 윤곽선 없음**을 설정한다.

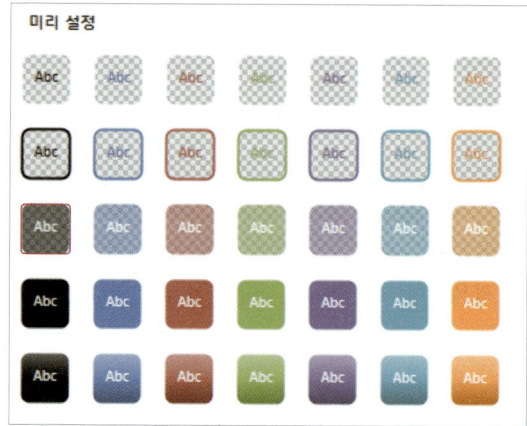

⑦ '아시아' 항목을 천천히 두 번 클릭해 선택한 후, [차트 요소]의 [데이터 레이블]에서 [위쪽]을 선택한다.

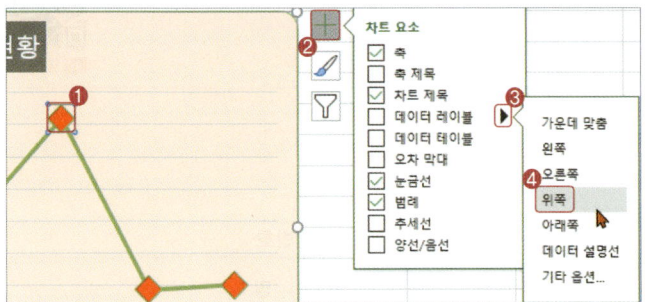

⑧ '기본 세로(값)' 축을 선택한 후, [축 서식] 창의 [축 옵션]에서 [가로 축 교차] 항목의 '축 값'에 **4000**을 입력한다.

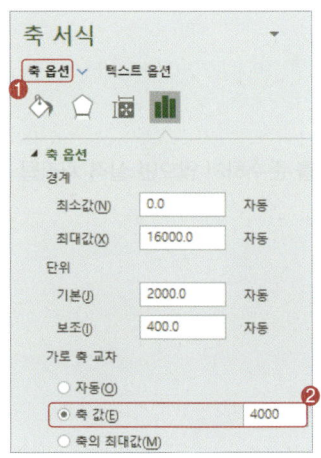

기출 유형 문제 02회

프로그램명	제한시간
EXCEL	40분

수험번호 : _____

성　　명 : _____

유의사항

- 인적 사항 누락 및 잘못 작성으로 인한 불이익은 수험자 책임으로 합니다.

- 화면에 암호 입력창이 나타나면 아래의 암호를 입력하여야 합니다.
  - 암호 :

- 작성된 답안은 경로 및 파일명을 변경하지 마시고 그대로 저장하여야 합니다. 이를 준수하지 않으면 실격 처리됩니다.
  - 답안 파일명의 예 : C:\OA\수험번호8자리.xlsm

- 외부데이터 위치 : C:\OA\파일명

- 별도의 지시사항이 없는 경우, 다음과 같이 처리 시 실격 처리됩니다.
  - 제시된 시트 및 개체의 순서나 이름을 임의로 변경한 경우
  - 제시된 시트 및 개체를 임의로 추가 또는 삭제한 경우

- 답안은 반드시 문제에서 지시 또는 요구한 셀에 입력하여야 하며 다음과 같이 처리 시 채점 대상에서 제외됩니다.
  - 제시된 함수가 있을 경우 제시된 함수만을 사용하여야 하며 그 외 함수사용 시 채점대상에서 제외
  - 수험자가 임의로 지시하지 않은 셀의 이동, 수정, 삭제, 변경 등으로 인해 셀의 위치 및 내용이 변경된 경우 해당 작업에 영향을 미치는 관련 문제 모두 채점 대상에서 제외
  - 도형 및 차트의 개체가 중첩되어 있거나 동일한 계산결과 시트가 복수로 존재할 경우 해당 개체나 시트는 채점 대상에서 제외

- 수식 작성 시 제시된 문제 파일의 데이터는 변경 가능한(가변적) 데이터임을 감안하여 문제 풀이를 하시오.

- 별도의 지시사항이 없는 경우, 주어진 각 시트 및 개체의 설정값 또는 기본 설정값(Default)으로 처리하시오.

- 저장 시간은 별도로 주어지지 않으므로 제한된 시간 내에 저장을 완료하여야 하며, 제한 시간 내에 저장이 되지 않은 경우에는 실격 처리됩니다.

- 출제된 문제의 용어는 MS Office Professional Plus 2021을 기준으로 작성되었습니다.

대 한 상 공 회 의 소

문제 ❶ 주어진 시트에서 다음의 과정을 수행하고 저장하시오. | 기본작업(20점)

01 '기본작업-1' 시트에 다음의 자료를 주어진 대로 입력하시오. (5점)

	A	B	C	D	E	F	G
1	환자별 진료카드						
2							
3	환자코드	성명	성별	진료구분	처방일자	환자분류	총투여일수
4	A8952	이명자	여	입원	05월 07일	보험	4
5	C5822	김혜영	여	기타	05월 07일	의료보험	5
6	B6891	이현정	여	입원	05월 08일	일반	2
7	A3717	김형기	남	통원	05월 09일	의료보험	6
8	D4273	문병용	남	통원	05월 10일	의료보험	3
9	A9679	이숙희	여	통원	05월 10일	의료보험	3
10	D6798	서승범	남	기타	05월 11일	일반	10

02 '기본작업-2' 시트에 대하여 다음의 지시사항을 처리하시오. (각 2점)

① [A1:H1], [A3:D3], [E3:H3] 영역은 '병합하고 가로, 세로 가운데 맞춤'으로 지정하시오.
② [C5:C10] 영역의 이름을 "사원명"으로 정의하시오.
③ [A3:H3] 영역의 채우기 색은 테마색 '바다색 강조5, 50% 더 어둡게', 글꼴색은 '흰색, 배경1'로 적용하시오.
④ [D5:D10] 영역은 사용자 지정 표시 형식을 이용하여 숫자 뒤에 '세'를 [표시 예]와 같이 표시하시오.
  [표시 예 : 35 → 35세]
⑤ [A3:H11] 영역에 '모든 테두리(⊞)'를 적용하고, [A4:H4] 영역에는 '아래쪽 이중 테두리(⊟)'를 적용하시오.

03 '기본작업-3' 시트에서 다음의 지시사항을 처리하시오. (5점)

[A3:A16] 영역의 데이터를 텍스트 나누기를 실행하여 [A3:G16] 영역에 나타내시오.
▶ 데이터는 쉼표(,)로 구분하시오.
▶ '공연종료일', '예매율' 열은 제외하시오.

문제 ❷ '계산작업' 시트에서 다음의 과정을 수행하고 저장하시오. | 계산작업(40점)

01 [표1]의 사원명[B3:B9]과 사원번호[C3:C9]를 이용하여 사은품을 [E3:E9] 영역에 표시하시오. (8점)

▶ 사원번호의 두 번째 숫자가 1이면 "향수", 2이면 "지갑", 3이면 "상품권", 4이면 "거울"로 표시하시오.
▶ 사원명이 "조영아"이고 사은품이 "향수"이면, "조영아-향수"로 표시하시오.
▶ MID, CHOOSE 함수와 & 연산자를 사용하시오.

② [표2]의 코드번호[G3:G9]의 첫 번째 글자와 학번[I3:I9]의 첫글자를 이용하여 [참조표]에서 학과를 찾아 [J3:J9] 영역에 표시하시오. (8점)
- ▶ [표시 예 : 학과가 시스템공학이고 학번의 첫 글자가 1 → 시스템공학(19)]
- ▶ VLOOKUP, LEFT 함수와 & 연산자를 사용하시오.

③ [표3]에서 매출액[D13:D20]에서 가장 작은 수와 가장 큰 수를 제외한 평균을 [G20] 셀에 구하시오. (8점)
- ▶ MAX, MIN, AVERAGEIFS 함수를 사용하시오.

④ [표4]의 교양[D25:D32]에 따른 순위가 1위면 "수석", 2위면 "차석", 그 외는 공백을 순위[E25:E32] 영역에 표시하시오. (8점)
- ▶ 교양 점수가 높은 점수가 1위가 되도록 인수를 설정하시오.
- ▶ IF, RANK.EQ 함수를 사용하시오.

⑤ [표5]의 월급수령[H25:H31]이 "지급"으로 시작하거나 "지급"으로 끝나는 실수령액[J25:J31]의 평균을 소수점 첫째 자리에서 내림한 값을 [L31] 셀에 표시하시오. (8점)
- ▶ 조건 입력은 [L26] 셀부터 시작하시오.
- ▶ DAVERAGE, ROUNDDOWN 함수를 사용하시오.

문제 ❸ 주어진 시트에서 다음의 과정을 수행하고 저장하시오. | 분석작업(20점)

① '분석작업-1' 시트에 대하여 다음의 지시사항을 처리하시오. (10점)

[피벗 테이블] 기능을 이용하여 '편의점 라면 판매현황' 표의 입고일은 '행', 회사는 '열'로 처리하고, '값'에는 판매가의 합계와 총판매액의 최대값을 계산하시오.
- ▶ 피벗 테이블 보고서는 동일 시트의 [A16] 셀에서 시작하시오.
- ▶ 입고일은 일 단위로 그룹화하시오(단위 10).
- ▶ 판매가와 총판매액은 셀 서식을 이용하여 쉼표 스타일로 적용하시오.
- ▶ 피벗 테이블 스타일은 '연보라, 피벗 스타일 보통5'로 설정하고 스타일 옵션은 '행 머리글', '열 머리글', '줄무늬 행'을 적용하시오.
- ▶ 피벗 테이블 보고서는 행 및 열의 총합계를 해제하시오.

② '분석작업-2' 시트에 대하여 다음의 지시사항을 처리하시오. (10점)
- ▶ [정렬] 기능을 이용하여 '사원 현황' 표에서 '부서명'을 과장-부장-차장-대리 순으로 정렬하고, 동일한 부서명인 경우 '근무기간'의 셀 색이 'RGB(242,220,219)'인 값이 위에 표시되도록 정렬하시오.

문제 ❹ 주어진 시트에서 다음의 과정을 수행하고 저장하시오.　　　　　　　　　　**기타작업(20점)**

01 '매크로작업' 시트의 [표1]에서 다음과 같은 기능을 수행하는 매크로를 현재 통합문서에 작성하고 실행하시오. (각 5점)

⚠ 셀 포인터의 위치에 관계없이 매크로가 실행되어야 정답으로 인정됨

① [F3:F10] 영역에 기본급, 수당, 상여금의 합계를 계산하는 매크로를 생성하여 실행하시오.
  ▶ 매크로 이름 : 합계　　　　　　　　▶ 합계는 자동 합계 기능을 사용하시오.
  ▶ [삽입]-[일러스트레이션]-[도형]-[사각형]의 '사각형 : 둥근모서리(☐)'를 동일 시트의 [H2:H4] 영역에 생성하고, 텍스트를 '합계'로 입력한 후 단추를 클릭할 때 '합계' 매크로가 실행되도록 설정하시오.

② [C3:F10] 영역에 셀 스타일 '숫자서식'을 적용하는 매크로를 생성하여 실행하시오.
  ▶ 매크로 이름 : 스타일
  ▶ [삽입]-[일러스트레이션]-[도형]-[기본 도형]의 '사각형: 둥근모서리(☐)'를 동일 시트의 [I2:I4] 영역에 생성하고, 텍스트를 '스타일'로 입력한 후 도형을 클릭할 때 '스타일' 매크로가 실행되도록 설정하시오.

02 '차트작업' 시트의 차트를 지시사항에 따라 아래 그림과 같이 수정하시오. (각 2점)

⚠ 차트는 반드시 문제에서 제공한 차트를 사용하여야 하며, 신규로 작성 시 0점 처리됨

① '총계' 계열을 데이터 범위에 추가하고 보조축으로 설정한 후 차트 종류를 '영역형'으로 설정하시오.
② 기본 세로(값) 축의 눈금을 최소값은 1000, 최대값은 4000, 기본 단위는 1000으로 지정하시오. 보조 세로(값) 축의 눈금을 최소값은 1000, 최대값은 15000으로 지정하시오. 보조 세로축의 표시 형식을 '숫자'로 지정하고, 1000단위 구분 기호(쉼표)가 포함되도록 설정하시오.
③ '1사분기' 계열의 채우기는 '표준 색 – 노랑', 투명도 50%로 채우고 '총계' 계열의 '채우기'는 '황록색 강조3'으로 설정하고, '1사분기' 계열에 대해 '지수' 추세선을 설정하시오.
④ '1사분기' 서유럽 항목과 아시아 항목에는 '말풍선 : 타원형' 모양의 데이터 설명선 '값'을 '바깥쪽 끝에' 위치에 설정하시오.
⑤ 차트 영역의 테두리 너비는 '2pt', 파선, 선 색은 '표준 색 – 자주', 테두리 스타일은 '둥근 모서리'를 설정하시오.

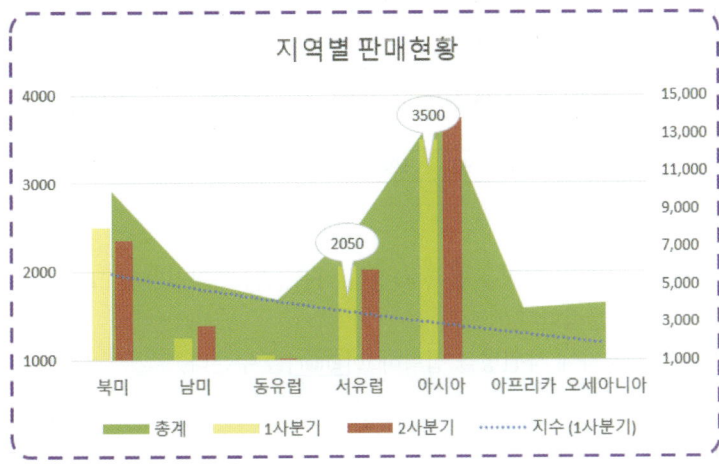

기출 유형 문제 02회 / 해설

문제 ❶ 기본작업   1. 데이터 입력('기본작업-1' 시트)

|정답|

	A	B	C	D	E	F	G
1	환자별 진료카드						
2							
3	환자코드	성명	성별	진료구분	처방일자	환자분류	총투여일수
4	A8952	이명자	여	입원	05월 07일	보험	4
5	C5822	김혜영	여	기타	05월 07일	의료보험	5
6	B6891	이현정	여	입원	05월 08일	일반	2
7	A3717	김형기	남	통원	05월 09일	의료보험	6
8	D4273	문병용	남	통원	05월 10일	의료보험	3
9	A9679	이숙희	여	통원	05월 10일	의료보험	3
10	D6798	서승범	남	기타	05월 11일	일반	10

[A3] 셀부터 입력한다. 처방일자는 보이는 그대로 **05월 07일**로 입력한다.

문제 ❶ 기본작업   2. 데이터 서식('기본작업-2' 시트)

|정답|

	A	B	C	D	E	F	G	H
1	유진기획 5월 월급 지급 현황							
2								
3	사원정보				지급액정보			
4	사원코드	부서명	사원명	나이	기본급	수당	세금	실지급액
5	CM-123	총무부	윤시아	45세	1935100	542100	250315	2727515
6	KL-513	경리부	김지현	27세	1562900	351350	121350	2035600
7	KH-012	기획실	이태영	42세	2616420	1264600	350000	4231020
8	HB-032	홍보부	정주희	35세	2236150	1003250	281350	3520750
9	YU-236	영업부	박현아	29세	1643810	1006520	210030	2860360
10	YU-237	영업부	안태진	34세	1643810	873510	198135	2715455
11	합계				11638190	5041330	1411180	18090700

① Ctrl 을 누르면서 [A1:H1], [A3:D3], [E3:H3] 영역을 블록 설정한 다음 [홈] 탭의 [맞춤] 그룹에서 **병합하고 가운데 맞춤**, **세로 가운데 맞춤**을 차례로 클릭한다.

② [C5:C10] 영역을 블록 설정한 후, 이름 상자에 **사원명**을 입력하고 Enter 를 누른다.

③ [A3:H3] 영역을 블록 설정한 후, [홈] 탭의 [글꼴] 그룹에서 [채우기 색]은 **바다색, 강조 5, 50% 더 어둡게**를 선택하고, [글꼴 색]은 **흰색, 배경 1**을 선택한다.

④ [D5:D10] 영역을 블록 설정한 후, Ctrl+1을 눌러 [셀 서식] 창을 연다. [표시 형식]의 [사용자 지정] 탭에서 '형식' 항목에 0"세"를 입력하고 [확인]을 클릭한다.
⑤ [A3:H11] 영역을 블록 설정한 후, [홈] 탭의 [글꼴]의 [테두리]에서 **모든 테두리(田)**를 선택한다.
⑥ [A4:H4] 영역을 블록 설정한 후, [홈] 탭의 [글꼴]의 [테두리]에서 **아래쪽 이중 테두리**를 선택한다.

문제 ❶ 기본작업   3. 텍스트 나누기('기본작업-3' 시트)

|정답|

	A	B	C	D	E	F	G
1	공연정보						
2							
3	공연명	공연시작일	공연시간	관람료	일반	VIP	예매순위
4	일리야 라쉬코프스키	45636	1	60000	1000	100	
5	BTOB CONCERT	45653	1	143000	3000	43	
6	웃는 남자	45666	3	140000	100	22	☆Low2
7	모던가곡 III	45504	1	65000	400	10	
8	호두까기인형	45640	2	80000	500	5	
9	테베랜드	45616	3	55000	350	111	
10	어게인2024오페라투란도트	45545	2	200000	550	60	
11	콜드플레이 내한공연	45763	2	198000	15000	21	☆Low1
12	광화문연가	45588	2	100000	1500	47	
13	DAVICHI CONCERT <A Stitch in Time>	45675	2	143000	1000	55	
14	CRUSH CONCERT	45646	2	154000	1000	60	
15	지저스 크라이스트 수퍼스타	45603	2	90000	2000	100	★Top3
16	글루미 선데이	45601	2	66000	1500	50	★Top1

① [A3:A16] 영역을 블록으로 설정한 후, [데이터] 탭의 [데이터 도구] 그룹에서 [텍스트 나누기]를 클릭한다.
② [텍스트 마법사 – 3단계 중 1단계] 대화상자에서 '구분 기호로 분리됨'을 선택한 후 [다음]을 클릭한다.
③ [텍스트 마법사 – 3단계 중 2단계] 대화상자에서 '구분 기호' 항목 중 '쉼표'에만 체크한 후 [다음]을 클릭한다.
④ [텍스트 마법사 – 3단계 중 3단계] 대화상자에서 '공연종료일', '예매율' 항목은 '열 가져오지 않음(건너뜀)'을 선택한 후 [마침]을 클릭한다.

문제 ❷ 기본작업 1. 계산('계산작업' 시트)

|정답|

	A	B	C	D	E
1	[표1]		사원등급별 사은품		
2	가입일	사원명	사원번호	포인트	사은품
3	2022-05-07	조영아	B1352	25000	조영아-향수
4	2023-06-04	박근애	C4802	12500	박근애-거울
5	2024-01-02	최진영	C2351	35000	최진영-지갑
6	2024-03-05	이필용	D3102	22500	이필용-상품권
7	2024-08-07	장세미	A2160	10200	장세미-지갑
8	2025-03-01	정대수	B3641	26000	정대수-상품권
9	2025-05-14	구성태	D4681	35000	구성태-거울

[E3] 셀에 수식 =B3&"-"&CHOOSE(MID(C3,2,1),"향수","지갑","상품권","거울")을 입력한 후, [E9] 셀까지 수식을 복사한다.

문제 ❷ 계산작업 2. 계산('계산작업' 시트)

|정답|

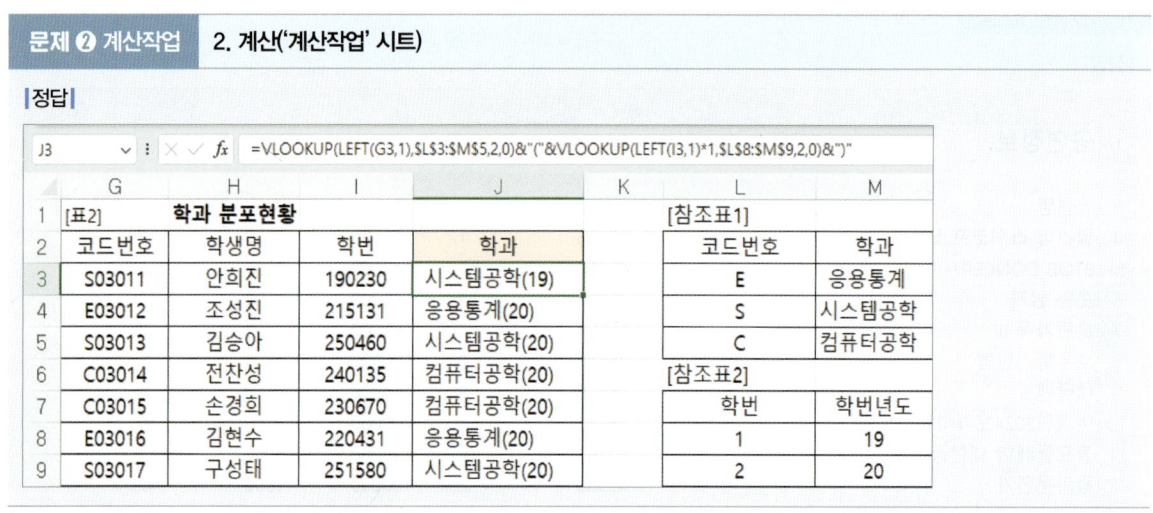

[J3] 셀에 =VLOOKUP(LEFT(G3,1),$L$3:$M$5,2,0)&"("&VLOOKUP(LEFT(I3,1)*1,$L$8:$M$9,2,0)&")" 을 입력한 후, [J9] 셀까지 드래그하여 수식을 복사한다.

> 💬 **함수 설명**
>
> VLOOKUP(LEFT(I3,1)*1,$L$8:$M$9,2,0)
> 학번의 첫 글자를 이용하여 학번년도를 구하는 경우 LEFT(I3,1)의 값은 문자형식이고 [참조표2]의 첫 열 값은 숫자형식이므로 LEFT(I3,1)*1로 변경하여 식에 대입한다.

문제 ❷ 계산작업 3. 계산('계산작업' 시트)

|정답|

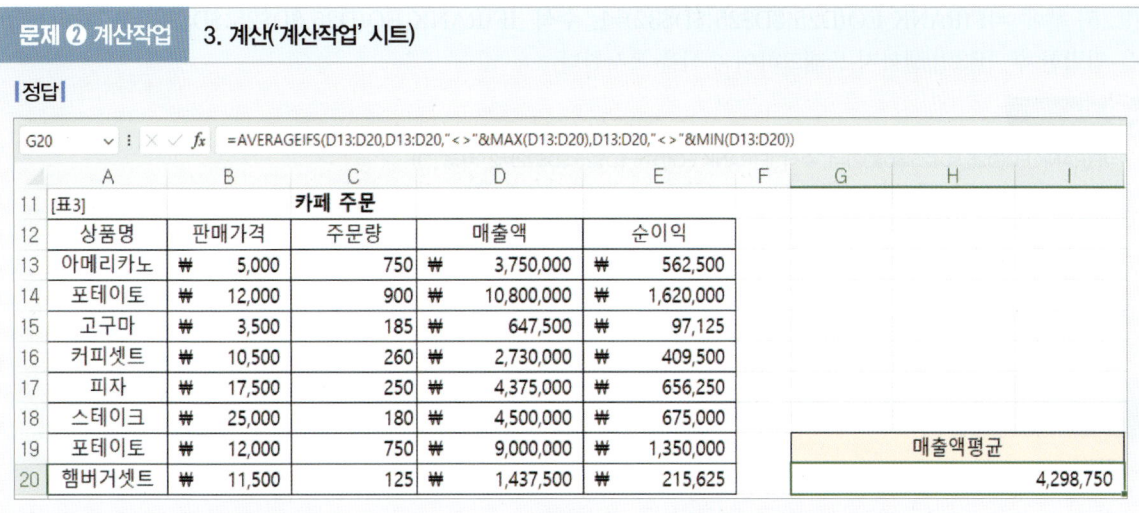

[G20] 셀에 =AVERAGEIFS(D13:D20,D13:D20,"〈〉"&MAX(D13:D20),D13:D20,"〈〉"&MIN(D13:D20))를 입력한다.

💬 함수 설명

=AVERAGEIFS(평균범위, 조건범위, 조건식, 조건범위, 조건식)
- 조건식을 입력할 때 함수가 포함되면 "연산자"&함수의 형식으로 입력한다.
- 최대값 제외 : "〈〉"&MAX(D13:D20)
- 최소값 제외 : "〈〉"&MIN(D13:D20)

문제 ❷ 계산작업 4. 계산('계산작업' 시트)

|정답|

E25 =IF(RANK.EQ(D25,$D$25:$D$32)=1,"수석",IF(RANK.EQ(D25,$D$25:$D$32)=2,"차석",""))

	A	B	C	D	E	F
23	[표4]		교양과목 1학기 성적표			
24	학과	성명	전공	교양	순위	
25	시스템공학	경기	92	89	차석	
26	응용통계	대구	78	82		
27	컴퓨터공학	인천	92	99	수석	
28	시스템공학	부산	81	80		
29	응용통계	인천	76	70		
30	컴퓨터공학	대구	55	52		
31	응용통계	인천	48	49		
32	컴퓨터공학	인천	79	78		

[E25] 셀에 =IF(RANK.EQ(D25,$D$25:$D$32)=1,"수석",IF(RANK.EQ(D25,$D$25:$D$32)=2,"차석","")) 을 입력한 후, [E32] 셀까지 드래그하여 수식을 복사한다.

> **함수 설명**
>
> =IF(RANK.EQ(D25,$D$25:$D$32)=1,"수석",IF(RANK.EQ(D25,$D$25:$D$32)=2,"차석",""))
> 내림차순은 RANK.EQ(기준셀,참조범위,0) 또는 RANK.EQ(기준셀,참조범위)로 계산한다.

문제 ❷ 계산작업 5. 계산('계산작업' 시트)

정답

	G	H	I	J	K	L
23	[표5]		**급여계산**			
24	사원번호	월급수령	상여금	실수령액		
25	S03011	지급처리	842600	2027800		
26	S03012	처리중	794725	1884175		월급수령
27	S03013	통장지급	812425	1937275		지급*
28	S03014	정산중	749300	1747900		*지급
29	S03015	현금지급	728925	1686775		
30	S03016	계산중	862275	2086825		실수령액평균
31	S03017	지급중	777250	1831750		1870900

L31 셀: =ROUNDDOWN(DAVERAGE(G24:J31,J24,L26:L28),0)

조건을 입력한 후, [L31] 셀에 =ROUNDDOWN(DAVERAGE(G24:J31,J24,L26:L28),0)을 입력한다.

> **함수 설명**
>
> =ROUNDDOWN(DAVERAGE(G24:J31,J24,L26:L28),0)
> - 지급으로 시작하거나 지급으로 끝나는 조건식을 미리 입력한 다음, 식을 작성한다.
> - 조건은 고급필터 형식으로 작성한다.

문제 ❸ 분석작업 1. 피벗 테이블('분석작업-1' 시트)

정답

	A	B	C	D	E	F	G
16		열 레이블					
17		농심		삼양		오뚜기	
18	행 레이블	합계 : 판매가	최대 : 총판매액	합계 : 판매가	최대 : 총판매액	합계 : 판매가	최대 : 총판매액
19	2024-09-02 - 2024-09-11	5,720	293,436			11,900	1,699,320
20	2024-09-12 - 2024-09-21	12,000	3,055,200	21,860	778,734	4,580	295,868
21	2024-09-22 - 2024-10-01	10,560	694,925	4,400	916,300	17,920	1,949,696

① 데이터 영역에 커서를 두고 (또는 표 전체를 영역 설정하고), [삽입] 탭에서 [표]의 [피벗 테이블]을 클릭한다.
② [피벗테이블 만들기] 대화상자의 '표/범위'에는 편의점 라면 판매현황 표의 전체 영역(분석작업-1'!$A$3:$H$13)이 자동으로 입력되어 있다. '피벗 테이블 보고서를 넣을 위치' 항목에서는 [기존 워크시트]를 선택한다. 워크시트 내의 [A16] 셀을 마우스로 클릭하고, [확인]을 클릭한다.
③ [피벗 테이블 필드]에서 '입고일'은 **행** 영역으로, '회사'는 **열** 영역으로, '판매가'와 '총판매액'은 **값** 영역으로 각각 드래그한다.

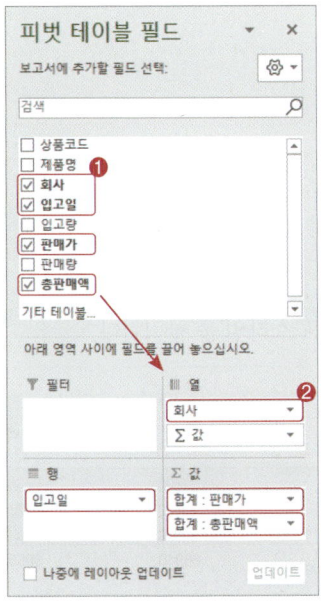

④ 값 영역의 '판매가'와 '총판매액'은 자동으로 '합계: 판매가', '합계: 총판매액'으로 표시된다(기본 요약 방식은 '합계').
⑤ '총판매액' 셀([C19])에서 마우스 오른쪽 버튼을 누른 후, [값 요약 기준]의 [최대값]을 선택하여 '최대: 총판매액'으로 변경한다.
⑥ '입고일' 항목 중 임의의 날짜 위에 커서를 두고 마우스 오른쪽 버튼을 누른 다음, 바로 가기 메뉴에서 [그룹]을 클릭한다.

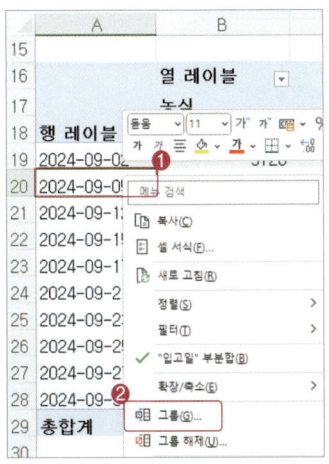

⑦ [그룹화] 대화상자에서 '단위'는 '일'만 선택하고, '날짜 수'에는 10을 입력한 뒤 [확인]을 클릭한다.

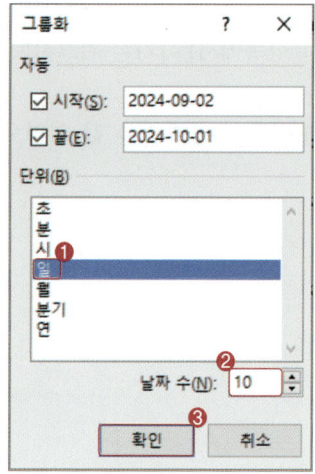

⑧ [B19:I22] 영역을 블록 설정한 후, 마우스 오른쪽 메뉴의 도구모음에서 '쉼표 스타일'을 클릭한다.

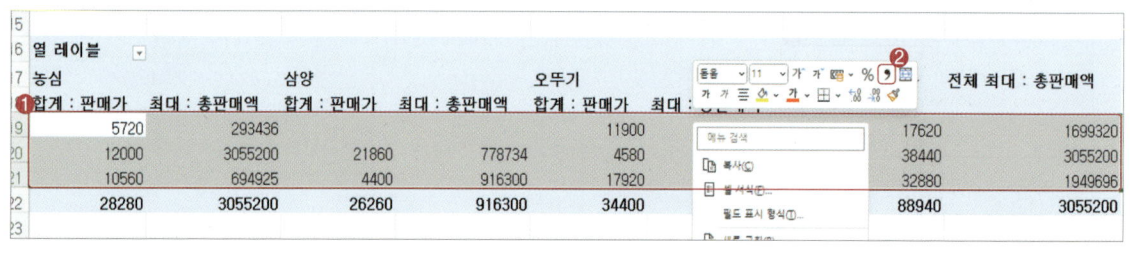

> 🔑 **기적의 TIP**
>
> '쉼표 스타일'은 [셀 서식]의 [표시 형식]에서 [회계]의 '기호 없음'과 동일한 서식이다.

⑨ [디자인] 탭의 [피벗 테이블 스타일]에서 '중간' 항목 중 **연보라, 피벗 스타일 보통 5**를 클릭한다. 이후 [피벗 테이블 스타일 옵션]에서 '행 머리글', '열 머리글', '줄무늬 행'을 차례로 클릭한다.

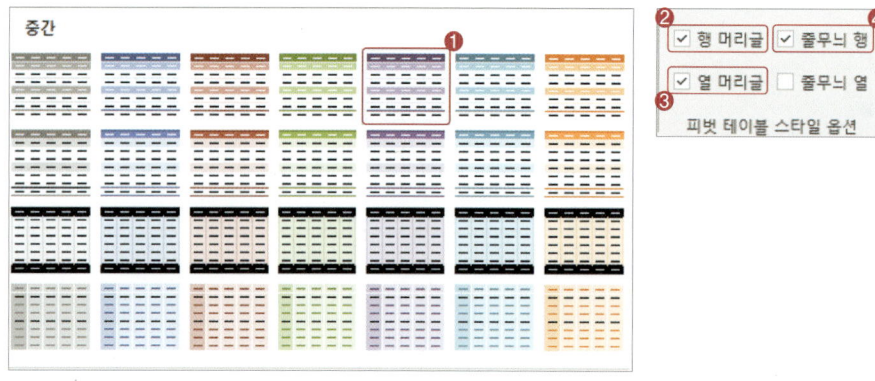

⑩ [디자인] 탭의 [레이아웃]의 [총합계]에서 '행 및 열의 총합계 해제'를 클릭한다.

문제 ❸ 분석작업 2. 데이터 정렬('분석작업-2' 시트)

|정답|

부서명	성명	성별	근무기간	기본급	수당	상여금	세금	실수령액
과장	홍지운	여	28	1,150,000	124,000	862,500	149,555	1,986,945
과장	홍태철	남	28	1,150,000	113,000	862,500	148,785	1,976,715
과장	이영택	남	24	850,000	115,000	637,500	112,175	1,490,325
과장	황가인	여	33	1,450,000	116,000	1,087,500	185,745	2,467,755
과장	추정아	여	32	1,400,000	118,000	1,050,000	179,760	2,388,240
부장	도지연	여	30	1,250,000	125,000	937,500	161,875	2,150,625
부장	강구철	남	33	1,450,000	145,000	1,087,500	187,775	2,494,725
부장	장철훈	남	32	1,400,000	135,000	1,050,000	180,950	2,404,050
부장	은나라	여	25	900,000	156,000	675,000	121,170	1,609,830
부장	강정인	남	27	1,100,000	132,000	825,000	143,990	1,913,010
차장	표인진	남	17	1,250,000	88,000	937,500	159,285	2,116,215
차장	임도환	남	30	1,235,000	103,000	926,250	158,498	2,105,753
차장	고미자	여	25	900,000	139,000	675,000	119,980	1,594,020
차장	신이지	여	22	1,100,000	168,000	825,000	146,510	1,946,490
차장	안태영	남	20	1,050,000	125,000	787,500	137,375	1,825,125
대리	박덕순	여	7	850,000	145,000	637,500	114,275	1,518,225
대리	이호길	남	5	1,200,000	125,000	900,000	155,750	2,069,250
대리	이소영	여	3	1,200,000	98,000	900,000	153,860	2,044,140
대리	오수연	여	7	1,350,000	136,000	1,012,500	174,895	2,323,605
대리	임승주	여	1	1,100,000	185,000	825,000	147,700	1,962,300
대리	이학철	남	5	1,100,000	124,000	825,000	143,430	1,905,570

① [A3:I24] 영역을 블록 설정한 후, [데이터] 탭에서 [정렬 및 필터]의 [정렬]을 클릭한다.
② [정렬] 대화상자에서 '정렬 기준'은 **부서명**, **셀 값**, **사용자 지정 목록**을 선택한다.
③ [사용자 지정 목록] 대화상자에서 '목록 항목'에 **과장** Enter **부장** Enter **차장** Enter **대리**를 입력한 후 [추가]를 클릭한다. 추가된 항목은 왼쪽 사용자 지정 목록의 가장 아래쪽에 추가되며, 이를 선택한 뒤 [확인]을 클릭하면 정렬 기준에 적용된다.

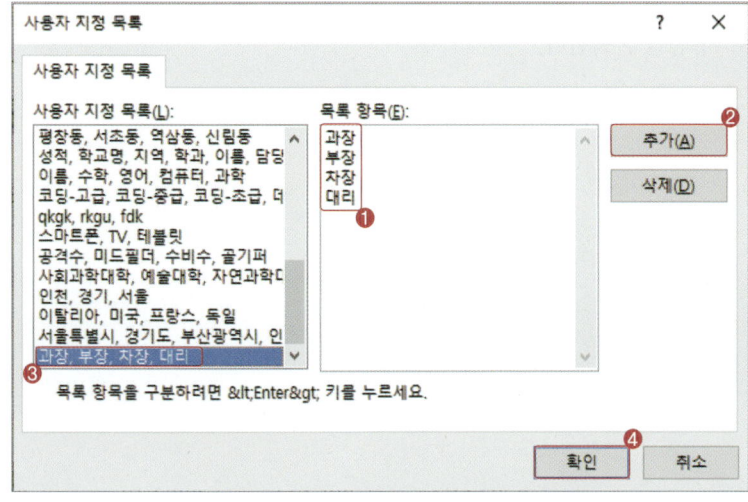

④ 두 번째 정렬 기준을 설정하기 위해 [기준 추가]를 클릭한 후, '다음 기준'은 **근무기간, 셀 색, 색 항목**(RGB 242, 220, 219), **위에 표시**를 선택한 뒤 [확인]을 클릭한다.

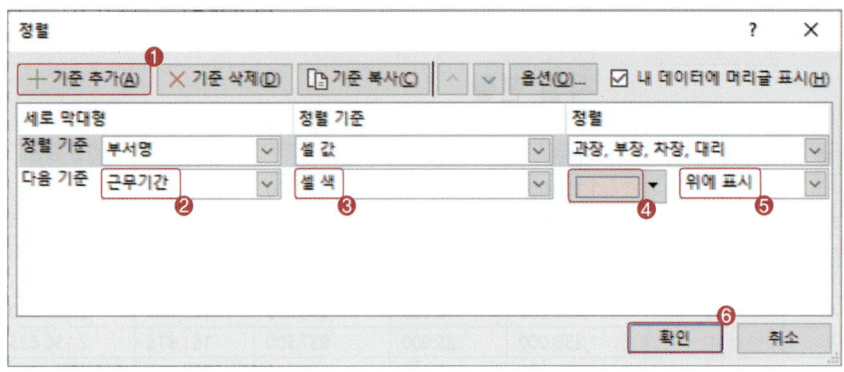

문제 ④ 기타작업   1. 매크로('매크로작업' 시트)

|정답|

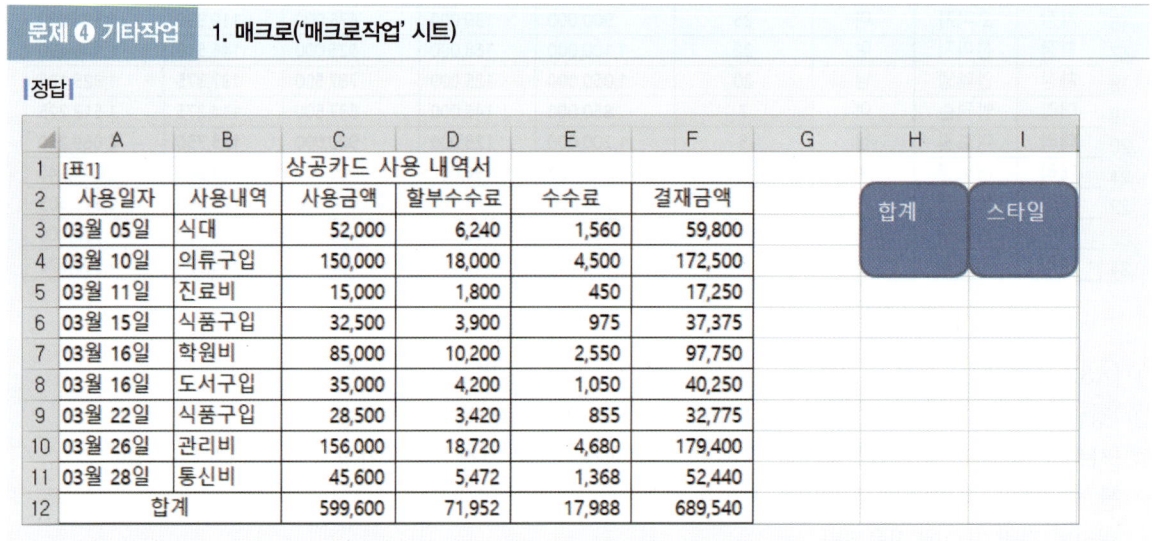

① [개발 도구] 탭의 [코드]에서 [매크로 기록]을 클릭한다.

② [매크로 기록] 대화상자에서 '매크로 이름'에 **합계**를 입력하고 [확인]을 클릭한다.

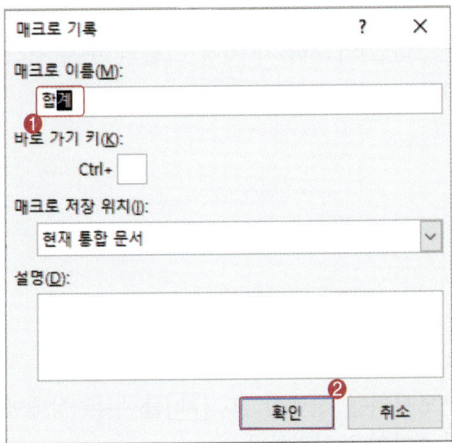

③ [F3:F10] 영역을 블록 설정한 후, [홈] 탭의 [편집]에서 [자동 합계]의 [합계]를 클릭한다.

> **기적의 TIP**
> - 자동 합계를 클릭하면, 같은 행 또는 같은 열의 연속된 숫자 범위가 함수의 인수가 된다.
> - [F3] 셀에는 자동으로 수식 **=SUM(C3:E3)**이 입력된다.

④ 블록을 해제한 후, [개발 도구] 탭의 [코드]에서 [기록 중지]를 클릭한다.
⑤ [삽입] 탭의 [일러스트레이션]에서 [도형]의 **'사각형'의 둥근모서리**를 선택한 후, [Alt]를 누른 상태에서 [H2:H4] 영역으로 드래그한다. 도형의 크기를 조정한 후 내부에 **합계**를 입력한다.
⑥ 도형의 바로 가기 메뉴에서 [매크로 지정]을 클릭하고, [매크로 지정] 대화상자에서 **합계**를 선택한 후 [확인]을 클릭한다.

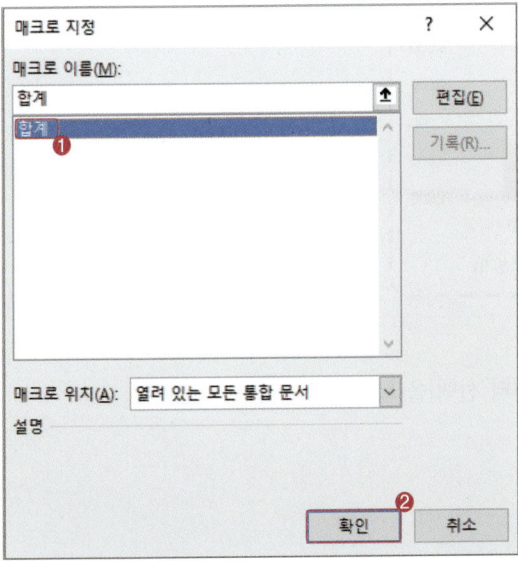

⑦ [개발 도구] 탭의 [코드]에서 [매크로 기록]을 클릭한다.
⑧ [매크로 기록] 대화상자에서 '매크로 이름'에 **스타일**을 입력하고 [확인]을 클릭한다.
⑨ [C3:F10] 영역을 블록 설정한 후, [홈] 탭의 [스타일]에서 [셀 스타일]의 '사용자 지정' 그룹의 '숫자 서식'을 클릭한다.

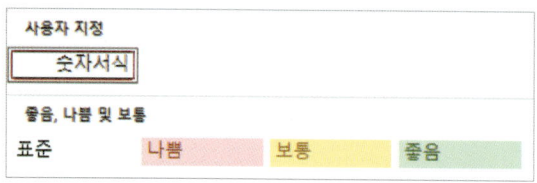

⑩ 임의의 셀을 클릭한 후, [개발 도구] 탭의 [코드]에서 [기록 중지]를 클릭한다.
⑪ [삽입] 탭의 [일러스트레이션]에서 [도형]의 **'사각형'의 둥근모서리**를 선택한 후, Alt 를 누른 상태에서 [I2:I4] 영역으로 드래그한다. 도형의 크기를 조절한 후 내부에 **스타일**을 입력한다.
⑫ 도형의 바로 가기 메뉴에서 [매크로 지정]을 클릭하고, [매크로 지정] 대화상자에서 **스타일**을 선택한 후 [확인]을 클릭한다.

문제 ❹ 기타작업   2. 차트('차트작업' 시트)

|정답|

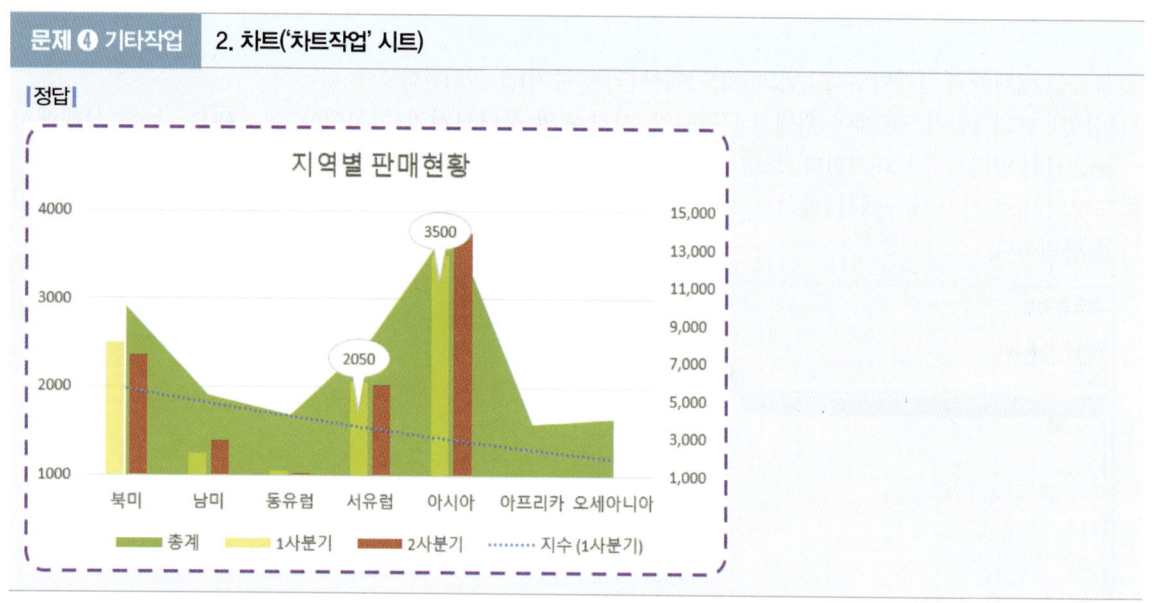

① 차트를 선택하고 [차트 디자인] 탭에서 [데이터]의 [데이터 선택]을 클릭한다.

② [데이터 원본 선택] 대화상자에서 [추가]를 클릭한다.

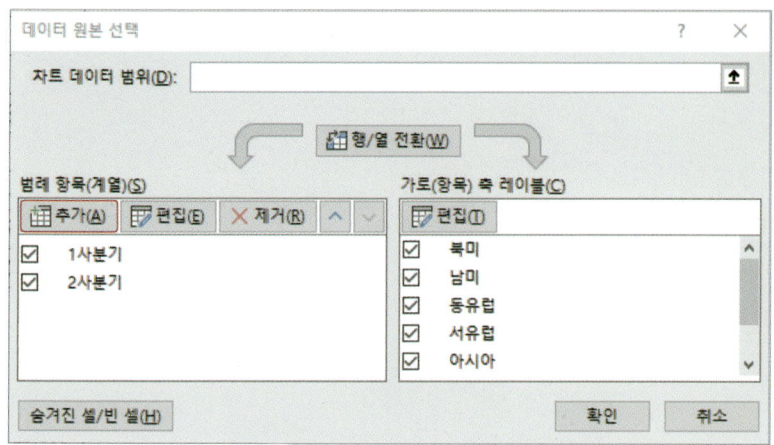

③ [계열 편집] 대화상자에서 '계열 이름'은 [F2] 셀을 클릭하고, '계열 값'은 [F3:F9] 영역을 드래그한 후 [확인]을 클릭한다.

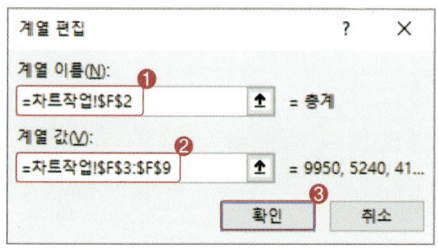

④ [데이터 원본 선택] 대화상자에서 [확인]을 클릭한다.
⑤ '총계' 계열을 선택한 후, [차트 디자인] 탭에서 [종류]의 [차트 종류 변경]을 클릭한다.
⑥ '총계' 계열의 차트 종류를 영역형으로 변경한 후, '보조 축'을 체크하고 [확인]을 클릭한다.
⑦ 축을 더블클릭하여 [축 서식] 탭을 열고 '기본 세로(값)' 축을 선택한 후, [축 서식] 창에서 [축 옵션] 항목의 '최소값'은 1000, '최대값'은 4000, '기본 단위'는 1000으로 설정한다.

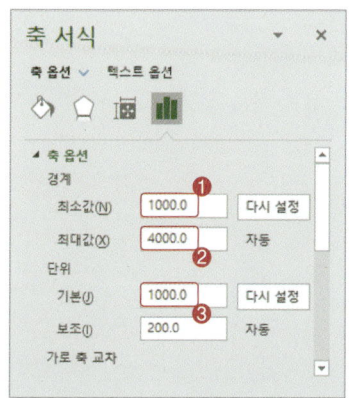

⑧ '보조 세로(값)'을 선택한 후, [축 서식]의 [축 옵션] 항목에서 '최소값'은 1000, '최대값'은 15000으로 입력한다.

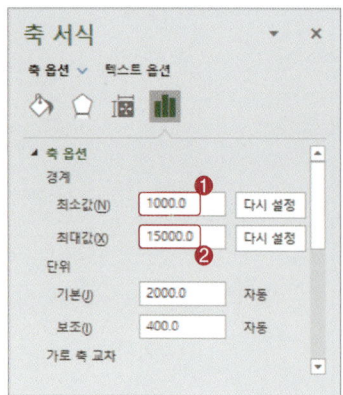

⑨ 스크롤을 아래쪽으로 내려 [표시 형식]의 '범주'는 **숫자**로 설정하고, '1000단위 구분 기호(,) 사용'을 체크한다.

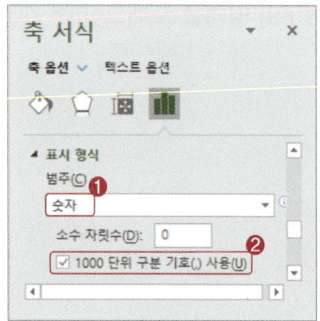

⑩ '1사분기' 계열을 선택한 후, [데이터 계열 서식]의 [채우기 및 선]에서 [채우기]는 **단색 채우기**, '색'은 **표준 색 – 노랑**을 선택한 다음 '투명도'를 **50%**로 지정한다. 같은 방법으로 '총계' 계열의 [채우기]에서 '색'은 **테마 색 – 황록색, 강조 3**을 선택한다.

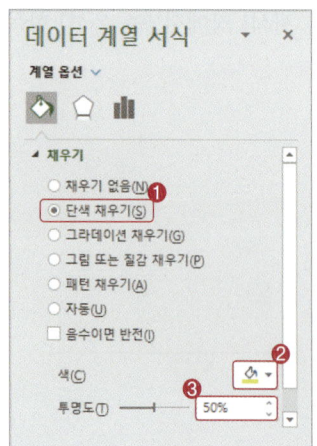 

⑪ '1사분기' 계열을 선택한 후, [차트 요소]의 [추세선]에서 [지수]를 선택한다.

⑫ '1사분기'의 '아시아' 항목을 천천히 두 번 클릭한 후, [차트 요소]의 [데이터 레이블]에서 [데이터 설명선]을 선택한다.

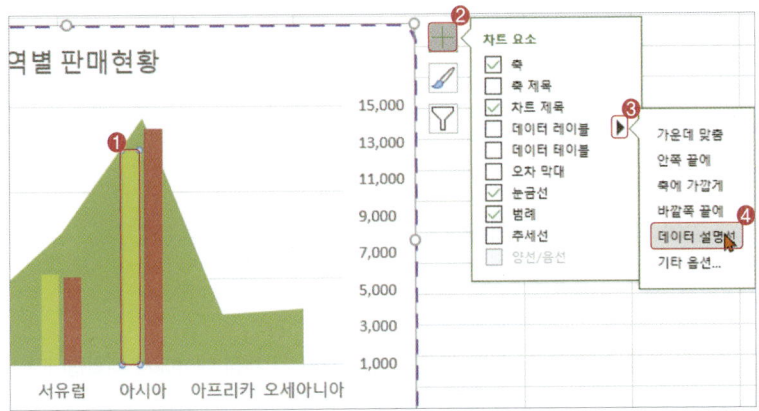

⑬ '데이터 설명선'을 마우스 오른쪽 버튼으로 클릭한 후, [데이터 레이블 셰이프 변경] 또는 [데이터 레이블 도형 변경]에서 **말풍선: 타원형**을 선택한다.

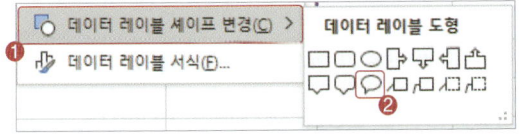

⑭ '아시아' 항목의 레이블을 선택한 후, [데이터 레이블 서식]의 [레이블 옵션] 항목에서 '값'만 체크하고, 나머지 항목은 모두 해제한다.
⑮ '서유럽' 항목도 같은 방법으로 설정을 적용한다.
⑯ '차트 영역'을 선택한 후, [차트 영역 서식] – [채우기 및 선]의 [테두리] 항목에서 '테두리 종류'는 **실선**, '색'은 **표준 색 – 자주**, '너비'는 2pt, '대시 종류'는 **점선**으로 설정한다. '둥근 모서리'는 체크한다.

기출 유형 문제 03회

프로그램명	제한시간
EXCEL	40분

수험번호 :

성　명 :

········· **유의사항** ·········

- 인적 사항 누락 및 잘못 작성으로 인한 불이익은 수험자 책임으로 합니다.
- 화면에 암호 입력창이 나타나면 아래의 암호를 입력하여야 합니다.
   ○ 암호 :
- 작성된 답안은 경로 및 파일명을 변경하지 마시고 그대로 저장하여야 합니다. 이를 준수하지 않으면 실격 처리됩니다.
   ○ 답안 파일명의 예 : C:₩OA₩수험번호8자리.xlsm
- 외부데이터 위치 : C:₩OA₩파일명
- 별도의 지시사항이 없는 경우, 다음과 같이 처리 시 실격 처리됩니다.
   ○ 제시된 시트 및 개체의 순서나 이름을 임의로 변경한 경우
   ○ 제시된 시트 및 개체를 임의로 추가 또는 삭제한 경우
- 답안은 반드시 문제에서 지시 또는 요구한 셀에 입력하여야 하며 다음과 같이 처리 시 채점 대상에서 제외됩니다.
   ○ 제시된 함수가 있을 경우 제시된 함수만을 사용하여야 하며 그 외 함수사용 시 채점대상에서 제외
   ○ 수험자가 임의로 지시하지 않은 셀의 이동, 수정, 삭제, 변경 등으로 인해 셀의 위치 및 내용이 변경된 경우 해당 작업에 영향을 미치는 관련 문제 모두 채점 대상에서 제외
   ○ 도형 및 차트의 개체가 중첩되어 있거나 동일한 계산결과 시트가 복수로 존재할 경우 해당 개체나 시트는 채점 대상에서 제외
- 수식 작성 시 제시된 문제 파일의 데이터는 변경 가능한(가변적) 데이터임을 감안하여 문제 풀이를 하시오.
- 별도의 지시사항이 없는 경우, 주어진 각 시트 및 개체의 설정값 또는 기본 설정값(Default)으로 처리하시오.
- 저장 시간은 별도로 주어지지 않으므로 제한된 시간 내에 저장을 완료하여야 하며, 제한 시간 내에 저장이 되지 않은 경우에는 실격 처리됩니다.
- 출제된 문제의 용어는 MS Office Professional Plus 2021을 기준으로 작성되었습니다.

대 한 상 공 회 의 소

문제 ❶ 주어진 시트에서 다음의 과정을 수행하고 저장하시오. | 기본작업(20점)

01 '기본작업-1' 시트에 다음의 자료를 주어진 대로 입력하시오. (5점)

	A	B	C	D	E	F
1	도서 대여현황					
2						
3	대여번호	대여일자	책제목	대여자정보	대여일수	대여금액
4	Dat0012	22년3월4일	새들이 남쪽으로 가는 날	(010)-699-3823	3	2100
5	Mte0314	22년4월18일	싯다르타	(010)-999-1111	7	4900
6	Dat1241	23년5월17일	영원한 천국	(010)-369-3517	10	7000
7	Dat3642	22년 4월20일	면도날	(010)-722-1361	5	3500
8	Mte3616	22년10월11일	모순	(010)-843-4581	6	4200
9	Yha0168	23년7월6일	말 잘하는 사람은 말투부터 다르다	(010)-145-7511	5	3500
10	Yha3791	20년11월2일	소스코드	(010)-579-3795	5	3500

02 '기본작업-2' 시트에 대하여 다음의 지시사항을 처리하시오. (각 2점)

① [A1:H1] 영역은 '병합하고 가운데 맞춤', '세로 가운데 맞춤', 글꼴 '굴림', 글꼴 크기 '18', 글꼴 스타일 '굵게', 글꼴 색 '표준 색-빨강', 채우기 '테마 색-황금색, 강조4, 80% 더 밝게'로 지정하시오.
② 사용자 지정 표시 형식을 이용하여 [A4:A11] 영역과 [C4:D11] 영역에 각각 [표시 예]와 같이 표시하시오.
▶ [A4:A11] 영역 : [표시 예 : ♠연주회♠]
▶ [C4:D11] 영역 : [표시 예 : 2024-12-10 → 241210(화)]
③ [I3] 셀에 1.1을 입력하고 그 값을 [선택하여 붙여넣기] 기능을 이용하여 [G4:H11] 영역에 곱하기를 하시오. 단, [I3] 셀의 값은 삭제하지 마시오.
④ [F3] 셀은 '觀覽料'로 변경하고, "할인된 요금"이라는 메모를 삽입한 후 항상 표시되도록 하시오.
⑤ [A3:H11] 영역에 색상이 '표준 색-파랑'인 '모든 테두리(⊞)'를 적용한 후 '굵은 바깥쪽 테두리(□)'를 적용하시오.

03 '기본작업-3' 시트에서 다음의 지시사항을 처리하시오. (5점)

▶ '퓨어레스토랑 예약현황' 표에서 사용자 지정 필터를 사용하여 '메뉴'가 "정식"으로 끝나면서 '결제예정액'이 상위 20%인 데이터를 조회하시오.
▶ 사용자 지정 필터의 결과는 [A3:H18] 영역의 데이터를 이용하여 추출하시오.

문제 ❷ '계산작업' 시트에서 다음의 과정을 수행하고 저장하시오. | 계산작업(40점)

01 [표1]의 소풍날짜[A3:A12]와 강수량[C3:C12]를 이용하여 나들이상태를 [D3:D12] 영역에 표시하시오. (8점)

▶ 소풍날짜가 일요일이면서 강수량이 0이면 '나들이 적합', 그렇지 않으면 공백으로 표시하시오.
▶ IF, AND, WEEKDAY 함수를 사용하시오.

02 [표2]의 주민등록번호[L3:L12]를 이용해서 생년월일을 [M3:M12] 영역에 표시하시오. (8점)
- ▶ 주민등록번호의 앞에서 1·2번째 자리는 연도, 3·4번째 자리는 월, 5·6번째 자리는 일로 표시하시오. 단, 주민등록번호의 8번째 숫자가 2보다 크면 2000년대, 그렇지 않으면 1900년대로 표시하시오.
- ▶ IF, DATE, MID 함수와 & 연산자를 사용하시오.

03 [표3]의 꽃 판매량[A17:A24]의 꽃종류를 이용하여 장미꽃의 가인상회 평균을 [C27] 셀에 표시하시오. (8점)
- ▶ 조건은 [B26:B27] 영역에 입력하시오.
- ▶ 평균값은 정수로 표시하시오.
- ▶ DAVERAGE, TRUNC 함수를 사용하시오.

04 [표4]의 부서[I17:I24]의 왼쪽에서 두 글자는 첫 글자만 대문자로 표시하고, 입사일자[L17:L24]의 연도와 순번[K17:K24]을 이용하여 사원ID[M17:M24] 영역에 표시하시오. (8점)
- ▶ [표시 예 : 부서 : AB211, 입학일 : 2020-06-07, 순번 : 14 → 사원ID : Ab202014]
- ▶ PROPER, LEFT, YEAR 함수와 & 연산자를 사용하시오.

05 [표5]의 상반기합계[D32:D38]를 이용하여 상반기합계가 50000~100000 구간의 합계를 [C40] 셀에 계산하시오. (8점)
- ▶ 합계는 백단위에서 올림하여 천단위로 표시하시오.
- ▶ [표시 예 : 169110 → 170000]
- ▶ SUMIFS, ROUNDUP 함수를 사용하시오.

문제 ❸ 주어진 시트에서 다음의 과정을 수행하고 저장하시오. | 분석작업(20점)

01 '분석작업-1' 시트에 대하여 다음의 지시사항을 처리하시오. (10점)
- ▶ 데이터 도구 [통합] 기능을 이용하여 [표1]의 벌금내역이 자동차세와 과태료로 끝나는 세금의 합계를 [E2] 셀부터 계산하시오.

02 '분석작업-2' 시트에 대하여 다음의 지시사항을 처리하시오. (10점)
⚠ 시나리오 요약 보고서 작성 시 정답과 일치하여야 하며, 오차로 인한 부분점수는 인정하지 않음
[시나리오 관리자] 기능을 이용하여 [표1]에서 남성[B5]와 여성[C5]가 다음과 같이 변동되는 경우 총인구수[D11]의 변동 시나리오를 작성하시오.
- ▶ [B5] 셀의 이름은 '남성', [C5] 셀의 이름은 '여성', [D11] 셀의 이름은 '총인구수'로 정의하시오.
- ▶ 시나리오1 : 시나리오 이름은 '인구증가1'로 설정하고, 남성은 25000만큼 여성은 30000만큼 증가한 수로 설정하시오.
- ▶ 시나리오2 : 시나리오 이름은 '인구증가2'로 설정하고, 남성은 15000만큼 여성은 20000만큼 증가한 수로 설정하시오.
- ▶ 위 시나리오에 의한 '시나리오 요약 보고서'는 '분석작업-2' 시트 바로 왼쪽에 위치시키시오.

| 문제 ❹ | 주어진 시트에서 다음의 과정을 수행하고 저장하시오. | **기타작업(20점)** |

01 '매크로작업' 시트의 [표]에서 다음과 같은 기능을 수행하는 매크로를 현재 통합문서에 작성하고 실행하시오. (각 5점)

⚠ 셀 포인터의 위치에 관계없이 매크로가 실행되어야 정답으로 인정됨

① [B14:D14] 영역에 평균을 계산하는 매크로를 생성하여 실행하시오.
  ▶ 매크로 이름 : 평균   ▶ AVERAGE 함수를 사용하시요.
  ▶ [삽입]-[일러스트레이션]-[도형]-[기본 도형]의 '하트(♡)'를 동일 시트의 [C1:C2] 영역에 생성하고, 텍스트를 '평균'으로 입력한 후 단추를 클릭할 때 '평균' 매크로가 실행되도록 설정하시오.

② [E4:E13] 영역의 날짜의 형식을 '자세한 날짜'로 적용하는 매크로를 생성하여 실행하시오.
  ▶ 매크로 이름 : 서식
  ▶ [삽입]-[일러스트레이션]-[도형]-[기본 도형]의 '사각형: 빗면(▢)'을 동일 시트의 [D1:D2] 영역에 생성하고, 텍스트를 '서식'으로 입력한 후 도형을 클릭할 때 '서식' 매크로가 실행되도록 설정하시오.

02 '차트작업' 시트의 차트를 지시사항에 따라 아래 그림과 같이 수정하시오. (각 2점)

⚠ 차트는 반드시 문제에서 제공한 차트를 사용하여야 하며, 신규로 작성 시 0점 처리됨

① '계열3'의 계열 이름은 [D4] 셀, '계열4'의 계열 이름은 [E4] 셀을 연동시키고, '서울' 계열은 제거하시오.
② 차트 종류를 '묶은 가로 막대형'으로 변경하고, 차트 제목은 '차트 위'로 지정한 후 [A2] 셀과 연동되도록 설정하시오.
③ 기본 가로(값)축의 표시 단위를 천으로 설정하고, 값을 거꾸로 표시하시오.
④ 모든 계열에 데이터 레이블 '값'을 표시하고, 데이터 레이블의 위치를 '축에 가깝게'로 설정하시오.
⑤ 차트 영역의 채우기는 '그라데이션 채우기'의 '선형 아래쪽'으로 설정하고, 테두리는 '둥근 모서리'를 설정하시오.

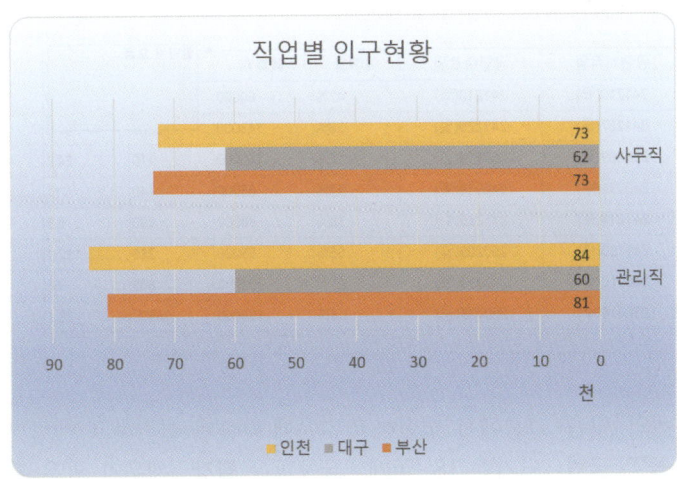

기출 유형 문제 03회 해설

문제 ① 기본작업 1. 데이터 입력('기본작업-1' 시트)

|정답|

	A	B	C	D	E	F
1	도서 대여현황					
2						
3	대여번호	대여일자	책제목	대여자정보	대여일수	대여금액
4	Dat0012	22년3월4일	새들이 남쪽으로 가는 날	(010)-699-3823	3	2100
5	Mte0314	22년4월18일	싯다르타	(010)-999-1111	7	4900
6	Dat1241	23년5월17일	영원한 천국	(010)-369-3517	10	7000
7	Dat3642	22년 4월20일	면도날	(010)-722-1361	5	3500
8	Mte3616	22년10월11일	모순	(010)-843-4581	6	4200
9	Yha0168	23년7월6일	말 잘하는 사람은 말투부터 다르다	(010)-145-7511	5	3500
10	Yha3791	20년11월2일	소스코드	(010)-579-3795	5	3500

띄어쓰기에 주의하며 [A3] 셀부터 정확하게 입력한다.

문제 ① 기본작업 2. 데이터 서식('기본작업-2' 시트)

|정답|

	A	B	C	D	E	F	G	H	I
1				연말 공연안내					
2									
3	공연종류	공연명	공연시작일	공연종료일	예매율	觀覽料	할인된 요금		1.1
4	♠연주회♠	일리야 라쉬코프스키	241210(화)	241210(화)	47%	60000			
5	♠콘서트(팝)♠	BTOB CONCERT	241227(금)	241229(일)	38%	143000			
6	♠뮤지컬(중형)♠	웃는 남자	250109(목)	250309(일)	12%	140000	110	24.2	
7	♠콘서트(클래식)♠	모던가곡 III	240731(수)	240928(토)	17%	65000	440	11	
8	♠무용(발레)♠	호두까기인형	241214(토)	241225(수)	38%	80000	550	5.5	
9	♠연극♠	테베랜드	241120(수)	250209(일)	56%	55000	385	122.1	
10	♠오페라♠	어게인2024오페라투란도트	240910(화)	240930(월)	61%	200000	605	66	
11	♠콘서트(대중)♠	콜드플레이 내한공연	250416(수)	250425(금)	6%	198000	16500	23.1	

① [A1:H1] 영역을 블록 설정한 후, [홈] 탭의 [맞춤] 그룹에서 '병합하고 가운데 맞춤'을 클릭하고 '세로 가운데 맞춤'을 클릭한다. [글꼴] 그룹에서 '글꼴'은 **굴림**, '크기'는 18, 굵게, '글꼴색'은 **빨강**, '채우기 색'은 **황금색, 강조 4, 80% 더 밝게**로 설정한다.

② [A4:A11] 영역을 블록 설정한 후, Ctrl+1을 눌러 [셀 서식] 대화상자를 연다. [사용자 지정] 범주에서 '형식' 항목에 "♠"@"♠"를 입력한 후 [확인]을 클릭한다.
③ [C4:D11] 영역을 블록 설정한 후, Ctrl+1을 눌러 [셀 서식] 대화상자를 연다. [사용자 지정] 범주에서 **yymmdd(aaa)** 형식을 입력한 후 [확인]을 클릭한다.
④ [I3] 셀에 **1.1**을 입력한 후, Ctrl+C를 눌러 복사한다. [G4:H11] 영역을 블록 설정한 후, [홈] 탭의 [클립보드] 그룹에서 [붙여넣기] 중 [선택하여 붙여넣기]를 클릭한다.
⑤ [선택하여 붙여넣기] 대화상자에서 '연산' 항목의 **곱하기**를 선택하고, [확인]을 클릭한다.

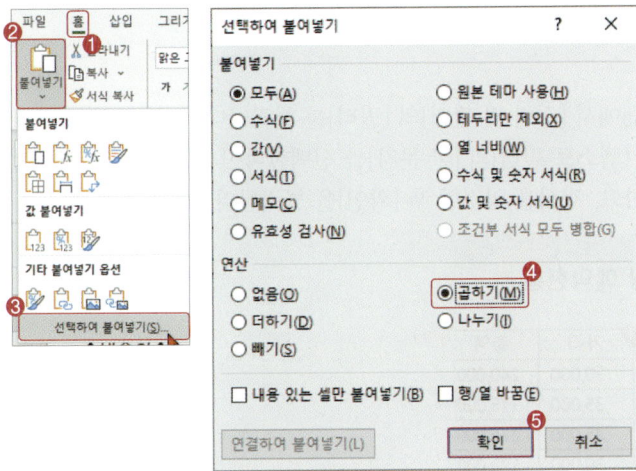

⑥ [F3] 셀을 더블클릭하여 편집 모드로 전환한 후, 키보드의 한자를 누른다. [한글/한자 변환] 대화상자에서 한자 내용을 확인한 후 [변환]을 클릭한다.
⑦ Shift+F2를 눌러 메모를 삽입한 후, **할인된 요금**을 입력한다.
⑧ 메모가 삽입된 [F3] 셀을 마우스 오른쪽 버튼으로 클릭한 다음, 바로 가기 메뉴에서 [메모 표시/숨기기]를 클릭한다.
⑨ [A3:H11] 영역을 블록 설정한 후, Ctrl+1을 눌러 [셀 서식] 대화상자를 연다. [테두리] 탭에서 〈그림〉과 같이 테두리 종류와 위치를 선택한 후, [확인]을 클릭한다.

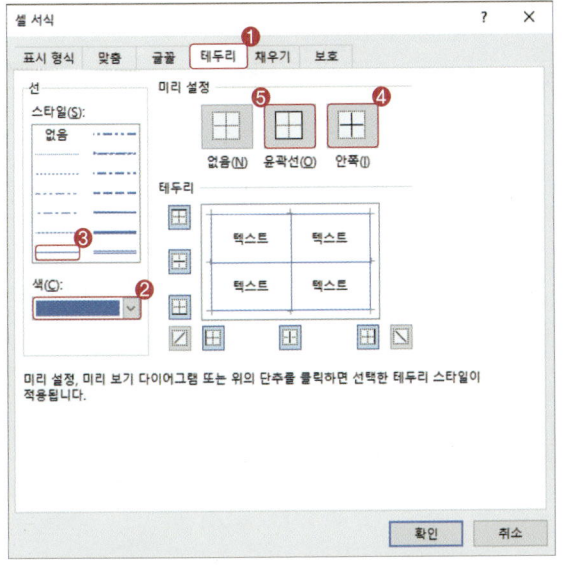 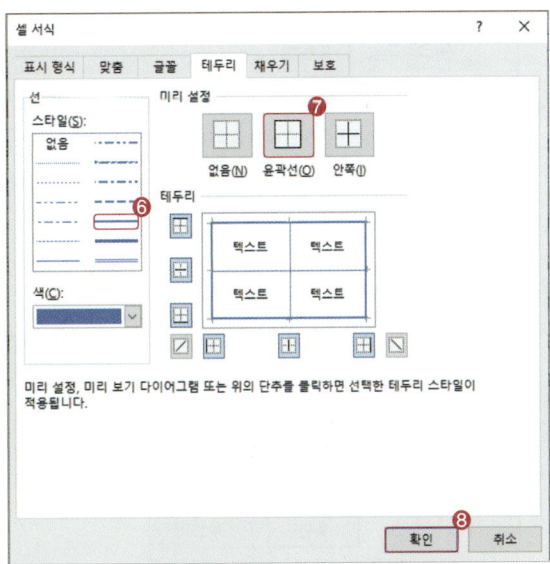

문제 ❶ 기본작업   3. 사용자 지정 필터('기본작업-3' 시트)

|정답|

	A	B	C	D	E	F	G	H
1				퓨어레스토랑 예약현황				
2								
3	예약번호	예약시간	예약인원	메뉴	가격	총액	할인액	결제예정액
8	A0515	12:30	12	A정식	40,000	480,000	72,000	408,000
10	A0517	13:10	8	B정식	40,000	320,000	48,000	272,000

① [A3:H18] 영역을 블록 설정한 후, [데이터] 탭에서 [정렬 및 필터]의 [필터]를 클릭한다.
② '메뉴' 열의 드롭다운 목록 버튼을 클릭한 후, [텍스트 필터]의 [끝 문자]를 선택한다. [사용자 지정 자동 필터] 대화상자에서 '찾을 조건'은 '끝 문자'로 선택하고, **정식**을 입력한 후 [확인]을 클릭한다.

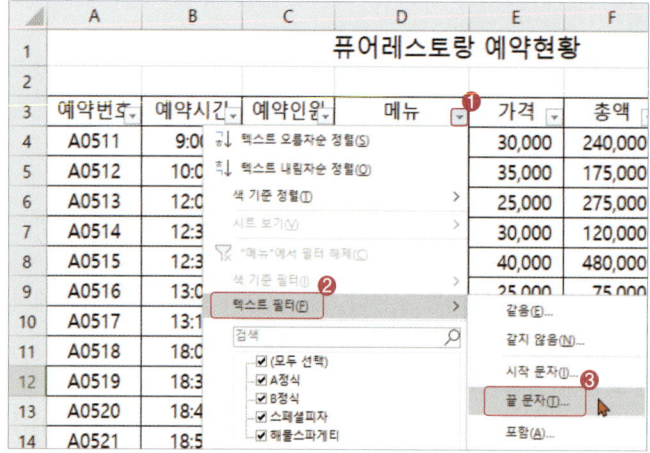

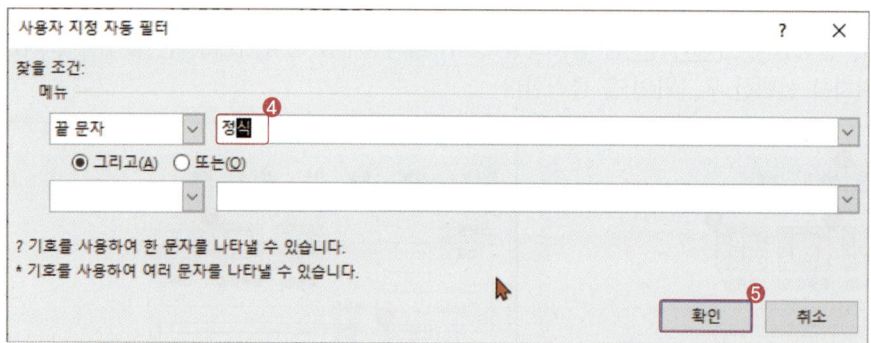

③ '결제예정액' 열의 드롭다운 목록 버튼을 클릭한 후, [숫자 필터]의 [상위 10]을 클릭한다. [상위 10 자동 필터] 대화상자에서 '표시'의 각 항목을 **상위**, **20**, **%**로 설정한 뒤 [확인]을 클릭한다.

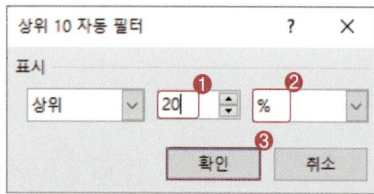

문제 ❷ 계산작업 — 1. 계산('계산작업' 시트)

|정답|

D3 =IF(AND(WEEKDAY(A3,1)=1,C3=0),"나들이 적합","")

	A	B	C	D
1	[표1]			
2	소풍날짜	담당자	강수량	나들이상태
3	2025-05-20	박용우	0	
4	2025-05-18	황인범	10%	
5	2025-05-26	손흥민	0	
6	2025-04-20	이재성	0	나들이 적합
7	2025-04-25	황희찬	50%	
8	2025-05-23	정승현	100%	
9	2025-06-30	이강인	80%	
10	2025-06-05	김영권	20%	
11	2025-06-08	오현규	0	나들이 적합
12	2025-08-11	조현우	0	

[D3] 셀에 =IF(AND(WEEKDAY(A3,1)=1,C3=0),"나들이 적합","") 또는 =IF(AND(WEEKDAY(A3,2)=7, C3=0),"나들이 적합","")을 입력한 후, [D12] 셀까지 드래그하여 수식을 복사한다.

함수 설명

WEEKDAY(A3,1) 과 WEEKDAY(A3,2)
WEEKDAY의 두 번째 인수가 1이면 일요일이 1, 2면 일요일이 7로 반환된다.

문제 ❷ 계산작업 — 2. 계산('계산작업' 시트)

|정답|

	I	J	K	L	M
1	[표2]	사원 관리 현황			
2	사원명	직위	입사일	주민등록번호	생년월일
3	정지연	사원	2016-04-08	980621-123****	1998-06-21
4	이보현	부장	2010-06-01	810101-235****	1981-01-01
5	나현진	과장	2008-10-25	850511-257****	1985-05-11
6	김준경	부장	2006-05-07	801204-154****	1980-12-04
7	이경아	대리	2013-04-09	881012-146****	1988-10-12
8	김준우	사원	2021-11-15	000725-348****	2000-07-25
9	박현준	과장	2009-01-16	870904-215****	1987-09-04
10	김정민	대리	2019-09-08	860424-242****	1986-04-24
11	이수아	대리	2013-08-13	891119-138****	1989-11-19
12	황현정	사원	2022-06-07	011012-435****	2001-10-12

[M3] 셀에 =DATE(IF(MID(L3,8,1)>"2","20"&MID(L3,1,2),"19"&MID(L3,1,2)),MID(L3,3,2),MID(L3,5,2))을 입력한 후, [M12] 셀까지 드래그하여 수식을 복사한다.

> 함수 설명

MID(L3,8,1)>"2"
  MID(L3,8,1)로 도출되는 값이 문자이므로, (주민번호를 구성하는) 여덟 번째 문자가 숫자 2가 아닌 문자 "2"보다 큰지 확인해야 한다.

"20"&MID(L3,1,2) → 주민등록번호 앞 두 자리에 "20"을 붙여 2000년대 출생자의 연도를 만든다.
"19"&MID(L3,1,2) → 주민등록번호 앞 두 자리에 "19"를 붙여 1900년대 출생자의 연도를 만든다.

문제 ❷ 계산작업   3. 계산('계산작업' 시트)

| 정답 |

	A	B	C	D
15	[표3] 꽃 판매량			
16	꽃종류	경인상회	가인상회	용인상회
17	기린장미	1,605	1,256	1,254
18	흑장미	1,967	1,862	1,789
19	히야신스	2,148	2,350	2,345
20	거베라	2,723	2,141	2,678
21	허브장미	1,485	1,254	1,675
22	리시안	3,215	2,315	3,256
23	오스틴장미	5,163	4,916	4,792
24	튤립	2,679	2,497	3,971
25				
26			꽃종류	평균
27			*장미	2,322

조건을 입력한 후, [C27] 셀에 =TRUNC(DAVERAGE(A16:D24,C16,B26:B27))을 입력한다.

문제 ❷ 계산작업 4. 계산('계산작업' 시트)

|정답|

	I	J	K	L	M
15	[표4]				
16	부서	성명	순번	입사일자	사원ID
17	AB211	정지연	14	2020-06-07	Ab202014
18	AB212	이보현	13	2019-03-26	Ab201913
19	AC311	나현진	17	2022-08-07	Ac202217
20	AD412	김준경	11	2016-09-19	Ad201611
21	AC313	이경아	14	2024-03-07	Ac202414
22	AD411	김준우	15	2020-07-25	Ad202015
23	AB213	박현준	12	2018-06-30	Ab201812
24	AC312	김정민	16	2021-04-03	Ac202116

[M17] 셀에 =PROPER(LEFT(I17,2))&YEAR(L17)&K17을 입력한 후, [M24] 셀까지 드래그하여 수식을 복사한다.

💬 함수 설명

=PROPER(LEFT(I17,2))&YEAR(L17)&K17
PROPER는 첫 글자만 대문자, UPPER는 전체 대문자, LOWER는 전체 소문자로 변환한다.

문제 ❷ 계산작업 5. 계산('계산작업' 시트)

|정답|

C40: =ROUNDUP(SUMIFS(D32:D38,D32:D38,">=50000",D32:D38,"<=100000"),-3)

	A	B	C	D
30	[표5]			
31	직원코드	1사분기	2사분기	상반기합계
32	1-J001	92,733	46,573	139,306
33	1-J002	66,191	60,400	126,591
34	1-J003	14,809	13,827	28,636
35	1-J004	51,382	46,573	97,955
36	2-J001	19,663	17,382	37,045
37	2-J002	22,053	49,102	71,155
38	2-J003	23,900	17,206	41,106
39			50000~100000의 합	
40			170,000	

[C40] 셀에 =ROUNDUP(SUMIFS(D32:D38,D32:D38,">=50000",D32:D38,"<=100000"),-3)을 입력한다.

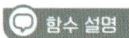

=ROUNDUP(SUMIFS(D32:D38,D32:D38,">=50000",D32:D38,"<=100000"),-3)
50,000 이상(>=50000)이면서 100,000 이하(<=100000)인 조건을 만족하는 값의 합계를 올림한다.

문제 ❸ 분석작업   1. 데이터 통합('분석작업-1' 시트)

|정답|

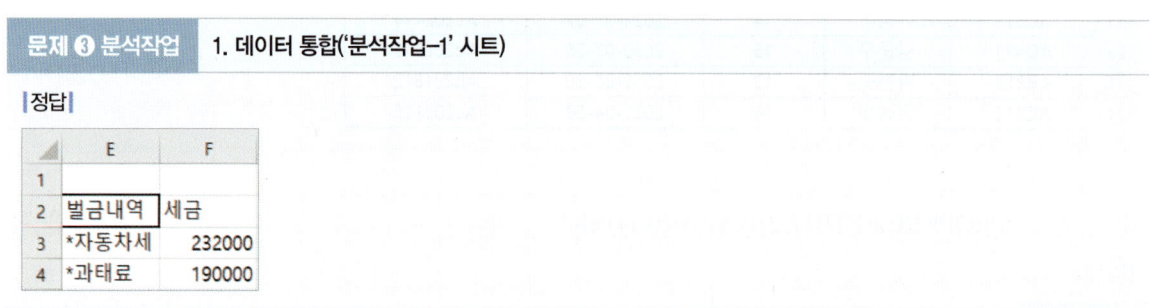

① [E2] 셀에 **벌금내역**, [F2] 셀에 **세금**, [E3] 셀에 ***자동차세**, [E4] 셀에 ***과태료**를 입력한다.
② [E2:F4] 영역을 블록 설정한 후, [데이터] 탭에서 [데이터 도구]의 [통합]을 클릭한다.
③ [통합] 대화상자에서 '함수'는 **합계**, '참조'는 [B3:C11]로 지정하고, '첫 행'과 '왼쪽 열'을 체크한 후 [추가]를 클릭한 다음 [확인]을 클릭한다.

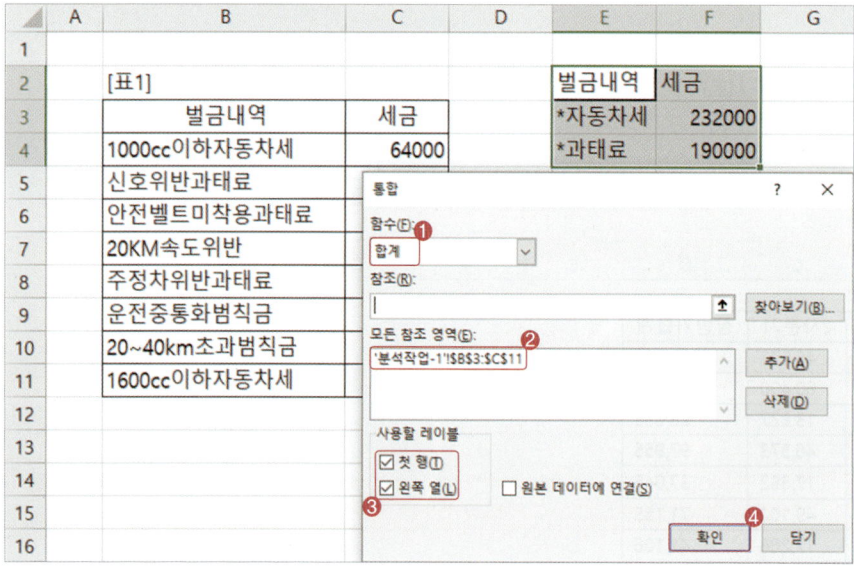

문제 ❸ 분석작업 2. 시나리오('분석작업-2' 시트)

|정답|

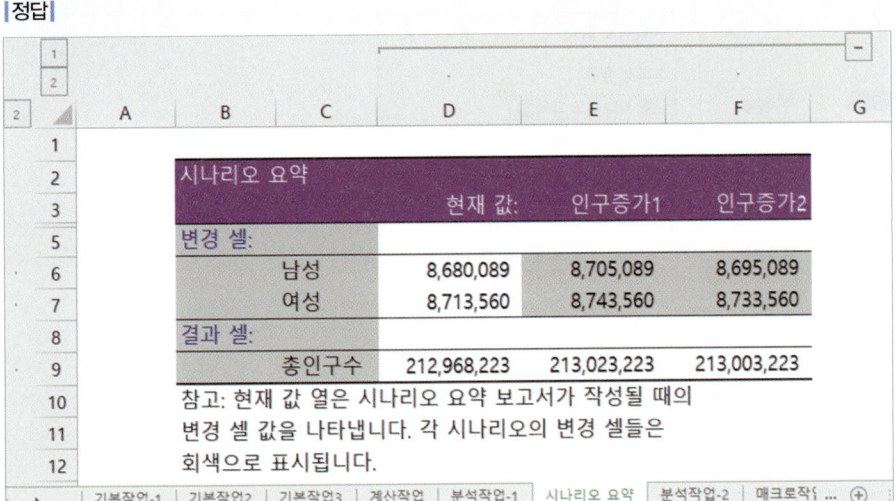

① [B5] 셀을 클릭한 후 [이름 상자]에 **남성**을 입력하고 Enter를 누른다. 같은 방법으로 [C5] 셀은 **여성**, [D11] 셀은 **총인구수**로 각각 이름을 정의한다.
② [데이터] 탭의 [예측]에서 [가상 분석] – [시나리오 관리자]의 [추가]를 클릭한다.
③ [시나리오 추가] 대화상자에서 '시나리오 이름'에는 **인구증가1**, '변경 셀'에는 [B5:C5]를 입력한 후 [확인]을 클릭한다. 이어지는 [시나리오 값] 대화상자에서 '남성'에는 =B5+25000, '여성'에는 =C5+30000을 입력한 후 [추가]를 클릭한다. 시나리오가 실행되면 시트의 해당 셀에 결과값이 표시된다.

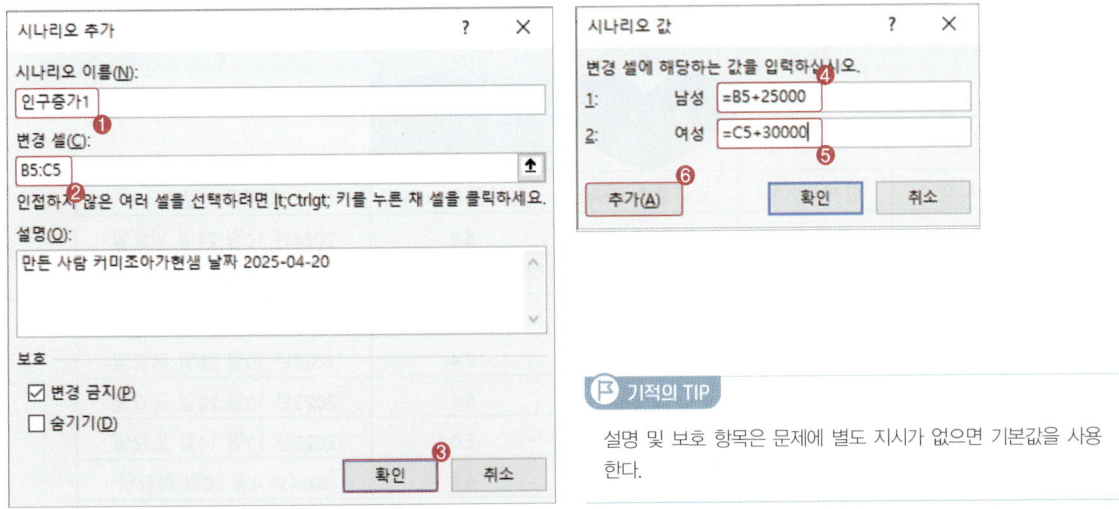

> 🅑 기적의 TIP
>
> 설명 및 보호 항목은 문제에 별도 지시가 없으면 기본값을 사용한다.

④ 두 번째로, [시나리오 추가] 대화상자에서 '시나리오 이름'에는 **인구증가2**, '변경 셀'에는 [B5:C5]를 입력하고, [시나리오 값] 대화상자에서 '남성'에는 =B5+15000, '여성'에는 =C5+20000을 입력한 후 [확인]을 클릭한다.

⑤ [시나리오 관리자] 대화상자에서 [요약]을 클릭하고, [시나리오 요약] 대화상자에서 '보고서 종류'는 '시나리오 요약'을 선택하고, '결과 셀'에 =$D$11를 입력한 후 [확인]을 클릭한다.

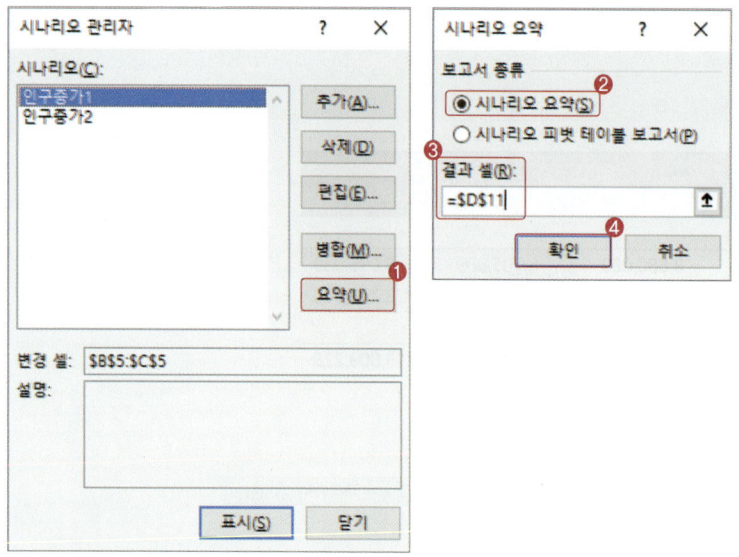

⑥ 화면 아래쪽의 시트탭에서 '분석작업-2' 시트 왼쪽에 새로 생성된 '시나리오 요약' 시트를 확인한다.

문제 ❹ 기타작업   1. 매크로('매크로작업' 시트)

|정답|

	A	B	C	D	E
1					
2	[표1] 강원 날씨 분석		평균	서식	
3	관측지점	합계강수량	평균풍속 (m/s)	최대풍속 (m/s)	최대풍속일자
4	강원 속초시	31.4	1.8	6.8	2024년 10월 27일 일요일
5	강원 북춘천	25.9	0.8	7.0	2023년 10월 20일 금요일
6	강원 철원시	30.5	0.9	4.9	2023년 10월 4일 수요일
7	강원 대관령	31.2	2.1	9.4	2023년 10월 26일 목요일
8	강원 춘천시	28.2	1.1	6.1	2023년 10월 20일 금요일
9	강원 북강릉	21.3	1.2	5.0	2023년 10월 14일 토요일
10	강원 강릉시	26.1	2.4	6.8	2024년 4월 30일 화요일
11	강원 동해시	31.2	1.9	7.4	2023년 10월 27일 금요일
12	강원 원주시	37.8	0.7	4.9	2023년 10월 20일 금요일
13	강원 영월	21.2	0.7	7.1	2024년 1월 26일 금요일
14	평균	28.5	1.4	6.5	

① [개발 도구] 탭의 [코드]에서 [매크로 기록]을 클릭한다.
② [매크로 기록] 대화상자에서 '매크로 이름'에 **평균**을 입력하고 [확인]을 클릭한다.
③ [B14:D14] 영역을 블록 설정한 후 **=AVERAGE(B4:B13)**을 입력하고 Ctrl + Enter 를 누른다. 또는 [B14] 셀에 수식을 입력한 후 Enter 를 누르고, [D14] 셀까지 드래그하여 수식을 복사한다.
④ 블록을 해제한 후, [개발 도구] 탭에서 [코드]의 [기록 중지]를 클릭한다.
⑤ [삽입] 탭의 [일러스트레이션]에서 [도형]의 '기본 도형' 중 **하트(♡)**를 클릭한다.

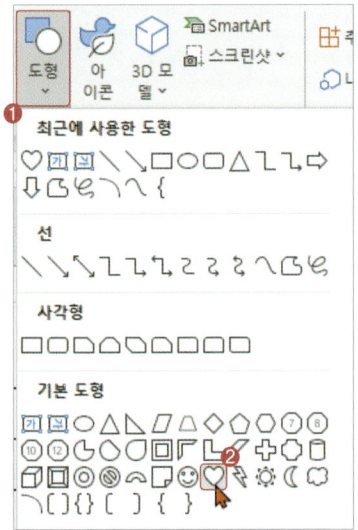

⑥ [C1:C2] 영역에 Alt 를 누른 상태로 드래그하여 도형을 삽입하고, 도형에 **평균**을 입력한다.
⑦ 도형의 바로 가기 메뉴에서 [매크로 지정]을 클릭하고, **평균**을 선택한 후 [확인]을 클릭한다.
⑧ 데이터와 무관한 영역의 셀을 선택한 뒤, [매크로 기록]을 클릭한다.
⑨ '매크로 이름'에 **서식**을 입력하고 [확인]을 클릭한다.
⑩ [E4:E13] 영역을 블록 설정한 후, [홈] 탭의 [표시 형식]의 [표시형식 목록]에서 자세한 날짜를 클릭한다.

⑪ 블록을 해제한 후, [개발 도구] 탭의 [코드]에서 [기록 중지]를 클릭한다.
⑫ [삽입] 탭의 [일러스트레이션]에서 [도형]의 '기본 도형' 중 **빗면(▭)**을 클릭한다.
⑬ [D1:D2] 영역에 Alt 를 누른 상태로 드래그하여 도형을 삽입하고, 도형에 **서식**을 입력한다.
⑭ 도형의 바로 가기 메뉴에서 [매크로 지정]을 클릭하고, **서식**을 선택한 후 [확인]을 클릭한다.

| 문제 ❹ 기타작업 | **2. 차트('차트작업' 시트)**

| 정답 |

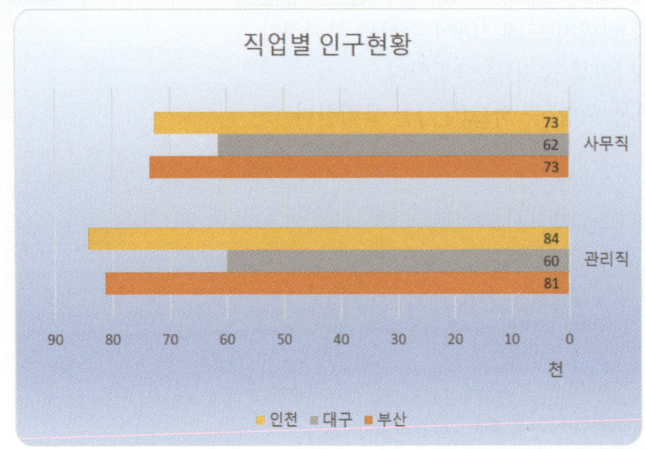

① 차트를 선택하고 [차트 디자인] 탭에서 [데이터]의 [데이터 선택]을 클릭한다.
② [데이터 원본 선택] 대화상자에서 '계열3'을 선택한 후 [편집]을 클릭한다.
③ [계열 편집] 대화상자에서 '계열 이름'은 [D4] 셀을 클릭한 후 [확인]을 클릭한다. 이어서 다시 [데이터 원본 선택] 대화상자에서 '계열4'를 선택하고 [편집]을 클릭한다.

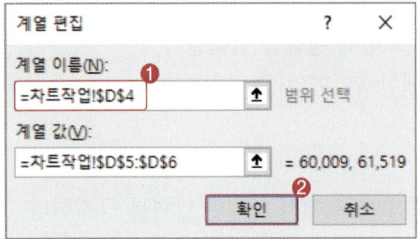

④ [계열 편집] 대화상자에서 '계열 이름'은 [E4] 셀을 클릭하고, [확인]을 클릭한다.

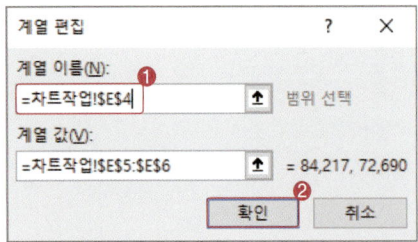

⑤ [데이터 원본 선택] 대화상자에서 범례 항목(계열) 중 '서울'을 선택한 후 [제거]를 클릭하고, 다시 [확인]을 클릭한다.
⑥ [차트 디자인] 탭에서 [종류]의 [차트 종류 변경]을 클릭한다.
⑦ [차트 종류 변경] 대화상자에서 [가로 막대형]의 **묶은 가로 막대형**을 선택하고 [확인]을 클릭한다.
⑧ 차트를 선택한 후, [차트 요소]에서 [차트 제목]의 [차트 위]를 선택한다. 수식입력줄에 =를 입력한 다음 [A2] 셀을 클릭하고 Enter 를 누른다.

⑨ '기본 가로(값)' 축을 더블클릭한 후, [축 서식]의 [축 옵션]에서 '표시 단위'는 **천**으로 설정하고, '값을 거꾸로' 항목에 체크한다.

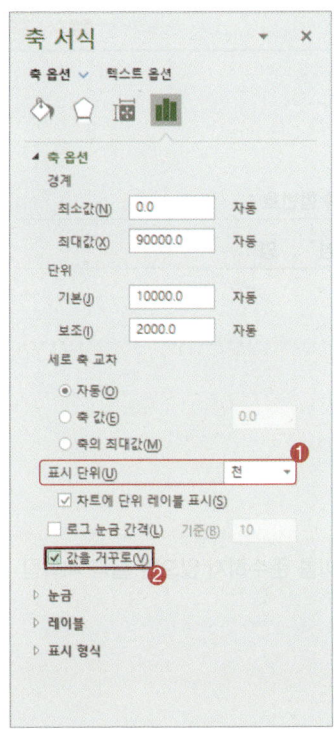

⑩ 차트를 선택한 후, [차트 요소]에서 [데이터 레이블]의 [축에 가깝게]를 선택한다.
⑪ 차트 영역을 더블클릭한 후, [차트 영역 서식]에서 [채우기 및 선]의 [채우기]는 **그라데이션 채우기**, '방향'은 **선형 아래쪽**을 선택하고, [테두리]의 '둥근 모서리'를 체크한다.

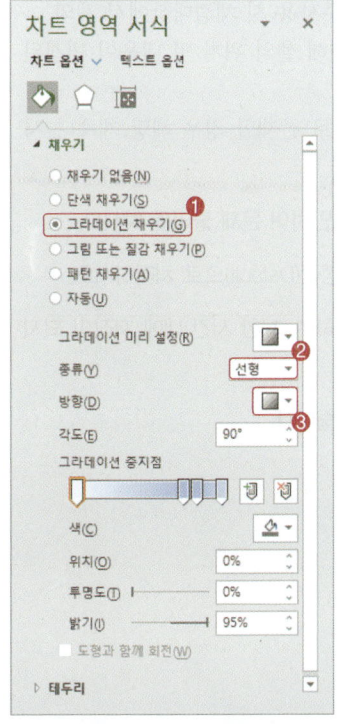 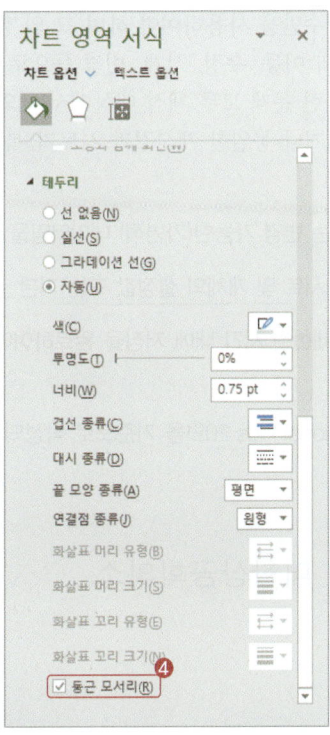

기출 유형 문제 04회

프로그램명	제한시간
EXCEL	40분

수험번호 : _____

성   명 : _____

유의사항

- 인적 사항 누락 및 잘못 작성으로 인한 불이익은 수험자 책임으로 합니다.

- 화면에 암호 입력창이 나타나면 아래의 암호를 입력하여야 합니다.
  - 암호 :

- 작성된 답안은 경로 및 파일명을 변경하지 마시고 그대로 저장하여야 합니다. 이를 준수하지 않으면 실격 처리됩니다.
  - 답안 파일명의 예 : C:\OA\수험번호8자리.xlsm

- 외부데이터 위치 : C:\OA\파일명

- 별도의 지시사항이 없는 경우, 다음과 같이 처리 시 실격 처리됩니다.
  - 제시된 시트 및 개체의 순서나 이름을 임의로 변경한 경우
  - 제시된 시트 및 개체를 임의로 추가 또는 삭제한 경우

- 답안은 반드시 문제에서 지시 또는 요구한 셀에 입력하여야 하며 다음과 같이 처리 시 채점 대상에서 제외됩니다.
  - 제시된 함수가 있을 경우 제시된 함수만을 사용하여야 하며 그 외 함수사용 시 채점대상에서 제외
  - 수험자가 임의로 지시하지 않은 셀의 이동, 수정, 삭제, 변경 등으로 인해 셀의 위치 및 내용이 변경된 경우 해당 작업에 영향을 미치는 관련 문제 모두 채점 대상에서 제외
  - 도형 및 차트의 개체가 중첩되어 있거나 동일한 계산결과 시트가 복수로 존재할 경우 해당 개체나 시트는 채점 대상에서 제외

- 수식 작성 시 제시된 문제 파일의 데이터는 변경 가능한(가변적) 데이터임을 감안하여 문제 풀이를 하시오.

- 별도의 지시사항이 없는 경우, 주어진 각 시트 및 개체의 설정값 또는 기본 설정값(Default)으로 처리하시오.

- 저장 시간은 별도로 주어지지 않으므로 제한된 시간 내에 저장을 완료하여야 하며, 제한 시간 내에 저장이 되지 않은 경우에는 실격 처리됩니다.

- 출제된 문제의 용어는 MS Office Professional Plus 2021을 기준으로 작성되었습니다.

대한상공회의소

문제 ❶ 주어진 시트에서 다음의 과정을 수행하고 저장하시오. | 기본작업(20점)

01 '기본작업-1' 시트에 다음의 자료를 주어진 대로 입력하시오. (5점)

	A	B	C	D	E	F
1	직급별 평가표					
2						
3	사원번호	성명	주민등록번호	직급	직급코드	가산점
4	1	김*철	901205***	4급 공무원	DPT111	35138
5	2	조*현	930504****	식품공학 시험원	DPT112	28793
6	3	전*형	990314****	6급 군무원	BRW211	69795
7	4	이*애	910718***	1급 직업상담사	UQT311	13354
8	5	주*기	891206***	청소년심리상담사	UQT312	26873
9	6	송*준	900623***	1급 심리상담사	BRW212	62891
10	7	문*태	870429****	2급 정보처리산업기사	DPT113	28793

02 '기본작업-2' 시트에 대하여 다음의 지시사항을 처리하시오. (각 2점)

① [A1:H1] 영역은 '병합하고 가운데 맞춤', 글꼴 '바탕체', 글꼴 크기 '16', 글꼴 스타일 '굵게', '위쪽/아래쪽 이중 테두리(田)'로 지정하시오.

② [A3:A4], [B3:B4], [C3:E3], [F3:H3] 영역은 '병합하고 가로 가운데 맞춤', '세로 가운데 맞춤'으로 지정하고, [A3:B10] 영역은 채우기-무늬색 '연한 녹색', 무늬 스타일 '6.25% 회색'을 적용하시오.

③ [C5:H5] 영역은 사용자 지정 표시 형식을 이용하여 천의 배수로 표시한 후 숫자 뒤에 "천명"을 [표시 예]와 같이 표시하고, [C6:H10] 영역은 '쉼표 스타일'로 표시하시오.
  ▶ [표시 예 : 6373817 → 6,374천명, 0 → 0천명]

④ [C5:H5] 영역의 이름을 '합계'로 정의하시오.

⑤ [A3:H10] 영역에 '모든 테두리(田)'를 적용한 후 '굵은 바깥쪽 테두리(田)'를 적용하여 표시하시오.

03 '기본작업-3' 시트에서 다음의 지시사항을 처리하시오. (5점)

▶ [A3:A14] 영역의 데이터를 텍스트 나누기를 실행하여 [A3:F14] 영역에 나타내시오.
▶ 데이터는 쉼표와 '*'로 구분되어 있다.
▶ 단, 구분, 휴직시작일은 제외하고 가져오시오.

문제 ❷ '계산작업' 시트에서 다음의 과정을 수행하고 저장하시오. | 계산작업(40점)

01 [표1]의 기준일[D1]과 생년월일[B3:B11]을 이용한 나이가 20세 미만이면 "청소년", 20~29세이면 "20대", 나머지는 공백으로 세대구분[D3:D11]에 표시하시오. (8점)

▶ 나이 = (기준일의 년도 - 생년월일의 년도) + 1
▶ IF, YEAR 함수를 사용하시오.

02 [표2]의 투자재[G3:G10]와 매수[I3:I10]를 이용하여 [투자매수비율]표의 투자자별 매수비율[L4:L6]을 계산하시오. (8점)

▶ SUMIFS, SUM 함수 사용

03 [표3]의 1차시험[B15:B22], 2차시험[C15:C22] 둘 다 70점 이상이면 "A등급", 1차시험, 2차시험 둘 중에 하나라도 70점 이상이면 "B등급", 그 외는 공백으로 비고[E15:E22]에 표시하시오. (8점)

▶ IF, AND, OR 함수를 사용하시오.

04 [표4]의 렌탈일[H15:H22]과 렌탈기간[I15:I22]을 이용하여 반납일[J15:J22] 영역에 계산하시오. (8점)

▶ 반납일 : 렌탈일에 주말(토요일과 일요일)은 제외하고 렌탈일에 렌탈 기간을 더한 날짜
[표시 예 : 렌탈일 2021-05-20이고 렌탈기간이 20 → 6/17]

▶ WORKDAY, MONTH, DAY 함수와 & 연산자를 사용하시오.

05 [표5]의 지역[B26:B35]이 옥천동이면서 보증금[C26:C35]이 20,000,000 이상인 전체 보증금 합계에 대한 비율을 [C36] 셀에 계산하시오. (8점)

▶ 비율 = 옥천동이면서 보증금이 20,000,000 이상인 보증금합계/전체보증금합계*100
▶ 비율은 정수로 표시하시오.
▶ TRUNC, SUMIFS, SUM 함수를 사용하시오.

문제 ❸ 주어진 시트에서 다음의 과정을 수행하고 저장하시오. | **분석작업(20점)**

01 '분석작업-1' 시트에 대하여 다음의 지시사항을 처리하시오. (10점)

[표1]에서 총결산[E10]은 비중과 각년도별 방문수치를 이용하여 계산된 것이다. [데이터 표] 기능을 이용하여 비중[B10]의 변동에 따른 총결산[E10]의 변화를 [H11:K11] 영역에 계산하시오.

02 '분석작업-2' 시트에 대하여 다음의 지시사항을 처리하시오. (10점)

[목표값 찾기] 기능을 이용하여 총 조회수[C11]가 100,000이 되려면 엑셀_합격비법[C7]의 값이 얼마가 되어야 하는지 계산하시오.

문제 ❹ 주어진 시트에서 다음의 과정을 수행하고 저장하시오. | 기타작업(20점)

01 '매크로작업' 시트의 [표]에서 다음과 같은 기능을 수행하는 매크로를 현재 통합문서에 작성하고 실행하시오. (각 5점)

⚠ 셀 포인터의 위치에 관계없이 매크로가 실행되어야 정답으로 인정됨

① [H4:H13] 영역에 기본경비를 계산하는 매크로를 생성하여 실행하시오.
- ▶ 매크로 이름 : 기본경비
- ▶ 기본경비 = 운항비+체류일*50000
- ▶ [삽입]-[일러스트레이션]-[도형]-[기본 도형]의 '육각형(⬡)'을 동일 시트의 [J3:J5] 영역에 생성하고, 텍스트를 '경비'로 입력한 후 단추를 클릭할 때 '기본경비' 매크로가 실행되도록 설정하시오.

② [A3:H3] 영역에 채우기 색 '노랑', 글꼴 색 '빨강'으로 적용하는 매크로를 생성하여 실행하시오.
- ▶ 매크로 이름 : 글꼴서식
- ▶ [삽입]-[일러스트레이션]-[도형]-[기본 도형]의 '배지(◯)'를 동일 시트의 [J6:J8] 영역에 생성하고, 텍스트를 '서식'으로 입력한 후 도형을 클릭할 때 '글꼴서식' 매크로가 실행되도록 설정하시오.

02 '차트작업' 시트의 차트를 지시사항에 따라 아래 그림과 같이 수정하시오. (각 2점)

⚠ 차트는 반드시 문제에서 제공한 차트를 사용하여야 하며, 신규로 작성 시 0점 처리됨

① 차트에는 '운항비' 계열만 남도록 데이터 범위를 수정하고 "제주", "마닐라", "베이징"은 필터를 해제하시오.
② 차트 종류를 '원형 대 원형'으로 변경하고 둘째 영역의 값을 '3'으로 지정한 후 간격 너비를 '100%'로 설정하시오.
③ 차트 제목은 '차트 위'로 지정한 후 [A1] 셀과 연동되도록 설정하시오.
④ 전체 데이터 레이블 '항목이름', '값'을 구분기호를 줄바꿈으로 표시하고, 레이블의 위치를 '안쪽 끝'으로 설정하시오.
⑤ 차트 영역의 테두리는 '둥근 모서리'로 설정하고, 그림자는 바깥쪽 '오프셋 오른쪽 아래'로 설정하시오.

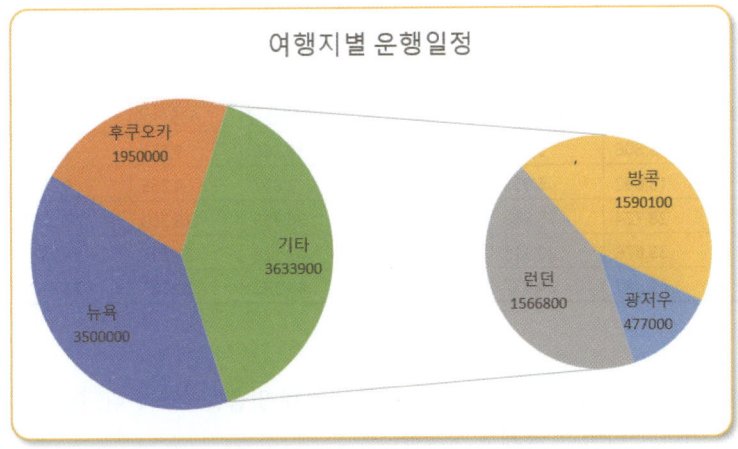

기출 유형 문제 04회 / 해설

문제 ① 기본작업 1. 데이터 입력('기본작업-1' 시트)

|정답|

	A	B	C	D	E	F
1	직급별 평가표					
2						
3	사원번호	성명	주민등록번호	직급	직급코드	가산점
4	1	김*철	901205-***	4급 공무원	DPT111	35138
5	2	조*현	930504-****	식품공학 시험원	DPT112	28793
6	3	전*형	990314-****	6급 군무원	BRW211	69795
7	4	이*애	910718-***	1급 직업상담사	UQT311	13354
8	5	주*기	891206-***	청소년심리상담사	UQT312	26873
9	6	송*준	900623-***	1급 심리상담사	BRW212	62891
10	7	문*태	870429-****	2급 정보처리산업기사	DPT113	28793

[A3] 셀부터 '사원번호', '성명', '주민등록번호', '직급', '직급코드', '가산점' 순으로 제목을 입력한 후, 각 제목에 해당하는 데이터를 아래 방향으로 입력한다.

문제 ① 기본작업 2. 데이터 서식('기본작업-2' 시트)

|정답|

	A	B	C	D	E	F	G	H
1	직업군 남녀현황							
2								
3	자치구별(1)	자치구별(2)	전문가 및 관련종사자			사무종사자		
4			소계	남자	여자	소계	남자	여자
5	합계	소계	1,278천명	674천명	604천명	1,289천명	635천명	654천명
6		종로구	18,806	9,519	9,287	18,566	9,513	9,053
7		중구	13,692	6,958	6,734	18,807	9,255	9,552
8		용산구	28,724	15,568	13,156	36,389	18,363	18,026
9		성동구	38,676	20,115	18,561	42,126	20,891	21,235
10		광진구	49,349	24,837	24,512	44,245	20,307	23,938

① [A1:H1] 영역을 블록 설정한 후, [홈] 탭의 [맞춤] 그룹에서 **병합하고 가운데 맞춤**을 클릭한다. [글꼴] 그룹에서 '글꼴'은 **바탕체**, '크기'는 **16pt**, '글꼴 스타일'은 **굵게**로 설정한다.

> 기적의 TIP
>
> 병합하고 가운데 맞춤이 문제에 제시된 경우, 기본값으로 '세로 가운데 맞춤'이 설정되어 있다면 별도로 해제하지 않는다.

② [홈] 탭의 [글꼴]의 [테두리]에서 **위쪽/아래쪽 이중 테두리(▦)**를 클릭한다.

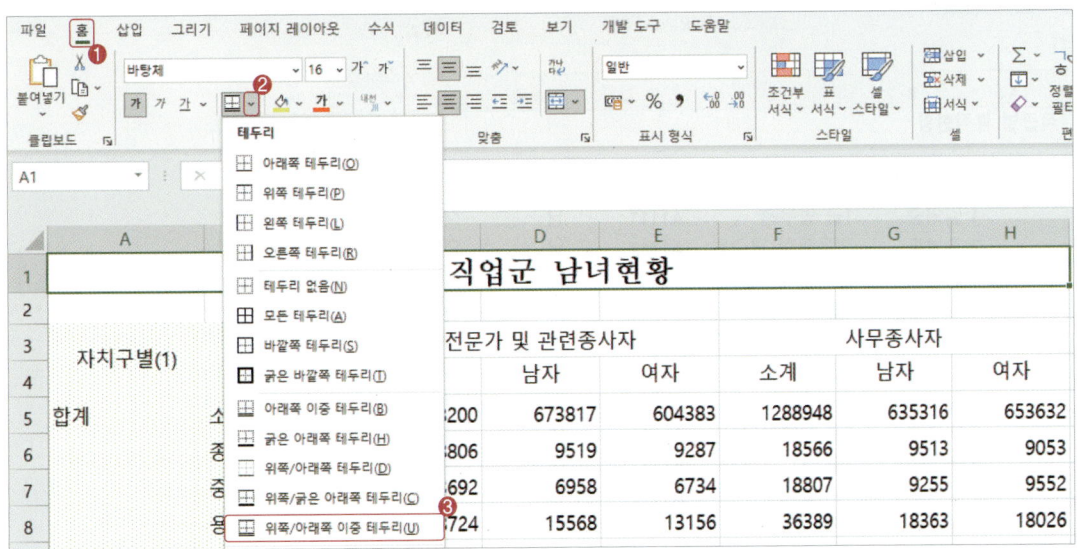

③ [A3:A4], [B3:B4], [C3:E3], [F3:H3] 영역을 Ctrl 을 누른 채 블록 설정한 후, [홈] 탭의 [맞춤] 그룹에서 **병합하고 가운데 맞춤**과 **세로 가운데 맞춤**을 클릭한다.

④ [A3:B10] 영역을 블록 설정한 후 Ctrl + 1 을 눌러 [셀 서식] 대화상자를 연다. [채우기] 탭에서 '무늬 색'은 **표준 색-연한 녹색**으로, '무늬 스타일'은 **6.25% 회색**으로 설정한 뒤 [확인]을 클릭한다.

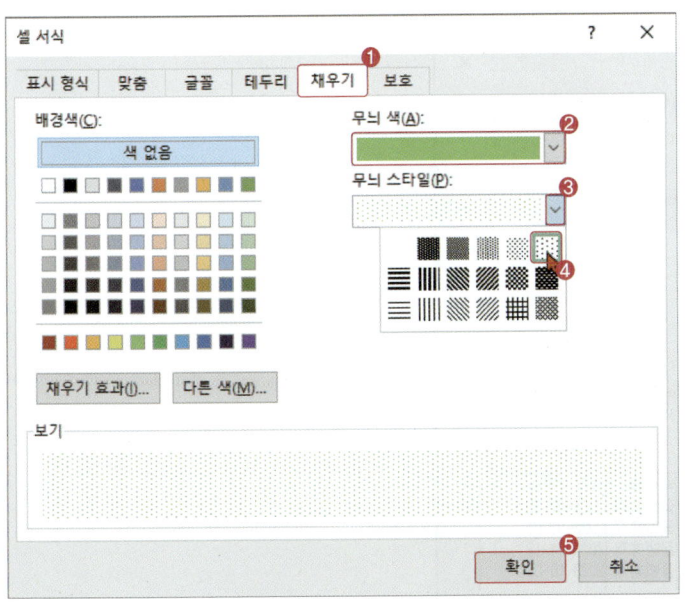

⑤ [C5:H5] 영역을 블록 설정한 후 Ctrl + 1 을 눌러 [셀 서식] 대화상자를 열고, [사용자 지정] 범주의 '형식' 항목에 **#,##0,"천명"**을 입력한 뒤 [확인]을 클릭한다.

⑥ [C6:H10] 영역을 블록 설정한 후, [홈] 탭에서 [표시 형식]의 **쉼표 스타일**을 클릭한다.

⑦ [C5:H5] 영역을 블록 설정한 후, [이름 상자]에 **합계**를 입력한 뒤 Enter 를 누른다.

⑧ [A3:H10] 영역을 블록 설정한 후, [홈] 탭의 [글꼴]의 [테두리]에서 **모든 테두리(▦)**와 **굵은 바깥쪽 테두리(▣)**를 차례로 클릭한다.

문제 ❶ 기본작업 3. 텍스트 나누기('기본작업-3' 시트)

|정답|

	A	B	C	D	E	F
1	직급별 휴직현황					
2						
3	사원번호	성명	직급	직급코드	성별	휴직명
4	1	김의중	1급 법무관	A1111	남	질병휴직
5	2	김낙훈	인문과학 연구원	A1112	남	유학휴직
6	3	김영삼	건축공학기술자	D1141	남	질병휴직
7	4	김병철	4급 공무원	D1142	남	질병휴직
8	5	조정현	식품공학 시험원	A1111	남	육아휴직
9	6	전세형	6급 군무원	D1142	남	육아휴직
10	7	문점수	원예기능사	E1151	남	육아휴직
11	8	이종애	1급 직업상담사	A1111	여	가사휴직
12	9	이미숙	2급 직업상담사	A1111	여	가사휴직
13	10	유덕희	바리스타	A1112	여	가사휴직
14	11	송광섭	심리상담사	B1121	남	가사휴직

① [A3:A14] 영역을 블록 설정한 후, [데이터] 탭에서 [데이터 도구]의 [텍스트 나누기]를 클릭한다.
② [텍스트 마법사 – 1단계] 대화상자에서 **구분 기호로 분리됨**을 선택한 후, [다음]을 클릭한다.
③ [텍스트 마법사 – 2단계] 대화상자에서 구분 기호의 **쉼표**를 체크한 다음, '기타' 항목에도 체크한 후 *을 입력한 뒤 [다음]을 클릭한다.

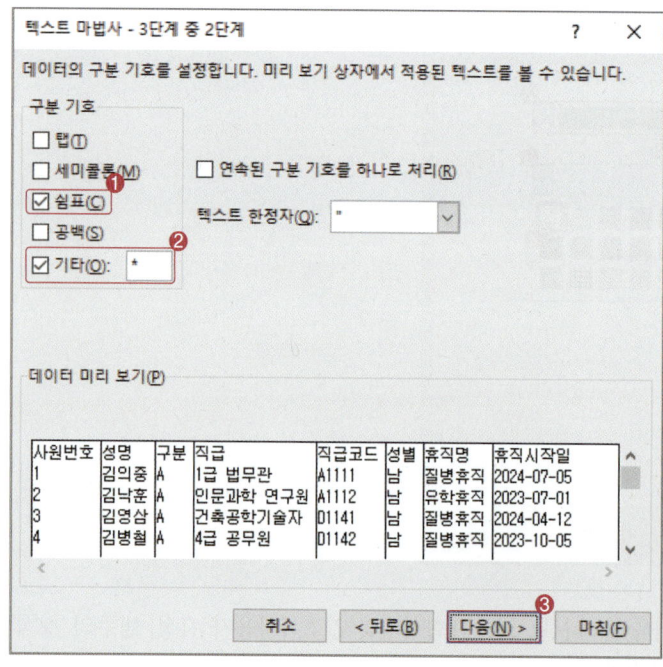

④ [텍스트 마법사 – 3단계] 대화상자에서 '구분'과 '휴직시작일'은 **열은 가져오지 않음(건너뜀)**으로 설정한 뒤 [마침]을 클릭한다.

문제 ❷ 계산작업   1. 계산('계산작업' 시트)

|정답|

	A	B	C	D	E	F	G
1	[표1]		기준일 :	2025-06-04		[표2]	
2	사원명	생년월일	전화번호	세대구분		일자	투자자
3	정지연	1998-06-21	010-1234-****	20대		1	기관
4	이보현	1997-05-27	010-5369-****	20대		2	내국인
5	나현진	2015-05-11	010-1457-****	청소년		3	외국인
6	김준경	1980-12-04	010-3623-****			4	기관
7	이경아	1998-11-20	010-8411-****	20대		5	내국인
8	김준우	2000-07-25	010-9731-****	20대		6	내국인
9	박현준	2007-12-06	010-3316-****	청소년		7	기관
10	김정민	1986-04-24	010-9815-****			8	외국인
11	이수아	1989-11-19	010-2361-****				

D3 셀 수식: `=IF(YEAR($D$1)-YEAR(B3)+1<20,"청소년",IF(YEAR($D$1)-YEAR(B3)+1<=29,"20대",""))`

[D3] 셀에 =IF(YEAR($D$1)−YEAR(B3)+1<20,"청소년",IF(YEAR($D$1)−YEAR(B3)+1<=29,"20대",""))를 입력한 후, [D11] 셀까지 수식을 복사한다.

함수 설명

YEAR($D$1)−YEAR(B3)+1
- 나이는 기준일의 연도 − 생년월일의 연도 + 1로 계산하며, [D1] 셀의 기준일은 수식을 복사하더라도 바뀌어서는 안 되므로 절대참조를 사용한다.

=IF(YEAR($D$1)−YEAR(B3)+1<=20,"청소년",
- 해당 조건은 반복되는 조건이므로 복사 후 조건과 값만 수정하여 재활용할 수 있다.

문제 ❷ 계산작업 2. 계산('계산작업' 시트)

|정답|

	F	G	H	I	J	K	L
1	[표2]						
2	일자	투자자	매도	매수		[투자매수비율]	
3	1	기관	80.8	20.83		투자자	매수비율
4	2	내국인	84.71	31.83		기관	40.3%
5	3	외국인	82	18.51		내국인	47.7%
6	4	기관	65.54	28.48		외국인	12.0%
7	5	내국인	52.36	55.33			
8	6	내국인	45.93	32.11			
9	7	기관	40.36	51.32			
10	8	외국인	36.5	11.39			

L4 셀 수식: =SUMIFS($I$3:$I$10,$G$3:$G$10,K4)/SUM($I$3:$I$10)

[L4] 셀에 =SUMIFS($I$3:$I$10,$G$3:$G$10,K4)/SUM($I$3:$I$10)을 입력한 후, [L6] 셀까지 수식을 복사한다.

> **함수 설명**
> =SUMIFS(매수범위, 투자자범위, 투자자)/SUM(매수)
> • 매수비율 = 투자자별 매수합계 ÷ 전체 매수합계
> • 투자자범위와 매수범위는 수식을 복사하더라도 바뀌어서는 안 되기 때문에 절대참조로 계산한다.

문제 ❷ 계산작업 3. 계산('계산작업' 시트)

|정답|

	A	B	C	D	E	F
13	[표3]					
14	이름	1차시험	2차시험	평균	비고	
15	조현상	54	62	83		
16	최희서	75	81	85	A등급	
17	한채영	76	60	84	B등급	
18	홍성수	92	99	96	A등급	
19	이명선	76	67	77	B등급	
20	차여진	84	82	83	A등급	
21	박준열	50	40	93		
22	김혜선	97	87	92	A등급	

E15 셀 수식: =IF(AND(B15>=70,C15>=70),"A등급",IF(OR(B15>=70,C15>=70),"B등급",""))

[E15] 셀에 =IF(AND(B15>=70,C15>=70),"A등급",IF(OR(B15>=70,C15>=70),"B등급",""))을 입력한 후, [E22] 셀까지 드래그하여 수식을 복사한다.

문제 ❷ 계산작업 4. 계산('계산작업' 시트)

|정답|

J15 =MONTH(WORKDAY(H15,I15))&"/"&DAY(WORKDAY(H15,I15))

	G	H	I	J
13	[표4]			
14	고객명	렌탈일	렌탈기간	반납일
15	공주	2021-05-20	20	6/17
16	구미	2021-05-31	25	7/5
17	금산	2022-10-02	30	11/11
18	대구	2022-11-10	25	12/15
19	동해	2022-11-30	20	12/28
20	부산	2023-02-01	10	2/15
21	세종	2023-02-12	15	3/3
22	양양	2023-02-15	20	3/15

[J15] 셀에 =MONTH(WORKDAY(H15,I15))&"/"&DAY(WORKDAY(H15,I15))을 입력한 후, [J22] 셀까지 드래그하여 수식을 복사한다.

💬 **함수 설명**

=WORKDAY(날짜, 일수)
WORKDAY 함수는 주말을 제외한 날짜 즉, 평일을 계산하는 데 사용된다.

문제 ❷ 계산작업 5. 계산('계산작업' 시트)

|정답|

C36 =TRUNC(SUMIFS(C26:C35,B26:B35,"옥천동",C26:C35,">=20000000")/SUM(C26:C35)*100)

	A	B	C
24	[표5]		
25	회원번호	지역	보증금
26	20012	옥천동	25000000
27	13682	포남동	100000000
28	10357	옥천동	35000000
29	17391	성남동	15000000
30	18321	옥천동	22000000
31	21035	포남동	120000000
32	21005	성남동	55000000
33	19831	포남동	200000000
34	12046	성남동	10000000
35	11354	옥천동	15000000
36	옥천동 보증금 비율		13

[C36] 셀에 =TRUNC(SUMIFS(C26:C35,B26:B35,"옥천동",C26:C35,">=20000000")/SUM(C26:C35)*100)을 입력한다.

문제 ❸ 분석작업 1. 데이터 표('분석작업-1' 시트)

| 정답 |

	G	H	I	J	K
8		비중에따른변화			
9		비중			
10		1	2	3	4
11	2,324,100	2,324,100	2,324,100	5,882,400	5,242,400

G11 =E10

① [G11] 셀을 클릭한 후 =E10을 입력하고 Enter를 누른다.
② [G10:K11] 영역을 블록 설정한 후, [데이터] 탭의 [예측]에서 [가상 분석]의 [데이터 표]를 클릭한다. [데이터 테이블] 대화상자에서 '행 입력 셀'에 $B$10을 입력한 뒤 [확인]을 클릭한다.

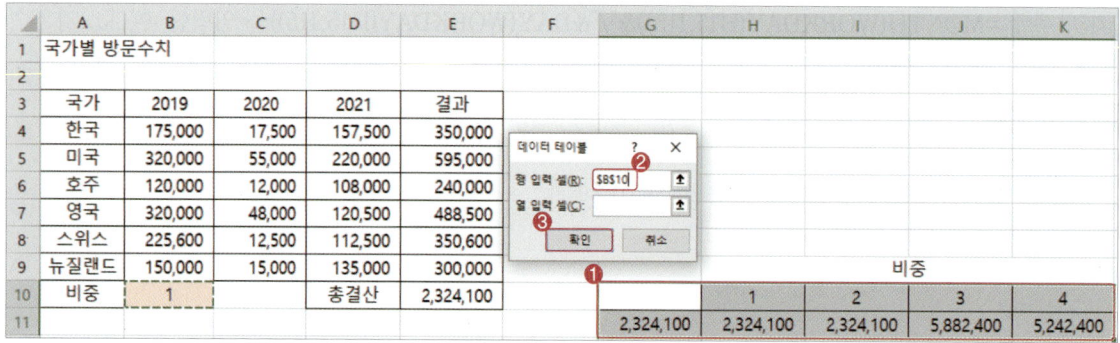

문제 ❸ 분석작업 2. 목표값 찾기('분석작업-2' 시트)

| 정답 |

	A	B	C	D	E
1	<엑셀잘하자 유튜브 조회>				
2					
3	영상제목	노출수	조회수	비율	
4				남자	여자
5	엑셀, 프로시저	1	1512	15%	12%
6	엑셀, 자주하는 질문	2	26700	20%	9%
7	엑셀, 합격비법	3	51881	30%	18%
8	엑셀, 이것만 알고 가자	1	320	10%	10%
9	엑셀, 배열수식	2	5890	22%	21%
10	엑셀, 피벗테이블	3	13697	3%	30%
11	총 조회수		100000		

① [데이터] 탭의 [예측]에서 [가상 분석]의 [목표값 찾기]를 클릭한다.
② [목표값 찾기] 대화상자에서 '수식 셀'은 [C11], '찾는 값'은 100000, '값을 바꿀 셀'은 [C7]로 지정한 뒤 [확인]을 클릭한다.

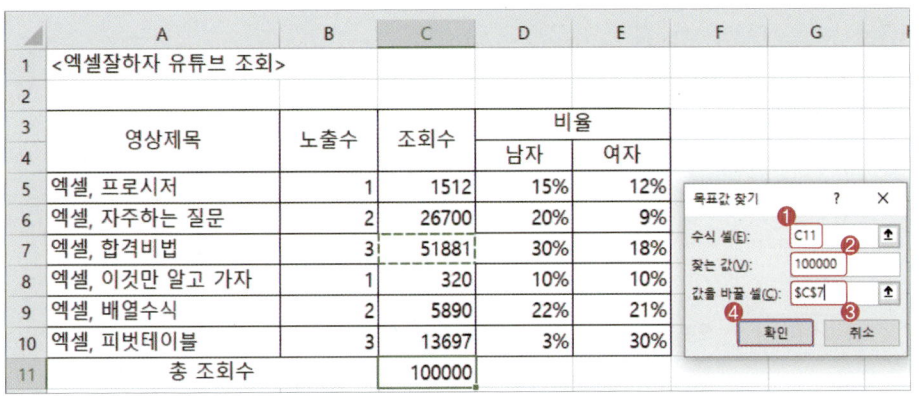

문제 ④ 기타작업 1. 매크로('매크로작업' 시트)

| 정답 |

	A	B	C	D	E	F	G	H
3	접수번호	이름	운항비	좌석구분	출발일	목적지	체류일	기본경비
4	CM24-02	박가현	3500000	일반석	2024-11-09	뉴욕	5	3,750,000
5	CM24-10	최철민	1950000	할인석	2025-01-27	뉴욕	10	2,450,000
6	CM24-06	김정민	1566800	일반석	2024-09-16	런던	4	1,766,800
7	CM24-24	한혜상	112400	할인석	2025-04-26	제주	0	112,400
8	CM24-11	김형기	1590100	비즈니스석	2024-10-22	방콕	7	1,940,100
9	CM24-07	김수현	440000	일반석	2025-03-22	광저우	10	940,000
10	CM24-15	이현정	477000	일반석	2024-11-07	광저우	4	677,000
11	CM24-19	정수미	188700	비즈니스석	2025-03-31	제주	0	188,700
12	CM24-01	박수신	544700	비즈니스석	2025-07-24	후쿠오카	14	1,244,700
13	CM24-25	박현준	98560	일반석	2024-10-03	제주	0	98,560

(경비, 서식)

① [개발 도구] 탭의 [코드]에서 [매크로 기록]을 클릭한다.

② [매크로 기록] 대화상자에서 '매크로 이름'에 **기본경비**를 입력한 후 [확인]을 클릭한다.

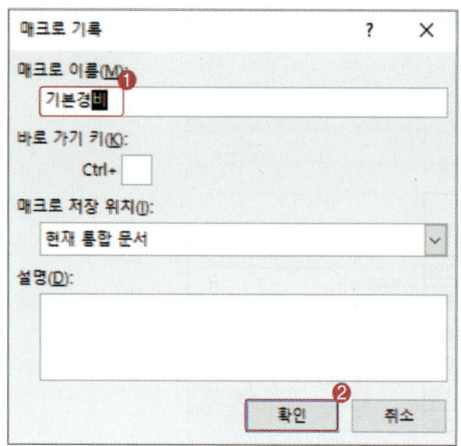

③ [H4] 셀에 커서를 두고 =C4+G4*50000을 입력한 후 Enter 를 누른다. 이후 [H13] 셀까지 드래그하여 수식을 복사한다.
④ 블록을 해제한 후, [개발 도구] 탭의 [코드]에서 [기록 중지]를 클릭한다.
⑤ [삽입] 탭의 [일러스트레이션]에서 [도형]의 '기본 도형' 중 **육각형**(◯)을 선택한 뒤, Alt 를 누른 상태로 [J3:J5] 영역으로 드래그하고, 도형에 **경비**를 입력한다.
⑥ 도형의 바로 가기 메뉴에서 [매크로 지정]을 클릭하고, **기본경비**를 선택한 후 [확인]을 클릭한다.

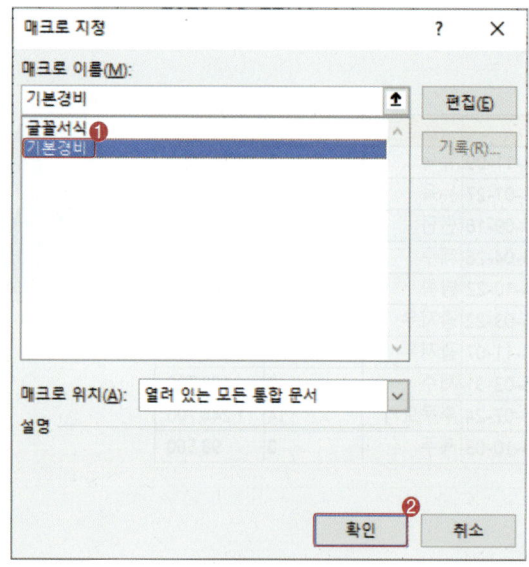

⑦ 다시 [개발 도구] 탭의 [코드]에서 [매크로 기록]을 클릭한다.

⑧ [매크로 기록] 대화상자에서 '매크로 이름'에 **글꼴서식**을 입력한 후 [확인]을 클릭한다.

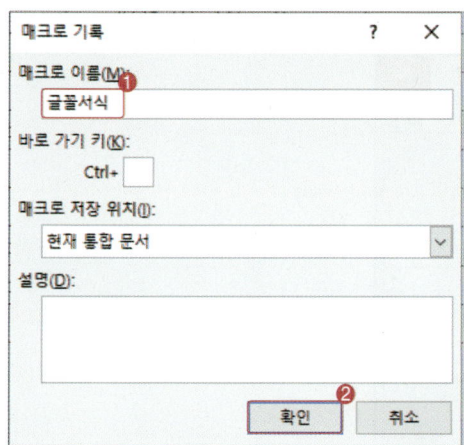

⑨ [A3:H3] 영역을 블록 설정한 후, [홈] 탭에서 [글꼴]의 '채우기 색'은 **노랑**, '글꼴 색'은 **빨강**으로 지정한다.
⑩ 블록을 해제한 후, [개발 도구] 탭의 [코드]에서 [기록 중지]를 클릭한다.
⑪ [삽입] 탭의 [일러스트레이션]에서 [도형]의 '기본 도형' 중 **배지(⌬)**를 선택한 후, Alt 를 누른 채 [J6:J8] 영역으로 드래그하고 도형에 **서식**을 입력한다.
⑫ 도형의 바로 가기 메뉴에서 [매크로 지정]을 클릭하고, **글꼴서식**을 선택한 뒤 [확인]을 클릭한다.

문제 ❹ 기타작업 | 2. 차트('차트작업' 시트)

|정답|

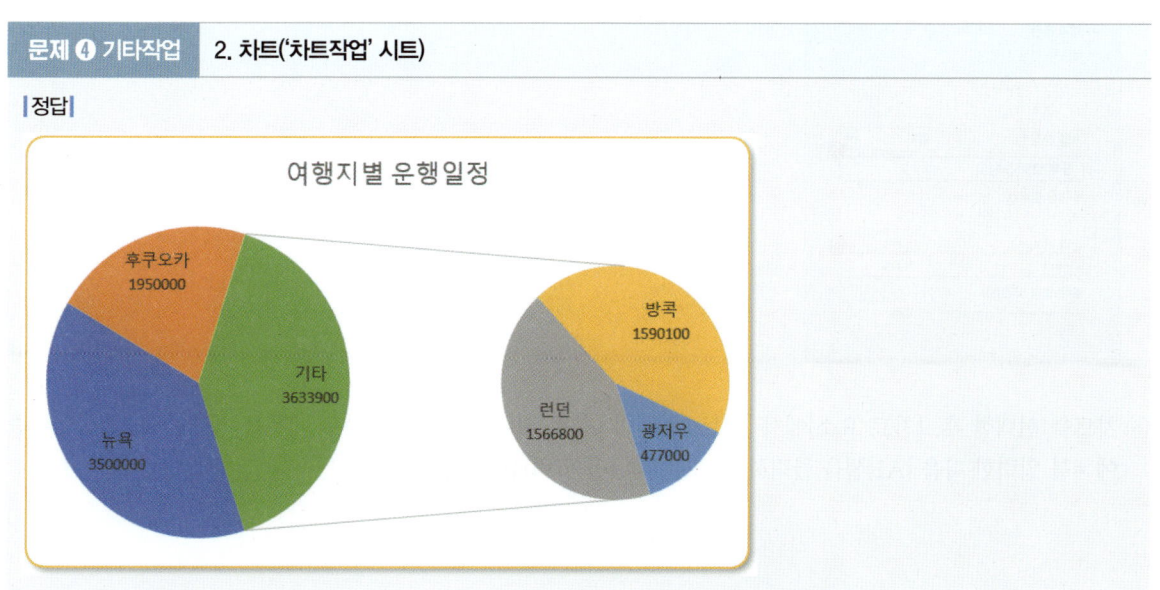

① 차트를 선택하고 [차트 디자인] 탭에서 [데이터]의 [데이터 선택]을 클릭한다.

② [데이터 원본 선택] 대화상자에서 '체류일'을 선택한 후 [제거]를 클릭한다. 가로(항목) 축 레이블에서는 '제주', '마닐라', '베이징' 항목의 체크를 해제한 후 [확인]을 클릭한다.

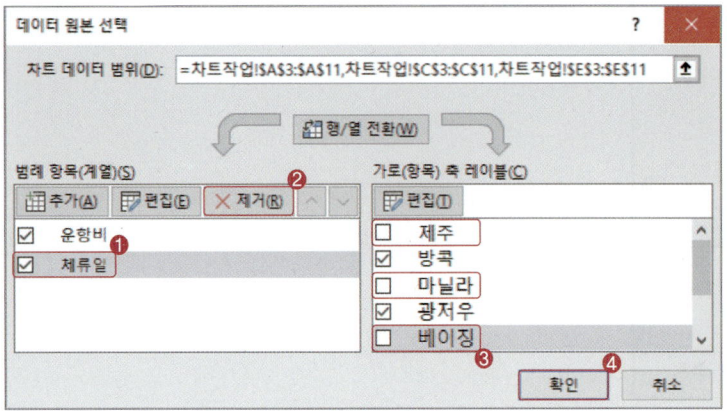

③ [차트 디자인] 탭에서 [종류]의 [차트 종류 변경]을 클릭한다.
④ [차트 종류 변경] 대화상자에서 '원형' 계열 중 **원형 대 원형**을 선택한 뒤 [확인]을 클릭한다.
⑤ '계열'을 선택한 후, [데이터 계열 서식]에서 [계열 옵션]의 '둘째 영역 값'은 3, '간격 너비'는 100으로 설정한다.

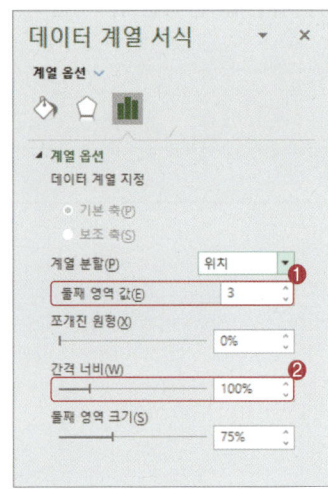

⑥ 차트를 선택한 후, [차트 요소]에서 [차트 제목]의 [차트 위]를 선택하고, 차트 제목을 선택한다. 수식입력줄에 =를 입력한 다음 [A1]셀을 클릭하고 (또는 =A1을 입력) Enter 를 누른다.

⑦ [차트 요소]에서 [데이터 레이블]의 [기타 옵션]을 선택한다. [데이터 레이블 서식] 창에서 [레이블 옵션] 항목의 '항목 이름'과 '값'에 체크하고, '구분 기호'는 **줄 바꿈**, '레이블 위치'는 **안쪽 끝**으로 설정한다.

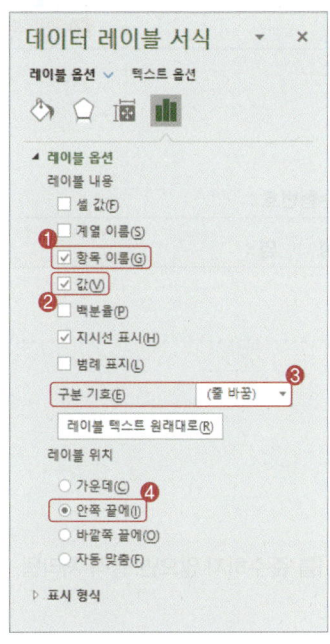

⑧ 차트 영역을 선택한 후, [차트 영역 서식]에서 [채우기 및 선]의 [테두리] 항목에서 **둥근 모서리**를 체크하고, [효과] – [그림자]의 '미리 설정' 목록에서 '바깥쪽'의 **오프셋: 오른쪽 아래**를 선택한다.

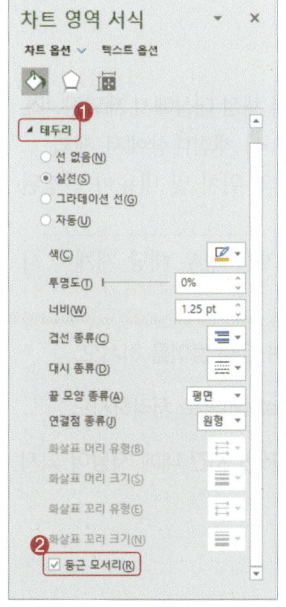 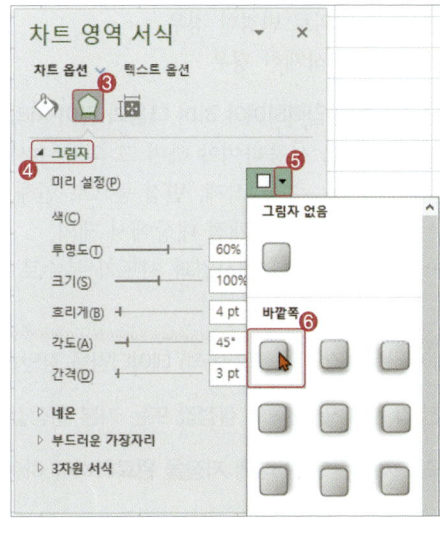

기출 유형 문제 05회

프로그램명	제한시간
EXCEL	40분

수험번호 : _____

성   명 : _____

―――――――― 유의사항 ――――――――

- 인적 사항 누락 및 잘못 작성으로 인한 불이익은 수험자 책임으로 합니다.

- 화면에 암호 입력창이 나타나면 아래의 암호를 입력하여야 합니다.
  ○ 암호 :

- 작성된 답안은 경로 및 파일명을 변경하지 마시고 그대로 저장하여야 합니다. 이를 준수하지 않으면 실격 처리됩니다.
  ○ 답안 파일명의 예 : C:₩OA₩수험번호8자리.xlsm

- 외부데이터 위치 : C:₩OA₩파일명

- 별도의 지시사항이 없는 경우, 다음과 같이 처리 시 실격 처리됩니다.
  ○ 제시된 시트 및 개체의 순서나 이름을 임의로 변경한 경우
  ○ 제시된 시트 및 개체를 임의로 추가 또는 삭제한 경우

- 답안은 반드시 문제에서 지시 또는 요구한 셀에 입력하여야 하며 다음과 같이 처리 시 채점 대상에서 제외됩니다.
  ○ 제시된 함수가 있을 경우 제시된 함수만을 사용하여야 하며 그 외 함수사용 시 채점대상에서 제외
  ○ 수험자가 임의로 지시하지 않은 셀의 이동, 수정, 삭제, 변경 등으로 인해 셀의 위치 및 내용이 변경된 경우 해당 작업에 영향을 미치는 관련 문제 모두 채점 대상에서 제외
  ○ 도형 및 차트의 개체가 중첩되어 있거나 동일한 계산결과 시트가 복수로 존재할 경우 해당 개체나 시트는 채점 대상에서 제외

- 수식 작성 시 제시된 문제 파일의 데이터는 변경 가능한(가변적) 데이터임을 감안하여 문제 풀이를 하시오.

- 별도의 지시사항이 없는 경우, 주어진 각 시트 및 개체의 설정값 또는 기본 설정값(Default)으로 처리하시오.

- 저장 시간은 별도로 주어지지 않으므로 제한된 시간 내에 저장을 완료하여야 하며, 제한 시간 내에 저장이 되지 않은 경우에는 실격 처리됩니다.

- 출제된 문제의 용어는 MS Office Professional Plus 2021을 기준으로 작성되었습니다.

대한상공회의소

문제 ❶ 주어진 시트에서 다음의 과정을 수행하고 저장하시오. | 기본작업(20점)

01 '기본작업-1' 시트에 다음의 자료를 주어진 대로 입력하시오. (5점)

	A	B	C	D	E	F
1	카페 정보					
2						
3	위생등급	인허가일자	장소	내부면적	소재지전화	A
4	좋음	2019년10월	젤르(ZELE)	100.01	02-6466-2222	230
5	우수	2019년12월	인라이크(InLike)	33	02-1111-1111	160
6	우수	2020년9월	자이온 (ZION)	143.38	02-2531-1111	165
7	우수	2021년4월	파파인(PAPAIN)	28.61	02-5961-1111	210
8	매우 우수	2021년5월	앵글드(Angled)	58	02-9783-2222	210
9	매우 우수	2022년4월	LATTE YOU(라떼유)	29	02-5813-2222	50
10	매우 우수	2022년5월	피커 PICKER	23.47	02-1111-1111	210

02 '기본작업-2' 시트에 대하여 다음의 지시사항을 처리하시오. (5점)

① [A1:F1] 영역은 '선택 영역의 가운데로', 글꼴 크기 '16', 글꼴 스타일 '굵게', '밑줄 실선'으로 지정하시오.

② [A4:A5], [A6:A8], [A9:A12] 영역은 '병합하고 가로 가운데 맞춤', '세로 가운데 맞춤'을 지정하고, [A3:B12] 영역은 셀 스타일 '제목 4'를 적용하시오.

③ [표시 예]와 같이 [C4:C12] 영역은 사용자 지정 표시 형식을 이용하여 천 단위 구분 기호와 숫자 뒤에 (명)을 붙이고, [E4:E12] 영역은 백분율, 소수자릿수 2, [F4:F12] 영역은 사용자 지정 표시 형식을 이용하여 숫자 아홉 자리로 표시하시오.
  ▶ [C4:C12] : [표시 예 : 504,340(명)]
  ▶ [E4:E12] : [표시 예 : 16.55%]
  ▶ [F4:F12] : [표시 예 : 01151836]

④ [B4] 셀은 "주관 : 상공회의소"라는 메모를 삽입하고, 메모 서식의 채우기는 '표준 색 – 노랑', 자동 크기, 항상 표시되도록 하시오.

⑤ [A3:F12] 영역에 '모든 테두리(⊞)'를 적용하여 표시하시오.

03 '기본작업-3' 시트에서 다음의 지시사항을 처리하시오. (5점)

[A4:H17] 영역에서 직급코드가 '2'로 끝나면서 2023의 값이 2020의 값보다 큰 행 전체에 대하여 채우기를 '표준 색-노랑'으로 지정하는 조건부 서식을 작성하시오.
  ▶ AND, RIGHT 함수를 사용하시오.
  ▶ 단, 규칙 유형은 '▶ 수식을 사용하여 서식을 지정할 셀 결정'을 사용하고, 한 개의 규칙으로만 작성하시오.

문제 ❷ '계산작업' 시트에서 다음의 과정을 수행하고 저장하시오. | 계산작업(40점)

01 [표1]의 대여일[A3:A13]을 이용하여 대여일+10인 날짜가 토요일이면 대여일+10에 2일을 더하고 일요일이면 대여일+10인 날짜에 1을 더하고, 주중이면 대여일+10인 날짜로 계산한 반납일을 [F3:F13] 영역에 표시하시오. (8점)

▶ IF, WEEKDAY 함수를 사용하시오.

02 [표2]의 여행국가[H3:H8], 지출액[J3:J8], 환율표[M2:S5]를 이용하여 국가별지출액을 [K3:K8] 영역에 계산하시오. (8점)

▶ 국가별지출액은 백의 자리에서 내림하여 천의 자리로 표시하시오.
▶ 국가별지출액 = 지출액/환율
▶ [표시 예 : 여행국가가 미국, 국가별 지출액이 2417.7 → $2000]
▶ HLOOKUP, ROUNDDOWN 함수와 & 연산자를 사용하시오.

03 [표3]에서 평균[E17:E25]의 순위가 1이면 "1위", 2이면 "2위", 3이면 "3위", 그 외는 공백으로 결과[F17:F25]에 표시하시오. (8점)

▶ CHOOSE, RANK.EQ 함수를 사용하시오.

04 [표4]의 기록[K17:K25]이 가장 빠른 선수의 기록을 찾아 [K26] 셀에 표시하시오. (8점)

▶ [표시 예 : 1:23:34 → 1시간23분34초]
▶ HOUR, MINUTE, SECOND, SMALL 함수와 & 연산자를 사용하시오.

05 [표5]에서 학과가 국문학과의 최대값과 영문학과의 최대값을 구하고 두 수의 평균을 소수점 첫째 자리에서 올림한 값을 [C39] 셀에 계산하시오. (8점)

▶ 조건은 [C29:C30]과 [D39:D40]을 이용하시오.
▶ [표시 예 : 409.5 → 410]
▶ DMAX, AVERAGE, ROUNDUP 함수를 사용하시오.

문제 ③ 주어진 시트에서 다음의 과정을 수행하고 저장하시오. | 분석작업(20점)

01 '분석작업-1' 시트에서 다음의 지시사항에 따라 처리하시오. (10점)

부분합 기능을 이용하여 '주차장 현황' 표에 〈그림〉과 같이 구분별 '법정명'의 개수를 계산한 후 '주차총수'의 합계를 계산하시오.

▶ 정렬은 '구분'을 기준으로 오름차순으로 정렬하고, '구분'이 동일한 경우 '유형정보' 기준으로 내림차순 정렬하시오.
▶ 개수와 합계는 위에 명시된 순서대로 처리하시오.
▶ 개요 지우기를 설정하시오.

02 '분석작업-2' 시트에 대하여 다음의 지시사항을 처리하시오. (10점)

⚠ 시나리오 요약 보고서 작성 시 정답과 일치하여야 하며, 오자로 인한 부분점수는 인정하지 않음

▶ [표1]에서 수학[B12], 영어[C12]가 다음과 같이 변경되는 경우 이수지[F5]와 이민정[F9]의 평가점수의 변동 시나리오를 작성하시오.
▶ 아래와 같이 이름을 정의하시오.
  – [B12] 셀은 '수학', [C12] 셀은 '영어', [F5] 셀은 '이수지', [F9] 셀은 '이민정'
▶ 시나리오1 : 시나리오 이름을 '가산점 증가', 수학을 9, 영어를 9로 설정하시오.
▶ 시나리오2 : 시나리오 이름을 '가산점 감소', 수학을 5, 영어를 4로 설정하시오.
▶ 시나리오 요약 시트는 '분석작업-2' 시트의 바로 앞에 위치시키시오.

문제 ④ 주어진 시트에서 다음의 과정을 수행하고 저장하시오. | 기타작업(20점)

01 '매크로작업' 시트의 [표]에서 다음과 같은 기능을 수행하는 매크로를 현재 통합문서에 작성하고 실행하시오. (각 5점)

⚠ 셀 포인터의 위치에 관계없이 매크로가 실행되어야 정답으로 인정됨

① [H4:H14] 영역에 총판매액을 계산하는 매크로를 생성하여 실행하시오.
  ▶ 매크로 이름 : 총판매액
  ▶ 총판매액 = 판매가*판매량*(1-할인율)
  ▶ [개발 도구]-[삽입]-[양식 컨트롤]의 '단추(□)'를 동일 시트의 [B16:C17] 영역에 생성하고, 텍스트를 '판매액계산'으로 입력한 후 단추를 클릭할 때 '총판매액' 매크로가 실행되도록 설정하시오.

② [B4:B14] 영역을 가로 가운데 맞춤을 적용하는 매크로를 생성하여 실행하시오.
  ▶ 매크로 이름 : 맞춤
  ▶ [삽입]-[일러스트레이션]-[도형]-[기본 도형]의 '사각형: 빗면(□)'을 동일 시트의 [D16:F17] 영역에 생성하고, 텍스트를 '맞춤'으로 입력한 후 텍스트는 가로, 세로 가운데 맞춤으로 설정하고 도형을 클릭할 때 '맞춤' 매크로가 실행되도록 설정하시오.

02 '차트작업' 시트의 차트를 지시사항에 따라 아래 그림과 같이 수정하시오. (각 2점)

⚠ 차트는 반드시 문제에서 제공한 차트를 사용하여야 하며, 신규로 작성 시 0점 처리됨

① 1차와 2차 계열은 제거하고, 순번이 1~5번까지의 이름만 표시되도록 데이터 범위를 수정하시오.

② 차트의 종류와 레이아웃을 변경하시오.
   ▶ 차트 종류를 '3차원 원형'으로 변경하시오.
   ▶ 범례는 제거하시오.
   ▶ 차트 스타일은 2번으로 설정하고 차트 색은 '다양한 색상표 3'으로 지정하시오.

③ 첫째 조각의 각은 '20도', 쪼개진 원형은 '10%', 3차원 회전의 Y회전을 '20도'를 지정하시오.

④ 데이터 레이블은 지시선 표시를 체크 해제하여 항목이름과 값만 표시하고, 위치는 자동맞춤으로 표시하시오.

⑤ 차트 제목은 [A1] 셀과 연동하고, 차트 영역은 도형 스타일의 '미세효과-황금색, 강조 4'를 지정하시오.

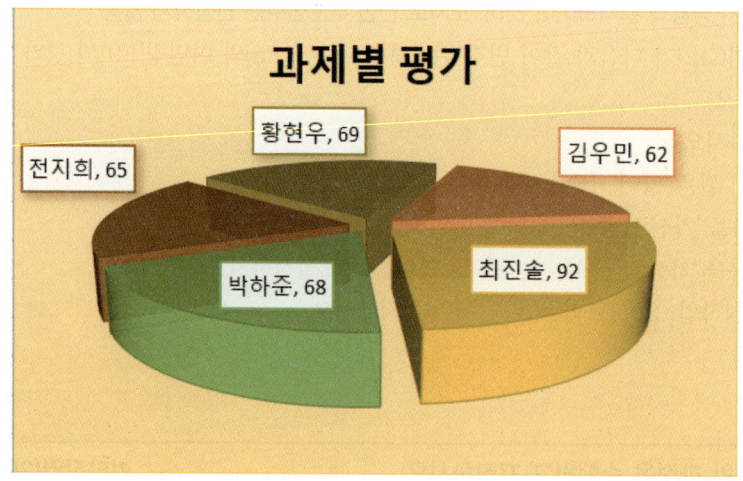

기출 유형 문제 05회 / 해설

문제 ❶ 기본작업 1. 데이터 입력('기본작업-1' 시트)

정답

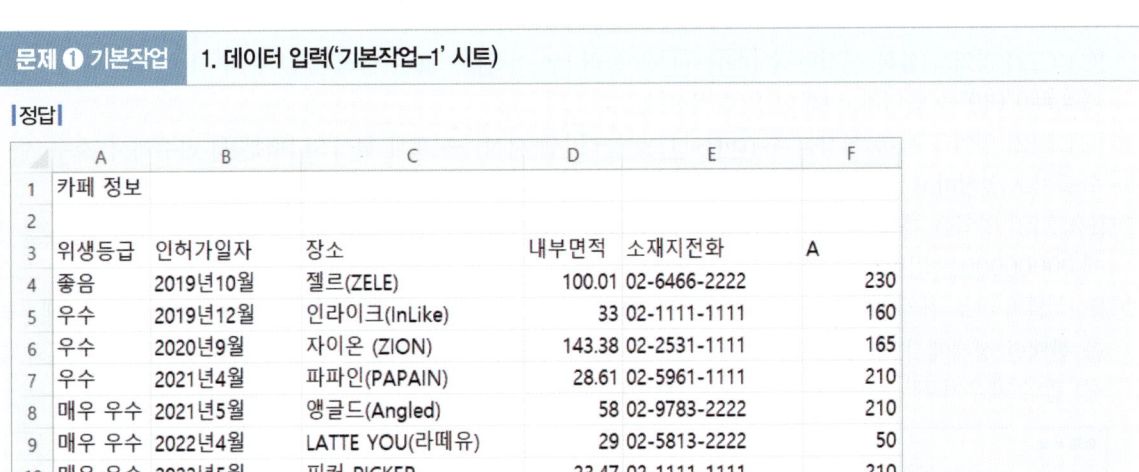

[A3] 셀부터 '위생등급', '인허가일자', '장소', '내부면적', '소재지전화', 'A' 순으로 제목을 입력한 후, 제목에 따른 데이터를 아래 방향으로 입력한다.

문제 ❶ 기본작업 2. 데이터 서식('기본작업-2' 시트)

정답

	A	B	C	D	E	F
1			상위 10위 자격증 종목			
2						
3	항목	종목명	접수인원 (명) 주관 : 상공회의소	시험날짜	합격률	자격증코드번호
4	컴활	컴퓨터활용능력1급	504,340(명)	2025-03-05	16.55%	001151836
5		컴퓨터활용능력2급	435,004(명)	2025-03-05	44.80%	001268236
6	기사	산업안전기사	184,760(명)	2025-04-19	48.30%	001326116
7		정보처리기사	165,045(명)	2025-04-19	48.89%	001438136
8		전기기사	109,488(명)	2025-04-19	37.11%	001918356
9	기능사	지게차운전기능사	263,640(명)	2025-02-17	48.30%	001492396
10		한식조리기능사	133,791(명)	2025-01-17	35.80%	001094386
11		굴착기운전기능사	121,505(명)	2025-01-13	40.70%	001813936
12		전기기능사	109,686(명)	2025-03-15	3.72%	001234986

① [A1:F1] 영역을 블록 설정한 후 Ctrl+1을 누르고, [셀 서식] 대화상자의 [맞춤] 탭에서 '가로'는 **선택 영역의 가운데로**를 선택한다. [글꼴] 탭에서는 '글꼴 스타일'은 **굵게**, '크기'는 16, '밑줄'을 지정한 후 [확인]을 클릭한다.

② [A4:A5], [A6:A8], [A9:A12] 영역을 Ctrl을 누르며 블록 설정한 후, [홈] 탭의 [맞춤]에서 **병합하고 가운데 맞춤**과 **세로 가운데 맞춤**을 클릭한다.
③ [A3:B12] 영역을 블록 설정한 후, [홈] 탭의 [스타일] – [셀 스타일]의 [제목 및 머리글]에서 **제목 4**를 클릭한다.
④ [C4:C12] 영역을 블록 설정한 후 Ctrl+1을 눌러 [셀 서식] – '표시 형식'의 [사용자 지정] 범주에서 '형식'에 **#,##0"(명)"**을 입력하고 [확인]을 클릭한다.
⑤ [E4:E12] 영역을 블록 설정한 후 Ctrl+1을 눌러 [셀 서식] – '표시 형식'의 [백분율] 범주에서 '소수 자릿수'를 2로 설정하고 [확인]을 클릭한다.
⑥ [F4:F12] 영역을 블록 설정한 후 Ctrl+1을 눌러 [셀 서식] – '표시 형식'의 [사용자 지정] 범주에서 '형식'에 00000000을 입력한 후 [확인]을 클릭한다.
⑦ [B4] 셀의 바로 가기 메뉴에서 [메모 삽입]을 클릭한 후, 메모에 **주관 : 상공회의소**를 입력한다. 메모 테두리를 선택한 상태에서 Ctrl+1을 눌러 [메모 서식] 대화상자의 [맞춤] 탭에서 '자동 크기'를 체크하고, [색 및 선] 탭의 '채우기 색'은 '노랑'을 선택한 후 [확인]을 클릭한다.

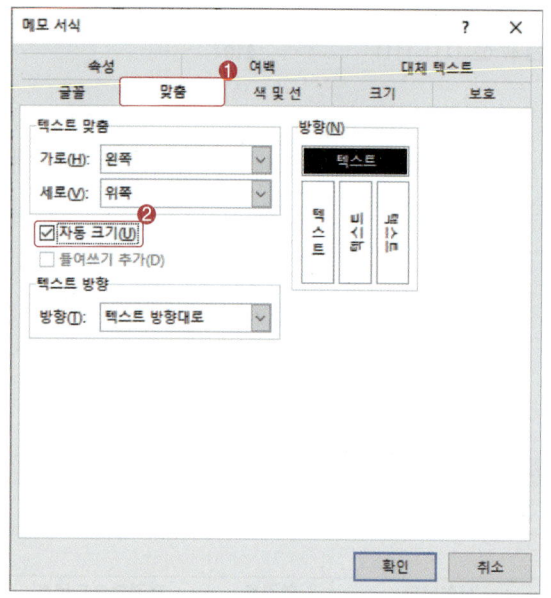
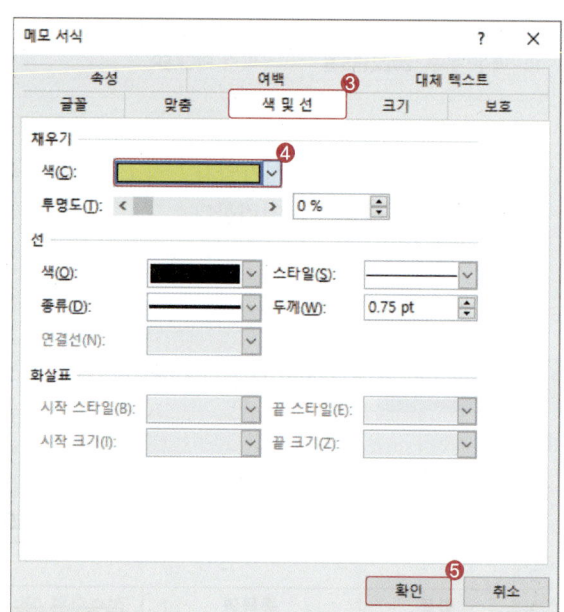

⑧ 메모가 삽입된 [B3] 셀의 바로 가기 메뉴에서 [메모 표시/숨기기]를 클릭한다.
⑨ [A3:F12] 영역을 블록 설정한 후, [홈] 탭의 [글꼴]의 [테두리]에서 **모든 테두리(⊞)**를 클릭한다.

문제 ❶ 기본작업 3. 조건부 서식('기본작업-3' 시트)

|정답|

	A	B	C	D	E	F	G	H
1								
2								
3	직급코드	직급	직위	부서명	2020	2021	2022	2023
4	EQ012	사무관	계장	행정지원실	1200	1300	1600	1600
5	EQ012	사무관	계장	지방자치행정과	1000	1600	1300	1000
6	PJ013	주무관	팀장	경찰안전과	1600	2000	1200	1800
7	PJ013	주무관	부장	소방행정과	2000	1000	1800	710
8	PJ013	주무관	부장	재난안전정책과	2400	750	1600	650
9	TE014	책임연구원	계장	주민안전과	1200	950	1700	1300
10	TE014	선임연구원	실장	정보화기획실	900	1600	1300	1900
11	EQ012	사무관	계장	국가안전기술연구소	2300	1000	1000	1000
12	PJ013	주무관	실장	국토계획실	1500	650	2200	1800
13	PJ013	주무관	팀장	국토정책실	2500	1700	950	2000
14	PJ013	주무관	부장	교통산업정책과	950	600	1300	1600
15	EQ012	사무관	계장	교통안전정책과	1000	1700	750	1700
16	EQ012	사무관	계장	국토지주공사	1700	1300	1100	2000
17	EQ012	사무관	실장	도로교통과	950	2000	2100	1000

① [A4:H17] 영역을 블록 설정한 후, [홈] 탭의 [스타일]의 [조건부 서식]에서 [새 규칙]을 클릭한다.

② [새 서식 규칙] 대화상자에서 ▶ **수식을 사용하여 서식을 지정할 셀 결정**을 선택한 후, 수식입력란에 =AND(RIGHT($A4,1)="2",$H4>$E4)를 입력한다. 셀의 색상을 지정하기 위해 [서식] 버튼을 클릭한다.

③ [셀 서식] 대화상자에서 '색'은 **표준 색 – 노랑**을 선택한 다음, [확인]을 클릭하여 창을 닫고 [확인]을 클릭하여 조건부 서식 창을 닫는다.

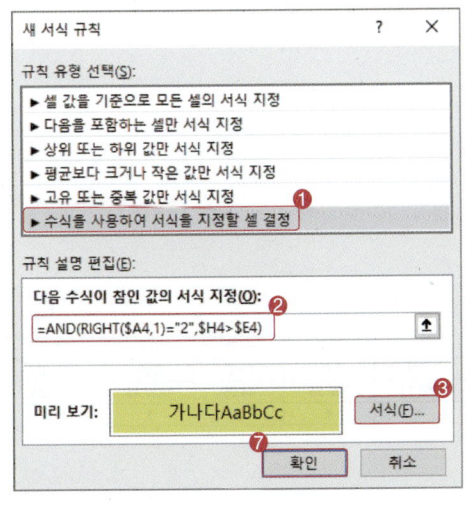

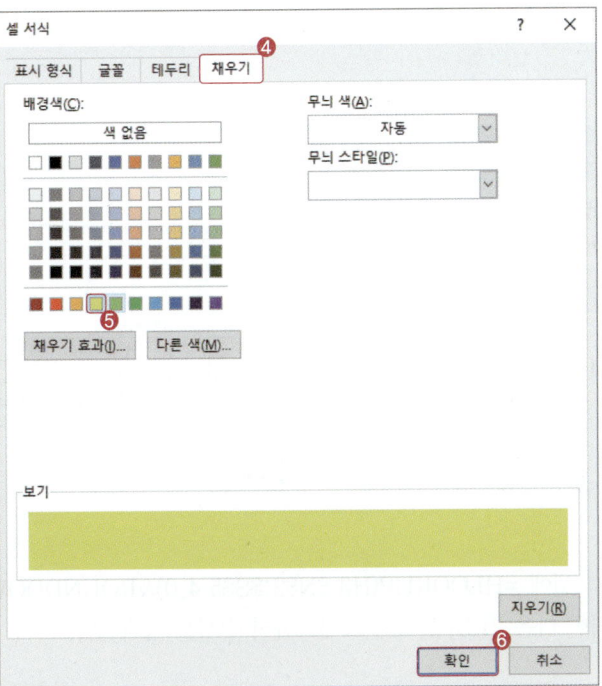

문제 ❷ 계산작업 1. 계산('계산작업' 시트)

|정답|

	B	C	D	E	F	G	H
1							[표2]
2	출판사	책제목		대여일	반납일		여행국
3	북로망스	빛이 이끄는 곳으로		3	2022-03-22		미국
4	문학동네	이중 하나는 거짓말		7	2022-04-28		중국
5	은행나무	영원한 천국		10	2022-04-29		대만
6	민음사	면도날		5	2022-05-02		호주
7	쓰다	모순		6	2022-03-07		영국
8	북다	당신이 누군가를 죽였다		5	2021-06-02		일본
9	인플루엔셜	파친코		5	2020-04-27		
10	다산책방	푸른 들판을 걷다		10	2019-06-17		
11	북로드	백설공주에게 죽음을		3	2018-06-14		
12	하이스트	우리에게 남은 시간 46일		5	2021-11-23		
13	필름	아이가 없는 집		4	2022-08-01		

F3: `=IF(WEEKDAY(A3+10,2)=6,A3+10+2,IF(WEEKDAY(A3+10,2)=7,A3+10+1,A3+10))`

[F3] 셀에 =IF(WEEKDAY(A3+10,2)=6,A3+10+2,IF(WEEKDAY(A3+10,2)=7,A3+10+1,A3+10))을 입력한 다음, [F13] 셀까지 드래그하여 수식을 복사한다.

💬 함수 설명

WEEKDAY(A3+10,2)=7
WEEKDAY(대여일,2) 월요일이 1번인 형식이므로 토요일 6, 일요일 7을 대입해서 식을 작성한다.

문제 ❷ 계산작업 2. 계산('계산작업' 시트)

|정답|

K3: `=HLOOKUP(H3,$N$2:$S$5,4,0)&ROUNDDOWN(J3/HLOOKUP(H3,$N$2:$S$5,3,0),-3)`

	H	I	J	K	L	M	N	O	P	Q	R	S
1	[표2]					[환율표]						
2	여행국가	여행일정	지출액	국가별지출액		국가	미국	일본	중국	대만	영국	호주
3	미국	7박8일	3,500,150	$2000		통화	USD	JPN	CNY	TWD	GBP	AUD
4	중국	5박6일	1,564,610	¥7000		환율	1449.5	968.11	198.56	44.06	1827.46	904.05
5	대만	4박5일	1,691,350	$38000		통화기호	$	¥	¥	$	$	$
6	호주	5박6일	2,136,402	$ 2000								
7	영국	10박11일	5,873,100	$ 3000								
8	일본	7박8일	1,782,350	¥ 1000								

[K3] 셀에 =HLOOKUP(H3,$N$2:$S$5,4,0)&ROUNDDOWN(J3/HLOOKUP(H3,$N$2:$S$5,3,0),-3)을 입력한 다음, [K8] 셀까지 드래그하여 수식을 복사한다.

> 💬 **함수 설명**

=HLOOKUP(H3,$N$2:$S$5,4,0)&ROUNDDOWN(J3/HLOOKUP(H3,$N$2:$S$5,3,0),-3)
- 통화기호와 환율을 [표2]의 값을 이용해 HLOOKUP 함수로 [환율표]에서 계산한 다음 두 값을 연결한다.
- ROUNDDOWN 함수를 이용해 환율을 천의 자리로 표시한다.

※ 풀이 포인트
2000의 동그라미 수(0의 개수)가 곧 ROUNDDOWN 함수에서의 자릿수다.

문제 ❷ 계산작업　　3. 계산('계산작업' 시트)

|정답|

	A	B	C	D	E	F
15	[표3]					
16	순번	이름	1차	2차	평균	결과
17	1	김우민	55	69	62	
18	2	최대한	98	86	92	2위
19	3	박하준	85	50	68	
20	4	전지희	75	54	65	
21	5	장우진	90	48	69	
22	6	김재원	83	95	89	3위
23	7	안세영	89	98	94	1위
24	8	심유빈	75	70	73	
25	9	신솔이	86	89	88	

[F17] 셀에 =CHOOSE(RANK.EQ(E17,$E$17:$E$25),"1위","2위","3위","","","","","","")를 입력한 다음, [F25] 셀까지 드래그하여 수식을 복사한다.

> 💬 **함수 설명**

=CHOOSE(RANK.EQ(E17,$E$17:$E$25),"1위","2위","3위","","","","","","")
- CHOOSE 함수 안에 들어가는 인수의 개수는 인덱스 번호에 따라서 결정된다.
- RANK.EQ의 순위는 9번까지 계산이 되기 때문에 CHOOSE(RANK.EQ,1,2,3,4,5,6,7,8,9) 9번째 자릿수까지 인수를 입력해야 한다. 입력하지 않으면 #Value! 오류가 나타난다.
- 1~3위와 그 외의 값은 9번째 자릿수까지 ""을 입력한다.

문제 ❷ 계산작업 4. 계산('계산작업' 시트)

	H	I	J	K
15	[표4]	하프마라톤 결과		
16	선수번호	소속	나이	기록
17	168001	춘천	35	1:49:27
18	168002	영월	42	1:45:51
19	168003	강릉	29	2:03:26
20	168004	평창	38	1:51:15
21	168005	영월	44	1:32:08
22	168006	고성	51	1:41:53
23	168007	춘천	32	2:01:17
24	168008	강릉	40	1:39:22
25	168009	평창	23	1:56:25
26		가장 빠른 기록		1시간32분8초

K26 셀: =HOUR(SMALL(K17:K25,1))&"시간"&MINUTE(SMALL(K17:K25,1))&"분"&SECOND(SMALL(K17:K25,1))&"초"

[K26] 셀에 =HOUR(SMALL(K17:K25,1))&"시간"&MINUTE(SMALL(K17:K25,1))&"분"&SECOND(SMALL(K17:K25,1))&"초"를 입력한다.

함수 설명

=HOUR(SMALL(K17:K25,1))&"시간"&MINUTE(SMALL(K17:K25,1))&"분"&SECOND(SMALL(K17:K25,1))&"초"
- HOUR(SMALL()) : 시가 계산됨
- MINUTE(SMALL()) : 분이 계산됨
- SECOND(SMALL()) : 초가 계산됨

문제 ❷ 계산작업 5. 계산('계산작업' 시트)

C39 셀: =ROUNDUP(AVERAGE(DMAX(A29:D38,D29,C29:C30),DMAX(A29:D38,D29,D39:D40)),0)

	A	B	C	D
27				
28	[표5] 신입생 입학성적			
29	학번	성명	학과	총점
30	21-12235	김우민	국문	198
31	21-22236	최대한	영문	178
32	21-32237	박하준	불문	443
33	21-12238	전지희	국문	234
34	22-32459	장우진	영문	339
35	22-45678	김재원	국문	398
36	22-56784	안세영	불문	448
37	23-45679	심유빈	국문	442
38	23-45219	신솔이	영문	377
39		최대값 평균	410	학과
40				영문

[C39] 셀에 =ROUNDUP(AVERAGE(DMAX(A29:D38,D29,C29:C30),DMAX(A29:D38,D29,D39:D40)),0)을 입력한다.

> **함수 설명**
>
> =ROUNDUP(AVERAGE(DMAX(A29:D38,D29,C29:C30),DMAX(A29:D38,D29,D39:D40)),0)
> - 영문과의 최대값과 국문과의 최대값은 DMAX 함수로 구하고 두 값의 평균은 AVERAGE 함수로 구한다.
> - 소수 첫째 자리에서 올림하여 정수로 표시한다.

문제 ❸ 분석작업   1. 데이터 정렬('분석작업-1' 시트)

|정답|

	A	B	C	D	E	F	G	H
1	주차장 현황							
2								
3	주차번호	주택유형	구분	법정명	유형정보	주차총수	주차임대수	조사날짜
4	AB128	아파트	공영	경상남도	부설	300	10	2024-07-19
5	AB129	연립주택	공영	경상북도	부설	100	10	2024-07-24
6	AB135	아파트	공영	제주특별자치도	부설	550	50	2024-09-21
7	AB133	연립주택	공영	충청남도	노외	250	30	2024-09-08
8	AB134	단독주택	공영	전라북도	노외	150	10	2024-09-10
9	AB124	공동주택	공영	서울특별시	노상	100	20	2024-06-02
10	AB130	다세대주택	공영	경기도	노상	100	5	2024-07-16
11	AB131	다가구주택	공영	울산광역시	노상	150	10	2024-08-03
12	AB136	연립주택	공영	강원특별자치도	노상	200	20	2024-10-11
13			공영 요약			1900		
14			공영 개수		9			
15	AB126	아파트	민영	서울특별시	부설	100	30	2024-06-07
16	AB132	단독주택	민영	대구광역시	부설	50	2	2024-08-20
17	AB123	다세대	민영	서울특별시	노외	50	10	2024-05-10
18	AB125	연립주택	민영	경기도	노상	120	30	2024-05-31
19	AB127	다세대주택	민영	강원특별자치도	노상	50	0	2024-06-12
20			민영 요약			370		
21			민영 개수		5			
22			총합계			2270		
23			전체 개수		14			

① [A3:H17] 영역을 블록 설정하고 [데이터] 탭의 [정렬 및 필터]에서 [정렬]을 클릭한다.
② [정렬] 대화상자에서 '정렬 기준'은 **구분**, **오름차순**으로 설정하고, [기준 추가]를 클릭하고 '다음 기준'은 **유형정보**, **내림차순**으로 설정한 후 [확인]을 클릭한다.

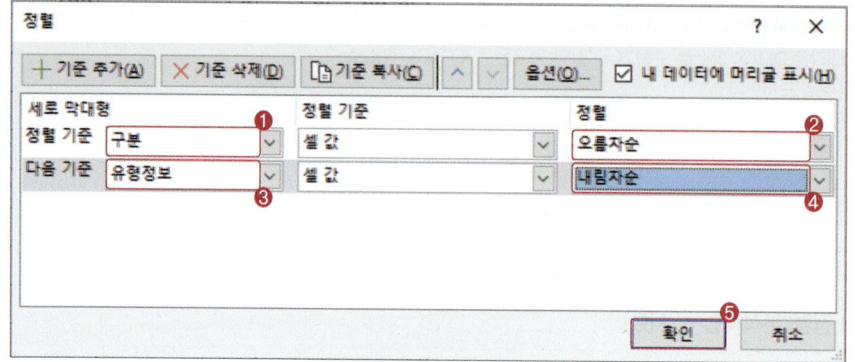

③ [데이터] 탭의 [개요]에서 [부분합]을 클릭한다.
④ [부분합] 대화상자에서 '그룹화할 항목'은 **구분**, '사용할 함수'는 **개수**, '부분합 계산 항목'은 **법정명**을 체크한 후 [확인]을 클릭한다.
⑤ 다시 [데이터] 탭의 [개요]에서 [부분합]을 클릭한다.
⑥ [부분합] 대화상자에서 '그룹화할 항목'은 **구분**, '사용할 함수'는 **합계**로 설정하고, '법정명'은 체크 해제, '주차총수'는 체크, '새로운 값으로 대치'는 체크 해제한 후 [확인]을 클릭한다.

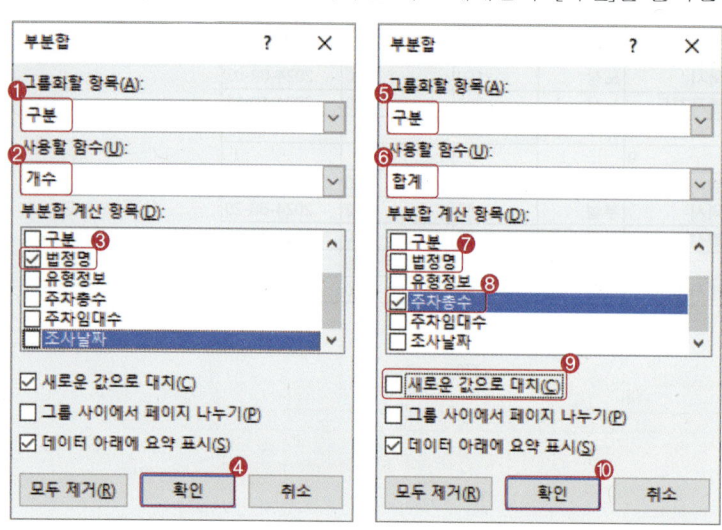

⑦ 커서를 부분합 결과 영역 안에 두고 [데이터] 탭의 [개요]에서 [그룹 해제]의 [개요 지우기]를 클릭한다.

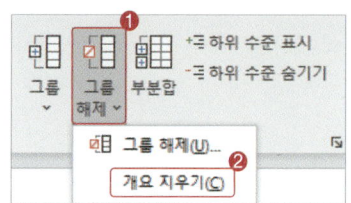

문제 ❸ 분석작업 2. 시나리오('분석작업-2' 시트)

|정답|

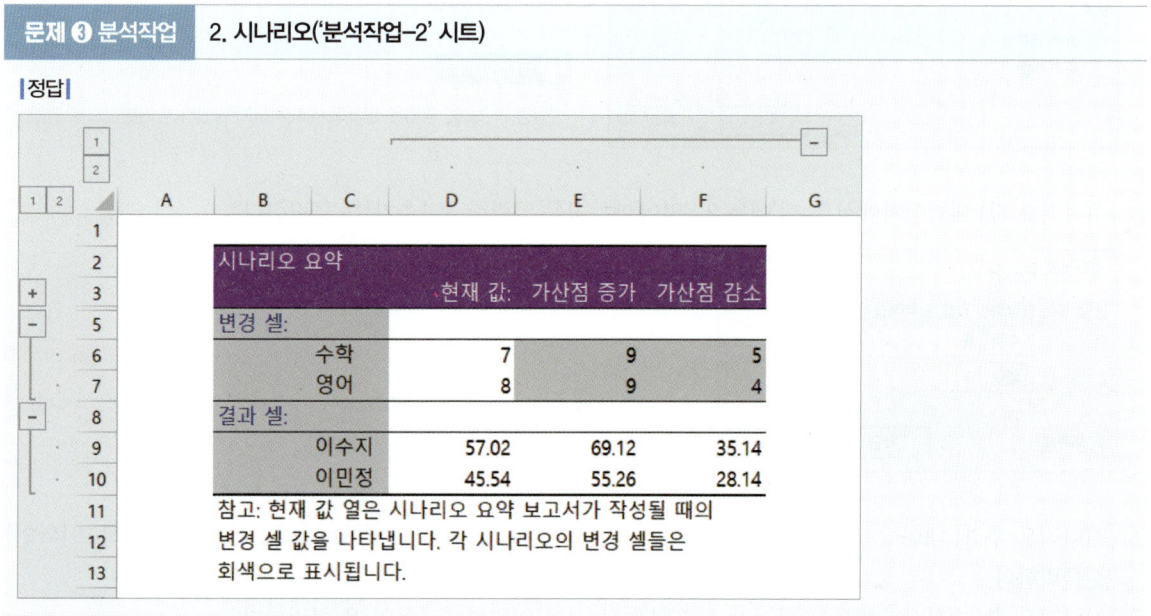

① [B12] 셀을 클릭한 후, [이름 상자]에 **수학**을 입력하고 Enter 를 누른다. [C12] 셀은 **영어**, [F5] 셀은 **이수지**, [F9] 셀은 **이민정**으로 각각 이름을 정의한다.
② [데이터] 탭의 [예측]의 [가상 분석] - [시나리오 관리자]에서 [추가]를 클릭한다.

③ [시나리오 추가] 대화상자에서 '시나리오 이름'에는 **가산점 증가**, '변경 셀'에는 [B12:C12]를 입력하고 [확인]을 클릭한다.

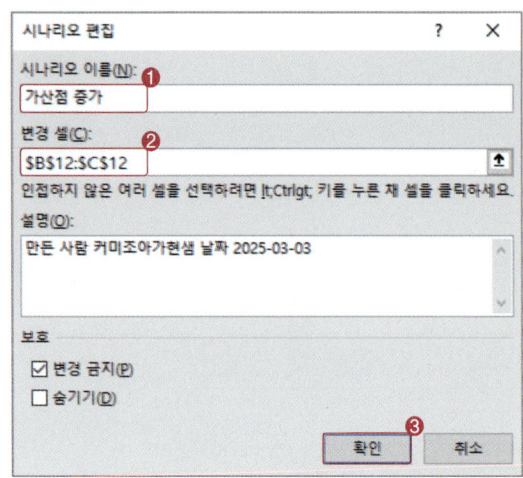

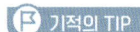 기적의 TIP

'설명'과 '보호' 영역은 문제에서 제시하지 않았다면 기본값으로 한다.

④ [시나리오 값] 대화상자에서 '수학'에는 9, '영어'에는 9를 입력한 후 [추가]를 클릭한다.

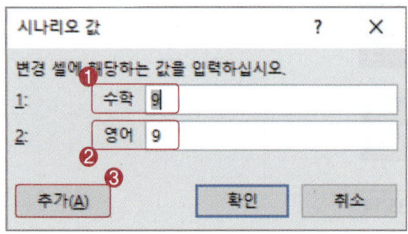

⑤ [시나리오 추가] 대화상자에서 '시나리오 이름'에는 **가산점 감소**, '변경 셀'에는 [B12:C12]를 입력하고 [확인]을 클릭한다.
⑥ [시나리오 값] 대화상자에서 '수학'에는 5, '영어'에는 4를 입력한 후 [확인]을 클릭한다.
⑦ [시나리오 관리자] 대화상자에서 [요약]을 클릭한다. [시나리오 요약] 대화상자의 [보고서 종류]에서 '시나리오 요약'을 선택하고, '결과 셀'에는 =$F$5,$F$9를 입력한 후 [확인]을 클릭한다.

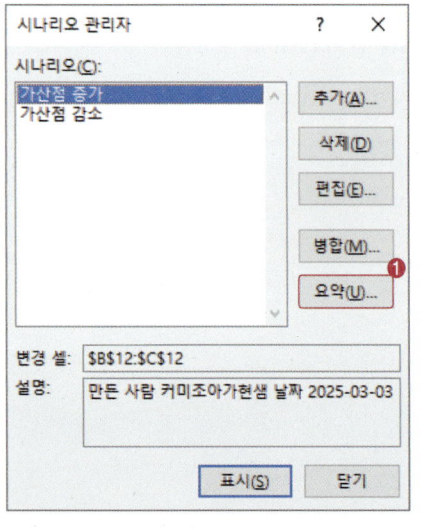
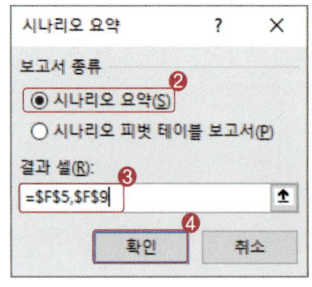

문제 ④ 기타작업 1. 매크로('매크로작업' 시트)

|정답|

	A	B	C	D	E	F	G	H
1				편의점 라면 판매현황				
2								
3	상품코드	제품명	입고일	입고량	판매가	할인율	판매량	총판매액
4	2301	감자면	2024-10-11	100	5,720	10%	57	293,436
5	2302	김치 큰사발	2024-10-11	200	11,900	15%	168	1,699,320
6	2303	순한 너구리	2024-10-11	180	5,060	5%	162	778,734
7	2304	농심라면	2024-10-12	50	16,800	10%	26	393,120
8	2305	느타리라면	2024-10-13	300	12,000	5%	268	3,055,200
9	2306	무파마	2024-10-13	100	4,580	5%	68	295,868
10	2307	신라면	2024-10-13	250	4,400	15%	245	916,300
11	2308	얼큰 장칼국수	2024-10-14	150	17,920	15%	128	1,949,696
12	2309	짜왕	2024-10-14	200	5,500	5%	133	694,925
13	2401	짜파게티	2024-10-14	150	5,060	10%	144	655,776
14	2402	튀김우동	2024-10-16	250	5,390	15%	299	1,369,869
15								
16		판매액계산			맞춤			
17								

① [개발 도구] 탭의 [코드]에서 [매크로 기록]을 클릭한다.
② [매크로 기록] 대화상자에서 '매크로 이름'에 **총판매액**을 입력하고 [확인]을 클릭한다.

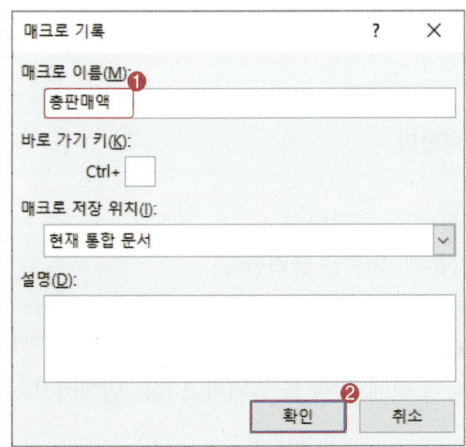

③ [H4] 셀에 커서를 두고 =E4*G4*(1-F4)를 입력한 후 Enter 를 눌러 수식을 완성하고, [H14] 셀까지 드래그하여 수식을 복사한다.
④ 블록을 해제한 후, [개발 도구] 탭의 [코드]에서 [기록 중지]를 클릭한다.

⑤ [개발 도구] 탭의 [컨트롤]에서 [삽입]의 '단추(양식 컨트롤)'을 클릭한다.

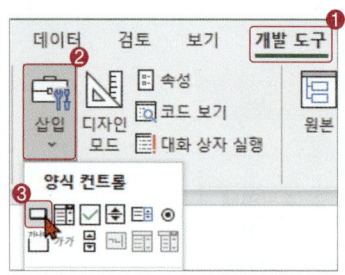

⑥ [B16:C17] 영역에 Alt 를 누르며 드래그하여 단추를 생성한 뒤, [매크로 지정] 대화상자에서 **총판매액**을 선택하고 [확인]을 클릭한다.

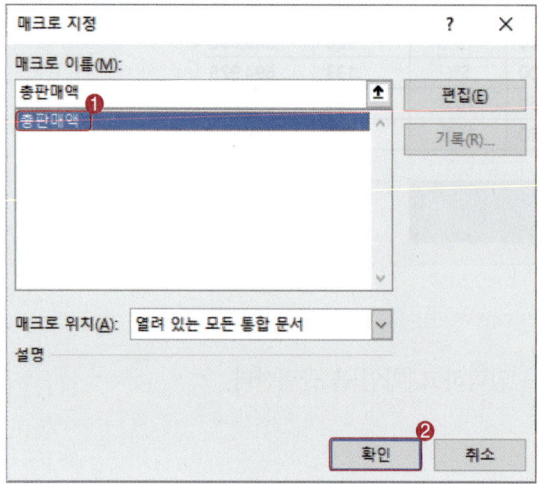

⑦ 단추에 기본 입력된 '단추 1' 텍스트를 지우고 **판매액계산**을 입력한다.
⑧ [개발 도구] 탭의 [코드]에서 [매크로 기록]을 다시 클릭한다.
⑨ [매크로 기록] 대화상자에서 '매크로 이름'에 **맞춤**을 입력하고 [확인]을 클릭한다.
⑩ [B4:B14] 영역을 블록 설정한 후, [홈] 탭에서 [맞춤]의 '가로 가운데 맞춤'을 클릭한다.
⑪ 블록을 해제한 후, [개발 도구] 탭의 [코드]에서 [기록 중지]를 클릭한다.
⑫ [삽입] 탭의 [일러스트레이션]의 [도형]에서 '기본 도형'의 '빗면(▢)'을 클릭한다.
⑬ [D16:F17] 영역에 Alt 를 누르며 드래그하여 도형을 삽입한 후, 도형에 '맞춤'을 입력하고 [홈] 탭에서 [맞춤]의 '가로 가운데 맞춤', '세로 가운데 맞춤'을 클릭한다.

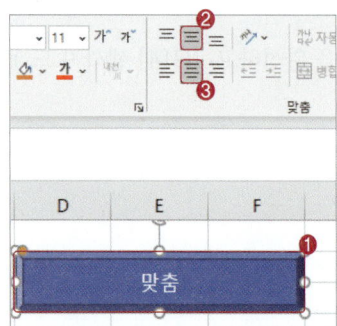

⑭ 도형의 바로 가기 메뉴에서 [매크로 지정]을 클릭한 다음, [매크로 지정] 대화상자에서 **맞춤**을 선택하고 [확인]을 클릭한다.

| 문제 ❹ 기타작업 | 2. 차트('차트작업' 시트) |

|정답|

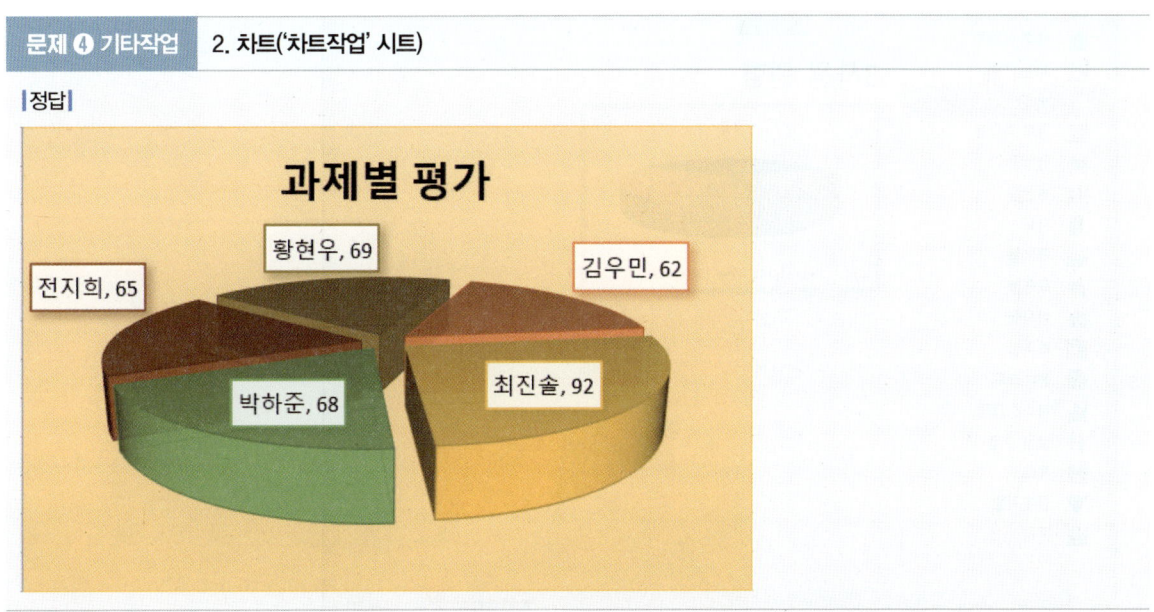

① 차트를 선택하고 [차트 디자인] 탭의 [데이터]에서 [데이터 선택]을 클릭한다.
② [데이터 원본 선택] 대화상자의 '범례 항목(계열)'에서 '1차', '2차' 계열을 선택하고 [제거]를 클릭한다. 이어서 [행/열 전환]을 클릭한 후, '김재원', '안세영', '심유빈', '신정아'를 선택해 [제거]를 클릭하고, 다시 [행/열 전환]을 클릭한 후 [확인]을 클릭한다.

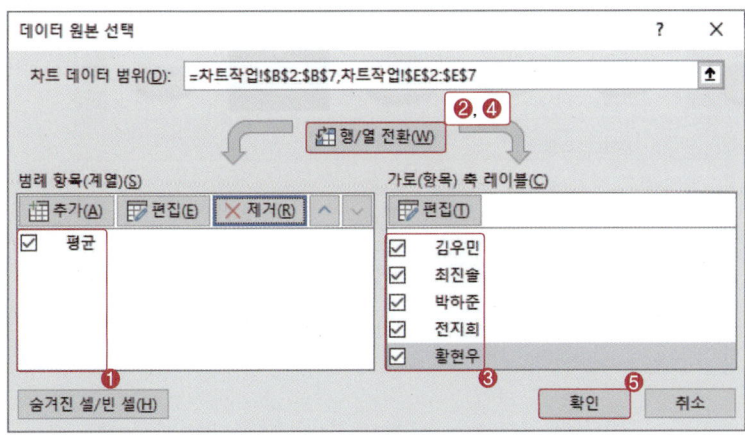

③ [차트 디자인] 탭의 [종류]에서 [차트 종류 변경]을 클릭한다.

④ [차트 종류 변경] 대화상자에서 [원형] 탭의 '3차원 원형'을 선택하고 [확인]을 클릭한다.

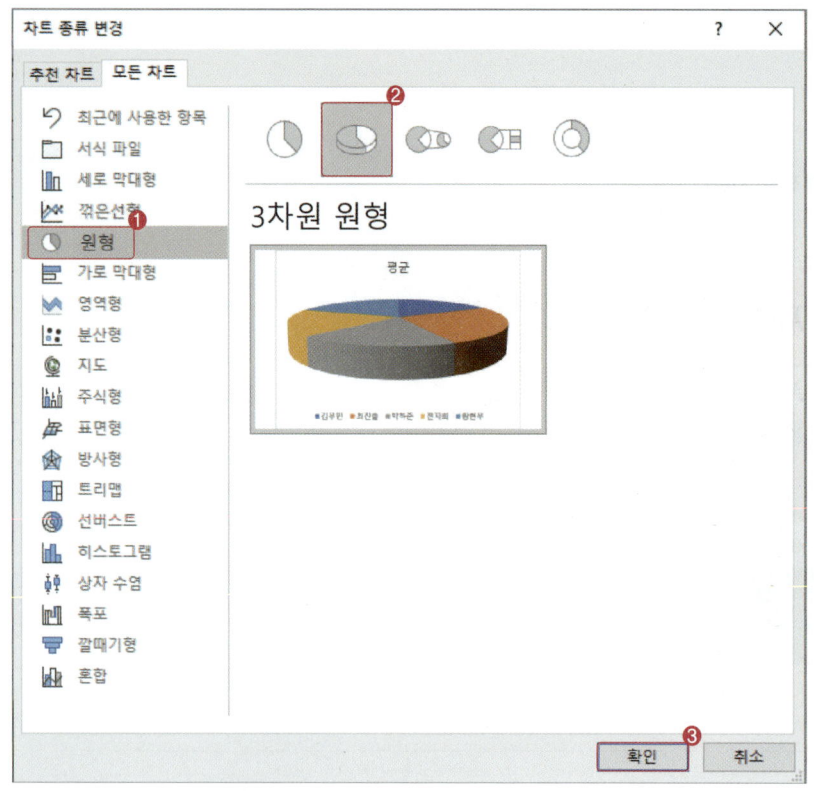

⑤ '범례'를 선택한 후 Delete 를 눌러 삭제한다.
⑥ [차트 디자인] 탭의 [차트 스타일]에서 **스타일 2**를 선택하고, [색 변경]의 [색상형]에서 **다양한 색상표 3**을 선택한다.

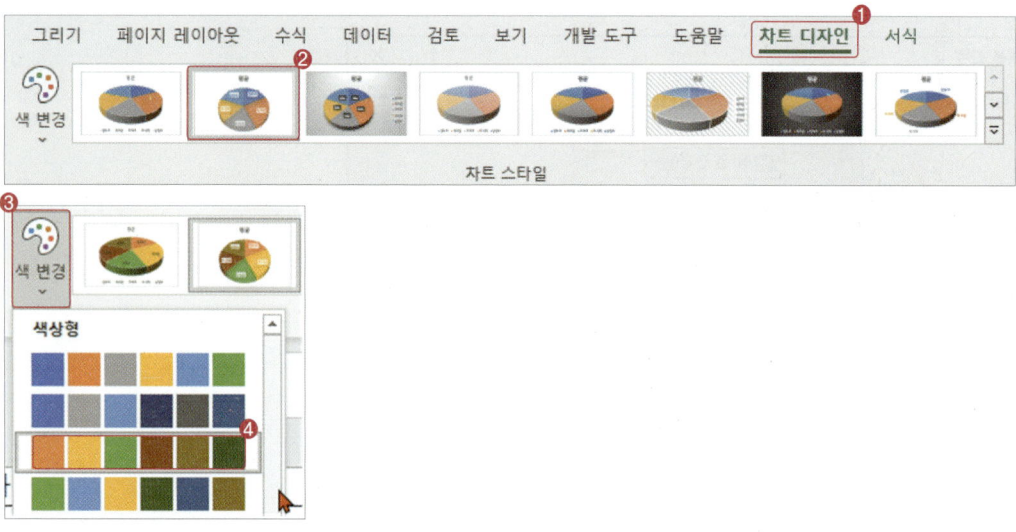

⑦ '계열'을 선택한 후, [데이터 요소 서식]에서 [계열 옵션]의 '첫째 조각의 각'은 20, '쪼개진 요소'는 10으로 설정한다('쪼개진 요소'는 버전에 따라 '쪼개진 원형'으로 표시됨).

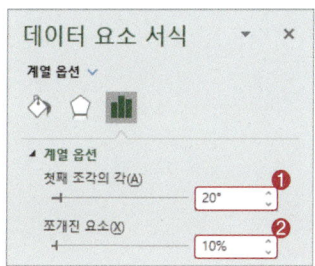

⑧ '차트'를 선택한 후, [차트 영역 서식]의 [효과]에서 [3차원 회전] 항목의 'Y 회전'은 20으로 지정하고, 'X 회전'은 기본값을 그대로 유지한다.

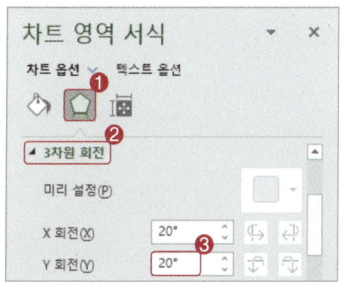

⑨ '데이터 레이블'을 선택한 후, [데이터 레이블 서식]의 [레이블 옵션]에서 [레이블 내용] 항목에서 '항목 이름'과 '값'을 체크하고, '지시선 표시'는 체크 해제한 뒤, '레이블 위치'는 자동 맞춤으로 유지한다.

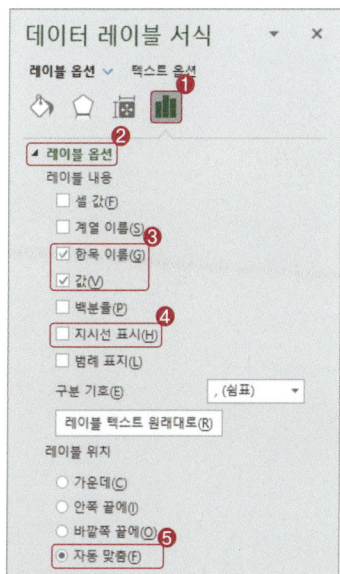

⑩ '차트 제목'을 선택한 후, 수식입력줄에 =를 입력한 뒤 [A1] 셀을 클릭한다.
⑪ '차트 영역'을 선택한 후, [서식] 탭의 [도형 스타일]에서 **미세효과 – 황금색, 강조 4**를 선택한다.

기출 유형 문제 05회 **287**

이기적 강의는
무조건 0원!

이기적 영진닷컴

공부하다가
궁금한 사항은?

이기적 스터디 카페